池田浩士コレクション
Hiroshi Ikeda
collection

2

ルカーチとこの時代

池田浩士

インパクト出版会

『ルカーチとこの時代』目次

第一部

ルカーチとこの時代

最晩年のルカーチ

序章

亡命列車

ジョージ・グロス「秩序ある状態の回復」（戯画集『支配階級の顔』（1921）より）

国境に向かう特別列車はすでに出たあとだったのだ。

その朝、「五百人評議会」メンバーのMが指示された時刻に駅へやってきたとき、そんなものはもう一時間半あまりも前に出発してしまいましたよ、と駅員から聞かされた。「これからがさぞ楽しみでしょうな、〈同志諸君〉には。」——口髭をきれいに刈りこんだ中年の駅員は、唇をゆがめて笑った。この男もまた、ソヴィエト政権に反対する六月の鉄道ストライキには、すすんで参加したのだろう。Mは無言のまま駅をはなれる。

街の表情は、きのうまでとちがわない。早い午前の光のなかで、商人たちは営業のしたくにとりかかっている。市電も動いている。けれども、街全体の風向きがすでに変わっていたのだ。これまでは政治警察や「レーニンの息子たち」の目のとどかぬところでだけこっそりと〈青札《あおさつ》〉を要求していた商人たちは、当然のことながらいまや大っぴらに〈白札〉の受取りを拒む。市電の車掌でさえ、〈白札〉の客など乗せようとはしない。〈青札〉は、息をふきかえした旧体制の紙幣だった。それにひきかえ、〈白札〉は革命政府の通貨だったのだ。片面だけしか印刷されていないために、こう呼ばれたのである。

日が高くなるころには、あちこちで白色テロルが始まっていた。顔をなぐられたり足ばらいをかけられたりしながら連行されていく労働者の姿が、Mの視界にあらわれては消える。旧王室の官憲たちがふたたび召集されて、怨恨をかきたてられながら、革命の残党狩りにとりかかったのだ。すでに行方の知れない同志たちと合流する手だてを求めつつ、Mはあてもない逃亡にうつっていった。

一九一九年八月一日、革命評議会と党執行部との最初にして最後の合同会議が開かれた。その席へ、赤軍が東部と南部の戦線で潰走したというニュースが伝えられる。すでに旧社会民主党右派の労働組合指導者たちは、協商諸国側の了解をとりつけて、新政府の樹立にとりかかっている。軍事担当の副人民委員（副大臣）だったティボル・サムエイが武装抗戦をうったえる最後の呼びかけを行なったあと、だがしかし会議は、労働組合政権に権力をゆずりわたすことを決定する。同日、通称「五百人評議会」と呼ばれた「ブダペシュト労兵評議会」の全体会議は、この決定を承認した。共産党と社会民主党との組織的合同によって無血のうちに生まれたハンガリー・ソヴィエト共和国は、こうして百三十三日の生命を終えたのである。革命政府の事実上の首班だった外務人民委員ベーラ・クンは、ハンガリー共産主義者につぎのような別れの挨拶をおくったのち、同志たちや家族とともに、特別列車で国境に向かった――

ハンガリー革命の中心となった「五百人評議会」の第１回全体会議（1919年4月）

「ハンガリーのプロレタリアートは、かれらの指導者を裏切ったのではなく、かれら自身を裏切ったのだ。（事実を）きわめて慎重に考慮したすえ……わたしは、冷たいホゾをかむような結論に到達することを余儀なくされたのである。すなわち、プロレタリアートの独裁は、経済的にも、軍事的にも、政治的にも、打ち破られてしまったのだ。もしもここに確たる秩序が存在していたなら、独裁は崩壊する必要はなかったであろう。たとえ、社会主義への移行が経済的および政治的に不可能だったとしても……もしも（ハンガリーに）階級意識をもった革命的プロレタリアートがいたならば、プロレタリア独裁はこのようなやりかたで崩壊することはなかったであろう。できることなら、わたしはもっと別の結末を望みたかった。できることなら、プロレタリアートがバリケードを築いて戦うのを見たかった。……支配を手ばなすくらいならむしろ死ぬほうがましだ、とプロレタリアートが宣言するのを見たかった。そのときわたしは考えたのだ。大衆がいなくてもわれわれ自身だけでバリケードを築くべきだろうか？　もちろんわれわれは喜んでわが身を犠牲に供するつもりであるにせよ……ハンガリーにもうひとつのフィンランドをつくることが……はたして世界革命の利益になるだろうか？」（R・L・テーケーシ『ベーラ・クンとハンガリー・ソヴィエト共和国』一九六七　より引用）

同じベーラ・クンがハンガリー赤軍の兵士たちに赤い軍旗を託して、最後まで闘う決意を述べたときの演説が、党機関紙『ヴェレシ・ウーイシャーグ』（赤色新聞）に掲載されたのは、これよりわずか二日前のことだった。

「この旗は、この赤旗は、諸君に道を示す旗だ。白旗やナショナリズムの旗のもとに、ふたたび農民から土地を、労働者から大小の工場を、坑夫から炭坑を奪わんがため、そして搾取者たちの抑圧機構を再建せんがため、フランスやルーマニアの抑圧者や全世界の抑圧者たちと連合する人びとがいる。わたしは知っている、たとえ武器をとってかれらに立ち向かっていかねばならないとしても、諸君の手がふるえることはない、ということを。それは兄弟殺しではない。被抑圧者が体制に抗して闘う、正真正銘の、まさに激烈な階級闘争なのだ。そしてこの赤旗は、世界革命の赤旗は、そのような闘いのシンボルなのだ。……わたしは諸君にこの旗をゆだねる。この解放闘争のなかで諸君が、これまでの闘いのときと同じように勇敢に闘うであろうという期待を、わたしは表明する。」（「第三十一連隊に軍旗を伝達したさいの演説」、『ヴェレシ・ウーイシャーグ』一九一九年七月三十日付）

この最後の決意が、たちまち八月一日の敗北宣言へと変わったのである。協商諸国（第一次世界大戦時の対独墺連合軍）、とりわけフランスによる外交的圧力と、これらの勢力に支援されたルーマニア軍の進攻は、国内の反革命勢力を強め、ソヴィエト共和国の息の根をとめた。オーストリア・ハンガリー二重帝国内では従属的地位に置かれながら、周辺諸民族にたいしては圧制者としてふるまってきたハンガリーへの、チェコ、スロヴァキア、ルーマニアその他、被抑圧民族の敵意は、ハンガリー・ソヴィエト共和国にたいしても容赦なく向けられた。西にむかって進むロシア赤軍は、ついにマジャルの平原《プスタ》に達することがなかった。敗北を認めた訣別の辞のなかで、ベーラ・クンはさらにこう述べる――

「わたしに言わせれば、この国ではどんな政治上の改変も一時的なはかない性格のものでしかありえないのだ。ここを統治しうるものなど、だれひとりあるまい。プロレタリアートは、われわれの政府に満足しなかった。かれらは、あらゆる種類のアジテーションにも耳をかさずに、かれら自身の工場のなかで〈プロレタリア独裁を打倒せよ〉と叫びつづけた。将来なんらかの別の政府ができれば、もっと失望するだろうにもかかわらず。……いまやわたしは、この国のプロレタリア大衆を階級意識をもった革命家に教育しようというわれわれの実験が、失敗に終わったことを認めざるをえないのである。」

のちにコミンテルンは、敗北の原因を、とりわけ旧社会民主党の裏切りに求めた。しかしベーラ・クンの言葉は、そうした公式見解とは別のニュアンスをおびている。たしかに、合同によって成立した「ハンガリー社会党」（のちに「ハンガリー社会共産党」と改称）には、旧社会民主党の中央派や右派までも参加していたし、ハンガリーをとりまく苛酷な国際情勢のなかで、かれらの指導下にある労働組合組織が革命政権につよい不満を示し、最終的にはこれを打倒して反革命への道をひらいたのである。しかし、プロレタリア独裁の敗北を〈社会裏切者〉、つまり社会民主主義者たちの責任に帰するか、かれらを支持したプロレタリアート自身の問題として見るかでは、総括の方向は大きく異なってくるだろう。その後の歴史をごくおおまかに先取りして言えば、前者の方向はレーニンによって提起されたコミンテルンの「二十一カ条の加入条件」となり、さらに「共産党のボリシェヴィキ化」の要求となって展開されていった。そしてもちろんその延長線上には、一九二九年七月のコミンテルン執行委員会第十回総会で定式化されたあの〈社会ファシズム〉論——つまり、社会民主主義はファシズムと闘う大衆の活動を麻痺させる手段であり、ファシズムの双生児である、という理論——があったわけである。

1919年6月、反革命暴動に対するブダペシュトのバリケード

ベーラ・クンのここでの総括は、こうした系譜とは別のもうひとつの方向を示唆しているようにみえる。かれは、むしろプロレタリアート自身の弱さを指摘し、「階級意識をもった」プロレタリアートの形成という課題を強調する。かれの敗北宣言は、この点での深刻な自己批判だったのだ。もちろん、こうした自己批判は、とかくあらゆる〈敗北〉のたびにくりかえされるものであり、その意味では、内部の敵の裏切りに罪をきせる結論と同じく、なんら新奇なものではないかもしれない。けれども、この課題をめぐる苦闘がその後の世界共産主義運動のなかでどのような道をたどったかは、この時代の歴史におけるひとつの決して小さくはない問題点なのである。

「プロレタリアートが革命的となるためにはなお、もっと非人間的で残忍なブルジョワジーの独裁が必要なのだ。これから始まる過渡期のあいだ、われわれはわきへしりぞくだろう。もし可能なら、階級的統一を維持する努力を行なうだろう。それが不可能なら、別の手段をもって闘い、やがて将来、新たな力をたくわえ、さらに経験をつんで、もっと現実的で客観的な条件のもとに、そしてもっと成熟したプロレタリアートとともに、プロレタリア独裁のための新たな戦闘に参加し、国際プロレタリア革命の新しい一時期をきりひらくことができるよう、つとめるだろう。」――クンのこの希望は、おそらく、ハンガリー革命に参加した共産主義者たち、社会主義者たちの共通の希望であったにちがいない。ハンガリーの無血革命を可能にしたのは、なによりも、社会民主党と共産党の組織的合同に体現される階級的統一の達成だった。しかもその統一が、結果としては革命の敗北に通じていかねばならなかったのである。ロシア革命をともに闘ったボリシェヴィキと左翼社会革命党《エス・エル》との関係とも、あるいはまたボリシェヴィキ内部の対立分化の過程とも、このハンガリー革命の問題点は接点を有している。革命ののち共産主義者となった旧社会民主党員をもふくめて、ハンガリー革命の担い手たちの多くは、その後、二十世紀の国際共産主義運動の屈折にみちた歴史を、誠実な闘士として生きた。だが、かれらがたどらねばならなかったさまざまな道は、ハンガリー・ソヴィエト共和国そのものの運命よりも悲惨でなかったとは必ずしも言えない。

ルーマニア軍が首都ブダペシュトの間近まで迫っていたその日の早朝、きのうまでの人民委員や政府要員たちは、各国政府の安全保障をとりつけた特別列車で、世界革命の橋頭堡から撤退していった。

それからちょうど二十年ののち、ベーラ・クンはロシアで死んだ。ルドルフ・L・テーケーシの『ベーラ・クンとハンガリー・ソヴィエト共和国』には、巻末の資料のひとつとして、つぎのようなリストが掲げられている。


フェレンツ・バヤーキ（一八八二―一九三八）、社会生産人民委員、国民経済評議会議長。

イシュトヴァーン・ビールマン（一八九一―一九三七）、ブダペシュト労働者評議会常任幹部会員、のちにウクライナ共産党中央委員。

デジェー・ボカーニー（一八七一―一九四〇）、労働福祉人民委員、ブダペシュト労働者評議会常任幹部会員、ハンガリー赤軍第三師団司令官。

エデ・クレプコー（一八八三―一九三七）、ブダペシュト赤衛軍政治委員。

レジェー・フィードレル（一八八一―一九四〇）、革命評議会政治委員会および軍事委員会メンバー。

イェネー・ハンブルゲル（一八八三―一九三六）、農業人民委員、元・社会民主党中央委員会書記。

ヨージェフ・ハウブリヒ（一八八三―一九三九）、ブダペシュト守備隊司令官。

アーコシ・ヘヴェシ（一八八四―一九三七）、ハンガリー共産党中央委員会農村部メンバー。

フェレンツ・ヤンチク（一八八二―一九三八）、ブダペシュト赤衛軍司令官。

フリジェシ・カリカーシ（一八九一―一九三八）、ハンガリー赤軍第三十九師団政治委員、のちに非合法のハンガリー共産党中央委員会書記としてハンガリーに潜入。

ヨージェフ・ケレン（一八九一―一九三八、あるいは一九四一?）、社会生産人民委員。

ベーラ・クン（一八八六―一九三九）、外務人民委員。

ジュラ・レンジェル（一八八八―一九四一）、革命評議会経済委員会メンバー。

ヨージェフ・ポガーニ（一八八六―一九三九）、国防人民委員、外務副人民委員、教育副人民委員。

ヨージェフ・ラビノヴィチ（一八八四―一九四〇）、ハンガリー社会共産党書記、内務副人民委員。

エルネー・ザイドレル（一八八六―一九四〇）、社会共産党中央委員、バイエルン・レーテ共和国駐在ハンガリー全権公使。

シャーンドル・サバドシ（一八七四―一九三九）、革命評議会メンバー、社会主義宣伝局長。

ベーラ・セーケイ（一八八九―一九三九）、ハンガリー共産党中央委員。

ベーラ・ヴァーゴ（一八八一―一九三九）、内務人民委員、ハンガリー赤軍司令官。


歿年を示す数字にあらわれたひとつの共通点が、何を意味するか、おのずと明らかだろう。つまりこれは、「ソヴィエト連邦における大粛清のなかで、もしくはその結果として死んだハンガリー・ソヴィエト共和国の指導者たち」のリストなのだ。（ハンガリー革命でそれぞれの果たした役割については、わたしが追記しておいた。）このうち、アーコシ・ヘヴェシだけは、スペインで死んだと記されている。

ここから、現代の前史と現代そのものがはらむ光と暗さについて、さまざまな想いをくりひろげることも、もちろん可能だろう。だが、あるいは、かれらは、ともかくも一九二〇年代と三〇年代を生きつづけることができたのだ、と言うべきなのかもしれない。そもそも、オーストリア国境をこえてヴィーンに向かう亡命列車に、すべての革命参加者が乗りこめたわけではもちろんなかった。プロレタリア独裁のために闘った労働者たちのほとんどは、独裁を倒すのに加担した労働者たちと同じく、そのあとにきた永い「過渡期」を白色ハンガリーのテロルのなかで生き、あるいは死なねばならなかった。ソヴィエト政権の要員のうちでも、極左派と目されたメンバーたち――ティボル・サムエイ、オットー・コルヴィン、ジェルジ・ルカーチ、ヨージェフ・レーヴァイ、その他――は、特別列車グループのリストからはずされていた。オーストリア政府が受入れを拒んだのか、それとも別の理由があったのかは、明らかでない。しかし、そういう列車が出ることを知らされなかったものさえも、少なくなかったのである。かれらは、反革命のテロルが本格的にくりひろげられる前に自力で脱出しなければならなかったのだ。

一九一九年八月二日、右派社会民主主義者ジュラ・パイドゥルを首相とする「労働組合政府」成立。私有財産制が復活し、共産党員逮捕の秘密指令が発せられる。

八月六日、ルーマニア軍の支援をうけたイシュトヴァーン・フリードリヒのクーデタ。「労働組合政府」は成立後わずか四日にして倒れ、ヨージェフ大公が摂政に就任。フリードリヒのクーデタ政権は、南ハンガリーのセゲドに樹立されていた旧オーストリア・ハンガリー帝国海軍提督ミクローシ・ホルティの反革命〈政府〉と連絡をとって、その首都帰還をうながす。

十一月十六日、ホルティは勝ちほこる白軍をひきいてブダペシュトに入城。翌一九二〇年一月、テロルのなかで「国民投票」が行なわれた。その結果、三月一日にハンガリーはふたたび「王国」となって、ホルティは摂政（国家元首）に就任。以後二十五年間にわたるファシスト独裁がはじまった。

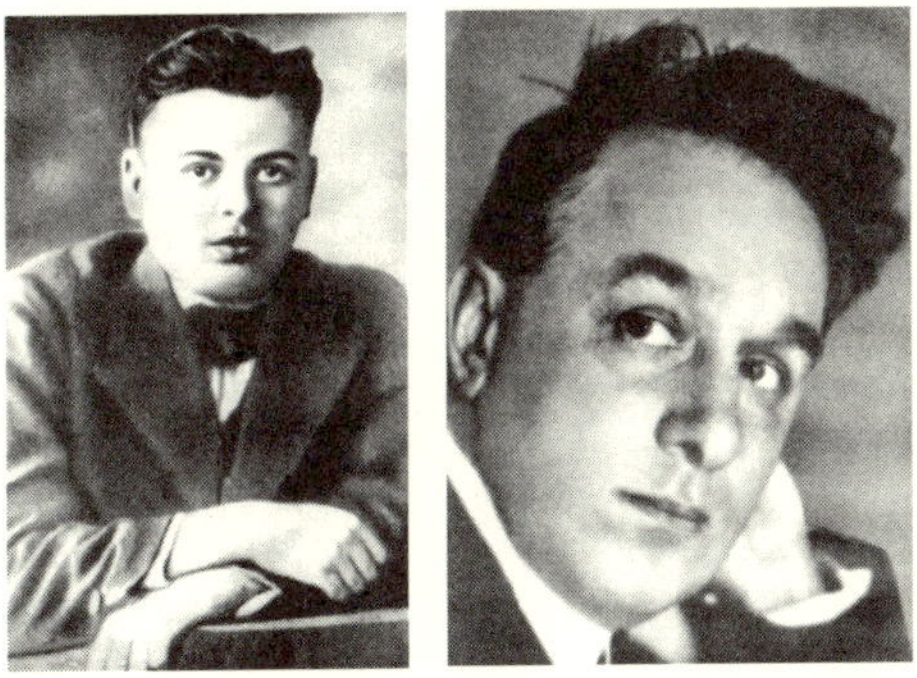

ベーラ・クン（左）とジグモンド・クンフィ（右）

八月一日ののちこの数カ月だけで、白色テロルによって五千人の男女が殺害され、七万五千人が牢獄に送られ、約十万人が国外に亡命した、という。

マーリア・ガールドシは、「五百人評議会」メンバーのうち百人を数えた女性評議員のひとりだった。社会民主党の『ネープサヴァ』（人民の声）ともども合同後も出されていた共産党機関紙『ヴェレシ・ウーイシャーグ』（赤色新聞）の唯一の女性編集員であり、古くからの活動家だった。しかし、特別列車のことはまったく知らされなかった。

のちに彼女は、こう記している。「ヴィーンに着いたあとで、わたしに深刻な問題をつきつけるような出来事がおこった。ハンガリー・ソヴィエト共和国が倒れたあと『ヴェレシ・ウーイシャーグ』編集局の幾人かのスタッフが、〈安全通行権〉をもった列車でオーストリアへ逃げるよう誘いをうけていたことを、聞き知ったのである。これを知ったときには、顔面に平手打ちをくらったような気持だった。こうした逃走の機会があるのをわたしが知らされないなどということが、どうしておこりえたのだろうか。なにしろこのわたしは、ほかのどの編集局員より二十年もながくハンガリーの支配階級と強権とにたいして闘ってきた人間ではないか。逮捕されれば、情状酌量などとても期待できなかったのだ。ハンガリー共産党はもはやわたしなど必要としなくなって、わたしを第二流の党員に格下げしたのだ、という事実よりほかに、この〈手落ち〉を解釈するすべがありえただろうか？」（テーケーシ、前掲書による）

マーリア・ガールドシの憤懣のなかには、悲しいことに、こういう物言いでしか幻滅を表わすことができなかった彼女自身の貧しさも、顔をのぞかせている。これもまた敗北した革命の悲劇のひとつだと言うべきかどうか、わたしにはわからない。だがいずれにせよ、ソヴィエト共和国の最後の数日間のうち、かなりの時間が、オーストリア政府当局の亡命許可をとりつけるために費やされたことは、まちがいないようだ。しかし、〈列車〉をめぐる詳細は、明らかではない。たしかなことは、保障されたこの亡命の道から除外されたものたちにとって、ブダペシュトから直線距離で一五〇キロにすぎないオーストリア国境も、わずか五〇キロのチェコスロヴァキア国境も、ほとんど無限の彼方にあった、ということである。

現代ハンガリーの作家ラヨシ・メシュテルハージの『国境から数歩のところで』（一九五八年）は、金属労働組合の活動家で「五百人評議会」メンバーだった実在の一共産党員をモデルにしたといわれる小説だが、そこでは、故意にか誤まってか遅すぎる時刻を指示されたため列車に乗りおくれ、ブダペシュト市内で逮捕される人物が描かれている。

革命政権下でサボタージュ摘発の任務にたずさわったその主人公は、〈大量虐殺〉の罪に問われて、未決のまま二年の獄中生活をおくったのち、ひとりの同志とともに刑務所を脱走する。数日のうちに死刑判決が下されることが決定的となったからだ。そして、国境をつい目と鼻のさきにしながら転々と隠れ場所をかえて一週間も逃げまわったすえ、ようやく追手をふりきり、いまでは密輸業者となって危険な間道を行き来している老炭坑夫にみちびかれて、オーストリア国境を越えるのである。

軍事副人民委員ティボル・サムエイも、特別列車のメンバーからはずされたひとりだった。かれは、第一次世界大戦でロシアの捕虜となり、そこでロシア革命に参加して、ベーラ・クン、フェレンツ・ヤンチク、ヨージェフ・ラビノヴィチ、エルネー・ザイドレルらとともにハンガリー共産党の基礎、「ロシア共産党（ボリシェヴィキ）ハンガリー・グループ」を結成した。一九一八年三月のことである。

その年の秋、オーストリア・ハンガリー帝国の敗北は決定的となった。急進党、社会民主党に結集する反対派的なブルジョワ知識人と労働者による王政打倒の運動がまきおこった。イシュトヴァーン・ティサ伯の最後の旧体制政府は、民主化を要求する大衆の力に屈し、十月三十一日朝、一夜にしてミハーイ・カーロイのブルジョワ民主主義政府にとってかわられた。このハンガリー第一次革命、いわゆる「秋バラ革命」ののち、サムエイはクンらとともにロシアから帰国する。十一月十七日ブダペシュトに着いたかれらは、同二十四日（一説には二十日）、正式に「ハンガリー共産党」を結成した。協商諸国側から領土の半分以上の割譲を強要されたブルジョワ民主主義政府は、そうした外交問題の解決はもちろん、国内の諸要求を実現する力ももたなかった。共産党は積極的に反政府キャンペーンを展開した。一九年一月には、ブダペシュトの街路は共産党を支持する大衆によって埋めつくされるようになっていた、という。ブルジョワ的反対派ブロックや急進党とともに連立政府の一翼を担っていた社会民主党の幹部たちは、共産党弾圧によって事態をのりきろうとした。二月二十一日、共産党の中央委員たちは、社会民主党が握る警察当局によって逮捕された。

ただちに第二次中央委員会が組織された。エルネー・ベッテルハイム、ジェルジ・ルカーチらが新しい中央委員に選ばれ、旧中央委員だったが逮捕をのがれたティボル・サムエイが委員長となった。共産党は壊滅しなかった。

むしろこの弾圧は、事態をますます尖鋭化させたのみだった。多くの労働組合と社会民主党左派はこの逮捕に反対し、ハンガリー最大のチェペル金属工場の労働者集会は、弾圧に抗議してブダペシュト全工場代表者会議の開催を呼びかけた。三月二十日には印刷労働組合がゼネストに突入した。共産党機関紙『ヴェレシ・ウーイシャーグ』以外の新聞の発行がすべてとまった。ついに三月二十一日、社会民主党は、党内最左派の労働組合指導者イェネー・ランドレルを団長とする党代表団をブダペシュトの監獄に派遣して、共産党が提唱していた「革命勢力の統一綱領」を全面的に受けいれる政治協定を結ばざるをえなくなった。こうして、社会民主党と共産党は同一の資格で組織的に合同し、この新しい「ハンガリー社会党」がソヴィエト政権を担当することが決定された。ハンガリーの第二次革命、世界で二番目のソヴィエト革命は、無血のうちに獄中でその歩をふみだしたのである。

ティボル・サムエイは、旧社会民主党員が要職の多数をしめるソヴィエト政府と合同党のなかで、その最左派グループの中心となった。かれは、反革命策動を鎮圧するための特務機関の指揮者として、ブルジョワジーや旧社会民主党勢力にたいする強硬な対応を主張しつづけた。なかでも、かれの最大の敵意は、古くからの社会民主党指導者で、革命前には社会民主党と共産党との橋渡しの役割をつとめ、革命政権の教育人民委員となったジグモンド・クンフィに向けられていたという。これらの敵たちに対抗するため、サムエイは、〈不良少年〉、〈前科者〉などのレッテルを貼られた数百人の若者たちを集めて私的な部隊を組織し、反革命的行為の摘発にあたらせた。黒革のジャンパーに身をつつんだこの行動隊は、「レーニンの息子たち《フイウーク》」と呼ばれた。

四月末になって、あまりに過激なかれらのふるまいに旧社会民主党の側からつよい非難がつきつけられたとき、ベーラ・クンは、サムエイとそのグループを、青年隊員たちもろとも反革命軍との戦いの前線に送ってしまわざるをえなかった。ところが、六月のハンガリー社会党第一回大会で旧社会民主党勢力が勝利をおさめると、サムエイは、ボリシェヴィキ的な地下細胞をつくって党と労働組合の主導権を握るという方針をクンに認めさせ、その準備の過程で、政治警察長官オットー・コルヴィンの協力を得て、さきに解体させられた「レーニンの息子たち」を再組織することに成功したのである。もちろん、結果的には、この武装組織によって反革命を阻止することなど、およそ不可能だったのだが……。

八月一日にプロレタリア独裁が打倒されたとき、ブルジョワジーや右派社会民主主義著たちの反感と憎悪を一身にひきうけてきたサムエイは、生命の保障を得られぬまま、自力で脱出の途についた。

八月二日、同志たちが家族ともども安全な隣国に到着したころ、ティボル・サムエイはオーストリア国境を越えようとして官憲の手に落ち、その包囲下で自決した。コミンテルンの機関誌『コムニスティッシュ・インターナツィオナーレ』（共産主義インターナショナル＝ドイツ語版）は、かれの遺骸の写真をかかげて、その死を悼んだ。

サムエイの敵だったジグモンド・クンフィのほうは、サムエイとは逆に、かろうじて独力で国境を越えることに成功した。

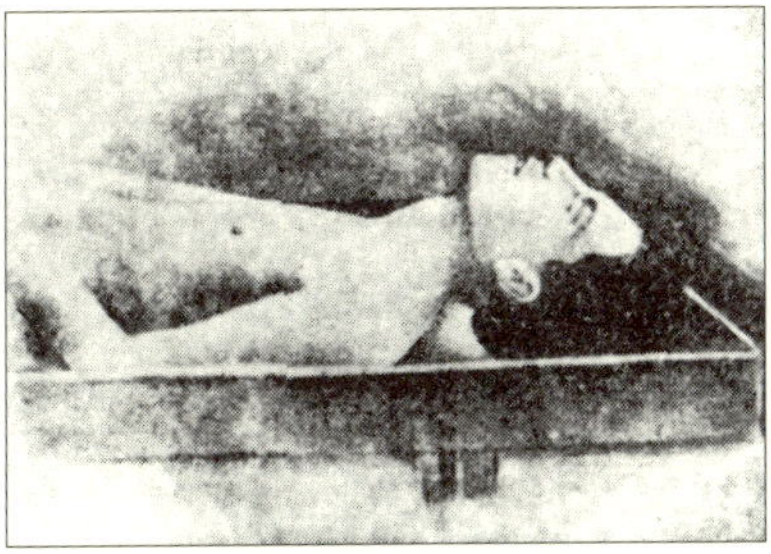
ティボル・サムエイの遺骸

かれは、社会民主党の月刊機関誌『ソツィアリズムシ』（社会主義）の編集長、および同党日刊機関紙『ネープサヴァ』（人民の声）の編集次長でもあったが、ソヴィエト共和国に先立つミハーイ・カーロイのブルジョワ革命政府の福祉相と教育相をつとめたのち、ソヴィエト政権の樹立とともにその教育人民委員となった。しかし、かれのやりかたは、ベーラ・クンの方針や、副人民委員ジェルジ・ルカーチの急進的な文化政策とまっこうから対立した。ハンガリー社会党が「ハンガリー社会共産党」と改称された六月の第一回党大会を機に、ルカーチとヨージェフ・ポガーニの両副人民委員にあとをゆだねて、かれは教育人民委員の職を辞した。ハンガリー革命敗北の主因を社会民主主義者の裏切りに求める見解のなかでは、クンフィはつねにその首謀者のひとりと目された。たしかにかれは、たとえばイェネー・ヴァルガやイェネー・ランドレルやヨージェフ・ポガーニなどの元社会民主党員のように、革命の敗北ののち共産党員となりはしなかった。しかしそうかといって、けっして旧社会民主党の右派指導者というわけではなかったのだ。それどころか、社会民主主義者の側からは、のちに、ともすれば、共産党と合同することによって社会主義革命の可能性をつぶすのに手をかした、という非難が、かれに向けられたのである。

ソヴィエト革命の中心から退いていたクンフィをも、もちろん反革命の追及の手は容赦しなかった。「崩壊のニュースにかれが接したのは、ブダペシュトをはるかにはなれた、オーストリア国境にほど遠からぬところでのことだった。ベーラ・クンがその仲間たちとともに逃げるようにしてブダペシュトを去っていくあいだに、クンフィはブダペシュトに向かって急いだ。まだ何か打つ手があれば打つためだった。だがもはや打つ手はなかった。反革命の手先が追いすがるなかを、いまにも沈みそうなおんぼろ小舟で、この〈臆病者〉、この〈裏切者〉は国を去った。一方、〈英雄〉クンは、外交的保護の下におかれた快適な特別列車で、気楽にヴィーンへ向かっていたのである。」——クンフィの古くからの同志で、革命政権の末期にはベーラ・クンの辞任をクンフィとともに主張したゾルターン・ローナイは、クンフィの死後、オーストリア社会民主党が刊行した全二巻の遺稿集に付された評伝のなかで、こう記している。

ヴィーンでの亡命生活は、クンフィにとって、戦前戦中の教育宣伝活動の時期や、第一次革命の文化行政にたずさわった時期に劣らず多忙なものだった。ハンガリー革命の敗北の原因は、第一に、周辺の被抑圧民族の要求を理解しなかったことであり、第二に、土地の国有化によって農民を離反させてしまったことである、と総括しながら、かれは、ボリシェヴィズムの存在、とりわけスロヴァキアにおけるそれが、ホルティ・ハンガリーの白色テロルを未曽有の残虐性をもったものにする客観的要因のひとつとなっている、と考えた。オーストリア社会民主党の中央機関紙『アルバイター・ツァイトゥング』（労働者新聞）や同じく理論機関誌『デァ・カンプフ』（闘争）、さらには亡命ハンガリー人の新聞雑誌『ヴィラーゴッシャーグ』（光明）、『アズ・エンベル』（人間）、『ベーチ・マジャル・ウーイシャーグ』（ヴィーン・ハンガリー新聞）などにつぎつぎと書かれたかれの訴えは、だがしかし、ハンガリーの労働者や農民のなかに、なんの反響も呼ばなかった。クンフィの名は、白色ハンガリーでは完全な禁句だったのだ。「ジグモンド・クンフィは、多くの人びとがわたしに語ったところによると、ただ単に比類のない雄弁家だったばかりでなく、ハンガリー革命のもっとも魅力的な人物でもあった。」――クンフィがヴィーンで『アルバイター・ツァイトゥング』の編集にたずさわったとき、同じく編集局員としてその隣室にいた若い詩人、エルンスト・フィッシャーは、のちに『回想と反省』（一九六九）のなかでこう書いている。「亡命生活に慣れるのは、かれにとって楽なことではなかった。だがかれは、『アルバイター・ツァイトゥング』のもっとも輝かしい執筆者となり、かれの書くドイツ語は、勝手のわからぬ異国にいながら、わたしたち他のものが書くすべてを、その力強さと生彩において凌駕していた。それにもかかわらずなお、かれはたえず自分を異邦人だと感じていた。同等の決定権をもつ政治家ではなく、軽蔑される亡命者だと感じていた。」しかも、クンフィと、社会民主党党首でオーストリア・マルクス主義の代表者オットー・バウアーとのあいだには、冷たいもの、というか距離があった、とフィッシャーは伝えている。「だからわたしには、クンフィがあまりにも深く過去に沈潜しがちとなり、頑固なまでに革命中の自分の態度の分析にこだわることがよく理解できた。かれは、大きな性的魅力をもった男で、つねに女性を必要とし、まるで薬をのむように女性たちを自分のものにしては、われとわが身を非難し、すべてを過去の敗北した革命に投影するのだった。」自分は自分の全力を仕事のために投入せず、ハンガリーの革命をひとりの女性によって裏切ったのだ、とかれはフィッシャーに告白して、流謫《るたく》のわが身を責めたてた。

オーストリアでファシズムと反ファシズムの対決が激化の一途をたどっていた一九二九年、ジグモンド・クンフィは、睡眠薬ののみすぎで死んだ。自殺だと言われた。

亡命者クンフィが、最後まで亡命者を意識してしか生きられなかったとすれば、オットー・コルヴィンは、サムエイと同じく最初から亡命の可能性そのものをも奪われていた。

政治警察の長官だったコルヴィンは、反革命がはじまってわずか数日後に、ブダペシュト市内で逮捕された。そしてあらゆる拷問と迫害をうけたすえ、十二月二十九日、八人の同志とともに絞首刑に処せられた。かれは、〈血にまみれた赤犬〉と呼ばれ、〈赤い刑吏〉とののしられた。あの男は殺人マニアだったという説が、あまねく流布された。

だが、拷問によって何度も死の苦しみをなめさせられたコルヴィンは、革命政府の社会生産人民委員だった兄のヨージェフ・ケレン（かれもまた、のちにロシアで死んだ活動家のリストに名をつらねている）にあてて、処刑の直前にこう書きおくったのである——「もしもあなたがたが権力をとりもどしたときには、どうかぼくにたいしてなされた仕打ちを忘れてください。」この言葉を記録にとどめているのは、急進的なブルジョワ思想家として二十世紀初頭以来ハンガリーの反対派的知識人の育成・指導に貢献したオスカール・ヤーシである。ヤーシは、急進党をひきいて、ミハーイ・カーロイのブルジョワ反対派ブロックを中心とする一九一八年十月のブルジョワ民主主義革命——いわゆる「秋バラ革命」——に積極的に参加したが、それにつづくプロレタリア独裁には、当然のことながら与《くみ》しなかった。

コルヴィンの立場には反対しながらもかれのひととなりを高く評価したのは、ヤーシばかりではない。「燃えるような理想主義者で恐れを知らぬ闘士、オットー・コルヴィンは、われわれのやりかたとはちがうかれなりのやりかたで、だが誠実に、純粋に、犠牲的に、偉大な社会主義の思想に身をささげた。」——かれが処刑された翌日のオーストリア社会民主党機関紙『アルバイター・ツァイトゥング』にこう書いたのは、コルヴィンをもふくむ左派共産主義者たちからもっとも激しく非難されていたほかならぬジグモンド・クンフィだった。そしてクンフィは、ハンガリーの殉難者たちにささげたその「助命無用！」と題する追悼の辞を、つぎのような一節で結んだのである。

「苦しめられている思想、拷問をうける感情は、勇敢な同志たちがそこで生命をすてた絞首台の胸かきむしるようなイメージから、離れることはできない。〈おどろくべき平静さで〉——検閲されたニュースもこう述べざるをえなかった——かれらは恐ろしい最期をむかえ入れた。英雄的な勇気をもって、そしてこれを言わずにおくわけにはいかないのだが、自分たちがその殉難者となった革命が最後には勝利するのだという確信をいだいて、かれらは人生に別れを告げたのだった。しかも、この出来事の感動的な悲劇性をさらに高めるべく、ひとつのことが起こった。

その日、オットー・コルヴィンが絞首刑に処せられる直前に、同じく逮捕されているかれの妻が、監獄病院でひとりの息子を出産したのである。こうして〈自然は永遠につづく長い糸をつむぎだす〉。人間たちが最後のしめくくりをつけようとするところで、自然はひとつの始まりを告げる。われわれがこの希望を述べるのは、たんなる生物学的な意味ではなく、社会的な意味でのことである。父親たちが殉難の死をとげたその子供たちのなかから、あいかわらず、力強い一族が生まれてきたのだ。」

オットー・コルヴィンの一周忌がめぐってきたとき、ドイツ共産党中央機関紙『ディ・ローテ・ファーネ』（赤旗）は、ジェルジ・ルカーチによる追悼文を大きく掲げた。

ソヴィエト政権の文化行政を担当し、それ以前から共産党中央委員会所属の中央アジテーター学校や、学生・労働青年委員会のメンバーだったルカーチは、当初は共産主義者のうちでも社会民主党との合同を積極的に評価する部分に属していたが、やがてサムエイ、コルヴィン、レーヴァイらの極左グループに接近していった。上司である社会民主主義者ジグモンド・クンフィとのルカーチの不仲は、とくに有名だった。そのかれがコルヴィンの実践にじっさいどの程度の共感をもっていたのか、もちろんくわしくはわからない。しかし、この追悼文には、けっして形式上のものではない愛情と尊敬の念がこめられている。

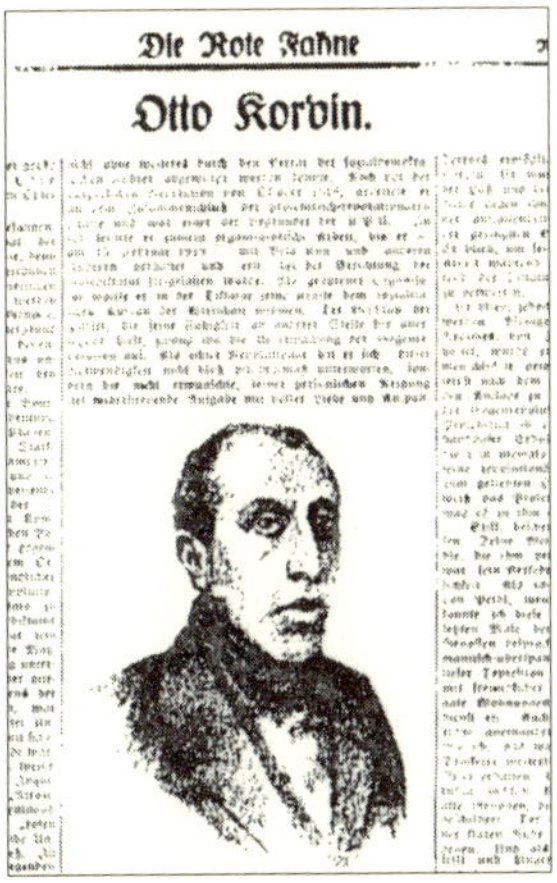
Die Rote Fahne

Otto Korvin.

ルカーチによるオットー・コルヴィン追悼記事（『ローテ・ファーネ』1920年12月29日号）

――柔和で抒情的なこころをもったコルヴィンには警察の仕事は不向きで、本人も文化関係の担当を望んでいた、とルカーチは回想する。しかし党の決定によってこの任務があたえられたとき、コルヴィンは情愛をこめ全力をつくしてそれを遂行したのだ。そして、ブルジョワジーからは激しく憎まれ、プロレタリアートの前衛からは深く敬愛される存在となった。

「ソヴィエト政権の崩壊ののち、共産党の指導者たちは逃亡を余儀なくされた。武器をとって抵抗することなど、とうてい考えられなかった。社会裏切者たちによってたぶらかされた労働者大衆が独裁に反対し〈民主的〉なパイドゥル政権を支持していたこと、それゆえ、ブダペシュトでバリケード戦を行なうとすれば、それは労働者を敵とする戦闘になってしまっただろうということ、これを見すごすことができるのは、盲目的なロマンティストくらいなものだろう。指導者のうちわずか数人の同志たちだけが、ブダペシュトにとどまった。なんの幻想もいだかず――だが、その〈民主的〉な中休みの時期は、ひょっとすると、白色テロルの時代にそなえて地下の非合法組織をつくっておくことを可能にするかもしれない、という希望をいだきながら。」

その先頭に立ったのが、オットー・コルヴィンだった。かれの容貌は、ただでさえ人目につきやすかった。そのうえブルジョワジーの憎悪と復讐欲が、血まなこになってかれの行方を追っていた。コルヴィンは、自分が何に直面しているかを知っていた。それでもかれはとどまった。だがそれは、プロレタリアートの殉難者となるためでしかなかった。わずか数日後、まだパイドゥル政権がクーデタに倒れるよりもまえ、コルヴィンは逮捕されたのだ。ルカーチは、ソヴィエト政権が崩壊した翌日、コルヴィンと最後に会っていた。

「ブダペシュトにとどまった数人の同志たちは、なにをなすべきかについて討議した。大冒険をもくろむロマンティックで極端な同志たちや、さもなければ意気銷沈しきっている同志たちのただなかにあって、オットー・コルヴィンは、思いやりをこめながらもてきぱきと、非合法の住居、たがいの交信、連絡の任務、等々について指示を与えたのだった。われわれのほうでもまた、おたがいの報告をどうやって送りあうか、わたしの書くものをかれを通してどのように非合法の印刷所へはこびこむか、討議した。けれども、わたしはたった一通しか手紙をうけとらないままに終わってしまった。」――その最後の手紙は、なにからなにまで、オットー・コルヴィンにそっくりだった、とルカーチは言う。沈着で、客観的で、明晰で、的確だった。監獄のなかでかれと出会った同志たちは、つねに、拷問で死ぬほどいためつけられたコルヴィンのそうした態度によって、鼓舞され、立ちなおらされた。「プロレタリアートのつつましい英雄として、かれは生き、そして死んだ。かれこそは、プロレタリアートがその思い出を、自分たちのもっとも高貴な受難者のひとりとして、永久にいだきつづけるにふさわしい人物なのだ。」

――処刑されたとき、コルヴィンはようやく二十五歳だった。

ブダペシュトにのこったルカーチのもとから、ベーラ・クンをはじめとする特別列車の同志たちにつづいて、革命前からの親しい友人たちもまた、つぎつぎと去っていった。そのなかには、一九一五年以来、毎日曜日ごとに作家ベーラ・バラージの家で開かれた〈日曜サークル〉、あるいは一般に〈ルカーチ・グループ〉として知られている集まりのメンバーたちや、かれらを中心にして一九一七年に開設された公開講座、「精神科学自由学院」のスタッフたちの多くがふくまれていた――たとえば、フリジェシ・アンタル（芸術史家、革命政権の芸術管理局次長）、ベーラ・バラージ（革命政権の教育人民委員部演劇局長）、ベーラ・フォガラシ（哲学者、同じく教育人民委員部大学局長）、アルノルド・ハウゼル（社会学者、芸術史家）、アンナ・レスナイ（作家、もとオスカール・ヤーシ夫人）、カーロイ・マンハイム（社会学者）、ラースロー・ラドヴァーニイ（経済学者、ドイツの作家アンナ・ゼーガースの夫）、イェネー・ヴァルガ（経済学者、革命政権の財務人民委員および最高経済会議議長）などである。

これらの亡命者たちは、周知のように、そののち、それぞれの分野の画期的な発展にとって不可欠の役割を果たすことになる。たとえば、バラージの映画論『視覚的人間』（一九二四）、『映画の精神』（一九三〇）や、かれが脚本を書いた『三文オペラ』（G・W・パプスト監督、一九三一）、『ヨーロッパの何処かで』（ゲーザ・ラドヴァーニイ監督、一九四七）、さらにはレーニ・リーフェンシュタールとの合作『青の光』（一九三二）などをぬきにして映画理論や映画作品の歴史を語ることはできないだろうし、アンタルやハウゼル（ハウザー）の包括的な研究（アンタル『フィレンツェ絵画とその社会的背景』一九四七、ハウゼル『芸術と文学の社会史』一九五一）のない現代芸術史学は考えられない。また、マンハイムを除外した社会学も、フォガラシをぬきにしたマルクス主義論理学も、ヴァルガを欠いたコミンテルンの世界経済分析やソ連の経済政策も、およそありえなかっただろう。

だがしかし、ここでのテーマは、そうした亡命ハンガリー知識人たちの現代史における位置を明らかにすることでもなければ、現代の前史のなかでの亡命者の役割一般を論じることでもない。むしろ、この時代の歴史における

ルカーチの両親（1896年）

本質的な亡命不可能性ということを、考えてみたかったのだ。

　ハンガリー・ソヴィエト共和国が崩壊したとき、ルカーチもまた、あらゆる亡命の道をとざされていたひとりだった。けれども、その道とは、ブダペシュトからの、ハンガリーからの、地理的な亡命の道なのではない。その意味でなら、ルカーチは、コルヴィンやサムエイや、そのほか白色テロルに斃れた無名無告の多くの人びととはちがって、結局は国外脱出に成功した活動家たちのひとりだった。だが、コミンテルン指導部の一員となったベーラ・クンと同じように、あるいはさらに逆説的には、死ぬまで〈亡命者〉を意識しつづけねばならなかったジグモンド・クンフィと同じように、ルカーチもまたついに、亡命者ではありえなかったのだ。いっそう端的に言うなら、かれらは、革命への参加を決断することによって、もはや亡命というものがありえない状況へと、みずからの身を置いたのである。共産主義運動は、おそらく、参加者にたいしてもあらゆる普遍性を要求する最初の社会運動だった。ひとつの革命の試みの敗北によっても、あるいは〈党〉からの排除によっても、〈社会主義国〉からの追放や任意の退出によっても、変革の理念と実践は（あるばあいには〈転向〉というかたちをとってすら）かれらをとらえつづける。求めることができるのは、新しい現実にふさわしい新しい変革の道であって、この危機的な現実そのものからの亡命の道ではない。

　ジェルジ・ルカーチは、オルガ・マーテーという女性写真家の住居にひそんで、九月末までブダペシュトで地下活動をつづけた。もはや逮捕の危険よりほかにどんな展望もなくなったとき、ふるくからの友人だった彫刻家マールク・ヴェドゥレシの仲介によって、ひとりのイギリス将校が、ルカーチをひそかに国外へつれ出すことをひきうけた。革命のために資産のほとんどを失ったにもかかわらず息子への支援をおしまなかった銀行家の父、ヨージェフ・セゲディ・ルカーチが、多額の借金をして、将校の要求する謝礼を支払った。父ヨージェフは、これよりさき、革命中に離婚した息子の妻、エレーナ・アンドレーヴナ・グラベンコ――ロシアの社会革命派《エス・エル》だったこの最初の妻にルカーチは『小説の理論』（一九二〇）を捧げている――の国外脱出をも助けていたのだが、ホルティ治下になると、息子の〈犯罪〉のゆえに、一代できずきあげたハンガリー中央信用銀行の頭取の地位を失わねばならなかったのである。

ジェルジ・ルカーチは、イギリス将校の運転手に変装してオーストリア国境を越えた。それまで自動車のハンドルを握ったことなど一度もなかったにもかかわらず。

ハンガリーの反革命は欠席裁判でかれに死刑を宣告していた。

身柄引渡し要求をうけたオーストリア当局によって、一九一九年十月、ルカーチはヴィーンで逮捕された。

I

もうひとりのドン・キホーテ

――ブロッホとルカーチ

ドン・キホーテ（シャリアピン主演の映画より，1933年）

1　出逢い

ジェルジ・ルカーチがヴィーンで逮捕されたとき、ドイツ語圏の知識人たちのなかから、オーストリア政府にたいしてかれの釈放を要求する声があがった。

まず、一九一九年十一月十二日付の『ベルリーナー・ターゲブラット』（ベルリン日報）紙に、十一名の作家や批評家によるルカーチ救援のアピールが掲載される。それに名をつらねていたのは、ハインリヒ・マンとトーマス・マンの作家兄弟、劇作家パウル・エルンスト、エルンストと同じく『魂と形式』（一九一一）のなかでルカーチが考察の対象にとりあげた作家、リヒャルト・ベーア＝ホフマンなど、ドイツとオーストリアの文学の各分野で当時もっとも活発に働いていた人びとである。

かれらの基本的な立場は、「政治家としてのではなく、人間および思想家としてのゲオルク・フォン・ルカーチが擁護されねばならないのだ」という点にあった。（ちなみに、ジェルジ・ルカーチは、父がオーストリア・ハンガリー帝国の宮廷顧問官に列せられていたため、みずからも革命前は貴族の称号「フォン」をつけて、ドイツ式に「ゲオルク・フォン・ルカーチ」と名のっていたのである。）救援アピールによれば、かつてルカーチは、生まれながらにさずかった我儘放題な生活にふける誘惑を、責任の重い孤独な思索という職務のために棄てた。そして政治にたずさわるようになったとき、今度はかれのもっとも大切なもの、つまり、みずからの思想の自由を、変革者としての仕事の犠牲に供したのである。そのルカーチが、政治上の敵たちの殺害を教唆したと言われている。そのような嫌疑をかれにかけることができるのは、目のくらんだ憎悪だけである。「ルカーチを救うことは党派的問題ではない。身柄引渡しに抗議するのは、個人的な交際でかれの純粋さを知っているすべての人間と、かれの哲学的・

美学的な著作の格調高い精神性に感嘆する多くの人びとの、義務なのである。」

この呼びかけとは別に、エルンスト・ブロッホもまた、ルカーチの救援に立ちあがった。ブロッホは、当時かれがしばしば寄稿していた表現主義的な文化運動誌『ディ・ヴァイセン・ブレッター』（白い草紙）の一九一九年十二月号に、「ジェルジ・ルカーチを救うために」と題する文章を単独で発表した。

ブロッホのアピールは、右に引いた十一人の知識人たちのそれがやや一般的なヒューマニズムに支えられているのにたいして、ルカーチ救援の意味をいっそう具体的にうったえ、そのころブロッホの目にうつっていたルカーチの姿を、われわれのまえに鮮明にうかびあがらせる。「哲学者としてのルカーチは、たいていのばあい一世代に一度しかあらわれないような、そしてわれわれの時代が少なくとも三世代このかたもはやまったく目にしてこなかったような、そういう偉大な人物のひとりなのだ。」三十四歳のルカーチの仕事は、ようやくほんの一部分が公けにされているにすぎないが、これだけでもすでに、かれの真価を充分うかがわせるに足るものである。そのルカーチが『魂と形式』にまとめ、あるいは雑誌に発表した作業をさらに展開して、構想中の「倫理学」にとりかかれるようにしてやること、それがぜひとも必要なのだ——こうブロッホは述べる。

「ルカーチは、トルストイやドストエーフスキーがさし示した道を、理論のうえで最後までたどりぬくであろう。従来からロシアととりくんでいるかれは、イヴァン・カラマーゾフとアリョーシャ・カラマーゾフの哲学を、窮極の目標まで担っていくであろう。」ハンガリー反動がルカーチにたいする有罪判決によって犯す行為は、それゆえ、ただ単にひとりの無実の人間の殺害であるにとどまらず、精神の生にたいするもっとも恐るべき、もっとも犯罪的な介入なのだ——

オーストリアの政権を掌握していた社会民主党政府は、すでに、反革命に追われた東ヨーロッパ各地からの亡命者を受けいれていた。支援のアピールにたすけられて、ルカーチは、白色ハンガリーへの引渡しと処刑をまぬがれ、同年十二月末に釈放された。オーストリアの居住権を得たかれは、ハンガリーの同志たちや東南ヨーロッパ諸国の共産主義者たちがヴィーンを中心として開始しつつあった運動の隊列に、ただちに加わることができたのである。

国際共産主義運動のなかの最左翼のひとつと目されたこの隊列（一九二〇年七月、レーニンは「コミンテルン第二回大会の基本的任務についてのテーゼ」のなかで、このグループを公然と批判した）の理論的指導者として、まもなくルカーチは、独特の、きわめて困難な立場に立つことになる。だが、現代史にとってひとつの大きな転機を意味するその時期のかれに目を向けるまえに、われわれはまず、少しばかりその前史にさかのぼってみることにしよう。

エルンスト・ブロッホとジェルジ・ルカーチ、同じく一八八五年生まれのこのふたりの人物の交友は、ルカーチの逮捕からちょうど十年前にまでさかのぼる。

ライン河畔のルートヴィヒスハーフェンに生まれてベルリンとハイデルベルクに学んだブロッホは、一九〇九年から一〇年にかけての冬の学期に、おりから二度目のベルリン留学中だったルカーチと、はじめて出逢った。ブロッホとの邂逅は、はじめ演劇青年として出発したルカーチ、そしていまではエッセイストとして美的表現と倫理の問題ととりくもうとしていたルカーチの、その後の発展に決定的な影響をおよぼした。晩年の大作『美学』（第一部「美的なものの特性」一九六三）の序文のなかで、ルカーチは、この時期の作業をはげましてくれた人びととして、マックス・ヴェーバー、エーミール・ラスクとともにエルンスト・ブロッホの名をあげ、かわらぬ感謝の気持をあらわしている。

一九一〇年夏にいったん帰国したとき、ルカーチはブロッホをブダペシュトにともなっていった。一二年の春にも、ブロッホは、フィレンツェに滞在するルカーチを訪ねている。そのかれらの親密な関係がいっそう深められたのは、一九一三年から一四年にかけての日々、ハイデルベルクのマックス・ヴェーバーのサークルのなかでのことだった。

ヴェーバーに友を紹介したのは、ブロッホのほうだったという。「ルカーチと話すと、それから幾日もそのことについて考えつづけねばならなかった」とマックス・ヴェーバーに言わせたルカーチと、すでに二十二歳のとき、

「まだ意識されていないもの」(das Noch-Nicht-Bewußte) というみずからの思想の核心的なモメントを発見していたブロッホとは、もっとも対照的な、だが根本において大きな共通点をもつ友人であり対抗者であった。この時期のかれらについては、ヴェーバーの弟子、パウル・ホーニヒスハイムが「マックス・ヴェーバーの思い出」(一九六三)と題する文章のなかでさまざまなエピソードを記しているが、ごくおおまかに言えば、ブロッホが神秘主義的な相貌をおびた若き神学者として登場していたのにたいし、ルカーチは、主として美学の問題にたずさわりながらも、当時すでに、ブルジョワ性にたいしてばかりでなく、議会主義、修正主義的社会主義、相対主義、個人主義などにたいして、はっきりと反対を表明していたという。ブロッホには、こうした明確な姿勢はみられなかった。黙示録的神秘主義とカトリシズムとグノーシス派と経済的集団主義の諸要素をくみあわせたような世界観——とホーニヒスハイムは形容している。

それればかりではない。ヴェーバーはブロッホの預言者めいた言動をひどくきらっていた。「あの男をまともに学者あつかいすることなどできない」とさえ、ヴェーバーは極言した。ルカーチのばあいとは逆に、「神がかり」ブロッホと会うときには、「科学者」ヴェーバーは、「まずこの前にした話をもう一度思いおこさねばならなかった」のである。友人たちのほうが気をもんで、ヴェーバー家への出入りをやめたほうがよいのではないか、と忠告したほどだったが、それでもあいかわらずブロッホがやってきたとき、こうマックス・ヴェーバーは語ったという——「いっそあの男の家に荷物運搬人をやって、トランクを荷造りさせ、駅へ運ばせて、あの男を立ち去らせてしまいたい。」

ヴェーバーがルカーチを高く評価する反面、ブロッホをこれほどまでに嫌っていたというのは、なるほど興味ぶかいことである。ルカーチとヴェーバーとの直接的な交渉は、一九

ハイデルベルク時代のルカーチ

一八年夏、ヴェーバーが数週間ブダペシュトに滞在して哲学や美学や社会主義についてルカーチと語りあったときを最後に、途絶えた。その後、ヴェーバーは、一九年春のバイエルン革命のさなかにミュンヒェン大学の学生たちの求めに応じて行なった講演、『職業としての学問』のなかで、現代の代表的な美学思想のひとつとして「ゲオルク・フォン・ルカーチ」に言及し、他方ルカーチは、『歴史と階級意識』（一九二三）その他で、くりかえしヴェーバーにふれている。だが、ブダペシュトでの最後の対話ののち間もなく、一九一八年十二月二日、ルカーチは十一月末に結成されたばかりのハンガリー共産党に入党し、一方、ドイツ革命の波のなかで政治に参加する意向を示したヴェーバーは、その意向を実現せぬまま二〇年六月に死んだ。早く終わったこの交わりは、のちにルカーチ自身がその名をあげることをはばかるようになるもうひとりの先達、パウル・エルンストとの関係とは、対照的である。エンゲルスの親しい友人だった過去をすてて反共的な〈新古典主義者〉に転じた劇作家パウル・エルンストとルカーチとのあいだには、ルカーチの第一作『近代演劇発展史』（一九一一）や最初期のエッセイ「悲劇の形而上学――パウル・エルンスト」（一九一一）以来、一九二〇年代になってからも長く家族ぐるみの関係がつづけられたのだが、他方ヴェーバーとルカーチとの対話は、ここで途絶えたのである。

　けれども、ハイデルベルクでのエピソードは、個々の思想のうえでルカーチがヴェーバーの影響を深くこうむっているという事実にもまして、ヴェーバーとルカーチとのある種の共通性、世界にたいする対し方の基本的な一致といったものを、暗示しているのではあるまいか。そして、ヴェーバーにあれほど忌みきらわれていたブロッホはといえば、その後の著作のなかで、ごくたまに、しかもそっけなく、ヴェーバーの名を（ほとんどもっぱら「理想型《イデアールテュープス》」という概念との関連で）あげているにすぎない。

　だが、当時すでに、「力の本質、あらゆる現象の動因、つまり物自体《ディング・アン・ジヒ》は、〈客観的な想像力《ファンタジー》〉である」ことを確認していたブロッホは、のちの『ユートピアの精神』（初版一九一八、第二版一九二三）から『希望の原理』（一九五四―五九）にいたる変革の思想の基盤を、ハイデルベルクの日々のルカーチとの語らいのなかで、ヴェーバー・サークルには理解されぬまま着々と醸成しつつあったのだ。しかも一方のルカーチはといえば、ヴェーバーの愛弟子の役割を演じながら、ブロッホの思想のなかにかくされた爆発的な意味を、すでに的確にみぬいていたのだった。

それから半世紀近くものちになって、ブロッホは、『希望の原理』全三巻の完結を機にして書かれた「自分自身のことについて」(一九五九)という短い文章のなかで、ハイデルベルク時代をつぎのように回想している。

「この時期、ルカーチとの交友と討論。かれはまだマイスター・エックハルトと倫理学に、モラルと芸術との境界にとりくんでおり、わたしはまだトーマス・アクィナスと新たな『哲学大全《スンマ》』(だがそれはもちろん動的なものであって、それの活動範囲を見通せるような予め存在する目標など、そのなかにはなかった)の体系の問題ととりくんでいた。ところが、はじめてものを書くころには、しばしば、書かれたものはひどくちっぽけに縮まってしまい、まるでたいしたものではないように見えてしまうものだから、あらゆることを盛りこもうとする最初の本は、いつ果てるとも知れぬ代物になってしまいかねない。あまりに厖大なプランを立てたのち、際限もないほどの草稿が不毛な紙ずれの音をたて、そこいら中を埋めつくさんばかりになった。いわば、一歩後退の必要があった。トーマスやヘーゲルのあとにつづく不似合でまったく事柄と無縁な亜流からはなれて、新しくやりなおし、まとめなおす必要があった。イーザル渓谷の静寂のなか、家には気高くつつましやかな女性がいて、『ユートピアの精神』という本は書かれ、一九一七年に完結した。〈まだ意識されていないもの〉がひらめいたときから十年後のことだった。」

「気高くつつましやかな女性」とは、一九一三年に結婚したブロッホの若き妻、彫刻家のエルゼ・フォン・シュトリツキー＝ブロッホである。ブロッホは、一八年に刊行された第一作『ユートピアの精神』初版を、言うまでもなく、彼女にささげた。だが、この書の第二版が一九二三年に出たとき、献辞は、「エルゼ・フォン・シュトリツキーの想い出のために」と変えられねばならなかった。ブロッホの初期の思想形成に(ルカーチとならんで)大きな影響をあたえたこの最初の妻は、一九二一年一月に世を去り、かれはすでに二度目の妻、画家のリンダ・オッペンハイマーと生活をともにしていたのである。それから十数年ののち、ブロッホは、ヴィーンでの亡命生活のなかで、三度目の妻、カローラ・ピオトルコフスカと結婚した。ルカーチとの距離があまりにも大きくなってしまったことを歴然と示している亡命期の代表作『この時代の遺産』(一九三五)は、建築家でもあるカローラにささげられることになる。

それはさておき、エルンスト・ブロッホは、終始、ルカーチのように直接的なかたちで革命に参画することはなかった。ドイツ革命の時代にも反ファシズム闘争のなかでも、かれは思想的な営為だけに自己の活動を限定しつづけてきたようにみえる。ほとんど唯一の例外は、スイスに戦火を避けていたかれが一九一七年十月にドイツの敗北を期待して書いた政治的アピール『軍事的敗北はドイツにとって損失か利益か?』(一九一八年刊)くらいのものである。その意味では、かれは――ヴェーバーの指弾にもかかわらず――「学者」であり、救援のアピールのなかでブロッホがルカーチを呼んだ「哲学者」という呼び名は、ルカーチによりはむしろブロッホ自身に、いっそうふさわしいものだったろう。けれども、こうした営為のなかでかれが追求しようとしたことがらは、ルカーチのテーマと根底においてつねに密接にかかわりあっていたのである。もっとも困難な一九三〇年代後半の日々、とりわけ表現主義をめぐる論争のなかで、吹き荒れる大粛清を背景にしてほとんど敵対的な相互批判にまで深刻化した両者の考えの相違さえ、だがしかし、それ以後もつづく共闘者の相互理解をさまたげることがなかった。――もっとも、現実過程そのものを即事的にみれば、表現主義を擁護する見解にもかかわらずブロッホが〈粛清〉をまぬがれたのは、そのころプラハに亡命していたかれが、ソヴィエト連邦ではなくアメリカ合州国をつぎの居住地に選んだからにすぎず、ルカーチが生きのびることができたのは、ブロッホをはじめとする論敵たち、集中砲火をあびていた〈形式主義者〉たちを、徹底的に追撃したからこそだった、と言えなくもないのだが。

ルカーチは、同年の友に先立って世を去る直前、いまでは西側のドイツ連邦共和国に住むこの旧友にあてて、ブダペシュトから――ルカーチ自身は〈社会主義世界〉にとどまることで〈西〉への移住者にたいする批判を暗黙のうちに体現したのである――一通の短い手紙を書いた。それは、アメリカの黒人解放と革命の闘士として逮捕されたアンジェラ・デーヴィスのための救援アピールにブロッホがこころよく協力してくれたことにたいする、感謝の手紙だった。

「親愛なるエルンスト！

きみからの良い知らせに感謝する。抗議のための準備は軌道にのっている。きっと効果をあげずにはいないだろう。こうなったことを、とりわけきみに感謝しなければならない。きみは大いにわれわれを助けてくれた。

ぼくがきみから受けとった以上に良い知らせを、きみがぼくから受けとってくれたのは、さいわいだ。もちろん、ぼくらはふたりとも、寄る年波の影響をつよくこうむっている。ただ、そのかぎりではぼくのほうが、きみよりずっと幸せな状態にあるわけだ。なにしろ、ぼくのばあいは、耳がめっきり悪くなっただけだからね。でもこれは、視力が減退するのにくらべれば、ずっとわずかしか仕事のさまたげにならない。きみがそういう状態にありながらなおそれほどエネルギッシュに仕事ができるとは、きみのエネルギーに、いや、きみのヒロイズムに、と言ったほうがよいくらいだが、まったく感嘆すると言わざるをえないよ。ぼくのほうは、ここ数カ月のうちに『社会的存在の存在論のための序説』を仕上げることができるだろうと思っている。そのあと、理論的な続篇——人間の類的特性の発展——を書くことを試みるか、それとも、若い友人たちが切望しているように知的自叙伝を書くかは、まだ決めていない。この三つとも全部やりおえることができるほど長く活動力が残っていてくれたら、すばらしいのだが。こういう気持をいだきながら、きみのこれからの仕事がこのうえなくすばらしいものになるよう、ねがっている。きみにカローラさんというとても良い支えがあることは、ほんとうに喜ばしい。ぼくからもくれぐれもよろしくと伝えてくれたまえ。

余命と仕事とのために祈りつつ

きみのゲオルク」

1970年のルカーチ

一九七〇年十二月三十日付のこの手紙が、ルカーチからブロッホへの最後の便りとなった。ほどなく、肺の癌腫が急速に悪化し、『存在論序説』が辛うじて完成した直後の一九七一年六月四日、ジェルジ・ルカーチは、ほとんど視力を失いながらも仕事をつづける旧友をのこして、八十六歳の生涯を終えた。

ルカーチが起草し、ブロッホを呼びかけ人のひとりとして発せられたアンジェラ・デーヴィス救援のアピールは、東西ヨーロッパで五十九人の思想家や作家と千人以上の学生たちの署名を集めた。

「……このアピールの署名者たちは、アンジェラ・デーヴィスの件に関して何千人ものヨーロッパの知識人がいだいている深い関心を自分たちが表現しているのだ、という確信をもって、アメリカの民衆に呼びかける。ヨーロッパにおけるドレフュス事件、アメリカにおけるサッコとヴァンゼッティの悲劇的な運命が、理性ある人びとに証しだててみせたことは、もしも告発されたものにたいする偏見がシステマティックかつデマゴギックにひろめられ助長されるなら、形式的にはあらゆる法手続きの規則にのっとりながらその人間の自由を奪い、あまつさえその人間が不当に殺されるのをゆるすことさえ可能になる、ということであった。

あらゆる事柄は、まさにそのような心理的キャンペーンがアンジェラ・デーヴィスの合法的殺害を準備するために行なわれていることを示している。二種類の偏見が、彼女にたいして動員されつつある。第一の、もっとも重要なものは、人種的憎悪であり、それは、みずからの自由のために闘う人びとのグループ全体を、特定のいけにえにたいする攻撃によって脅迫《テロライズ》しようと意図する。第二の種類の偏見は、左翼の闘士たちにたいして向けられるものである。アンジェラ・デーヴィスがみずからの主義のために生き、そのために自分自身を犠牲にしていることに敬意をはらったり、あるいは彼女の自由をおびやかすデマゴギーの本質と意図とを見ぬいたりするためには、必ずしも彼女の思想に同意している必要はない。このアピールの署名者たちは、法体系が形式的に非難の余地なく働いているなかで一人の無実の人間にたいする襲撃が準備され、かつ彼女を通して何百万もの人びとにたいする集団的襲撃が準備されていることについて、危惧の念をいだいているという点で、一致しているのである。

それゆえ、イデオロギーや見解は多種多様であっても、デモクラシーと正義というものが――これらの用語をかれらがどのように解釈するのであれ――空虚な空文句ではない人びとにたいして、われわれは呼びかけたい。そして、民衆の反対意見の力によって、現在準備されつつある不正が阻止され、アンジェラ・デーヴィスがふたたび自由を与えられるよう、うったえたい。」

一九七二年六月四日、カリフォルニアの陪審員たちは、法廷銃撃戦に関連して殺人誘拐の共同正犯で起訴されていたアンジェラ・デーヴィスに、無罪の判決をくだした。

それはちょうどルカーチの一周忌にあたる日のことだった。

2 夢、行動、そして空振り

勝利と成就の経験からではなく、むしろ悲惨と敗北の遺産から、現実変革の素材を形成しなければならなかったということは、この時代において真に実践的に世界とかかわろうとするすべてのものがひきうけるべき現実だったように思える。ルカーチのばあいもまた、これにかわりはない。

プロレタリアートを敵にまわさざるをえなかったプロレタリア革命とは何なのか？　「プロレタリア独裁を打倒せよ！」というあの労働者・農民の憎悪にみちた叫びはなぜなのか？　システマティックかつデマゴギックにくりひろげられる反革命キャンペーンにかれらが屈し、白色テロルに手をかすことによって自己の解放と変革の可能性をみずから圧殺してしまうという、たびたびくりかえされる悲劇からの、突破口はどこにあるのか？　オットー・コルヴィンの、ティボル・サムエイの、そして多くの労働者たち、活動家たちの死は――だが同時に、ハンガリー・ソヴィエト政権下で処刑された数百の反革命分子の死もまた――いったい何だったのか？　そしてそもそも、敗北した革命とは？　搾取と抑圧と差別のない共産主義社会の実現という目標自体は正しいとしても、そこにいたる道と、とりわけその道を歩む人間そのものを、共産主義者はあらためて問いなおさざるをえないのではないか？　弁証法を〈自然法則〉であるとして、社会主義革命を〈科学的必然性〉とみなして、みずからを安心させてしまうのではなく、そうかといってまた、さまざまな〈事実〉から革命の不可能性を結論づけて現状を容認してしまうのでもなく、真に現実のなかで現実を変革する主体＝客体形成の可能性、そのアルキメデスの点を追求すること――ただ単に〈思想的〉にではなく、また単に〈現実政策的《レアルポリティク》〉にでもなく、歴史過程のなかで、現実の運動として、追求すること――これが、ハンガリーの敗北とドイツの困難のなかでルカーチをとらえつづけた課題だった。

「プロレタリア大衆を階級意識をもった革命家に教育しようというわれわれの実験」が失敗に終わったことを認めざるをえなかった、あのベーラ・クンのハンガリー革命にかんする自己批判を、ルカーチは、敗北につづく「過渡期」の課題として、あらためて提起したのである。一九二〇年はじめから二四年夏にいたる時期、つまりヴィーンで釈放されてからコミンテルン第五回大会で批判されるまでの時期のかれの活動は、ほかならぬベーラ・クンとの激しい党内闘争をもふくめて、すべてこの課題との取組みにほかならない。そしてそれゆえに、ルカーチもまた、この時期のみずからの主著『歴史と階級意識』第一章の題辞《モットー》として、若きマルクスのあのテーゼをかかげねばならなかったのである。――「哲学者たちは、世界をたださまざまに解釈してきたにすぎない。重要なのは、世界を変革することだ。」

ルカーチのこの試みは、のちにくわしく見るように、二十世紀の国際共産主義運動の歴史にとって、ひとつのきわめて重要な意味をもつものとなった。さまざまな点で、それは、現代世界の展開の方向が大きく屈折する契機としての役割を果たした。そういう言いかたがあまりにも大げさだとすれば、少なくとも、その屈折の生きた証人として歴史に参加したのである。

だが、もちろん、歴史の大きな転回点でまさに同時代者としてその転回に参加するのは、直接政治的な理論や実践ばかりではない。いっけん現実政治とは離れたところで行なわれているかにみえる模索が、現代そのものをその心臓部でとらえていることもありうる。ルカーチのこの時期の試行が（多くの留保をつけるにしてもなお）政治的実践と明らかに直接かかわるところでのみくりひろげられていたとすれば、同じ時期のエルンスト・ブロッホの探求は、いっけん現実政治と距離をおきつつ続けられながら、じつはこれにひしひしと肉迫するものにほかならなかった。ネッカル河畔のハイデルベルクと南独イーザル渓谷のグリューンヴァルト（緑の森）の静寂のなかで書かれた『ユートピアの精神』は、党とコミンテルンの隊列のなかでの休みない活動から生まれた『歴史と階級意識』と同じ眼光をもって、世界を見つめていたのである。

マルクスの精神に立ちもどりつつ世界を変革の対象としてとらえなおそうとしたルカーチの志向は、ブロッホにおいて――もちろん『ユートピアの精神』は、すぐれたマルクス論、「カール・マルクス――死と黙示録」をもふくんでいるのだが――とりわけドン・キホーテを通して、われわれに迫ってくる。あらゆる転形期のなかで絶えず蘇生し新たな意味づけを与えられるこの主人公は、ブロッホにおいてもまた、世界にたいする著者のかかわりかたと問題意識との一象徴と化しつつ、ひとつの新しい、同時代的な意味を獲得したのである。

「まるっきり存在しなかった作家について語ることが可能なのと同じように、だれか滑稽な人物なり、悲劇的な人物なり、ましてやまぎれもなくわれわれすべての兄弟であるような人物のさらに深いところを確認することも、それに先行する作者の理解とは無関係になされうるはずだ。」――第一次世界大戦さなかの一九一六年暮、表現主義的な雑誌『アルゴナウテン』（アルゴー号の勇士たち）第九号に、ブロッホの最初のキホーテ論「ドン・キホーテと抽象的アプリオリについて」が発表されたとき、筆者は考察の基本姿勢をこう述べていた。このエッセイが、大幅な書きかえをほどこしたうえ「滑稽な主人公」とタイトルを変えて、翌々年『ユートピアの精神』初版におさめられたとき、右の一節は削除されたものの、それでもなおこれが、セルバンテスの意図や既成のさまざまなキホーテ観とはほとんど無関係に、もっぱら自己のドン・キホーテについて、あるいは「まぎれもなくわれわれすべての兄弟であるような人物」について語られているという点は、少しも変わらない。

だが、ブロッホは何故にドン・キホーテをわれわれすべての兄弟であると考え、この滑稽な主人公のどのような特性をわれわれ自身の特性であるとみなすのか？　そしてさしあたりまず、ブロッホはドン・キホーテをどのような人物として見ているのか？――

ドン・キホーテが何かに手を出そうとすると、それは不意に一変してしまう。かれが見るものは、おぼろにかすんでしまうか、さもなければあまりに見えすぎる。かれの目も行動も、だからつねに見当はずれである。だが、そのかれが到るところに見るのは、しいたげられてかれの援助を必要としている人間なのだ。「暑いさかりの夏の日に、さびついた重い甲冑をつけたかれは、やもめ女やみなし児を援助するために、乙女たちに力づよく思いやりにみちた庇護を与えてやるために、やすらう間もなく馬を駆る。」かれの行動は、援助である。かれは自分のためを考えない。他者から求められることのみを欲するその善意が、だがしかし、かれを見当はずれの行動にかりたてる。たびかさなる失敗や殴打も、かれの行動をおしとどめることはできない。かれにとって、行動は、夢想と一体になっている。夢想が、かれの無益な行動を生み、それによってかれの現実となるのである。一般には、行動による意図の実現が妨げられるとき、大言壮語が、夢想による代償行為が、生じる。だが、ドン・キホーテの場合、夢想はこのような行為の補償としてあるのではない。かれの行為と、かれの夢とのあいだには、なにひとつ純然たる区分は存在しないのだ。かれは、不必要なまでに純粋に、どんな妥協とも無縁なまま、「皇帝のものは皇帝に、神のものは神に」という命題になど目もくれず、ひたすら自己の夢が導くままに行動しつづける。そして、人びとに平和をもたらすことを熱望しているにもかかわらず、その逆のものを呼びおこしてしまう。

　こうした夢と行動は、ひとりセルバンテスの主人公だけの特性なのだろうか？　もちろんそうではない。ブロッホは、ここにこそ「われわれ」の特性を見ているのである。『アルゴナウテン』誌に発表された「ドン・キホーテと抽象的アプリオリについて」も、『ユートピアの精神』初版の「滑稽な主人公」の章も、冒頭の一節はまったく共通にこう確認している――

「若いというのは奇妙なことだ。ある者は、ただ夢をみるだけで、みずからのうちにとどまる。それより良い者は、行動し、活動し、自分の周囲に殴りかかり、外へ出ていく。けれども、かれが良く行動するとき、そのかれもやはりまた夢をもっているのだ。かれは、内面で獲得されたものを、みずからの願望、みずからの秘密を、素朴に外へ向かって置きかえ、外へ向かって据えつける。これはしばしば空振りになる。なぜなら、われわれはひとりきりではないからであり、ものごとがわれわれから始まるわけではないからであり、そしてまたわれわれが、年の功を、現にあるものや生成しようとしているものとの妥協を、青年の力のなかに所有していないからである。」

　ブロッホのドン・キホーテ論は、キホーテがじっさいには若者でないということとかかわりなく、こうした青年の空振り、年の功の欠如、夢と直接的な行動とその破綻とを、対象化しようとする試みである。滑稽な主人公ド

『ユートピアの精神』初版の扉（右）と第２版の表紙（左）

ン・キホーテは、ここにおいて、現実にたちむかうわれわれ自身の行動の問題、現実変革の試みにおける敗北と悲惨の問題を体現する人物として、とらえなおされる。そして、そのキホーテ論をふくむ『ユートピアの精神』が刊行された一九一八年という時点は、まさに、こうした問題が、たんなる一般的な予感や確認としてではなく革命の実践の問題として、あらためて大きなアクチュアリティをおびはじめる時期でもあったのだ。

もちろん、空振りと破綻から生まれるドン・キホーテの滑稽さを、そのまま「われわれ」の滑稽さと重ねあわせてしまうことはできないだろう。少なくとも、キホーテが演じる喜劇は、われわれの空振りほど屈折した暗さをおびることがない。かれは怒り狂う。かれ自身が無条件に尊敬する「狂えるオルランド」のように。夢と現実との齟齬《そご》は、憤怒にみちたかれの行為をさそい出し、さらに夢と錯覚を肥大させていく。けれども、その失敗が、くぐもった自己意識となってかれの内面に沈澱することはない。ドン・キホーテは、自我と世界との分離の意識、あの不幸な意識を知らない。しばしばわれわれを誘う内面への道は、キホーテとは無縁である。かれが自分の夢想をはじめてみずから意識化してこれと向かいあうのは、ただ一度だけ、それも、すべてが終わって、このあわれな老騎士が死の床でこう語るときだけなのだ――「わしはもう、ドン・キホーテ・デ・ラ・マンチャではない。いつもわしの常住の言動のために〈善人〉というあだ名をもらっていたアロンソ・キハーノになったのです。」（会田由訳）この幸福な無意識状態、ひたすら外へと向かっていくこの純粋な行動主義は、言うまでもなく、ドン・キホーテとその「継父」たるセルバンテスが生きた世界の状態と無関係ではないだろう。「自我と、それが陥っていく状況とが、運命を生みだす。そこから、つまり、道もなくふりかえる余地もない自我と世界の像と、かつてなかったほど冷淡な周囲の世界および超越的世界の状況との、この衝突から、ドン・キホーテの失敗も、さらにはかれの狂気も、そして最後にとりわけかれの悲喜劇的な運命も、生じているのである。」――『ユートピアの精神』初版で新たにブロッホがつけ加えた一節は、この関係をこう述べている。

それゆえ、キホーテの行動主義をあらゆる時代にあてはめて何かを論じるとすれば、それは不毛な一般化でしかない。だが、歴史的制約性は、それを外から把握する場合にも内からそれと向かいあう場合にも、同時にまたその枠《わく》の突破を、事実性から現実性への架橋作業を、われわれに強いる。われわれのほうがキホーテの世界よりもいっそう屈折した世界に生きており、いっそう錯綜した冷淡さがわれわれをつつみこんでいるがゆえに、キホーテの失敗、狂気、悲喜劇的な運命、等々は、ただ笑って見すごされることはできなかったのだ。かれの夢と、かれの若さを、いっそう深く、いっそう現実的に、とらえかえさねばならなかったのだ。悲しみの騎士の根源的な怒りと、援助と、行動が、「抽象的アプリオリ」でしかなく、「滑稽な主人公《ヒーロー》」の笑うべき空振りにしか終わらないような状態から、この騎士自身を救い出すこと。かれの怒りと、援助と、行動そのものを否定してしまうのではなく、それを真に力あるものとして再構成し、夢と現実とをつなぐ方途をさぐること。つまり、「もうひとりのドン・キホーテ」の可能性を模索すること――これが問題だったのである。

エルンスト・ブロッホは、三十代の初めから七十代の半ばに至るまでの永い年月をかけて四つのドン・キホーテ論を書いている。第一は、すでに述べたように、一九一六年暮の『アルゴナウテン』誌に載った「ドン・キホーテと抽象的アプリオリについて」である。このブロッホの最初のキホーテ論は、一七年四月にその後半部だけが、表現主義的な文化運動誌『ディ・ヴァイセン・ブレッター』（白い草紙）に、「もうひとりのドン・キホーテ」というタイトルで転載された。その翌年、ブロッホの初めての本でしかも代表作のひとつ、『ユートピアの精神』初版が公けにされたとき、最初のドン・キホーテ論は大幅に手を加えられ、「演劇《ドラマ》の理論によせて」という補説《エクスクルス》を付されて、ふたたび登場することになる。これが、「滑稽な主人公」である。

終戦とドイツ革命の数年間を経たのち、『ユートピアの精神』は、一九二三年、全面的に改訂されて再生する。二一年に『革命の神学者トーマス・ミュンツァー』を書き、『ユートピアの精神』第二版と相前後して『荒野をこえて』をまとめるなど、この時期のブロッホは、なるほど革命の実践と直接かかわることこそなかったとはいえ、大戦中よりもいっそう鮮明にマルクス主義と革命の諸問題へのアプローチを試みていた。かれ自身にとって、第二版はまったく初版とは別の意味をもっていたのである。「本書はここに再度刊行される。これが書きはじめられたのは一九一五年四月のことで、一九一七年五月に脱稿して、一九一八年夏に出版された。しかしあの版は、もっぱら、暫定的な確定として、印刷された草稿として、みられるべきである。ここに刊行されるこの新版をもってはじめて、『ユートピアの精神』は、最終的な、体系的な形で出版されるのである。」第二版の見返しには、このような著者の註記が付されている。

この第二版には、独立の章としてのドン・キホーテ論はもはやない。それはただ、「構築しがたい問いの形姿」という章の一節、「具体的に把握されたいくつかの倫理的・神秘主義的象徴志向」のなかの十一篇のエッセイのひとつとして、しかも補説としてのみ残されている。初版の「滑稽な主人公」からここで「ドン・キホーテについての補説」となったこのキホーテ論は、大幅な短縮をふくむ全面的なといってよいほどの書きかえをほどこされ、かえってほとんどもっぱら滑稽さの追究だけに限定されているのである。

それから四十年あまりを経たのち、『ユートピアの精神』の第二版にもとづく新版が、一九六四年に全集の第三巻として刊行されたとき、ふたたび少なからぬ改訂をほどこされたこの版には、キホーテに関する文章はもはやどんなかたちでも残されなかった。そのかわり、この青春のテーマをブロッホがファシズムと二度目の大戦との体験ののちにどう深め発展させたかを示しつつ、四度目のキホーテ論が、五九年にドイツ民主共和国（東独）で出版された『希望の原理』第三巻の、第五部第五〇章に再登場することになる。

ブロッホのこうしたたびかさなる永いドン・キホーテとのとりくみは、だがしかし、じつはルカーチの一連の試みと密接な関連をもっていたのである。

「ドン・キホーテと抽象的アプリオリについて」を「もうひとりのドン・キホーテ」と題して転載した『ディ・ヴァイセン・ブレッター』誌（さきに述べたように、ブロッホのルカーチ救援アピールもまた、この雑誌に掲載されることになるのだが）の編集者、ルネ・シッケレによれば、ブロッホのその最初のキホーテ論は、同誌一九一七年一月号に抄訳が載ったフランスの批評家アンドレ・シュアレスの「ドン・キホーテ」（原題は「セルバンテス」）に応えることを直接の契機として書かれたものだったようだ。後年、『希望の原理』第五部で四度目にキホーテととりくんだとき、ブロッホ自身がはじめてシュアレスのドン・キホーテ観に言及していることも、このかんの事情を間接的に物語るものかもしれない。だがしかし、ブロッホのドン・キホーテには、じつはそれにもまして大きなひとつの前提があったのだ。つまり、ルカーチの『小説《ロマーン》の理論』である。

一九一四年から一五年にかけての冬に書かれ、一六年に『美学および一般芸術学雑誌』第一一号にドイツ語で発表された『小説の理論』は、もちろん、独立のドン・キホーテ論ではない。ルカーチが発表のさいに加えた付記によれば、それは、包括的なドストエーフスキー論の序論として書かれ、困難な時局のなかで本論を近い将来にまとめる見通しがないため、とりあえず序論部だけを発表したものだった。（この重要な付記は、『小説の理論』がそのままの形で一九二〇年に単行本として公刊されたとき、削除されてしまった。）その『小説の理論』のなかでドン・キホーテについて論じられているのは、第一部「文化総体の完結性ないしは問題性と関連した大叙事文学の諸形式」の理論を具体的・歴史的に適用して展開される第二部「小説《ロマーン》形式の類型学の試み」の第一章だけにすぎない。けれども、そのドン・キホーテ論は、歴史主義的文学史や印象主義的・心理学的文芸批評の次元をはるかに超えたこの考察のなかで、人間の内面と外的世界との関係ないし葛藤を文学的諸形式の展開と関連づけてとらえる試みのひとつとして、きわめて重要な位置をしめている。

小説は神を失った時代の叙事詩である、というヘーゲル的な認識から、ルカーチは出発する。人間にとって世界の全体性が失われ、しかもまだ喪失の意識と全体性への試行が存在するとき、叙事詩にかわる小説は、その試行の場となる。人間は、小説のなかに全体性を構築しようと試みる。だが、それは達成されることのない試みである。

「星空が、歩みうる、また歩むべき道の地図となり、その道を星々の光が照らしているような時代は、幸せである。そうした時代にとっては、すべてが新しく、それでいてなじみぶかく、冒険にみちていて、それでいながら確たる所有である。世界は広大だが、しかもわが家のようである。それというのも、魂のなかで燃える火は、星々と同じ本質的性質をもつのだから。世界と自我、光と火、これらは截然《せつぜん》と区別される。しかもそれでいて、それらは決してたがいにいつまでも疎遠ではない。それというのも、火はどの光の魂でもあり、どの火も光の衣をまとうのだから。こうして、魂の行為はすべてこの二元性のうちで意味にみちみち、円《まど》かなものとなる。つまり、意味のなかで完成し、意味にたいして完成する。魂は行動するあいだにもみずからのうちで安らっているがゆえに、円かなものとなるのである。魂の行為は魂からはなれ、ひとり立ちしてみずからの中心を見出し、みずからのまわりに完結した円環を引きめぐらすがゆえに、円かなものとなるのである。」

『小説の理論』の冒頭で描かれているこのような世界、このギリシアの叙事詩的世界が失われてしまったとき、自我と世界との分裂があらわれる。「われわれは精神の生産性を見出した。そのゆえに、われわれにとってもはや原像は、その対象的な自明性を、二度と取りもどすことができぬまでに失ってしまい、われわれの思考は終わることのない道をたどるのみで、ついに目的に接近することはない。われわれは形象化という行為を見出した。そのゆえに、われわれの手が疲れはてて絶望して手ばなすすべてのものは、つねに最後の完成を欠いてしまう。われわれは自身のなかに唯一の真の実在を見出した。そのゆえに、われわれは、認識と行為とのあいだに、魂と事象とのあいだに、自我と世界とのあいだに、架橋しがたい深淵をおかざるをえず、深淵の彼岸にあるすべての実体を反省性のなかへと飛び去らせてしまわざるをえないのだ。そのゆえに、われわれの本質はわれわれにとっては要請とならざるをえず、われわれとわれわれ自身とのあいだにさらに深くさらに危険をはらむ深淵をおかざるをえないのだ。われわれの世界は、無限に大きくなってしまった。そしてどの片隅にも、ギリシア世界におけるよりも豊富な恵みと危険とがひそんでいる。だがこの豊富さは、ギリシア世界の生がもっていた生産的で積極的な意味を、すなわち全体性を揚棄してしまうのだ。」このような時代の形式である小説《ロマーン》は、この深淵にとらえられている。小説の主人公の歩みは、すべてこの深淵を埋めようとする行為となる。「小説は、冒険の形式であり、内面性の固有価の形式である。その内容は、みずからを知るために出立《しゅったつ》する魂の歴史《ものがたり》、冒険によって試練をうけ、それによってみずからを確かめながら自己の固有の本質性を発見するために、冒険をさがし求める魂の歴史である。」——「わが魂を試みんがために行く！」というロバート・ブラウニングのパラケルススのモットーこそ、まさしくすべての小説の主人公のモットーたるにふさわしい、とルカーチは考えるのである。

右のような確認のうえに立ちながら、「他のどの形式にもまして、先験的《アプリオリ》に故郷を喪失していることの表現」である小説形式《ロマーン》を、ルカーチは、類型学的に三通りに分類する。「世界が神から見捨てられたということは、魂と仕事との、内面性と冒険との、不適合としてあらわれ、人間の努力が先験的に何ものかにかかわっているという状態の欠如としてあらわれる。この不適合には、大ざっぱに言って、二つのタイプがある。魂が自己の行為の舞台および基盤として課せられている外部世界よりも狭いか、それとも広いかである。」第一の場合は、内面的な問題はそれほどはっきりあらわれてこず、人物はもっぱら外に向かって行動をくりかえす。ルカーチはこれを「抽象的理想主義」と名づける。このタイプの人間を描く小説《ロマーン》の代表的な作品が、ほかならぬ『ドン・キホーテ』なのだ。

抽象的理想主義の主人公の魂は、何ものによっても揺り動かされることのない深い確信をいだいている。キホーテの高潔さの証《あか》しでもあれば、同時にまたかれの不能と滑稽さの標徴でもあるこの確信を、ルカーチはこう解釈する——「だがそれはただ、魂がこの安全を保証された世界のなかに閉じこめられているからであり、何ひとつ体験できないからにすぎない。内面的に体験された問題性が完全に欠如していることによって、魂はその本質的な存在のうちにあって、何ものによっても触れられることなく安らいでいるがゆえに、その動きのすべては外へ向かっての行動とならざるをえない。したがってこのような人間の生は、みずから選んだ冒険の不断の連続とならざるをえない。」ところが、その冒険の舞台となる世界は、キホーテがいだく理念とは無縁な有機性と、旧い理念が凝固し

『小説の理論』初版、表紙（左）と扉（右）

た慣習との、奇妙な混淆物である。それゆえ、かれがその理念に依拠して行動をおこすやいなや、理念の仮象は雲散霧消して、世界の本質たる有機性、理念とは無縁な有機性が、かれのまえに立ちはだかってくる。「こうして、体験によって到達された意味の極致は、無意味さの極致となる。すなわち、崇高さは狂気となり、偏執《モノマニー》となる。」

ドン・キホーテはこの構造を客観化した不朽の作品である、とルカーチは考える。だが、それは作者セルバンテスの天才のせいばかりではない。この最初の大小説《ロマーン》は、キリスト教の神が世界を見捨てはじめる時代の発端に立っている。現に存在している既成のものの力が最大となり、しかもまだ定かでない新しいものがそのなかで擡頭してきて、激烈な闘いが行なわれる時代。まだ命運をたもっている価値体系のもとで、諸価値の大混乱が生じる時代。自由に解き放たれたデモニーの時代。「そして、敬虔なキリスト教徒であり素朴・実直な愛国者であるセルバンテスは、このデモーニッシュな問題性のもっとも深い本質を、文学的にきわめて的確に射あてたのだ。すなわち、超越的な故郷への道がもはやたどれなくなると、もっとも純粋な英雄精神はグロテスクなものとなり、もっとも確たる信念は狂気とならざるをえないということであり、もっとも真実でもっとも英雄的な主観的確信には、いかなる現実も照応しなくなってしまわざるをえないということである。」

こうして、抽象的理想主義の主人公の行為は、深い真摯な信念によってそれがつらぬかれていればいるほど、ますます現実から遠いものとなる。無限にくりかえされるかれの行動は、目的に達することのない空振りである。その空振りが、かれの内面に疑念を呼びおこすことはない。広大な外的世界と比べて、かれの内面世界はあまりにも小さいのだ。

一方、小説の第二の類型は、外的世界と魂との分裂が、内面性を完全に独立したひとつの世界へと高めるところまで深まったときの形式である。外部世界と内面との葛藤は、ここではもっぱら個人の内面世界の絶対化にとってかわられる。この「幻滅のロマン主義」は、ただ単に時間的・歴史的に「抽象的理想主義」のあとに続くだけではない。抽象的理想主義の先験的なユートピア主義が現実によっておしつぶされ敗北させられたことが、内面的な主観性の前提になっている。外部世界との緊張関係を断念したこの形式の小説は、それが小説としての形式を維持していくためには、「時間」の流れに助けを求めるより他はない。なぜなら、時間は、現実と理念とのあいだのくいちがいを、もっともよく証しだてるからだ。こうして、希望と追憶という時間体験が、この形式の小説の唯一の実りある根拠となる。そして、抽象的理想主義の小説タイプが、陳腐なものとなり娯楽読物と化する危険をはらんでいるとすれば、幻滅のロマン主義の小説は、あまりにも強固に実在する時間を克服しえぬまま、ばらばらに分離し、無形式におちいる危険から、のがれることができないのだ。

　これらふたつの小説形式の中心に立ち、これら両者を綜合する試みとしてあるのが、ルカーチによれば、『ヴィルヘルム・マイスターの修業時代』にほかならない。はじめは自己の欲求のままに孤独に生きようとしながら、やがてさまざまな体験を経て、外部世界に働きかけそこに参加していく人間として自己展開をとげるこのゲーテの主人公を、ルカーチは、抽象的理想主義の空しい行動性とロマン主義的内面化の危険とを揚棄し克服する試みとして、とらえるのである。

　近代の教養小説《ビルドゥングスロマーン》として大きな展開をみたこのタイプの小説は、たしかに、分裂の意識と綜合への志向によって支えられている。この形式のなかに小説の第三の類型をみたルカーチは、まさしく、キホーテに目をむけたブロッホと同じように、実りある行動の可能性、真に世界を動かす主体形成の可能性を、『小説の理論』のなかで追い求めていたのである。ブロッホ自身、最初のドン・キホーテ論に手を加えてそれを『ユートピアの精神』初版におさめたとき、初出稿では挙げなかったルカーチの名を引きながら、その歴史哲学的確認を援用して、こう述べている——

「セルバンテスにしてもまた、ルカーチが納得のいくやりかたで示したとおり、騎士小説をパロディ化することができたのは、まさにその当時、キホーテの時代に、かれが懸命に応答している理想主義が、つまり彼岸でしかるべく根拠づけを与えられた理想主義が、世界から姿を消したからにほかならない。この騎士には、救いをさしのべてくれる奇跡の力が欠けている。幻惑的な完全性の有害な弧を閉じるための、これまでならどんなときにもちゃんと存在していた魔法の石が欠けている。あらゆる超越的な後見と、千年王国の半ばまでの先取り、要約的な先取りが欠けている。ドン・キホーテが始まりつつある近世に生きているかぎり、したがって超越的な道をたどることができなくなり、彼岸から具体的に与えられる理想主義の従来の超越的な諸条件が、秘密にみちた現実の弁証法によって揚棄されてしまい、しかもそれでいてその時代遅れの騎士が、内面的には強固だが外的には頼りなく古びて抽象的になってしまった自己の偏執的な善意のあまり、新しい神と、それが遠くはなれたところにいるということと、その神の現実性の度合とを認識できぬままでいるかぎり、そうなのである。」

だがブロッホは、キホーテがおかれたこの状況を、われわれのいまとここに引きよせる。この試みは、作中人物としてのドン・キホーテの完結性、ルカーチが決して手ばなさなかった文学作品の固有価と歴史的限定性を、いちおう断念したうえでしかなされなかった。けれども、このようにしてはじめて、歴史哲学的状況によって制約された抽象的理想主義の人物は「まぎれもなくわれわれすべての兄弟であるような人物」としてとらえなおされ、ラ・マンチャの郷士《ごうし》の夢と行動の不能性は、われわれの夢と行動を空振りに終わらせるこの現実のなかに、移されることができたのだ。第一次世界大戦の勃発に際会して、いずれにせよ既存の世界は崩壊するにちがいないという鮮烈な意識と未知の未来の予感にうちふるえつつ一気に書きおろされたドストエーフスキー論序説、『小説の理論』のなかで、ルカーチが問うた問い――自我と世界との分裂を如何にして埋めるか、そのための実りある行動の可能性はどこに見出されるか、という問いを、ブロッホは、歴史的確認と形式的確定というルカーチの方向とは別のやりかた、歴史的制約をとりはらうやりかたで、問おうとしたのである。

ブロッホは、くりかえし書きあらためられたキホーテ論のなかで、この主人公の行動の無効性をさまざまな角度から掘りさげている。キホーテの試みは何故に破綻するのか？　何がわれわれの笑いをひきおこすのか？　そもそもこの人物が体現するわれわれにとっての問題とは何なのか？——キホーテがまきおこす笑いの源を追究した「ドン・キホーテについての補説」（『ユートピアの精神』第二版）のなかで、この問いは、つぎのような解明を与えられている——

「充分な持久力と深さとをもたず次々と変わっていくような夢想には、すべて、こうしたキホーテ的性向がある。それゆえに、夢想そのものやあらゆる物事やさらには目標までも誇張するということ、これらを追い越してしまうということ、それが非難されるべき点なのではない。むしろ逆なのだ。その夢想が、充分な耳ざとさと、強さと、責任と、根底とを持たないことが、妄想を生むのである。」（強調は引用者）

ドン・キホーテが夢をいだき、その夢の実現に向かって行動につきすすんでいくこと自体は、なんら非難されるべきことではない。問題は、この夢と行動が、どこまで「良き基盤のうえに築かれた幻想《ファンタスマ・ベネ・フンダトゥム》」であり、失敗を媒介としてすらどこまで現実のなかに根底を獲得することができるかという点なのだ。そしてこの問題は、セルバンテスの時代に劣らぬ「諸価値の大混乱の時代」、「解放されたデモニーの時代」たるわれわれのこの時代にあって、ますます深い現実性を獲得しつつある。

この問いをわれわれの問いとして追究するブロッホは、ここで、時代的・状況的差異をこえて、ドン・キホーテとファウストを対比させる。同じく行動を自己の生活原理とするこのふたりの人物の違いに、かれは注目するのである。

「ファウストもまた、安らぎを知らず、不平不満をいだき、不確かな予感でいっぱいになっていた。だがかれは、まえもって自分自身を把握し、さまざまな対象と妥協し、それらを手がかりにして力をつけようと試み、そのあとではじめて、世界のなかでの自分自身の経歴から多くのことを学びとったうえで、ふたたび立ちあらわれようとしたのである。かれが自分自身に立ちかえるのは、つねに、ふたたび新しい領域のなかに姿を消すためでしかなく、

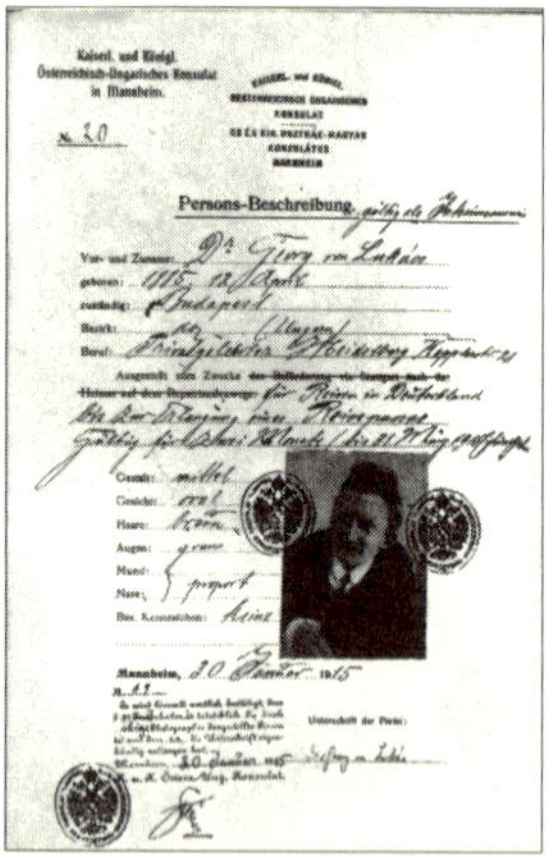

マンハイム駐在オーストリア・ハンガリー領事館によって交付されたルカーチの仮旅券（1915年１月30日から３月31日まで有効）

世界を完全に自分の上方で回転させ、こうしてさらにもう一度、そこに生じた歩みを、わたしとわれわれとが開始した世界をつらぬく旅を、自然の外皮と文化の業績とをつらぬく旅を、次第に速度を高めつつ、自分自身の力で全体を豊かにしながら、くりかえすためでしかない。」——たしかにファウストとても、結局は救済されぬままに終わる。けれども、かれの問いがつねに未解決の部分をふくむことによって、答えられぬ要素をふくむことによって、当為《ソレン》の価値は救われ、アプリオリな試行は現世との関係を失わずにすむのである。「ここでは、現実的なものがユートピアを埋葬するために使われることは決してない。そしてファウストの活動範囲のほうが、つまりファウストと予言者たちの、しかるのちに、だがしかるのちにのみ予言者たちの、媒介された、具体的・抽象的な、マルクス主義的国土のほうが、キホーテの比喩《パラベル》よりも広いにもかかわらず、決して——かれのその領域に対象が入りこんでくれば必ず理念がさまざまな合理性に分割されてしまう、などということは決してないのである。」ドン・キホーテには、こうした媒介性が欠けているのだ。キホーテは、対象によって自分自身に力をつけるようなやりかたとはまったく無縁に、もっぱら直接的な行為につきすすんでいく。かれには、いまここで何をなすべきか、という自問が欠けている。たえず行動し、くりかえし外的世界にたち向かっていくにもかかわらず、かれのその行為の対象は、つねになにひとつ動かない。世界はかれの行為の不動の背景でしかなくなる。ドン・キホーテがひきおこす笑いは、動と不動との、行動と背景との、そのコントラストから生じる。「運動することと、そして結局は不動の背景のまえでみずから破綻をきたしてしまうこと、これが決定的なことなのだ。これをひとは笑うのである。」

　夢そのものは、何の意味も持ちえないのだ。夢は、ひとに呼びかけ、ものを生みだすものでなければならないのだ。どこへ向かっていくのかを知らぬままに進む世界の歩みに、実践的な想像力《ファンタジー》を与えるような夢でなければならず、そのような行動でなければならないのだ。だからこそ、ブロッホもまたファウストに目を向けるのである。けっして満足することのない人物、あらゆる行為を試みてなお満たされず、魂を悪魔に売り渡してまでも充実を購おうとする行動者――この人物を、かつてゲーテは、ルカーチが綜合の試みとしてとらえたヴィルヘルム・マイスターよりもさらにいっそう典型的な教養小説的人物として形象化した。あらゆる行為を試み――周知のように、「はじめに行為ありき」がかれのモットーなのだ――あらゆる快楽と苦渋をなめつくしてなお満足しなかったゲーテのファウストは、だがしかし、自己の行動の意味をみずから問うことを知っていた。齢《よわい》数百をかぞえ盲目になったすえ、はじめて、「時よ止まれ、おまえはなるほど美しい！」と叫んでかれが倒れ死ぬのは、自由の民とともに暮らす自由の地をつくる仕事のなかでのことなのだ。このファウストのなかに、ブロッホは、「滑稽な主人公」の抽象的・無媒介的な行動主義とは異なる実践の可能性を、ひとつの「綜合の試み」を、さぐろうとしたのだった。

「さてどうする？　それで充分だ。さあわれわれは始めねばならぬ。」――『ユートピアの精神』初版の冒頭の一章「意図」は、この言葉で始まっている。「さてどうする？」という問いがあるだけで充分なのだ。ドン・キホーテには欠けていたこの問いを問いつつ、あとは始めるだけである。

3　警告および義務としてのキホーテ

「もうひとりのドン・キホーテ」を模索するこの精神は、けっしてブロッホひとりのものではなかった。まさしくそれは、かれの時代の「われわれ」のものでもあったのだ。たとえば表現主義の指導的理論家のひとりで、ブロッホの最初のキホーテ論が発表された『アルゴナウテン』誌の編集者でもあったエルンスト・ブラスが、演劇運動誌『ダス・ユンゲ・ドイチュラント』(若きドイツ) 一九一九年第三号で行なった『ユートピアの精神』書評もまた、このことをよく物語っている。共感と感謝と決意にみちたこの文章のなかで、ブラスはこう述べるのである――

「さてそれでは――この書をうち開き読むということは、われわれにとってはどういうことなのか? ここで獲得されるものは単に豊富化や教訓だけではない。むしろこの書は、われわれに働きかけてくるのである。われわれの闇のなかでただ待望されているものではもはやなく、突如として力強い光を送ってくるひともとの灯台。こうしてそれは、もっとも特異な幸福体験となる。新しい道が示され新しい目標が約束されるからではない。むしろ、星もなく希望もないこの時代の終わりなき夜が、意味を獲得し、われわれの辛酸な始めが、もっとも包括的な神話のなかの行為となり、われわれの衝動が方向と意識とを与えられるからである。われわれは、われわれをふたたび理解しはじめる。われわれの暗さと、われわれから去って身を隠している神とは、たしかにまだその状態を変えたわけではない。しかし、われわれは、われわれのなかでまだ微光を発しているユートピア的な輝きに向かって、もう一度その上に火とあたたかみが用意されるはずのかまどに向かって、進むべき指示を与えられる。こうして〈希望がふたたび花開きはじめる〉。」

ブラスにとって、ブロッホのこの本は、まさしく自分自身の課題、「わたしとてもまた、まるでドン・キホーテのように、生活のなかでその夢を夢想的に追いもとめているのであってはならず、それが実現されるまでそれを生きぬかねばならないのだ」という課題を、はじめて明らかにするものであり、同時にまた、終わりない夜のなかでなおもその課題に向かって歩むための、共通の手がかりを提示するものでもあった。だが、われわれの衝動が方向と意識とを与えられるということは、まさに、われわれの辛酸な始めでしかない。ブロッホは、この方向と意識を、さらに具体的な共通の手がかりとして、追求しつづけねばならなかった。ブラスの書評がブロッホをどれほど力づけたかは、わからない。けれども、ドイツ革命のあいつぐ敗北のなかで「滑稽な主人公」を全面的に改稿したかれは、『ユートピアの精神』第二版のキホーテ論では、つぎのような一節を新たに加えたのである。

「われわれにとってこの郷士は、まさにきわめて近い存在でありうるからこそ、逃がれかつ避けねばならぬものなのだ。やがて目をさまして驚き恐れるような短い夢想家では、もはやだめである。そうではなく、もっとも賢明なものたちよりもさらに賢明にならねばならぬ。そうしてはじめて、賢明さに抗して行為することができるようになる。もはやお伽噺《とぎばなし》の英雄《ヒーロー》は勝たない。なぜなら、世界は分岐し、不断にいっそう悪意あるものとなってしまい、いまではただ冷やかに、意識的に、媒介的に、そして探偵的に、〈政治的〉にしか、歴史《ものがたり》をつくることはできなくなっているからだ。明らかに、この血迷った騎士にも、この近代に生きるすべてのものたちにも、ともどもに、助けをさしのべ和解をもたらす奇跡の力が欠けている。だからこそますます確実に、事物の歩みを自分自身で非キホーテ的に、言いかえればまさに、探偵的に、マルクス主義的に、理解しなければならないのであり、実在の悪魔を自分自身で、そいつが聖マルタンのために教会を建てるところまで、持っていかなければならないのである。そうしてはじめて、その意に反した矢の推進力も、まさにこの近代のなかで、その衰退のなかでおよびその革命のなかで、推進されつつある新しいものや予感すらされていないものへの衝動も、把握されることになる。そして、ひとりの〈媒介された〉ドン・キホーテが現われる。夢をただ単に的外れの、有頂天になった、反射的な、抽象的なものとしてのみいだくのではなく、影響力をもつ具体的なものとしていだきつづける力である。」

だが、この媒介されたドン・キホーテは、もはやあの抽象的アプリオリの体現者たる悲しみの騎士ではない。むしろ、「自分の力をためしたこともなく、すぐれた指導的な存在として他人のまえに立っているような自分自身に到達したことなど、そもそも一度もない」ようなあのキホーテ、「没落するときすら……純個人的にのみ、それ自体としてのみ、敗北するにすぎぬ」ようなあの「滑稽な主人公」との、根本的な訣別なのだ。そして、この「もうひとりのドン・キホーテ」もまた、いや、むしろ、それこそが、「われわれすべての兄弟」とならなければならないのだ。悲しみの騎士から媒介されたキホーテへの道は、また、単独の夢想者からその夢想を実現する力をもった「われわれ」への道でもある。

「さてどうする？　それで充分だ。さあわれわれは始めねばならぬ。」——「さてどうする？」という問いは「われわれ」のものであり、始めねばならないのはこの「われわれ」だったのだ。一九二三年に全面的に改稿された『ユートピアの精神』第二版を上梓したとき、ブロッホは、この冒頭の「意図」の一節をこう書きかえたのである——

「わたしがいる。われわれがいる。これで充分だ。さあわれわれは始めねばならぬ。」

けれども、こうした「意図」が実現のための具体的な力を見出し、「われわれ」の友軍と合流するためには、またもや、ルカーチの模索との出逢いがなければならなかった。ハンガリー革命の敗北とドイツ革命の浪のなかでルカーチが対決しつづけたテーマが、一九二三年に一冊の『歴史と階級意識』としてまとめられたとき、ブロッホは、これまた表現主義的な傾向で知られた理論雑誌『デア・ノイエ・メルクーア』（新しいメルクリウス神）に、「現実性とユートピア——ルカーチのマルクス主義哲学によせて」を書いて、もう一度あの問題に立ちもどる。

「われわれは、あまりに多く動いている。そのくせ、事態はいささかも変わらない。これにたいして、われわれはいったい何をなすべきなのか？　こうしたなかで、もっと強力な刺激を与えるにちがいない力や魔力があるとすれば、それはどういうものなのか？　そして結局のところ、いささかも変わらぬ事態、ないしは事態をいささかも変えぬものとは、いったい何なのか？　それは、われわれ自身なのではあるまいか？　幽霊のようにひとり歩きしてしまったわれわれ自身の関係、われわれ自身がつくり出した作品なのではあるまいか？　われわれが、抑圧的でしかもきわめて非現実的なこの世界を根底からくつがえすようなアルキメデスの点を、われわれ自身を、所有していないからではないのか？」

　ここには、まぎれもなく、ドン・キホーテの無力さをわれわれから切除して真の「われわれ」を形成していこうとするブロッホの志向が、執拗な自問のかたちをとって表現されている。われわれの行動にもかかわらず、たびかさなる革命的蜂起にもかかわらず、現実の世界は不動の背景として静止しつづけようとする。そのなかで、みずからの行動の不毛さを認識し、そうすることによってこれに別の意味づけを与え、世界を夢によって動かすような「もうひとりのわれわれ」を、ここから形成することは可能なのか？——「たしかにこの日々は、それをなしうるにはあまりにも困難であるようにみえる。西欧はゆきづまっている。ドイツのプロレタリアートの運動は、終わるところを知らぬ危機を他に転ずる力もなくじっと耐えているこの国の泥沼に足をとられて、無惨に憔悴しつつある。一揆的暴動はドイツではことごとく地にまみれ、そうした現実についての思想も、すべてこれと変わりはない。どちらも同じくなんの影響もおよびおこさず、ほとんど無意味だとさえ言える。だがそれでもなお、状況はひきつづき革命的である。ロシアを、あの国のおどろくべき非同時代性を、横目でうかがうまでもない。この外見上の非同時代性を揚棄するであろうものは、老いの狂い咲きにうつつをぬかしながら爆発寸前の空虚さをかかえた資本主義などではないし、また、煽情的でいかさま革命的な誤解をふりまくファシズムなどでもない。革命の歩みがどれほど遅々たるものにみえ、またどれほど蔽い隠されていようとも、ここにはもはや後退はない。たとえ、紆余曲折を強いられたその進行が、一世紀もの歳月を要求することになろうとも。」

　この永い過程を動かす力として、プロレタリアートの階級意識をとらえなおしたルカーチの精神は、この時代の闇そのもののなかに闇を葬る契機をさぐろうとするブロッホの意図と、まさにあい通ずるものだった。いっけん不動の資本主義的現実、あいつぐ蜂起の失敗と抑圧の強化、見せかけだけの〈共和国〉のなかでの〈相対的安定〉。だがそれにもかかわらず、ルカーチは、その現実のなかに、「歴史の真の〈われわれ〉」を、「ついに互いに遭遇した歴史の同一的な主体＝客体」を、発見したのである。たしかに、「ルカーチが言うようなこうした思考と存在の一致、このような共産主義的思考の存在化、共産主義的存在の思想化、マルクス主義的概念とプロレタリアートの階級意識とのこの統一」は、ブロッホの目からみても、それほど容易なことであるとは思えない。そして、それにもまして、ルカーチは、「推論的領域のなかで、たとえ部分的なものではあれ構成的に先取りを行なう主体＝客体の関係」を、正しく評価しえていない。たとえいかにひとつの予見が、社会的領域における飛躍を促進し点火する権利を思想に与えるものであっても、推論的領域に内在するさまざまな趨勢を、新しいものの国の予兆として、とりわけ、まだ意識されていないものの国の予兆として、それがとらええないとすれば、予見の名に値しないのではないか。こうブロッホは考えるのだ。つまり、ブロッホがここでルカーチに欠けていると指摘するものこそは、まだ意識されていないその未来がどのようなものであるべきかを問う、想像と意識化の作業にほかならない。その点からすれば、『歴史と階級意識』ですらなお、歴史の感性的本質、無限に実験的な本質を、現実過程のゆたかにからみあった深い諸関係を、完全に正しく評価することができていないのである。

だがそれにもかかわらず――「それにもかかわらず、明らかに、多くのことがここでは途方もなくわれわれに近い。異なる目から送られたものでありながらしばしばほとんど区別しがたいほどそっくりな視線が、深いところからじっと自分のほうをみつめている。」――多くの留保にもかかわらず、ブロッホは、原則的にこう確認する。マックス・ヴェーバーのサークル以来のこの友人の模索のなかに、いまや、今後決定的となるであろう思想上の差異をはやくも感じとっていたにもかかわらず、ブロッホは、なおきわめて正当にも、無媒介的なドン・キホーテの揚棄を、抽象的理想主義の克服を、そして行動しつつ理解し、行動しようと欲するかぎりでのみ理解する思考を、ここに見出すことができたのである。こうしてブロッホは、みずからの試みと密接に関連させせつつ、『歴史と階級意識』評を、つぎのような一節で結んだのだった――

エルンスト・ブロッホ

「……そしてこれらもろもろの関係形態のなかで、人間と人間との、人間の自然との、対決の過程が、偉大な自己邂逅が、漸次の主体＝客体の一致が、〈われわれ〉の現実化が、なしとげられるのだ。このように、歴史の形而上学的な全主題は、ルカーチの本では別の道をたどりながら、だが内容的には完全に『ユートピアの精神』と一致したやりかたで、発見されている。〈いま〉の度合いが一段だけ高いとすれば、プロレタリアートとならんで、またその上方に、生きられた瞬間の闇が、そのなかにかくされた現実的存在一般が、主体から遠くへだたったあらゆる抽象性にたいして勝利をおさめつつ、あらわれてきているからだ。現実とユートピアは対立物ではない。〈いま〉こそが結局はユートピアの唯一の主題なのだ。このユートピアが、途上にあるという仮面やイデオロギーや神話をかなぐり捨てたいというやむことのない熱望として、〈いま〉のなかで働いている過程の趨勢とその隠された本来性、妥当性との予感として、把握されるのが、たとえいつのことであろうとも。……ここでもかしこでも、生きられた瞬間が、〈われわれ〉という主体そのものが、あたりで起こっているますます避けがたいさまざまな自己客体化のなかで、虚偽意識のヴェールをぬぎすて、現実的なものとして登場しつつある。ほかのどれでもないまさにこの時代の星の下で、プロレタリアートは勝利するであろう。人類の前史は終わりを告げ、実存はついに現実のものとなるのだ。」（強調はブロッホ）

ルカーチとのこの新たな出逢いのなかで、ブロッホのキホーテは、真の「もうひとりのドン・キホーテ」との、「われわれ」の現実化たるプロレタリアートとの、自己邂逅を体験する。理想主義の行動者たるラ・マンチャの郷士が悲喜劇的なかたちでうちにひめていた現実性は、現代の革命の現実性として、姿をあらわす。だがしかし、このことによって同時にまた、この新しいドン・キホーテは、現代の前史が依然として現代にまでもちこんでしまった巨大な問題性をも、みずからのものとして引き受けねばならなかったのだ。すなわちそれは、依然としてなお課題でありつづけていることの問題性、実現されるべくして未だ実現されていないことのなかにある悲惨と偉大さにほかならない。

「追放された神々とまだ支配力をもつにいたらぬ神々は悪霊《デーモン》となる。」——ルカーチは、かつて『小説の理論』のなかでこう述べた。この短い一節は、われわれの危険と可能性を、過渡期がはらむ重層的な意味を、簡潔に言いあらわしている。しかも、この時代には、まだ支配力をもつにいたらぬ新しい神そのものが、追放された古い神と一義的に無縁ではありえない、ということによって、危険はいっそう大きなものとなる。古い神々は、新しい神をももろともにデモーニッシュな運動に引きこむことによって延命をはかり、支配力を獲得しようとする新しい神は、あらゆる局面で、悪霊《デーモン》と化す危険と対決することによってしか、古い神々にうちかつことができない。それどころか、歴史過程の表面をみれば、みずからときには悪霊となることによってのみ、勝利をつかむことができたときさえも、しばしばあったかのようである。

ドン・キホーテ自身についてすら、問題はけっして一義的ではない。一方では、かれは、疑いもなく過去の時代の理念を体現しようとした。だが、もう一方では、かれの妄想、憑かれたような理想主義から生まれる行動は、まぎれもなく新しい「もうひとりのドン・キホーテ」の不可欠の素材なのである。そして、この別のキホーテは、それが依然として課題でありつづけているかぎり、そして現にそうありつづけているがゆえに、追放された神々とのデモーニッシュな盟約を強いられる危険につきまとわれている。

勝利すべくして未だ勝利していないプロレタリアートの時代に、「もうひとりのドン・キホーテ」は、どのような道を経て形成されるのか？　いま、それはどこから来て、どこへ行くのか？　そしてそもそも、その新しいキホーテは、どんな姿であらわれるのか？

それこそが本書全体のテーマにほかならないこの問いへの答えを、だがさしあたりわれわれは、つぎのような指摘によって暗示しておくにとどめよう——

『ユートピアの精神』初版から四十年を経て完成した『希望の原理』第三巻のなかで、ブロッホはふたたびドン・キホーテと向かいあう。「ドン・キホーテとファウストに示された抽象的および媒介的な限界突破の道しるべ」と題するその第五〇章は、タイトルのとおり、抽象的アプリオリとしての現実否定ではなく、媒介された実践をとおしての現実変革の可能性を問うものにほかならない。そして言うまでもなく、ここでもまた、キホーテに対置されるのは、同じくあのファウストである。けれども、問題をいっそう体系的に、いっそう整理したかたちで提出するブロッホが、ここでキホーテ（およびファウスト）に付与する意味づけは、かつての追究をひきつぎながらも、決定的に異なるものとなっている。

　ドン・キホーテの妄想は、ただ騎士物語を読むことによってのみ生きつづけたのではなかった。この妄想は、じつは、比類ない希望に邂逅したのである。この人物は、その点で、偉大なユートピア社会主義者と共通の世界に生きているのだ。〈空想から科学へ〉、そして〈科学から実践へ〉（一九一八年秋、カール・ラデックは、ブハーリンの『ボリシェヴィキの綱領』ドイツ語版のための序文を、エンゲルスにならって「科学から実践への社会主義の発展」と題した）——この発展を経てもなおお意義をもちつづけているユートピア的な希望、それをキホーテは体現していたのである。いやそれどころか、もしかすると、社会主義が〈科学〉となり〈実践〉にうつされるにつれて忘れられ失われようとしている何ものかを、ドン・キホーテは決して手ばなさなかったのかもしれないのである。

　そしてさらに——死の床のキホーテがサンチョの慰めに答えてつぶやく言葉に、ブロッホは注目する。〈銀月の騎士〉に敗れたのち正気にかえって自分の愚行を恥じる主人にたいして、サンチョ・パンサは、今日の敗北者が明日は勝利者になることもしばしばあるではないか、と慰める。ところが、キホーテは、それに同調する人びとを制して、「あんた方、まあそうあわてることはない」、と口を開くのである、「それというのも、去年の巣には今年の小鳥はおらんのだから。現にわしは気違いだったが、今こうして正気に返っておる。」（会田由訳）

　だがブロッホは考える、「ドン・キホーテは、以前から、自分の極楽鳥のうちかなりの数のものについて、それらがまるっきり巣のなかにいないことを、ちゃんと知っていたのではあるまいか？」——ここにおいて、キホーテは、騎士道とともに消え去り資本主義の成立とともに永遠に姿を消した中世の、一定の人間的な要素に与《くみ》する形象としてとらえられるのだ。失われてはならないものが失われているということを知っている人間が、どうして、過去にのみとらわれた〈気違い〉でありえようか。あるいは、どうして〈気違い〉以外のものでありえようか。やはりブロッホと同じように若き日のキホーテ論から数十年を経たのちにふたたびこの人物をとりあげたルカーチが、一九五二年のエッセイ「ドン・キホーテ」のなかで、もっぱらこの形象を、目ざめて現実を学びとる能力を欠いた人間のタイプとして、「階級社会のある種の人間タイプの態度として長期間にわたって妥当性をもちつづけるひとつの典型」としてとらえ、フランス革命期の山岳党にたいするマルクスの批判を援用することから一歩も出ていないのと、ブロッホのとらえかたは著しい対照をなしている。

ブロッホにとって、キホーテの特性は、過去の一定の時代に制約された文学的形姿にとどまるものではなく、ましてや、没落するものを笑い、勃興しつつあるものを支持する作者の批判的・進歩的な視点の証しでもない。それは、まさに、「警告であると同時に義務を負わせるものでもある」のだ。しかもそれは――この点は『ユートピアの精神』ではまだ明確に指摘されていなかったのだが――ただ単にドン・キホーテ自身の直接的な行動主義にたいする警告と、この行動主義を克服する義務にとどまるものではない。ファウストのリアリズムにたいしてもまた、この警告と義務は向けられているのである。

「ファウストの方式による、ないしはつぎつぎと生じる経験という方式による、媒介的な限界突破、このリアリズムは、正当なものである。だが、もうひとりのドン・キホーテ、積極的《ポジティブ》にもとらえられたそれは、ファウストがこの世界でもっとも賢明な人びとよりもさらに賢明になってしまったのちにも、この賢明さに抗してさらになお行動することを、つまり、ただ単にあるにすぎない、既成のものとして誇示されている世界と、平和を結ぶことなく行動することを、うながしているのである。」（強調はブロッホ）

ファウストをもふくむ教養小説的主人公は、それゆえ、抽象的理想主義の英雄と幻滅のロマン主義の内向的人物との単なる〈綜合の試み〉ではない。そして、キホーテの到達すべきところも、そのようなファウスト的存在にとどまるものではない。ドン・キホーテは、もうひとりのキホーテへの自己形成の過程で、単に不動の背景の前の不毛な行動者として既成のものや生成しつつあるものに叛逆する人物であることをやめるだけではなく、もっとも賢明な行動者にすらさらに深い賢明さとさらなる行動を強いる主体として、こうして現実的な限界突破をともに試みる主体＝客体の可能性をはらむものとして、とらえなおされるのである。

　ドン・キホーテの警告に耳をかたむけ、その比類のない希望をみずからのものとしていくのは、さらに賢明な行動者とならねばならぬ行動者、ファウストの義務でもあるのだ。こうしていまや、ブロッホの要請は、キホーテを通し、キホーテを越えて、ファウスト自身にも向けられる――「媒介性の道しるべは、無媒介性のそれよりも高次である。だがしかしもちろん、それが高次のものであるのは、無媒介性のラディカルな良心を、すべての媒介における内的覚知として、それが自己に課するかぎりでのことなのだ。」

『希望の原理』におけるブロッホの最後のドン・キホーテ論の、これがさしあたりの到達点だった。

II

論争・歴史と階級意識

—コミンテルンとルカーチ

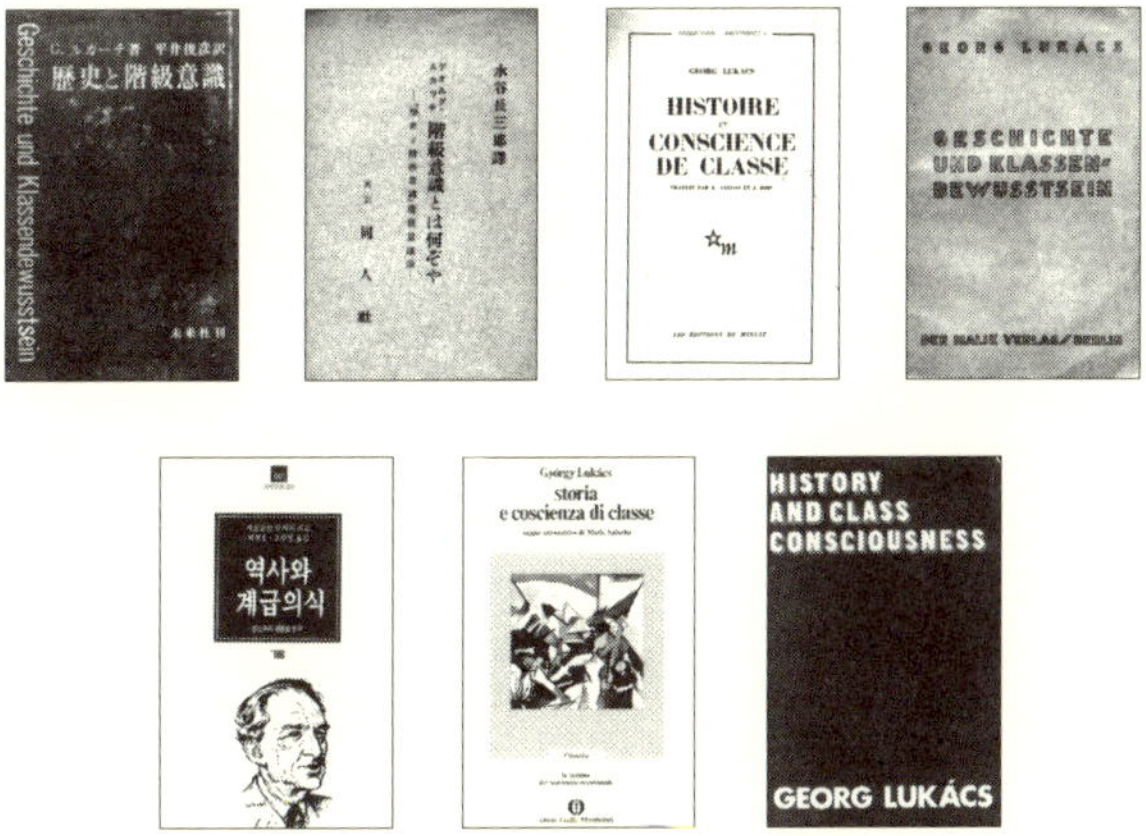

『歴史と階級意識』初版（右上）と各国語訳

1　同志レーニンの名において

ヴィーンで国際共産主義運動の一翼に加わったルカーチが、ハンガリー革命の敗北以後の理論的試みをもとにして、一九二三年に『歴史と階級意識――マルクス主義的弁証法の研究』を公けにしたとき、エルンスト・ブロッホは、前述のとおり、いちはやく力のこもった書評をそれに寄せた。

「……この本は、そのなかに散在するさまざまな思想、だが画期的な思想を、この小さなスペースのなかでもう一度とらえなおしてみるに足るだけの重要性をもっている。」ブロッホがこう断言したのは、ひとつにはもちろん、ルカーチの作業そのもののもつ重要性を認めてのことだった。決定的に新しいものとなりつつあるこの時代の瞬間、他のすべての人間にとっては困惑をまねく光と闇でしかないこの瞬間が、ルカーチによって、決断の契機へと、全体性を見通す契機へと高められたのである。それと同時にまた、ブロッホの書評は、かれ自身の試みをこのルカーチの仕事のなかに再発見しえたことの確認でもあった。さきの一節につづけて、ブロッホはこう述べる、「そして結局のところ、この時代のふたつの哲学が意味深長にも昔からもっている深い一致を、両者の対立点においてさえなおしっかりと所有しておくに足るだけの重要性を、これはもっているのである。」

だがしかし、ブロッホの確認は、ひとつの危惧の念をともなっていた。ルカーチの作業が、そしてそれとともに「この時代のふたつの哲学」のひとつであるブロッホ自身の試みが、これからたどらねばならない道についての、暗い予感だった。そして――それは的中したのである。

「たしかに、この本が良き読者を見出すことは、それほど容易なことではあるまい。たとえば、哲学的な行動をすることはあっても考えることにかけては無教養な犬さながらのロシア人などは、このなかに堕落をすら嗅ぎとるだろう。修正主義者たちとは雲泥の差があるとはいえ、かれらもまたほとんど同じやりかたで、哲学的遺産に酷使されており、かれらのうち少なからぬものたちは、マルクスがヘーゲルを足で立たせたのはルカーチがそれをふたたび逆立ちさせるためなどではなかった、とかなんとか言うことだろう。また別の側の、ごくありきたりの哲学者先生たちはといえば、骨の髄まで局外者的で純然たる省察にふけるだけの姿勢のゆえに、この唯一正当なヘーゲル・ルネサンスに近づく道を見出すことなどできないだろう。……個別科学の方法と機能にばかり絶えず向けられている視線、かてて加えて、具体的な全体観察の表現をあるいは妨げ、あるいはそうした全体観察の欠如を美化しさえした認識論的形式主義――このじつに勤勉な無為は、ほかでもないドイツ古典哲学の根本問題、主体＝客体の問題を隘路《あいろ》におしこめてしまったのだが、このルカーチの本は、はじめて、それをふたたびそこから救い出す作業を開始しているのである。」

ブロッホの書評が『デア・ノイエ・メルクーア』（新しいメルクリウス神）誌に発表されたのは一九二四年春だったが、この年の初夏には、はやくもルカーチにたいする攻撃が開始されていた。

六月中旬から七月上旬にかけてモスクワで開かれたコミンテルン（共産主義インターナショナル）第五回大会の第三日目（六月十九日）に、同執行委員会議長グリゴリー・ジノヴィエフは、執行委員会の活動に関する報告を行ない、そのなかで「極左派および理論上の修正主義にたいする闘争」にふれて、ルカーチをはじめて名指しで非難したのである。

極左派＝理論上の修正主義者としてここで批判されたのは、ドイツのカール・コルシュ、ボリス・ロニガー、イタリアのアントニオ・グラツィアーデイ、それにハンガリーのジェルジ・ルカーチだった。そしてこの批判の背景には、とりわけドイツで労働組合からの脱退戦術をめぐって明確化した党内対立や、各国の共産党が一小セクトから労働者階級に根をおろした大衆政党へと発展しようとする途上でのさまざまな論争、それにもっとも深刻な現実として、ハンガリーの敗北から一九二三年秋のドイツでの敗北にいたる、一連のヨーロッパ革命の挫折があった。この困難な一時期をふりかえって、ジノヴィエフは述べている、「われわれは、労働組合問題における〈新戦術〉

がそのまま勝手にすすめられることを、おそれたのだ。そうなれば、きわめて大きな弊害がおこりかねなかった。われわれはこうした極左的傾向と闘ってきたが、それは正しいことであり、またかなりの成果をおさめもした。……非合法ないし半非合法の時期に、もしもわれわれが労働組合からの脱退を放置していたとしたら、党は、大衆政党となるかわりに一セクトになってしまうだろう。われわれは極左派と闘わねばならない。なるほど、かれらは数のうえでは少数だった。しかし、大きな河も小さな小川からできてくるのだ。」

この小さな小川が、コルシュであり、グラツィアーデイであり、ルカーチだったのだ。なるほど、ジノヴィエフの演説は、「同志グラツィアーデイは教授《プロフェッサー》だ。コルシュも教授だ」と叫ぶ程度の、かなり粗雑なものだったし、会議の参加者のなかからも、それに呼応して、「ルカーチだってやっぱり教授だ！」という野次がとんでいた。けれども、この時点で極左派＝修正主義にたいする総攻撃がなされねばならなかったのには、それなりの強固な理由があったのである。

さきにもふれたように、第一次世界大戦の終戦とともに始まった全ヨーロッパの革命的情勢は、たびかさなる武装蜂起にもかかわらず、決定的瞬間においてつねに不発のままに終わっていた。すでに一九二一年夏、コミンテルンは、中部ドイツの大闘争（いわゆる三月行動）の敗北を総括するなかで、はやくも革命的情勢の一応の鎮静化と、資本主義の〈相対的安定化〉を確認し、統一戦線戦術への転換を決定していたほどだった。トリーノの工場評議会運動を闘ったイタリアや、数度にわたる武装闘争の体験をもつドイツの労働者、それに反革命に追われてヴィーンに結集した東南ヨーロッパ各地の共産主義者たちのなかに依然として存在する左派路線は、このコミンテルンの方針とするどく対立するものだった。一方たとえばレーニンは、これよりずっと早くから、すでに二〇年春には周知のとおり『共産主義内の〈左翼〉小児病』で、この傾向を批判し、さらに、ルカーチを主要な編集・執筆メンバーとする東南ヨーロッパ諸国のための共産主義インターナショナルの雑誌『コムニスムス』（共産主義）にたいする二〇年六月の書評や、「共産主義インターナショナル第二回大会の基本的任務についてのテーゼ」（同年七月）などで、その批判を再三くりかえしていた。ジノヴィエフの報告は、こうしたレーニンの姿勢を、いっそう深刻化した条件のもとで、いっそうきびしく引きつぐものだったとも言える。

「……もしもわれわれが原則を堅持しようとするなら、もしもレーニン主義がわれわれにとってただ単に口先だけのお題目であってはならないとするなら、わたしがレーニンから引用した言葉を記憶にとどめておいてほしい。すなわち、われわれはこれら極左派をのさばらせはしない。これこそは、理論上の修正主義であって、インターナショナルな現象となってはびこりつつあるものなのだ。イタリアで同志グラツィアーデイが、一冊の著書をたずさえて、そのなかにはかれがまだ社会民主主義者で修正主義者だったころに書いた、マルクス主義に反対の態度をとる古い論文がのっているのだが、その著書をたずさえてかれが登場するとき、この理論上の修正主義がわれわれのもとでなんの罰もうけずにほうっておかれることはできない。ハンガリーの同志G・ルカーチがこれと同じことを哲学と社会学の分野でやっているのを、これまたわれわれは許さないだろう。わたしは、ルカーチの属しているフラクションの指導者のひとり、同志ルダシから、一通の手紙をうけとった。ルダシは、修正主義者ルカーチに反対の態度をとる意図をもっていた、と言明している。フラクションがかれにそれを禁じたとき、かれはそこから脱退した。マルクス主義が水割りされることを望まなかったからだ。ブラボー、ルダシ！」

グリゴリー・ジノヴィエフ

だが、極左派＝理論上の修正主義にたいする批判は、この同じ第五回大会で、共産党およびコミンテルンの〈ボリシェヴィキ化〉というスローガンが決定されたことによって、特殊な意味をおびることになる。はじめ社会民主党や社会党からの分裂によって生まれた各国の共産党は、革命的情勢のなかで、あるいは左派社会民主主義者たちとの統一を達成し、あるいは〈大衆の中へ！〉や〈統一戦線〉の戦術を通じて、次第に大きな大衆政党となってきていた。レーニンは、一九二〇年のコミンテルン第二回大会にあたって、「コミンテルン加入のための二十一カ条の条件」を提起し、無原則的な組織の肥大に歯止めをかけようとしたのだが、レーニンの死後はじめてのコミンテルン大会たる二四年の第五回大会は、〈ボリシェヴィキ化〉のスローガンのもとに、この粛党を継続推進することを決定したのである。大会終了の翌日（七月九日）、レニングラートの党活動家会議の席上で、極左派とボリシェヴィキ化の問題にふれながら、ジノヴィエフはつぎのように報告した。

「コミンテルンの最初の五年がすぎたのち、われわれはこのスローガンを出した――党のボリシェヴィキ化。以前、われわれのスローガンは、大衆の中へ、であった。それから、統一戦線戦術があった。だがいまやわれわれは、党のボリシェヴィキ化を要求するのである。……共産主義者であるためには、社会民主主義者たちに反対するだけではだめだ。……いまや、われわれは自己を改造しなければならない。いまや、これをめぐって、ごく小さな問題からもっとも大きな問題にいたるまで、戦術の諸問題にいたるまで、闘争が行なわれるのである。闘争は、いまや、党のボリシェヴィキ化をめぐって行なわれる。この意味において、党のボリシェヴィキ化のスローガンは出されたのだ。そしてそれは、第五回大会のもっとも重要なスローガンのひとつなのだ。」

外にたいする統一戦線政策は、構造的に、内にたいするボリシェヴィキ化の要求をともなわざるをえないのかもしれない。だが、この要求が、〈極左派＝理論上の修正主義〉にたいする攻撃として最初の実践に移されたということ、そしてしかも、数カ月前に病死したレーニンの名においてそれが行なわれたということは、国際共産主義運動のその後の進路にとって、あまりにも大きな意味をもってしまった。そのときどきの局面によって具体的なあらわれかたはさまざまだったとはいえ、概してそれは、〈相対的安定期〉のなかで、このいっけん不動の背景のまえで、それでもなおこれを動かす主体的行動の方途をさぐろうとする試みを、〈極左主義〉のレッテルのもとに断罪し排除する方向をたどりがちだった。そして、この方向と不可分に、ひとつの無謬の正当性が、〈レーニン主義〉ないしは〈マルクス＝レーニン主義〉という正統性が、不動のものとして措定されていった。これと一体化しようとするさまざまな志向は、たとえ当初は誠実な自己批判に発するものであるにせよ、もはやどんな批判をも自己批判をも有機的に血肉化しえなくなる危険に、陥らざるをえなかったのである。

問題は、ボリシェヴィキ化の要求にもとづいて批判や攻撃を受けたほうの側が示す態度にもあった。その点では、かれらもまた、歴史にたいする責任をまぬがれることはできない。『歴史と階級意識』が批判されたとき、ルカーチは、コミンテルン主流派とのあいだに一種の〈紳士協定〉を結び、党からの除名をゆるされるかわりに沈黙をまもることを承知した、といわれる。そして、じじつ、『歴史と階級意識』をめぐる論議は、当時、著者ルカーチを埒外において展開された。その時点でのルカーチの真意をいまから明らかにすることは、もはや不可能である。だが、いまのところただひとつ、まったくただひとつ、このときルカーチのとった態度を示す痕跡だけはのこされている。

　ドイツ共産党中央機関紙『ディ・ローテ・ファーネ』（赤旗）は、一九二五年一月六日付の雑報欄に、「レーニンの名の濫用」という短い記事を掲載した。その内容は、共産党系のいくつかの新聞雑誌にのったマリク書店の新刊広告を批判したものだった。共産党員でもある詩人のヴィーラント・ヘルツフェルデが主宰するこの書店は、ヴァイマル時代全般とその後の亡命期をつうじて、出版活動により、ドイツの革命運動とプロレタリア文化運動に無視しえない貢献をはたすことになるのだが、そのマリク書店が、こともあろうに、好ましからざる書物を「レーニンの精神を体現した科学」として推奨しているわけである。問題の広告に記されていたのは、K・A・ヴィットフォーゲルの『ブルジョワ社会の科学』および『ブルジョア社会の歴史』と、ドイツ革命の初期に共産党の前身「スパルタクス・ブント」とともにもっともラディカルに闘った「革命的オプロイテ」の中心メンバーのひとりだったリヒャルト・ミュラーの『帝国から共和国へ』、それにルカーチの『歴史と階級意識』だった。――「同志ヴィットフォーゲルの両著作をレーニンの精神の表現とみなしてよいかどうかはまったく別にするとしても、あの死体《ライヒエン》のミュラー〔これが、ミュラーに与えられた蔑称だったのだ〕が突如としてレーニン主義者にまで高められるとは、まさにスキャンダルというほかはないし、あるいはまた、そのイデオロギーをレーニンが激しく攻撃した当の人物たる同志ルカーチが、〈レーニンの精神を体現した科学者〉にまで高められるとは、いささか奇異に思われるのである。

もしもわれわれの敵たちがレーニンの名をけがし、はずかしめるのであれば、それはいわば、かれらの〈プログラム〉のうちである。だが、われわれの同志や友人たちがレーニンの名を濫用するようなことは、あってはならないのだ。」

この記事にたいして、ルカーチは『ローテ・ファーネ』編集部あてに短い釈明文を送った。それは、一月二十五日付の同紙に掲載された。

「同志のみなさん!

一九二五年一月六日付の貴紙上で、あなたがたは、レーニンがわたしの〈イデオロギーを激しく攻撃した〉と書いておられます。わたしの知るかぎり――そしてまたレーニンの諸著作は、これを正確に検証することが充分できるほど、よく知られているわけですが――同志レーニンはたった一度だけ、わたしの諸見解のひとつを攻撃したにすぎません。これは、一九二〇年の春、ハンガリー共産党内の論争で、同志べーラ・クンとわたしとが、ヴィーンの雑誌『コムニスムス』において、議会主義の問題について正しくない見解を代表していたときのことでした。わたしの〈イデオロギー〉について、同志レーニンが意見を述べたことは、一度もありません。

ヴィーン、一九二五年一月十六日

ゲオルク・ルカーチ」

「同志ルカーチの『ローテ・ファーネ』編集部あての声明」というタイトルでこれを公けにした編集部は、同じ記事のなかで、ルカーチの文章につづけて、つぎのような註釈を加えた。「形式的には、同志ルカーチの言うとおりである。なにしろ、レーニンの著作には、ただ一カ所しか出てこないのだから。けれども、もちろん同志ルカーチも、コミンテルン第三回世界大会を知っているすべてのものも、レーニンがルカーチの立場を、戦術的にもイデオロギー的にもきっぱり拒否したことを、ちゃんと知っているのである。」こうしてルカーチの抗議をしりぞけた編集部は、『コムニスムス』誌にたいするレーニンの書評のなかから、ゲ・エル(すなわちルカーチ)を批判した箇所を引用して、記事を結んでいる。

いっけん取るに足らぬこのエピソードは、だがしかし、批判にたいしてルカーチがとった態度をよく物語っているのではなかろうか。かれもまた、レーニンという軸を基準にして、自己の正当性を救おうとしたのである。そしてそれによって、ひとつの固定化に手をかしたのである。しかも、かれがことさらに言及したベーラ・クンは、この当時すでに、コミンテルンの中心的な指導者のひとりと目されはじめていた。

　ひとりルカーチだけではない。『ローテ・ファーネ』による可否の判定を留保されたヴィットフォーゲルもまた、この直後に、同紙を舞台にしたプロレタリア文化運動をめぐる討論のなかで、プロレタリア文化の可能性に関するトロツキーとレーニンとの見解の相違を引きあいに出し、前者を否定し後者を援用することによって、自己の主張とドイツの運動とにひとつの正当化を与えようとしたのだった。そしてさらに、この時期の『ローテ・ファーネ』の編集長としてレーニンの名を濫用からまもろうとしたヴィルヘルム・リーゼが、その数年後には、左翼反対派として、ボリシェヴィキ化とレーニン主義の名のもとに、党から除名されねばならなかった、という事実もまた、この問題の深さをいっそうくっきりとうかびあがらせる。一九二六年暮のコミンテルン執行委員会第七回総会で、ドイツ代表のリーゼは、当時すでにロシアの党内反対派として排除されようとしていたジノヴィエフ、トロツキーらを会議に招いて意見を述べさせるべきだと提案したのだが、もちろんこの主張は容れられなかった。内部討議の可能性がもはやないことを知ったリーゼは、同年コルシュらとともに除名されたドイツの党の左翼反対派の一部（ルート・フィッシャー、ヴェルナー・ショーレム、その他）とあいたずさえて「レーニン同盟《ブント》」（！）を結成し、二八年五月の国会選挙にこの同盟の候補者となって立候補したため、最終的に共産党を除名されたのだった。

「……レーニンの死は大きな役割をはたした。それは、労働者階級にとって重大な打撃だった。労働者階級の事業に一身をささげつくしたわれわれの最大の指導者が、われわれの愛する師が、逝ってしまったのだということを、だれもが悟った。だれもがこう言った、〈われわれはレーニン主義者になろう〉。これはどういう意味か？　これは同志レーニンにたいする敬意を意味するのか？　ボリシェヴィキ的な党にいるためには、それではだめだろう。これは、われわれはわれわれの党をボリシェヴィキ化しよう、という意味なのである。」――一九二四年夏のレニングラート党活動家会議で、ジノヴィエフはこう述べた。コミンテルン第五回大会の「もっとも重要なスローガン」であるボリシェヴィキ化の要求は、レーニン主義の名によって極左派を批判した。そして批判を受けたものもまた、レーニンの名によって自己を正当化し、あるいは批判を受けいれた。エルンスト・ブロッホがルカーチの批判された著作のなかに見出したあの精神、「ここでは、行動するものだけが理解する。厳密には、かれが行動しようと欲するかぎりでしか理解しない。……正しい思考とはつねに、いまここで何をなさねばならないか、という視点の下におかれた思考でしかない」という精神は、いまとここを問いつつ行動し、行動しつつ問うことを、やめる。形成ではなく存在が、ひとつの既存が、思考と行動の尺度となる。ひとつの信条が、不断の問いにかわる。——『歴史と階級意識』にたいする批判は、こうしたなかで行なわれたのだった。そして、こうした状況が将来にわたってつづくその第一歩として、それは行なわれたのだった。

2 〈ボリシェヴィキ化〉と〈正統マルクス主義〉

ジノヴィエフのルカーチ批判は、コミンテルン第五回大会ののち、ただちに、ふたりのイデオローグによって引きつがれた。レーニンの死の直後から（明らかにレーニン主義の宣揚を主要目的として）一年間だけヴィーンで刊行された月刊誌『アルバイター・リテラトゥーア』（労働者文献）が、その舞台だった。

第一の批判者は、「マルクス主義が水割りされることを望まなかった」あのラースロー・ルダシである。かれは、もとハンガリー社会民主党の党役員だったが、一九一八年十一月のハンガリー共産党の樹立とともにその中央委員となり、ソヴィエト政権の時期には、オットー・コルヴィン、ルカーチらとともに党内の左派に位置していた。党のふたつの機関紙、『インテルナツィオナレ』と『ヴェレシ・ウーイシャーグ』（赤色新聞）の編集委員のうちでも、この両方を兼任していたのは、ルダシひとりだった。ベーラ・クンは、ハンガリー革命政権のイデオロギー面の実践を、ルダシとルカーチのふたりにゆだねきっていた、といわれる。ふたりとも、党の中央アジテーター学校のスタッフとして、革命前から活動家の養成の任にもあたっていた。そうした任務のなかで、ルダシは、レーニンの『国家と革命』をはじめてハンガリー語に翻訳し、また、一九一九年の第一回大会以来、コミンテルンのハンガリー代表の一員でもあった。そのルダシが、一九二四年秋、『歴史と階級意識』にたいする本格的な批判の口火を切ったのである。最初の論文「正統マルクス主義？」が、『アルバイター・リテラトゥーア』誌九月号に、つづいて「ルカーチの階級意識理論」が十月号と十二月号に掲載された。

もうひとりの批判者は、アブラム・デボーリンである。かれの「ルカーチとそのマルクス主義批判」は、はじめ独立の小冊子としてモスクワで刊行されたのち、ルダシの最初の批判の翌月、『アルバイター・リテラトゥーア』

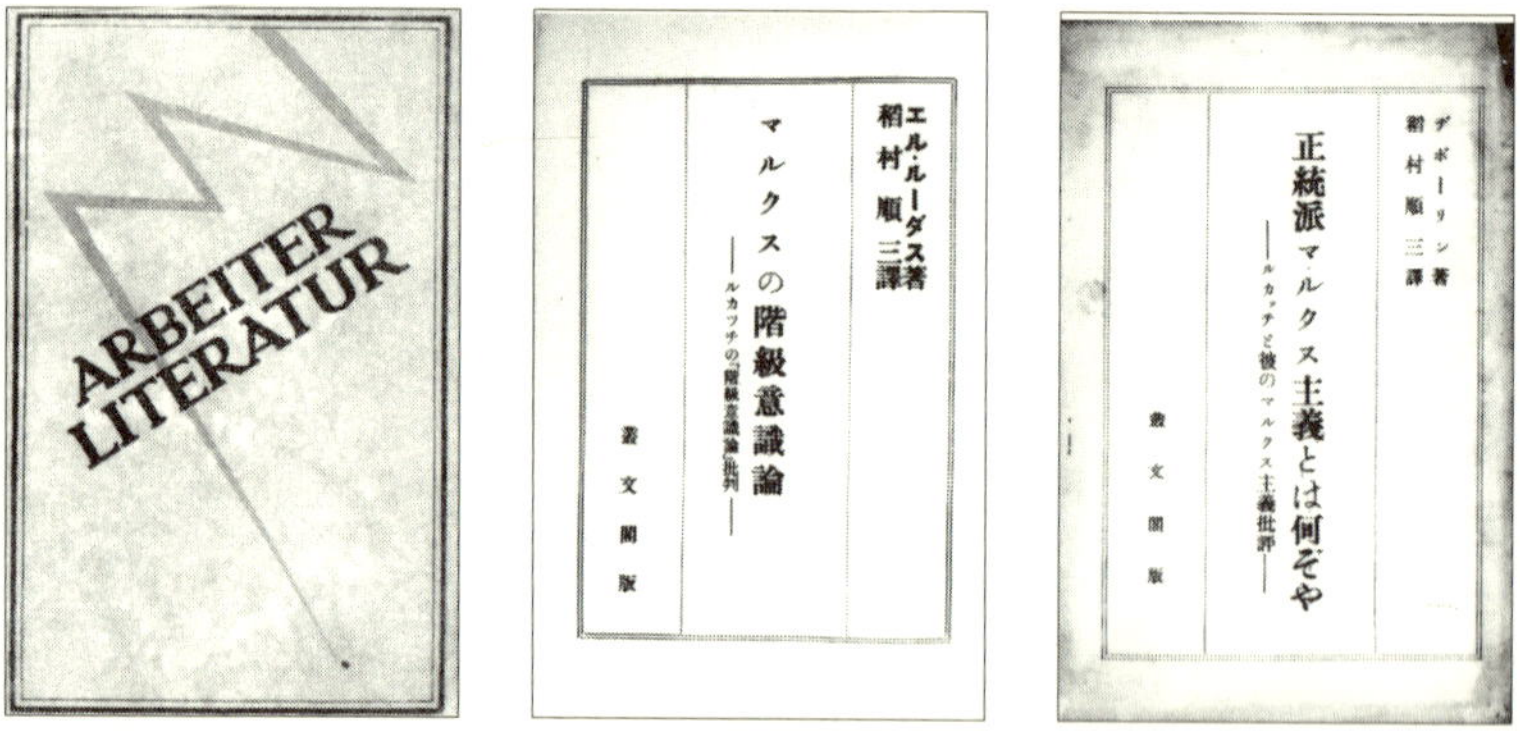

『アルバイター・リテラトゥーア』誌（1924年）とルダシ、デボーリン論文の邦訳書（1927―28年）

十月号にドイツ語で転載された。デボーリンは、すでに十月革命以前から、メニシェヴィキに属する理論家として活動していたが、ここであらためてアクチュアルな問題を論じて――好んで用いられた言い方をするなら――哲学戦線の最前列に立ったのだった。そしてその二年後の二六年には、哲学雑誌『マルクス主義の旗の下に』の編集長に就任、二〇年代後半のマルクス主義哲学を代表する存在と目されるようになる。だが、そのデボーリンも、すでに一九三〇年には、弁証法的唯物論の発展におけるレーニンの役割を過小評価した、という批判をあび、〈メニシェヴィキ化しつつある観念論〉として断罪されねばならなかった。ちなみに、この〈メニシェヴィキ化しつつある観念論〉にたいする批判のなかでは、ルカーチの名もまた挙げられたのである。たとえば、「ルカーチは、最新の形態の一連の他の修正主義者と同様に、マルクス主義のなかにただ方法のみを見る。（デボーリン学派のメニシェヴィキ化しつつある観念論は、より巧妙な形態においてこの同じ見地に立っている。）……レーニンは、ボグダーノフ、ルカーチその他の修正主義者とは反対に、マルクス主義の個々の部分を全体としてのマルクス主義に対置しないで、それらの部分を弁証法的統一において観察している。」「われわれはまた、デボーリンが、認識論の課題についての見解によって、マルクス、エンゲルスやレーニンよりは、マックス・アードラー、フォーアレンダー、ルカーチのような〈マルクス主義の代表者〉にどれほど近く接近しているかについても、語るまい。」「メニシェヴィキ化しつつある観念論は、哲学戦線におけるレーニン主義的行動綱領を歪曲して、弁証法のための闘争を切り縮め、これらすべての任務が唯物論のための一般的闘争に従属していることを理解しなかった。」云々――エル・マニコフスキー「メニシェヴィキ化しつつある観念論の哲学的源泉に関する問題によせて」（『マルクス主義の旗の下に』日本語版、一九三一年十二月）

デボーリンにたいするのちの批判が、マルクス＝レーニン主義の修正と歪曲を問題としたように、ルカーチにたいするデボーリンの論駁もまた、マルクス主義の正統性をめぐってなされた。かれの「ルカーチとそのマルクス主義批判」の邦訳が一九二七年春に刊行されたとき、訳者・稲村順三がこれに『正統派マルクス主義とは何ぞや』という表題を与えたのは、それなりに問題の核心を衝いていたのである。デボーリンのルカーチ批判を紹介したルポフ署名の『プラウダ』（真理＝ソ連共産党機関紙＝一九二四年七月二十五日付）の記事は、「正統マルクス主義の理論的立場に忠実なすべての党員は、A・デボーリンのこの小冊子をぜひとも読むべきだろう」と述べていた。デボーリンばかりではない。ルダシの第一論文もまた、「正統マルクス主義？」という疑問符つきのタイトルが示すように、この問題を軸にして展開された。つづくかれの第二論文「ルカーチの階級意識理論」も、ルカーチの理論がマルクス、レーニン、ブハーリンによりはむしろハインリヒ・リッケルト、マックス・ヴェーバーらのブルジョワ社会学者や、古くはマルクスから徹底的に批判されたブルーノ・バウアーの〈批判的批判〉に近いことを、主として「帰着概念」（Zurechnungsbegriff）というルカーチの階級意識の把握を手がかりにして論証しようとするものだった。

われわれはまず、この両者による批判のアウトラインをたどり、そののちに、〈正統マルクス主義〉をめぐるこの論難が、じつはどのような具体的問題をはらんでいたのかを、見ることにしよう。

『歴史と階級意識』にたいするデボーリンの批判は、ルカーチがエンゲルスに向けた批判ないしは強い疑念とかかわっている。ルカーチはここでマルクスとエンゲルスを離反させ、エンゲルスを否定することによって、マルクス主義そのものの否定をもくろんでいるのだ――とデボーリンは指摘する。だが、「同志ルカーチがマルクスをエンゲルスと離反させようとして用いている方法が、とくに成功しているとか独創的であるとか、言うことはできない。この方法は、ブルジョワジーの陣営から出たものも修正主義者のたぐいの批判者もふくめて、種々さまざまなマルクス主義批判者たちが、すでにしばしばそこへ逃げこんだところのものなのである。」そうした傾向の新しい代表者たるルカーチは、まず第一に、エンゲルスが弁証法的方法を自然にまで適用したことを、非難するのである。ルカーチによれば、弁証法は社会的・歴史的な事象にのみ適用可能なのであって、マルクス自身は、一貫してそう考えていたのだった。

「同志ルカーチは、史的唯物論ならなんとか承認するが、それに反して哲学的唯物論は非難するような、そういう連中の地盤に立つのである。そして、マルクス主義にたいするブルジョワ的批判者たちとこれまた完全な一致をみながら、同志ルカーチとその一味は、エンゲルスおよびプレハーノフの〈自然主義的形而上学〉について、軽蔑をこめて語る。〈自然主義的形而上学〉――なんとこれは、唯物論の渾名《あだな》なのだ。」

ところで、この「同志ルカーチとその一味」とは、だれなのか？　デボーリンは、これを名指しつつ、批判の第二点に移っていく――「ルカーチはすでに弟子をもっており、ある意味においてひとつの傾向全体の頭目である。そしてその傾向に属しているのは、とりわけ、コルシュ、フォガラシ、レーヴァイその他の同志たちである。事柄がこういう状態を示している以上、かれをあっさりと無視してしまうことなどできない。われわれは、少なくとも、マルクス主義のなかのこの〈新しい流れ〉の根本原理くらいは、批判しておかねばならない。」その根本原理とは、さきに挙げた自然への弁証法適用の可能性の否定とならんで、マルクス主義の本質をもっぱら方法のなかに見る考え方である。ルカーチは、最新のさまざまな研究によってマルクスの「個々の」判断が「ことごとく」正しくないことが証明されるかもしれない、ということを認める。そして、たとえそれを認めたとしてもマルクス主義そのものを否定することにはならない、と主張する。なぜなら、ルカーチによれば、正統マルクス主義とは、マルクスの研究の結果の正しさをそっくりそのまま認めることでもなければ、あれこれの方針をそのまま「信仰」することでもなく、マルクスの弁証法的方法の正しさを認めることだからである。だが――とデボーリンは反論する――どんな学説でも、個々の方針の総和から成り立っているものなのであって、たとえば、『資本論』のなかで示されている明確な結論を否定するマルクス主義者があるだろうか？　マルクス主義者にとっては、結論も方法とまったく同じように重要なのである。

デボーリンの批判の第三点は、理論と実践の統一性こそが理論の革命的機能の前提である、というルカーチの主張にたいして向けられる。この主張を行なうルカーチは、エンゲルスがこのことを正しく認識せず、歴史過程における主体と客体との弁証法的な相互作用をまったく無視して、もっぱら客観的な現実過程の「法則性」だけを強調した、と非難する。ルカーチによれば、エンゲルスは、弁証法にとって中心的な問題は現実の変革であることを忘れ、客体の側にのみ弁証法を適用することによって、ブルジョワ的な傍観者的唯物論、宿命論、等々へと逸脱してしまったのである。だが、こう述べるルカーチこそ、じつは、実践と恣意主義とを混同し、法則性と宿命論とを同一視しているのだ、とデボーリンは反駁する。こともあろうに、「そのさいルカーチは、法則性という言葉をカッコでくくって、〈ブルジョワ的カテゴリー〉だと言っているのである。」これではまるで、現実の変革という方針を最初に提起したのみかあらゆる細部にまでわたってこの方針を堅持しぬいたのがマルクスとエンゲルスではなかったかのような、言いぐさではないか。「いったいルカーチは、これ以上なにを望んでいるのか、この修正者はなにをめざして汲々としているのか、それが問題になってくる。……理論というもの、したがってまた認識というものは、かれにとって、〈物質〉とか現実とかとは無関係な独立した意味をもっているのであり、かれは実践をも理論とまったく同じように観念的に把握しており、かれの弁証法のとらえかたこそが、マルクスとエンゲルスのとらえかたから逸脱しているのである。」

ルカーチのエンゲルスにたいする言いがかりとは逆に、じつは、マルクスは、歴史と自然に、ともに弁証法的方法をみとめている。マルクスとエンゲルスのあいだには、弁証法の自然への適用可能性にかんしても、完全な一致があったのだ。——こうデボーリンは述べて、さらにまた、ルカーチがヘーゲル弁証法の理解においてすら誤っている、と主張する。むしろ、デボーリンによれば、ヘーゲルとマルクスとエンゲルスのあいだにこそ、完全な一致が存在するのである。なぜなら、かれらはみな、「世界――自然および歴史――を弁証法的発展過程とみなしている」のだから。

ルダシの最初の批判、「正統マルクス主義?」も、以上のようなほぼ三点にわたる問題点（弁証法的方法の自然への適用の可否、マルクス主義における方法の重視、理論と実践の統一性）をめぐるデボーリンの論駁と、ほとんど同一の線上をたどっている。だが、ハンガリー革命の日々から同じ戦列でルカーチとあいならんで闘ってきたルダシは、いっそう身近な感想から出発して、『歴史と階級意識』のなかにルカーチの過去が未清算のまま残っている、という指摘からはじめる。――ドイツの哲学界ですでにかなりの名声をはくしていたルカーチは、共産主義者となったのち、つねにもっとも危険な部署につき、一瞬たりとも動揺せず、日和見主義の公然たる敵だった。ところが、いま、ルカーチの著書には、マルクス主義者がとうてい認めることのできない誤りがふくまれている。要するに、「同志L（ルカーチ）は、自分の社会的な過去と徹底的に訣別したが、哲学者としての過去とはそれをしていないのだ。」この過去の残滓を、ルダシは、ルカーチの「隠語」のなかに見る。つまり、『歴史と階級意識』は、おびただしい専門用語を駆使して書かれており、予備知識のない読者には、とうてい理解できない代物なのである。

ブルジョワ哲学や社会学の「隠語」を使っている、というルダシの批判は、『歴史と階級意識』の叙述にかんするかぎり、当たっていると言わざるをえない。その難解さは、大衆に近づくという共産主義者として当然の義務を怠っている、とルダシに批判されてもやむを得ないものだった。もともとこの一巻は、ハンガリー革命とヴィーン亡命のほぼ四年間をつうじて、実践活動のなかで思考し、そこで直面した諸問題との対決の成果の集成として、まとめられた。「本のかたちに収集して刊行することは、個々のものがもつ以上の大きな意義をそれらの論文に与えようなどと考えてのことではない。これらの大部分が……党活動のただなかで、革命運動の理論的諸問題を著者自身および読者のために明確にする試みとして、生まれたものなのである。」ルカーチ自身が、「まえがき」の冒頭でこう述べている。ほかならぬその本が、新しい現実を、労働者階級の理解を超える旧来の学術用語でしか表現できなかったところに、ルカーチの活動と、かれの理論と、さらにはその素材となり母胎となった運動全体の、きわめて大きな問題点があったのである。それゆえ、ルカーチの「隠語」にたいするルダシの批判は、正鵠を得たものだった――その批判自身が、別の権威に支えられた別の隠語を用いる危険を、たえずみずから切除しつづけるのであるかぎり。

　ルカーチの過去にかんする前置きののち、ルダシは、「正統マルクス主義とは何か?」というルカーチの問いを、ルカーチ自身に向かって反問する。ルカーチはみずからを正統マルクス主義者と呼び、自分はマルクス主義の正統性をエンゲルスにさからってさえも擁護するのだ、と公言している。だが、ルダシの見るところでは、ルカーチの考え方は正統マルクス主義どころか、「マルクス主義弁証法の純観念論的転倒を、ひとつの観念論的認識論、弁証法の矮小化を、ふくんでいる。」そのうえ、「ここに跳梁している観念論たるや、ヘーゲルのうしろまで逆もどりしてしまうような、なんとも独特の、やっかいな事情をせおいこんだ観念論なのだ。」(強調はルダシ)

　では、何故にルカーチは観念論者であり、しかもこのように複雑な観念論者なのか?――これを明らかにするためにルダシがとりあげる主要な批判対象は、これまた、デボーリンによる批判のばあいと同じく、ルカーチのエンゲルスにたいする評価にほかならない。マルクス主義の〈正統性〉を問題にする観点からは、当然、エンゲルスにたいするルカーチの論難を、徹底的に批判する必要があったのだ。だが、それだけではなく、さきに概観したデボーリンによる批判からもある程度明らかなように、エンゲルスを否定的な手がかりにして展開されたルカーチの理論には、ルダシやデボーリンや、さらにはジノヴィエフをはじめとするコミンテルン指導者たちが、ぜひとも批判せざるをえない要素が、そして他方では、ルカーチ自身がまさに「エンゲルスにさからってまでも」主張しなければならなかったような問題点が、ふくまれていたのである。われわれもまた、言葉のうえでの〈正統性〉や〈逸脱〉を云々するのではなく、ここで真に問題にされていたこれらの概念の内実を問いなおし、ルカーチにたいする批判と、その批判をあびねばならなかったルカーチのエンゲルス批判とが、じつはどのような具体的意味をもっていたのかを、明らかにしなければならないだろう。

　じじつ、ルカーチは、『歴史と階級意識』の「まえがき」のなかで、公然とこう述べたのだった、「……重要なことは――これこそ本書の根本的確信なのだが――マルクスの方法の本質を正しく理解し、かつ正しく応用することであって、けっしてその方法を何らかの意味で〈改良〉することではない。ここでは若干の箇所でエンゲルスの個々の発言にたいする論難が行なわれているが、これは――洞察力のある読者ならだれしも気づくにちがいないように――体系総体の精神からなされたことであり、これら個々の点について著者はエンゲルスにさからってまでも正統マルクス主義の立場を代表しているのだ、という見解に――これが正しいにせよ誤っているにせよ――発してのことなのである。」（強調はルカーチ）もちろんルカーチは、この自己の見解の正しさを確信していた。少なくとも、その正しさを、『歴史と階級意識』全巻によって、示そうとしたのだった。たとえ個々の点についてであれ、ここでは、エンゲルスが正統マルクス主義の立場と矛盾するものをもっていたことが示唆され、マルクスの方法の本質にそぐわぬ要素をふくんでいたことが、まぎれもなく指摘されている。これは、マルクスとエンゲルスの思想が一体となってマルクス主義をつくりあげ、その正統的な発展線上にレーニン主義がある、と考えるものたちにとっては、許すことのできない見解だったのだろう。

　ルダシは、ルカーチのようなエンゲルス非難が、いまに始まったものではない、と述べる。「マルクス主義の敵たちは、まずエンゲルスを論難するという廻り道をとおって、マルクスをも、マルクス主義をも、否定しようとくわだてるのがつねだった。たとえば近い例では、イタリアのアルトゥーロ・ラブリオーラがそうである。ラブリオーラは、エンゲルスを「暗愚な精神《スピリト・オスクーロ》」と呼んでいた。だが、そのラブリオーラは、第一次大戦後、突如として、ブルジョワ政治家ジョリッティの内閣の労働大臣となって登場し、マルクス主義者であることをやめたのである。「ところで、わたしがアルトゥーロ・ラブリオーラに言及するのは、まさに、かれがこれまた同じく〈極左派〉（レーニンのいう小児病の意味で！）だったからであり、第二に、かれのやりかたが典型的だからにほかならない。エンゲルスはマルクスを理解しなかった、ということにかこつけて、もちろんマルクス主義そのものが歪曲されるのだ。これまで、例外なくそうだったのである。」（強調はルダシ）

　つまり、エンゲルスの評価をめぐるこの論議の真の問題点は、じつは、マルクス＝レーニン主義であり、それと対置された〈極左主義〉だったのだ。

ところで、かれのエンゲルス批判と深くかかわる〈正統マルクス主義とは何か?〉という問いを、ルカーチは、このときはじめて提出したわけではなかった。むしろそれは、革命の実践とかかわりはじめた当初から、かれがたえず一貫していだいていた問題意識の、もっとも簡潔な表現にほかならなかった。すでにハンガリー・ソヴィエト共和国の時期に公けにされた『戦術と倫理』のなかで、この問題意識ははっきりと表現されている。この小冊子におさめられた四つの文章のひとつ、「正統マルクス主義とは何か?」において、ルカーチは、マルクスの予見が個々の事実にかんして的中しなかったことを理由にマルクス主義の修正をとなえるベルンシュタインをも、またこの修正主義に反対して〈正統マルクス主義〉を標榜するカウツキーをも、ともに拒否したのである。

ベルンシュタインを筆頭とする修正主義者たちは、「科学の仮面の下に」マルクス主義から弁証法を消し去ってしまおうとした、とルカーチは述べる。かれらは、弁証法などというものはヘーゲル哲学の時代遅れになった伝統であって、〈事実〉にもとづいてのみ構築されている近代科学のなかに席をしめる資格などないのだ、と言う。それどころかかれらは、マルクスにたいしてさえも、方法にかまけて事実や現実性をないがしろにした、などという非難をなげつけ、〈偏見のない〉科学的方法なるものを要求する。だがしかし、「いくら事実を探究してみたところで、つまりいくらさまざまな事実を山積してみたところで、それだけでは、革命の不可避性を、革命的行動の必要性を、現にあるなんらかの契機のうつろいやすい特徴というような域をこえて、明白にし納得しうるものとすることはできない」のである。

一方、カール・カウツキーとその信奉者たちは、ベルンシュタインが最終目的を放棄したことを非難して、かれとは逆に、最終目的になにか神のごとき役割をあたえ、それを現実の運動と切りはなされた美辞麗句にまつりあげてしまった。「それゆえ、かれらは、その行動においてはまさに、ベルンシュタイン主義者とまったく同じ日和見主義者でしかなかったのである。」なぜなら、運動と最終目的とを革命過程全体のなかで統一的にとらえることをしないかれらにとって、社会主義とは（これをなおかれらが掲げつづけるかぎり）科学的必然性であり、革命とは、

1919年のルカーチ

いわば自然法則的にやってくるはずのものだからだ。したがって、かれらが積極的にかかわるべきことは、改良主義的な日常要求だけで充分だということになるからだ。だが、マルクスの方法は、個々の契機を孤立させてとらえるのではなく、つねに、ひとつの大きな社会的・歴史的過程のますます包括的になっていく全体性、という観点から、現実をとらえる。「全体性が、全体の統一性が、諸部分の抽象的な孤立にたいしてこのように無条件で優先するということこそは、マルクスの社会観の本質的な点であり、これこそが弁証法的方法なのだ。この方法にしたがうこと（個々の言葉を反芻することではなく）こそが、正統マルクス主義なのだ。」

〈正統マルクス主義とは何か?〉という問題に、一九一九年三月の時点で、ルカーチはこのような解答を与えていたのだった。そして、ここでなされた〈事実〉批判、〈全体性〉の擁護は、やがて、『歴史と階級意識』の冒頭におかれた同じタイトルの論文のなかで、〈事実〉とはじつは何であり、それは――とりわけ方法的・歴史的に――どんな意味をもつものか、という問題の追究として深められ、さらには（のちにくわしく見るような）自然科学の方法にたいする原理的な批判と関連したエンゲルス批判にまで、行きつくことになるのである。

だが、その展開をあとづけるまえに、われわれはここで、もうひとつの重要な問題にふれておかなければならない。

さきに引用したルカーチのいくつかの言葉からもすでに明らかなように、ベルンシュタインとカウツキーをともに批判しつつ正統マルクス主義を擁護するルカーチの志向は、根本的には、革命の現実性の問題と深くかかわっていた。すなわち、マルクスの個々の結論が個々の事実と合致しなくなったからというので革命の可能性と必要性そのものを否定する修正主義者と、これに反対して社会の発展は自然必然的であるとするがゆえに個々の行動と最終目的とを切りはなしてしまう〈正統マルクス主義者〉とが、ともに決して提起しえなかった問題、いま、ここで、何をなすべきか、そしてその行動が革命そのものと主体的・客観的にどう結びつくのか、という問題を、ルカーチは問うたのである。

個々の事実を単なる契機とする現実の過程総体は、たとえば資本主義の恐慌は十年周期でおこるというマルクスの予見が的中しなかったからといって（ベルンシュタインが主張するごとく）その革命的変動の必然性を失ってしまったことにはならない。そうかといってまた、その過程総体は（カウツキーが考えるごとく）自然法則的な進歩ではなく、坐視して待てば革命に通じるというようなものではありえない。むしろそれは、断絶と飛躍と急激な転化の瞬間をふくむものであって、ベルンシュタインやカウツキーの徒たちは、この瞬間をまえにして途方にくれて立ちつくすか、あるいは、この瞬間がまさにいまここで始まっていること自体に気づかないのだ。この瞬間が可能性から現実性に変わるということは、すなわち、個々の契機が弁証法的な一貫性のなかで資本主義的秩序を打倒する革命的行為に転化することにほかならないわけだが、しかし、いつがその瞬間であるかは、天文学が彗星の出現を計算によって予知するような具合に、あらかじめ決定されるものではない。むしろその転化の瞬間は、すぐれて主体的な要因にかかっているからである。

「この瞬間は、弁証法的な所与の事実として、ただひとつ、理論と実践および運動と最終目的がみずからにとってはひとつの統一をなしているということを、労働者運動が意識したときにだけ、可能性から現実性へと飛躍することができるものなのだ。それゆえ、運動の個々の契機がすべて意識的に全体性の立場からながめられるならば、個々の契機がすべて意識的にひとつの革命的な行為として遂行されるならば、そのとき、そしてただそのときのみ、運動が革命という事実をまえにして途方にくれて立ちつくすということはもはやなくなるのである。」（強調は引用者）

ここでルカーチが革命過程における主体的行為の側面に目を向け、とりわけそれを運動の主体の意識と結びつけたことは、ルカーチ自身にとっても、運動全体にとっても、きわめて重要な意味をもつことになる。言うまでもなく、『歴史と階級意識』の全巻は、この階級意識の理論的根拠づけ――というよりはむしろ階級意識形成の客観的可能性の探求――の試みにほかならない。だがしかし、その試行がはらまざるをえない困難と危険と、そしてまた未知の可能性は、すでにここでもその姿をのぞかせている。「なぜなら、決断は事実に先行するものだからだ。」「現実は、つまりマルクスのいう現実は、歴史過程の統一性は、はっきりした言葉で語る。それは言う、革命はここにある、と。」「真に正統的で弁証法的なマルクス主義者であるレーニンとトロツキーは、いわゆる〈事実〉などというものにはほとんどこだわらなかった。ドイツが勝ったとか、いつでもペトログラートに進撃しウクライナを占領できるだけの軍事的な可能性をドイツはもっている、とかいったもろもろの事実など、なんの価値もなかった。かれらは、真の現実を、必然的にはじまるであろう世界革命を、認識しており、かれらの行動の方向を、事実にあわせてではなく、これにあわせて決定したのだった。」――これらの表現は、たんなる〈事実〉や〈科学的〉客観性を批判するルカーチが、逆におちいってしまうある種の主体的契機偏重ともいうべき誤りを、示唆していると言えるかもしれない。しかしまた、革命の現実性をいかにして現実の革命的行動と結ぶか、というアクチュアルな課題、理論と実践の統一性への道の端緒もまた、ここにはあったのかもしれないのである。問題はまさに、その後の発展のなかでどちらの契機が具体化されることになったか、という点にほかならないだろう。この「正統マルクス主義とは何か?」第一稿をおさめた『戦術と倫理』全体にも、またハンガリー革命の敗北後に『コムニスムス――東南ヨーロッパ諸国のための共産主義インターナショナルの雑誌』やドイツ共産党機関誌『ディ・インターナツィオナーレ』に発表された一連の論稿にも、われわれは、こうしたふたつの可能性を読みとることができる。

そして、これらのなかで表明されたルカーチの見解のうち、とりわけ〈議会主義〉をめぐる論争や〈三月行動〉の評価に関する討論のなかでの発言が、レーニンやコミンテルンによって批判されたとき、その批判は、じつは、こうしたかれの基本姿勢のうち、主体的契機を偏重することの危険性にたいして向けられていたのである。亡命のなかでヨーロッパ革命の実践にそくして書いてきた文章を中心にして、一九二二年に『歴史と階級意識』をまとめたとき、ルカーチは、直接的な批判をうけた見解をふくむ諸論文を、これから除外した。「議会主義の問題によせて」（一九二〇年三月）、「第三インターナショナルの組織問題」（同）、「共産主義政党の倫理的使命」（二〇年五月）、「日和見主義と一揆主義」（二〇年八月）、「大衆の自然発生性、党の行動性」（二一年五月）などが、それである。これらを除外したことは、ルカーチ自身にとって、ひとつの態度決定だった。そして同時にまた、それは、運動内の討論の収束の軌跡を示してもいた。ジノヴィエフ、デボーリン、ルダシらによって批判されたとき、すでに『歴史と階級意識』は、それ以前にあびた批判を、いわばネガティヴなかたちで内包していたわけである。この一巻のなかでなされたルカーチの試行は、そのときすでに、こうした批判にそくしての発言であり、しかもまた、こうした批判にもかかわらずの発言だったのだ。

1904年8月、アムステルダム国際社会主義会議でのローザ・ルクセンブルク。前列左は片山潜、右はプレハーノフ。後列右はオーストリア社会民主党のヴィクトル・アードラー

〈正統マルクス主義とは何か?〉という問いを、ルカーチは、『歴史と階級意識』のなかでも、いっそう執拗に問いつづける。この問いをそのままタイトルにした論文が全巻の最初に置かれていることからも、かれの問題意識の所在はうかがわれるだろう。だが、この問いとそれをめぐる批判の原理的・歴史的な意味のひとつの側面がいっそうはっきりとあらわれてくるのは、むしろ、ローザ・ルクセンブルクにかんするルカーチの評価においてである。

はじめ『コムニスムス』誌のローザ・ルクセンブルク＝カール・リープクネヒト追悼号（二一年一月十五日号）に発表され、のちにほとんどそのまま『歴史と階級意識』におさめられた論文、「マルクス主義者としてのローザ・ルクセンブルク」は、この問題を、資本主義の発展と階級闘争の諸段階とのかかわりのなかでとらえなおし、マルクス主義とブルジョワ科学との根本的な違いを明らかにしつつ、

ブルジョワ科学総体とマルクス主義内部の問題点とを、ともに総括しようとする試みだった。

「マルクス主義をブルジョワ科学から決定的に区別するものは、歴史の説明のなかで経済的な動因がしめる優先的地位ではなく、全体性の視点である。」――論文の冒頭で、ルカーチはまず、こう強調する。もちろんわれわれは、こうした指摘のなかに、唯物論よりはむしろ弁証法のほうにアクセントをおくルカーチの唯物弁証法の把握を読みとることができるわけだが、ルカーチにとって、この弁証法は、本質的には、すでに触れた主体＝客体の弁証法的相互作用としてあらわれるのである。マルクス主義の本質たる全体性の視点は、ルカーチによれば、たんに認識の対象ばかりでなく、認識の主体をも規定する。ブルジョワ的な科学は、諸対象を分離し、それら孤立化させられた部分領域の抽象的な認識にそれぞれ「自律性」を与えるのだが、そればかりではなく、そうした認識はつねに個人の立場から行なわれるのである。この立場から明らかになりうるのは、断片的な〈事実〉か、あるいは抽象的な部分法則にすぎず、けっして現実過程の全体性ではない。「対象の全体性は、措定する主体そのものがひとつの全体性であるばあいにのみ、主体が自己自身を考えるためには対象を全体として考えざるをえないようなばあいにのみ、措定されうるものなのだ。」近代社会において、こうした主体としての全体性を体現しているのは、諸階級だけである。資本主義の発展をつねに個々の資本家の立場から考察した古典経済学やその俗流たちの方法を、マルクスは根底的に打ち破った。しかも、「かれはここで――煽動的に――すべての契機を、ただちにそしてもっぱらプロレタリアートの立場から考察する、というのではない。そのような一面性からは、いわばプラス・マイナスの符号を逆にしただけのひとつの新しい俗流経済学が成立しうるのみであろう。」むしろ、マルクスは、資本主義社会全体の諸問題を、その社会を構成するふたつの階級、つまり、総体としての資本家とプロレタリアという両階級の問題として、考察したのである。

ルカーチのこの指摘には、いくつかの重要な示唆がふくまれている。まず第一に、理論と実践の統一性、あるいはまた、主体と客体の弁証法的相互作用とかれが言うばあい、それは、このような全体性との関連で考えられているのである。したがって、こうした視点を喪失した考察は、いかにそれがプロレタリアの立場に立つことを自任するとしても、一方では〈事実〉や〈個別法則〉しか見ることができず、他方では、方法論的な個人主義の結果として、社会主義の〈倫理的〉基礎づけの試みに陥っていかざるをえないのだ。ルカーチは、ローザ・ルクセンブルクがマルクス主義の俗流化に抗して行なったいくつかの論争（とりわけ、ベルンシュタイン、ロシアの〈合法的〉マルクス主義者、ドイツのマルクス主義〈中央派〉、およびオットー・バウアーへの反論）を追いつつ、こうした両方向の誤りを、明らかにしようとする。

ベルンシュタインは、精密科学の名において弁証法的方法に攻撃をあびせ、マルクスにたいしてブランキ主義・一揆主義の嫌疑をかけたのだが、そのかれをはじめとする日和見主義者たちは、かれらがマルクス主義から放逐してしまおうとしたまさにその歴史の弁証法的な歩みの結果として、資本主義に見せかけだけの攻撃をかけたり、〈客観的かつ精密な科学〉の名のもとに孤立させて観察された資本主義の諸現象を科学的に分析したりしてすますことが、ますます不可能な状態に追いこまれていく。「個別化された諸領域においては〈精密〉な記述を、個別事例のためには〈無時間的に妥当する法則〉を見出すことによって」資本主義社会の発展総体との対決を回避するかれらには、「帝国主義とそれに先行する時代との区別がぼやけてしまう。」かれらの目には、こうして、資本主義の存続そのものが「自然法則」的なものにうつってしまうのである。

だがしかし、〈事実〉を全体性に優越させる観点が行きつくところは、このような〈自然法則〉拝跪、〈精密科学〉信仰ばかりではない。経済的な宿命論の主観的な対応物として、また、方法上の個人主義の帰結として、すなわち総括を可能にする全体性の観点が欠落していることの主観的側面として、修正主義者たちは、他方において、みずから閉ざした革命への客観的な道のかわりに主観的な代用物をさがす必要にせまられ、こうして社会主義の新たな〈倫理的〉基礎づけを求めざるをえなくなる。これがもっとも典型的にあらわれているのは、ルカーチによれば、オーストリア・マルクス主義の代表的な理論家、オットー・バウアーのばあいである。個人にとって、周囲の世界、かれの社会的環境（およびその理論的反映としての自然）は、永遠にかれとは異質な、運命的なものとしてあらわれざるをえない。この世界をかれが理解しうるようになるのは、理論のなかで世界が〈永遠の自然法則〉の形をとるばあいだけである。すなわち、個人の行動の可能性によってはまったく影響も浸透も受けない、人間とは疎遠な合理性をおびるばあいだけである。そのような世界における行動の可能性は、ただふたつしかないのだが、それらはいずれも、仮象的にのみ行動の道であるにすぎず、仮象的にのみ世界の変革の道であるにすぎない。そのふたつの道とは、「第一に、前述のようなやりかたで認識され、宿命論的に受容された、変革不可能な法則を、人間の一定の目的のために利用すること（たとえば技術）。第二には、純粋に内面に向けられた行動として、世界の変革を、唯一のこされておりまだ自由にできる世界の一点において、すなわち人間そのものにおいて、遂行する試みとしてある（倫理）。だが、世界の機械化は、必然的に、その主体たる人間そのものをも、ともに機械化してしまわざるをえないので、この倫理もまた、同じように抽象的なものにとどまり、世界から孤立させられた人間の全体性にたいしても、たんに規範的なものであるにとどまるのみで、現実に活動的で対象創造的なものではない。」この倫理は、たんなる当為《ゾレン》にすぎず、たんなる要請にすぎない。理論と実践の統一性は、依然として引きさかれ、主体と客体の弁証法的相互作用の可能性は、ここでもまた閉ざされたままなのだ。

それでは、自然法則拝跪にも内向的な倫理主義にも陥ることのない、社会的な現実の総体を変革しうる理論と実践とは、何なのか？——ルカーチは、ローザ・ルクセンブルクが行なった論争を手がかりにしながら、プロレタリアートの階級意識と、その現実化としての「党」の問題に、すすんでいく。そしてこの考察のなかで、ルカーチの問題性（とりわけ批判者たちの目からみた）の本質は、いよいよくっきりと浮かびあがってくることになる。

プロレタリアートの階級意識は歴史的過程がその発効を命令的に要求するとき以外は、「たんなる」意識（ローザの言葉によれば「観念の総和」）にとどまっている。だが、その階級意識にひとつの要請としての性格、「潜在的かつ理論的な」性格を刻印している歴史的過程の状態は、それに対応する現実としてみずからを形成し、過程の全体性のなかへ行動的に介入していかざるをえない。すなわち、「プロレタリアートの階級意識のこのような形姿が、党なのである。」ローザは、革命的な大衆行動が本質的に自然発生的なものであることを見ぬいていたが、それと同時に、革命における党の役割を、他の多くの人びとに先立って明確にさせた——とルカーチは述べる。なぜなら、彼女は、組織というものが革命的な過程の前提というよりはむしろずっとその結果であること、それどころか、プロレタリアート自身も、過程のなかで、過程を通じてのみ、階級へと構成されうるものであることを、早くから認識していたからである。「したがって、党が呼びおこしうるものでもなければ、また回避しうるものでもないこの過程のなかで、党は、つぎのような崇高な役割を、すなわち、プロレタリアートの階級意識の担い手、その歴史的使命の良心となるという役割を、担うことになるのだ。」（強調はルカーチ）

ルカーチによれば、階級意識こそは、プロレタリアートの「倫理」であり、その理論と実践との統一であって、プロレタリアートの階級意識の歴史的な形姿としての、またその行動的な担い手としての党こそは、闘うプロレタリアートの倫理の担い手なのである。党の戦略は、党のこのような機能によって規定されねばならない。それゆえ、「党の政策は、その瞬間の経験的現実と必ずしも合致していないかもしれないし、そのような瞬間には党のスローガンがまもられないこともあるかもしれない。だが、歴史の必然的な歩みは、党に名誉回復をもたらすであろうし、それのみか、正しい階級意識の、正しい階級的な行動の、倫理的な力は――実践的・現実政策的に――その実を結ぶことになるであろう。」このように確認したルカーチは、党と大衆との関係を、結論的につぎのようなものとして把握するのである。すなわち、党の力はひとつの倫理的な力であって、それは、経済的な発展の結果として反抗を行なわざるをえなくなった自然発生的・革命的な大衆の信頼によって、糧《かて》を与えられる。党こそは自分たちのもっとも固有な意識、だが自分たちにはまだ完全には明確になっていない意識の客観化であり、自分たちの階級意識の目にみえる、組織化された形姿なのだという、大衆の信頼によって、糧を与えられる。こうした信頼を闘いとり、これに値するものとなったときはじめて、党は革命の指導者となることができるのだ。

このようなルカーチの「党」概念と、レーニン的なそれとのあいだには、明らかに距離がある。もちろん（ルカーチが好んで用いる表現をつかえば）ここは、ふたつの党イメージの当否を論ずべき場所ではない。だが、こうした党についてのルカーチの把握が、ローザ・ルクセンブルクをはじめとするすぐれた活動家を失いながら敗北につぐ敗北をかさねてきたドイツの運動にたいする、かれの深い主体的かかわりから生まれたものであったということ、敗北したハンガリーの革命を生きのびてきたかれが、またしても目のあたりにしなければならなかった現実を、それでもなお革命的なものとしてとらえかえそうとする試みにほかならなかったということ——このことだけは（ルカーチはここでレーニンとローザとを折衷ないし綜合しようとした、というしばしば唱えられる評価にもまして）確認しておかなければならないだろう。「理論と実践の統一性は、ただ理論においてのみならず、実践にとってもまた成り立つものなのだ。階級としてのプロレタリアートが、闘争と行為のなかでのみ自己の階級意識をかちとり、かつ堅持し、自己を——客観的にあたえられた——歴史的課題の水準にまで高めることができるように、党と個々の闘争者もまた、この統一性を自己の実践のなかに持ちこむことをなしうる場合にのみ、自己の理論を真に自己自身のものとすることができるのである。言われるところの宗教じみた信仰とは、このばあい、歴史的過程はあらゆる一時的な敗北や反動をものともせず、われわれの行為のなかで、われわれの行為を通して、最後までその道をたどるものだということについての、方法的な確信のことにほかならない。日和見主義者たちにとっては、ここにもまた、無力さという昔ながらのディレンマがある。かれらは言う——共産主義者が〈敗北〉を予見するばあいには、いかなる行為もさしひかえるべきである、と。さもなければ、かれらは良心のない冒険屋であり、破局をまねく政治家であり、一揆主義者である、と。精神的にも倫理的にも劣っている日和見主義者たちは、まさに、自己自身および自己の行為の瞬間を全体性の、過程の、契機として見ることができず、〈敗北〉を勝利への必然的な道として見ることができないのである。」（強調は引用者）

それゆえ、ルカーチにとっては、ローザ・ルクセンブルクが、一九一九年の一月蜂起の敗北を予見しながらもそれに参加し、社会民主主義者の手にかかって死んだこと自体、彼女の行為における理論と実践の統一から生じる正しい結果だったのだ。そしてまた、ヨーロッパ革命の個々の敗北という〈事実〉は、歴史過程の全体性という観点からみるなら、依然として、革命の現実性を否定しさる根拠ではありえず、むしろそれを証しだてる契機にほかならなかったのだ。

3　ルカーチのブルジョワ科学批判

『歴史と階級意識』が批判をあびたとき、すでに、ローザ・ルクセンブルクの理論は満身これ創痍という状態にあった。そして、コミンテルンによって刺された事実上のとどめは、〈ボリシェヴィキ化〉のスローガンにほかならなかった。

大衆の自然発生性、革命的自発性は、あいつぐ敗北をきっしていた。事実は、ローザの理論をふみしだいて進行しつつあった。ハンガリーの社会主義者エルヴィン・サボーのサンディカリズム、オランダの共産主義者ヘンリエッテ・ローラント-ホルスト、アントン・パンネクークとならんでローザ・ルクセンブルクの思想から大きな影響をうけていたルカーチ自身もまた、ハンガリーおよびドイツの共産党とコミンテルンにおける討論の過程で、とりわけ大衆の行動と党の役割との関係について新たな理論構築をせまられていた。しかし、そのなかで実際にかれがなしえたことはといえば、一九二一年春の敗北した中部ドイツの武装蜂起（三月行動）をめぐる論争にさいして、ほぼ前述のローザ論のなかで展開されているような「党」理念を援用しつつ、批判にさらされたドイツ共産党の攻勢戦術を間接的に擁護し、党のそうした行動性こそが大衆の自然発生性を一揆主義に終わらせないための唯一の条件である、と主張すること（「大衆の自然発生性、党の行動性」）にすぎなかった。

『歴史と階級意識』への批判と、それにもまして、時期的にこれと並行して提起された〈ボリシェヴィキ化〉のテーゼは、すでにこうした迂回戦術を強いられていたルカーチが少数の同志たちとともに辛うじてまもろうとしてきた大衆の自発性の思想にたいして、最終的な断を下した。大衆運動の形成と革命の実践は、党の観点からのみ、党指導部の観点からのみ、とらえられるようになった。職場細胞が、党の基盤となる唯一の組織形態とされた。大衆とは、職場細胞と党活動家の網によって濾過されたものとしてしか、考えられなくなった。

「すべてのボリシェヴィキ党の組織の主要形態および基本形態は、職場における党細胞である。議会選挙の必要を顧慮して選挙区の基盤のうえに構成されるという、社会民主党から受けつがれた組織原理は、共産主義者が採用しうるものではない。組織の基盤が職場細胞にもとづくのでなければ、真のボリシェヴィキ党は不可能である。」テーゼは、こう述べた。「われわれの組織タイプは、われわれがどの工場にも細胞をもたねばならぬ、と要求する。われわれにとって、これはABCだ。われわれの主要基盤は、職場細胞である。」——ジノヴィエフは、こう演説した。このようなものとして規定されるかぎりでは、〈ボリシェヴィキ化〉の要求はむしろ当然のものだった。だが、要求はこれだけではなかったのである。自発性と意識、組織と大衆という問題の非ボリシェヴィキ的なとりあつかいかた、党の役割の誤った評価が、とりわけルクセンブルク主義の名のもとに批判された。「ルクセンブルク主義の誤った側面を克服することなしには、真のボリシェヴィキ化は不可能である」と、テーゼ第八章「ボリシェヴィキ化と共産主義陣営内の若干の理論的誤謬（とりわけルクセンブルク主義者の誤謬）」は述べていた。「ただひとつレーニン主義のみが、全世界の共産党の導きの星となることができる。レーニン主義から逸脱するものはすべて、マルクス主義からの逸脱でもある。」

たしかに、いまからふりかえってみるばあいでさえ、ボリシェヴィキ化のテーゼには、きわめて真摯な自己批判にもとづく必然的な方針がふくまれていた。議会主義と個別日常要求に根ざす社会民主党的なゆるい結合原理をもってしては、もはや、埋火となった革命をはらむ〈相対的安定期〉に対処することは不可能だったろう。ドイツとヨーロッパの革命は、ボリシェヴィキ化のゆえに失敗したというよりは、むしろボリシェヴィキ化の努力にもかかわらず敗北した、というほうが、おそらく歴史の真実に近いかもしれない。だが、それでもなお、ここには、成功した革命と失敗した革命との対置によって生じる歪みが、顔をのぞかせているように思える。成功した革命のはらむ問題性が後景にしりぞき、不問に付され、あまつさえ正当化される一方、失敗した革命の問題提起がいっさい水に流され否定されてしまうという歪みである。

この趨勢のなかでルカーチがローザ・ルクセンブルクに依拠しつつ正統マルクス主義を論じたことは、それ自体、きわめて問題的なことだった。だが、『歴史と階級意識』がすでにこの時点ではらんでいた問題性は、それだけにはとどまらなかった。それは、よりいっそう全体的な、社会の発展そのものの方向づけの問題と、かかわっていたのである。われわれはここで、ふたたび、エンゲルスにたいするルカーチの論難に立ちかえらねばならない。

エンゲルスにさからってまでも正統マルクス主義の立場をつらぬこうとするルカーチの中心的な視座は、ブルジョワ科学、とりわけ自然科学にたいする根本的な批判に向けて据えられている。弁証法的方法を自然過程に適用することの可否をめぐる論駁はもちろんのこと、理論と実践の統一性、事実にたいする方法の優位についてのエンゲルス批判も、基本的にはすべてこの問題とかかわっていたのである。

〈三月行動〉　戦線に向かう労働者たち

『歴史と階級意識』の理論的支柱をなす長大な論稿、「物象化とプロレタリアートの意識」は、ルカーチがヴィーンで逮捕されて釈放されるまでの二カ月たらずのあいだに、「心ならずもできた余暇」を利用して書きおろされた。そこで展開される物象化現象の考察と、その現象のなかで自己形成をとげるプロレタリアートの階級意識の可能性の探求は、ひとつには、マルクスの『経済学・哲学手稿』が発見される以前に追究された独自の疎外論であるという理由から高く評価され、もうひとつには、革命過程における主体的契機のユニークな考究として、とりわけ変革における意識の役割を重視する人びとによって、しばしば積極的に論じられてきた。そして、これらの考え方を別としても、一般には、ルカーチのライフ・ワークのなかで『歴史と階級意識』、わけてもこの一章がもつ重要性を強調し、そればかりか、ここにのみルカーチの仕事の意義のすべてがあるとする傾向が、いちじるしいように思われる。だがしかし、われわれはむしろ、ルカーチの全発展のなかでこの考察がどのような位置をしめているのか、という観点を手ばなすことなく、ここにあらわれているルカーチの（当面の）限界と可能性を、明らかにしなければならないだろう。たとえば、ここでルカーチの自然科学批判をとりあげるのも、それが単独でなんらかの現代的意味をもつからというよりは、ルカーチの発展と、その発展をもふくむこの時代の歴史的発展にとって、それがひとつの動的な積極的・消極的契機をなしていたからにほかならない。

　こうした立場から見るとき、問題をとりわけくっきりとうかびあがらせるのは、のちに述べるようにきわめて疑問の多い中心テーマ、階級意識の形成をめぐるテーマであるよりは、むしろ、これまた（デボーリン、ルダシらとは別の観点から見るばあいの）エンゲルス批判、それも「いわば補説として」言及された一節だろう。

　エンゲルスは、『ルートヴィヒ・フォイエルバッハとドイツ古典哲学の終焉』（フォイエルバッハ論）のなかで、物自体（すなわち事物の本質）は感性や経験的知覚によっては認識されえない、というカントの説を批判し、「この哲学上の馬鹿げた思いつきにたいするもっとも効果的な反駁は、他のあらゆるばあいと同様、実践である。つまり実験と産業である」と述べた。エンゲルスによれば、ある自然現象をわれわれが自分自身でつくり、それをわれわれの目的に役立てることによって、この自然現象にかんするわれわれの把握の正しさを証明することができるなら、カントのいう〈物自体〉は片づいてしまうのである。動植物の体内で産出される化学物質も、かつては、そのような認識しえぬ〈物自体〉にとどまっていた。しかし、有機化学がつぎつぎにそれらをつくりだすようになると、そうした〈物自体《ディング・アン・ジヒ》〉（Ding an sich）は、〈われわれにとっての物《ディング・フューア・ウンス》〉（Ding für uns）となったのだ。たとえば、茜草《あかねそう》からとれる染料、アリザリンは、それが野原にはえる草の根から得られていた時分には、なるほど〈物自体〉だったかもしれない。だが、その同じアリザリンを、われわれがコールタールの分溜によってはるかに安くかつ簡単に製造しているいまとなっては、それはもはや〈物自体〉ではない。あるいはまた、コペルニクスの太陽系についても、同じことが言える。それは永いあいだひとつの仮説にすぎなかった。しかし、一天文学者が、与えられたデータから未知の一惑星の存在の必然性ばかりかその位置をも算出したとき、そして別の天文学者が、その海王星をじっさいに発見したとき、コペルニクスの太陽系は証明され、〈われわれにとっての物〉となったのである。

すなわち、エンゲルスは、認識不可能だった自然現象が実験と産業（工業）によって認識可能となり、人間に利用されうるものとなる過程を指摘して、ブルジョワ的な不可知論を批判したのだった。ところが、これにたいしてルカーチは、つぎのような諸点からエンゲルスの見解をきびしく論難する。まず第一に、エンゲルスはここで、〈それ自体で《アン・ジヒ》〉(an sich) と〈われわれにとって《フューア・ウンス》〉(für uns) を対立させているが、ヘーゲルにおいては、この両者は決して対立概念ではなく、むしろ必然的な相関概念だった。ヘーゲルに通じたエンゲルスがこのような誤りをおかすとは、おどろくべきことである。この〈われわれにとって、あるいは、それ自体で《フューア・ウンス・オーダー・アン・ジヒ》〉(für uns oder an sich) に対立するのは、むしろ〈それ自身にとって《フューア・ジヒ》〉(für sich) なのだ。第二に、カントが〈物自体〉の問題を、われわれの認識を拡大する可能性の限界としてとらえていた、と考えるエンゲルスは、カントの認識論を完全に誤解している。その当時のもっとも進んだ自然科学であるニュートンの天文学を方法上の出発点としたカントは、エンゲルスの言うような認識の拡大の可能性を、当然みとめていたのである。そして第三に、「エンゲルスのもっとも重大な誤解は、産業と実験という態度を――弁証法哲学の意味での――実践だと考えていた点である。」

　このルカーチの批判にたいして、ルダシは、「正統マルクス主義？」のなかで、全面的な反論を、揶揄をまじえて展開する。デボーリンが主としてエンゲルスとマルクスの（そしてさらにはこの両者とレーニンとの）見解の一致を示すことによってルカーチの〈正統マルクス主義〉を論破しようとしたのに比べて、ルカーチの論旨にそくしたルダシの論駁は、たしかに少なからずルカーチの問題点を衝いている。――「この弾劾でまず最初に人目をひくのは、ヘーゲルの〈術語〉が訂正されるさいの、そのくそまじめな、哲学者的・学校教師的な精確さである。だが、こんなものは単なるくそまじめさにしかすぎないではないか！　事柄の原因は、むしろもっと深いところにあるのだ。」なるほど、世界がさまざまな観念から成りたっていると考えた観念論者ヘーゲルのばあいには、〈それ自体で〉と〈われわれにとって〉とは対立するものではないかもしれない。だが、唯物論者エンゲルスにとって存在するのは、「〈物自体〉、すなわち部分的にわれわれがまだ知らないような外的世界と、〈われわれにとっての物〉、すなわち世界のうちわれわれがすでに認識している部分となのである。そしてこの〈物自体〉は、実践と認識そのものの過程のなかで、たえまなく〈われわれにとっての物〉へと変化していくのである。」

ルダシはさらに、「まさに実験こそは、もっとも純粋に静観的な態度のとりかたなのだ」というルカーチの論拠にたいして、実験における法則の観察とその応用の積極的な意味を強調し、また、産業についてのルカーチの否定的な見解については、こう反論する、「産業は、資本主義的なものであろうがなかろうが――それが資本主義的なものであるということは、このさいまったく副次的なことである――未知の方式を発見し、これまで未知だった分野で新しい経験を生む。一言でいえば、未知の〈物自体〉を、〈われわれにとって〉（つまりすべての人間にとって）既知の事物に変えるのである。……つまり、エンゲルスによって語られているのは、一貫して、客観的な生産過程としての産業であり、人間と自然との間の物質交換であって、それをつつむ資本主義的な外皮のことなどではないのである。もちろん、同志L〔ルカーチ〕はこんなことに気づかない。なぜなら、正真正銘の観念論者であり不可知論者であるかれは、実践一般を、歴史哲学的な後光のさしたものとしてしか認めず、ありきたりの人間ならごく単純な事柄を見るようないたるところで、〈弁証法哲学の馬鹿げた思いつき〉をいだいてしまうからだ。」（強調はルダシ）

たしかに、〈物自体〉や実験と産業をめぐるルカーチの見解には、批判をまねかざるをえないような問題点がふくまれていた。たとえば、〈それ自体で〉と〈われわれにとって〉を対立概念ではなく相関概念としてとらえる観点も、それである。これについては、ルダシのような批判以前に、ルカーチの基本的態度のうちに根深くひそむ問題を指摘しておかねばならないだろう。なるほどヘーゲルは、しばしばこの両者を、「あるいは」「言いかえれば」の意味の接続詞 oder《オーダー》で結んで並置している（たとえば、「われわれにとってあるいはそれ自体で己れを見出し己れのうちに充足している純粋な心情」云々――『精神現象学』、「不幸な意識」の章）。だが、ヘーゲルの言う「われわれ」とは、じつは、精神の発展ないしは世界史の全過程を見通す哲学者のことなのである。こうした超越的な視点からするかぎり、〈物自体〉と〈われわれにとっての物〉とのあいだに、実践によって克服されねばならぬ断絶など、存在すべくもない。たびたび非難されてきたルカーチのヘーゲル主義的観念論の根は、かれが——だれよりも鋭くまたきびしく主体と外的世界との断絶を意識し、かつこれを克服する努力をつづけたにもかかわらず——実践を問題にするばあいにすらこうした超越的視点から世界を見る態度にしばしば陥ってしまう、というところにある。

だがしかし、このような限界にもかかわらず、ここで展開されているルカーチのエンゲルス批判は、ルダシのような全面否定によって片づけてしまうことのできない問題性を、はらんでいる。「それが資本主義的なものであるということは、このさいまったく副次的なことである」というルダシの確認とは逆に、ルカーチはここで、まさに「資本主義的な外皮」のことをこそ、問題にしていたのだった。「実験者は、……ひとつの人工的な抽象的な環境をつくりだす。かれは、自己の観察の物質的基盤を……純理性的な〈産出物〉や、数学の〈叡智的素材〉に還元しようと努める。」「資本主義社会でいうところの〈自然法則〉とは、当事者の無意識性にもとづくものにほかならない。」——ルダシがいとも簡単に一蹴しさったルカーチのこの論拠には、じつは、ブルジョワ科学総体にたいする原理的な批判がふくまれていたのである。

マルクスの疎外論を先取りしたという理由でしばしば問題にされる「物象化」論を、ルカーチはまず、近代資本主義に特有の問題としての「商品の物神性」という現象から説きおこす。商品形態が社会の生活現象全体をつらぬくことにより、人間固有の活動、人間固有の労働が、なにか客体的なもの、人間から独立し、人間とは疎遠な独自の法則性によって人間を支配するものとして、人間に対立するようになる。一方では、商品の価値にみあって、労働過程がすべて客観的に計算できるものに変えられ（労働の形式的均一化、機械化、合理化）、他方では、労働の主体と客体との分裂にともなって、労働者自身が主体的活動性を失い、合理的体系の法則に従う静観的態度に陥らざるをえない（労働者の意識の物象化）。この静観的態度は、もちろん、労働者ばかりでなく、資本主義社会の全階級をとらえるのだが、ルカーチは、このような態度こそ合理化の結果であるのみならずさらにその前提ともなることを、指摘する。「商品の商品的性格、計算可能性の抽象的・数量的形態は、ここにおいて、もっとも純粋な形姿をとってあらわれる。すなわち、物象化された意識にとって、それは、必然的に、その意識本来の直接性の現象形態とならざるをえず、この直接性を意識は――物象化された意識である以上――けっして乗りこえようとはせず、むしろ、ここで把握できる法則性を〈科学的に深める〉ことによって、それを堅持し、永遠のものにしようと努めるのである。」

これがすなわち、近代科学の根拠である。その特色は、ひとつには、個別現象の個別専門家的な観察であり、もうひとつには、こうして得られる個別法則の枠内での合理主義にほかならない。「近代科学は――さらに発展し科学的になればなるほど――特殊的部分法則の形式的に完結した体系となる。」現実のすべての現象がますますこの法則体系に組みこまれたものと考えられるようになるにつれて、諸法則の結果を予測し、計算によってとらえる可能性が大きくなり、主体の行為とは、このようにしてもっぱら諸法則の結果を自分の目的のために利用することだけを意味するようになる。現実の諸現象と人間の主体との関係は、こうして、自然法則とその観察者との関係になってしまうのである。

いささか乱暴に要約したルカーチのこの論旨は、〈正統マルクス主義〉を論じるなかで、かれが〈事実〉に抗して〈全体性〉の意味を強調したことの根拠をも、明らかにしてみせる。修正主義者たちがマルクスを否定するための理由とした科学の進歩、それによって発見された諸〈事実〉とは、じつは、このような合理性を、このような自然法則性を、基盤としたものにほかならなかったのだ。弁証法を自然にまで適用したエンゲルスは、ルカーチからみれば、主体と客体との相互作用を喪失した物象化過程のなかで、観察者としての主体から眺められた諸法則に現実的な意味をみとめ、ブルジョワ科学、とりわけそのもっとも典型的な形態たる自然科学の仮象性に、屈服するものであるように思われたのだ。

ルカーチはのちに、『歴史と階級意識』のエンゲルスにたいする論駁が、自然弁証法の理解の欠如と、自然と社会とのあいだの物質交換の媒体としての労働という観点の欠落のうえに立ってなされたものであったことを、自己批判的に認めている。だがしかし、問題はむしろ、ルカーチがここで主体と客体との弁証法的相互作用を問いながら、そのじつ、変革過程における主体的な契機を、静観的なものではありえないこの主体的活動を、労働者の生活と具体的な闘争の過程を捨象したうえでしか理論のなかに組みこみえていないこと、そして、ローザ・ルクセンブルクの死とハンガリーおよびドイツの敗北をすら革命への必然的な過程であったとするあの革命の現実性と行動性の観点を、超越的な主体＝客体の同一性の概念に置きかえてしまっていることにこそ、あるのではなかろうか。

ルカーチによれば、社会的諸関係全体の商品的性格、それにもとづき、またそれの基盤ともなる計算可能性と合理化は、個々のプロレタリアを、労働する主体と、商品運動の過程の客体とに分裂させずにはいない。だが、階級的利害のためにこの分裂状態を維持しますます合理化することが死活の問題となるブルジョワジーとは逆に、プロレタリアートは、この分裂そのもののなかで主体＝客体の同一性の契機を獲得するのである。「なぜなら、一方で、労働者はその社会的存在において、直接的には完全に客体の側に立たされている。つまりかれは、直接的には、社会的な労働過程の担い手《アクター》ではなく対象としてあらわれる。だが他方では、この客体としての役割は、すでにそれ自体で、もはや純粋に直接的なものではない。すなわち、資本主義的生産の（奴隷制や農奴制とはちがった）様式によって、つまり、労働者が自分の労働を自分の人格総体にたいして客体化し、これを自分に属する商品として売ることを強いられることによって、生産過程の単なる客体への労働者の変身が、なるほど客観的には成しとげられた。けれども、まさにここにおいて、自己を商品として客体化する人間のなかで客体性と主体性とのあいだに生じる分裂によって、この状態は同時に意識化されうるものとなるのである。」労働者は、自分自身を商品として意識するときにのみ、自分の社会的存在を意識することができる。「だが、労働者が商品として自己を認識することは、認識としてすでに実践的である。すなわち、この認識は、認識の客体の対象的、構造的な変化をひきおこすのだ。」こうして、ブルジョワジーにとっては越えることのできない限界となった資本主義社会の物象化存在は、プロレタリアートにとって、限界突破の出発点となるのである。

　だが、これは出発点であり、可能性にすぎない。ルカーチ自身、この論文に先立つ「階級意識」論のなかで、「階級意識の客観的理論は、階級意識の客観的可能性の理論である」ことを確認している。つまり、これは、ラースロー・ルダシがその第二論文「ルカーチの階級意識理論」（『アルバイター・リテラトゥーア』一九二四年十月、十二月）

のなかで詳細に批判した「帰着させられた意識」――すなわち、階級意識というひとつの現象は、帰するところ、物象化という本質的原因に帰着する、という理論――にすぎないのである。この「帰着」という概念をも、「客観的可能性」というカテゴリーをも、ルカーチはともにマックス・ヴェーバーの社会科学の方法論（とりわけ、『社会科学および社会政策の認識の〈客観性〉』）から受けついでいる。ルダシをはじめとする少なからぬ批判者や研究者のように、この点を問題にしてルカーチのブルジョワ性を論じることも、もちろん可能ではあろう。だが、ここではむしろ、つぎのような点を強調しておかなければならない。つまり、労働と闘争という契機を（方法的に）欠落させたルカーチの物象化－階級意識理論のなかで、変革過程における行動性への問い（革命の現実性の問題としての）が排除されることによって、理論は自己完結し、階級意識はあくまでも客観的可能性にとどまるのみで、ついに現実性への道を見出すことができぬままに終わったのである。ルカーチの組織論が、『コムニスムス』一九二一年六月十五日号の「革命的イニシアティヴの組織的諸問題」から『歴史と階級意識』の終章、「組織問題の方法論」へと発展するにつれて理論的硬直化に陥っていることにも、注目する必要があるだろう。

もちろん、こうした限界にもかかわらず、ルカーチによる物象化の現象の分析と、それにもとづくブルジョワ自然科学批判は、依然として意味をもちつづけている。それどころか、これは、ブルジョワ的な科学主義と合理主義（そしてそのなかに不可分に内包されている非合理主義）にたいする、もっともすぐれた原理的批判のひとつであると言っても、おそらく過言ではないだろう。このなかには、さらに、ルカーチが設定した「ブルジョワ社会の現象」という枠をこえて、現代社会の発展総体の方向の根底にかかわる批判の契機すら、はらまれている。けれども、こうした点を認めたうえで、なお、ルカーチのこの批判がわれわれのまえに用意しているひとつの危険に言及しておかねばならない。すなわち、かれの一時期の実践活動の集成である『歴史と階級意識』に内在する分裂――実践的な要求に裏打ちされた主体的契機の強調と、同じく実践の要求によって色濃く染められた理論的・原理的確認とが、実践を媒介にして結合されるにはいたっていない、ということ――物象化現象の分析をつうじて階級意識の客観的可能性が指摘されていながら、それが現実の階級意識との架橋の方途を見出すことはない、ということ――こうした分裂は、ともすれば、この衝撃的な一巻の「マルクス主義弁証法の研究」にふくまれる諸々の契機、とりわけ主体的行動性への一種のメシア主義的な視線や、ブルジョワ社会の物象化現象および近代合理主義への原理的批判、等々を、それぞれ孤立させてとりだし、あれこれの超越的な現実批判の論拠として利用するという傾向を、ゆるしがちである。つまり、ここでなされている個々の確認は、ともすれば、変革のための応用可能性ではなく解釈のための静観的な引用可能性を（たとえばエルンスト・ブロッホの独創的な個々の言葉やイメージほどではないにせよ）おびてしまうのだ。

ここでもまた、われわれが問うべきことは、ルカーチの問題提起とそれにたいする批判が、具体的・歴史的にどのような実践ないしは発展とかかわっていたか、ということにほかならない。〈物自体〉についてのエンゲルスのとらえかたに関してルカーチが、これは「広い範囲のマルクス主義者たちにおけるこの概念のとらえかたに影響を与えてきたものであり、したがってこれを訂正せずに放置しておけば、さまざまな誤解をはびこらせることになりかねない」と危惧したのは、理由のないことではなかった。なるほど、ルカーチ自身の〈物自体〉をめぐる理解には、すでに触れたような超越的視点がふくまれていたにせよ、そこでルカーチが指摘したエンゲルスの自然科学にたいする無批判的な態度は、たんなる理論の枠内にとどまらぬ現実的な問題性をはらんでいたのである。

政治闘争の領域で各国共産党の〈ボリシェヴィキ化〉という要求を生むことになった相対的安定期のはじまりは、ソヴィエト連邦の社会主義建設をも、苛酷な困難のなかに追いこんでいった。ヨーロッパ革命の敗北によってトロツキーの永続革命論の現実的基盤は失われた、と主張するスターリンが、〈一国社会主義〉理論を公式に提起したのは、ルダシによるルカーチ批判とあたかも時を同じくする一九二四年十二月のことである。この理論をめぐる党内闘争でブハーリンと結んだスターリンは、トロツキー、ジノヴィエフ、カーメネフら反対派をつぎつぎと追いおとしながら、一国社会主義建設のための産業的裏付けをすすめ、その具体的な仕上げとして、一九二八年秋、まず第一次五カ年計画に着手し、ひきつづいて〈工業化〉の宣言を行なったのだった。このような――もちろんきわめて必然的な——工業化の過程の端初において、「産業と実験」の問題、すなわち自然科学と合理化の問題をマルクス主義の立場から問いなおそうとしたルカーチの問題意識は、きわめて的確かつ鮮烈なものだったと言わなければならない。

この問題意識がコミンテルンの側から全面的に否定しさられたことによって、具体的に何が失われたかは、もちろん、安易に断ずることなどできない。〈ボリシェヴィキ化〉に拮抗しうるだけの現実的内実を『歴史と階級意識』がふくんでいたかどうか、ということ自体、問題だろう。少なくとも、ルカーチの試行の中絶を、外的な圧力、コミンテルンの側からの批判と断罪のせいにだけする見方は、一面的にすぎるのだ。何が、なぜ、失われたのか？——これを明らかにするには、その後の現実過程のなかでルカーチ自身がこの自己の問題提起をどのように再検討し、どのように展開させていったかを、歴史的展開そのもののなかで問うことからはじめねばならないだろう。それはなによりも、批判と自己批判が真に血肉化されたのかどうか、という問いでもある。

ルカーチ自身のこの作業は、さしあたりまず、ブハーリンの理論との対決をつうじて、開始されることになる。

ニコライ・ブハーリンの『史的唯物論の理論——だれにでもわかるマルクス主義社会学の教科書』（一九二一）は、「すべての箇所で、マルクスのもっとも正統的な唯物論的および革命的な見解の伝統を継承している」（まえがき）ことを自任しながら、史的唯物論の普及と、正統的な理論の確立をめざしていた。アントニオ・グラムシがのちに獄中で想像したように（「一般的諸問題」覚え書）、ルカーチが自然弁証法の否定という誤りに陥ったのはブハーリンのこの本の「異様な理論《テオリエ・バロッケ》」にたいする反動によってであったのかどうかは、さだかでない。しかし、『歴史と階級意識』への集中攻撃の翌年、一九二五年に、ドイツ語圏を中心とする幅広い左翼理論家たちの成果の発表の場となっていた『社会主義と労働者運動の歴史のための文庫《アルヒーフ》』（いわゆる『グリューンベルク・アルヒーフ』）に掲載されたルカーチによる書評は、あきらかに、『歴史と階級意識』での問題提起を、いっそう具体化し深化させようとする試みの出発点だった。

このブハーリンの『史的唯物論の理論』が、エンゲルスの『反デューリング論』以来はじめての、待望の「史的唯物論の体系的総括」であることを歓迎するルカーチは、だがしかし、つぎのような諸点から、ほぼ全面的にブハーリンの理論を否定したのである。——ブハーリンは、だれにでもわかる教科書を書こうとする努力を、問題そのものをあまりにも単純化する傾向と結びつけてしまっている。かれの叙述は一貫して図式的であり、とりわけ、ドイツ古典哲学から受けつがれたいっさいの要素を、マルクス主義的方法から遠ざけてしまう。ブハーリンの史的唯物論把握の本質的な誤りは、この点と関連している。「ブルジョワ的——自然科学的——唯物論にきわめて著しく近づいたブハーリンの理論は、それによって、〈サイエンス〉……の類型をおびるようになり、したがって、社会と歴史にそれを具体的に適用するだんになると、ときとして、マルクス主義的方法の決定的な要素、すなわち、経済学と〈社会学〉のありとあらゆる現象を人間相互の社会的関係に帰せしめるという点を、ぬぐい消してしまう。その理論は、誤った〈客観性〉のアクセントをおびる。すなわち、物神的なものとなる。」

言うまでもなく、ここには、自然科学的客観性とマルクス主義の方法との決定的な違いについての、ルカーチの強固な確信があらわれている。批判を経たのちもなお、この点においてかれは、本質的に自己の見解を撤回しなかったのだ。

ブハーリン（デーニの漫画。背景はソ連共産党機関紙『プラウダ』

だが、いっそう興味深いのは、社会的発展における〈技術〉の役割についてのブハーリンの見解にたいする、ルカーチの論駁だろう。技術と生産性とを同一視するブハーリンは、なるほど十八—十九世紀的な〈自然主義〉的技術評価にこそ陥っていないとはいえ、技術を発展の基盤として自立化させることによって、そうした粗野な自然主義を、ダイナミックに繊細化された自然主義に変えるだけのことである。「なぜなら、技術は、それがそのときどきの生産体系の契機としてとらえられるのでなければ、技術の発展が社会的生産力の発展から説明されるのでなければ（その逆を説明するのではなく）、それは〈自然〉とか気候とか環境とか原料とかのような、超越的に人間と対峙する物神的原理になってしまうからである。」――技術と生産関係の問題は、当時のもっとも広く論じられたテーマのひとつだった。狭義の思想の分野ばかりでなく、プロレタリア文学運動の内部でも、文学・芸術の発展と機械技術の進歩との関連という観点から、この問題が論じられていた。ドイツの運動のなかでは、「芸術と史的唯物論」をめぐるルー・メルテンとゲルトルート・アレクサンダーの一九二一年初夏の論争が、その最大のものだった。だが、ルカーチにとっては、技術の位置づけは、ここではじめて課題となったのである。もしもルカーチが、生産関係と技術的進歩とのかかわりを、『歴史と階級意識』での合理主義批判の発展線上でさらに深く追究していたとすれば、社会主義建設における技術の進歩と真に人間的な生産関係との関連ないしは矛盾の問題を、その時点ではっきりと視野に入れることができたかもしれない。しかし、かれは、弁証法を〈サイエンス〉にしてしまうブハーリンの傾向が、マルクス主義をひとつの〈一般的社会学〉に矮小化し、もっぱら因果関係や法則性を認識する手段にまでマルクス主義をおとしめていることを指摘するのみで、つぎのような確認によって書評を閉じてしまったのである。

「……ブハーリンの理論の哲学的基盤全体は、〈静観的〉唯物論の立場に固執しており、かれは、自然科学とその方法を史的唯物論の批判にゆだねるかわりに、すなわち、それが資本主義的発展の所産であることを理解するかわりに、その方法を、吟味せぬまま、無批判に、非歴史的、非弁証法的に、社会の認識に適用している。」――こうして、ルカーチのこのブハーリン批判は、事実上、『歴史と階級意識』で提起された中心問題の域を出ていない。もちろん、それでさえ、一九二九年にブハーリンが右翼反対派として失脚したのちの一斉攻撃のなかで、ほかならぬルダシとデボーリンがブハーリンに浴びせた非難（ルダシ「機械論的因果論と弁証法的因果論」、デボーリン「均衡論と弁証法的唯物論」その他）にくらべれば、ずっと深く問題点をとらえていた。しかも、ルカーチによる批判は、まだブハーリンが党中央委員であり『プラウダ』編集長であり、もっとも輝かしい指導者のひとりであった時期に、なされたのである。

こうした批判は、まだ可能だった。ルカーチ自身が受けていたきびしい断罪にもかかわらず。だが、ルカーチにとっては、それが最後だった。「物象化とプロレタリアートの意識」をふくむ『歴史と階級意識』と、さらにはブハーリンにたいする批判のなかでようやく出発点に立ち、客観的可能性の次元を見出したかれの模索は、現実性への道を見出さぬまま沈黙し、歴史の表面から姿を消した。産業と実験によって裏付けられた社会発展のありかたそのものを根底的《ラディカル》に（すなわち人間の観点から）問いなおそうとする探偵的なマルクス主義弁証法の試みは、〈科学的〉社会主義の装いをこらした実証主義と現実政策に、敗れさった。

ほぼ五年ののち、ドイツのプロレタリア文学運動の隊列のなかで、かれがふたたび姿をあらわしたとき、かれは、断罪し沈黙を強いるものたちの側に立っていたのである。

III

禍を転じて福と為せ

―プロレタリア文学運動とルカーチ

プロレタリア演劇グループ〈赤いヴェディング〉による
街頭アジプロ劇上演光景

1　連帯への模索と近いものへの攻撃

連帯への模索と、歩みをともにするものへの断罪とが、この時代を織りなしている。

連帯の試みそのものすらもが時として断罪の理由になった、ということがそこをおおう暗さだとすれば、そこに見出される明るさは、一九二〇年代・三〇年代とさらにその後の年月をこえていまなお明暗ふた色の糸が、この時代をともかくもまだ織り終えていないことにあるのかもしれない。からみあった糸をほぐし、途切れた箇所を結びなおして、いまとここから、その明るさを新たに発見しうる糸口が、いまなお続くこのふたすじの糸そのものによって与えられている、ということにあるのかもしれない。なにしろ、織り出された瞬間に、はやくも中絶と錯綜と変色がはじまることも、まれではなかったのだから。

批判されたルカーチが、三〇年代はじめにドイツのプロレタリア文学運動をめぐる討論のなかでふたたび姿をあらわしたとき、かれは、断罪し沈黙を強いる側に立っていた。

一九三一年夏、ルカーチは、モスクワをあとにしてベルリンにおもむく。創立後はじめての大きな危機に直面した「ドイツ・プロレタリア革命作家同盟」が、かれを待つ新たな活動の場である。これよりさき、一九二九年末、ルカーチは、オーストリアでの亡命生活をおえて、ソヴィエト連邦に移住していた。ほぼ十年にわたってヴィーンで活動をつづけてきたルカーチにたいし、オーストリア政府が突如として追放命令を発したのである。その理由は明らかにされていないが、おそらく、この年の春にかれが党命をおびて三カ月のあいだ非合法でハンガリーに潜入したことと、関係があったのだろう。追放命令は、これを知った作家トーマス・マンがふたたび熱心にオーストリア政府に働きかけた結果、まもなく撤回される。だが、ルカーチ自身は、すでにソ連移住を決意していた。かれの提起したハンガリー共産党の方針にかんするテーゼ（いわゆる「ブルム・テーゼ」）をめぐってまたもや――だが今度は〈右翼日和見主義〉として党主流派とコミンテルンから激しく批判されたかれは、政治活動からしりぞいて研究生活にはいる気持をかためたのだった。モスクワのマルクス＝エンゲルス＝レーニン研究所（当時、デボーリンが副所長だった）が、研究員の席を提供した。研究所長ダヴィート・リャザーノフのはからいで、未公開のマルクスの手稿（一八四四年の『経済学・哲学手稿』）の全編を読むという稀有の幸運に、かれはみまわれた。そして、『歴史と階級意識』でのみずからの模索が、すでにマルクスによっていっそう具体的に究明されていたことを、ここではじめて知ったのだった。「マルクスを読んでいるうちに、『歴史と階級意識』のあらゆる観念論的先入観は崩れ去った。」――のちにルカーチはこう回想している。

　だが、ここでの生活は長くつづかなかった。トロツキー、カーメネフ、ジノヴィエフらをつぎつぎと排除したスターリンは、一九二九年になると、最後の対抗者ブハーリンに、右翼反対派という攻撃を向けた。三年前にジノヴィエフのあとをおそってコミンテルン議長の座についたブハーリンが、二九年夏には、モロトフによってその地位をとってかわられた。粛清は、研究所にもおよんだ。一九三一年二月には、十月革命前からの古参ボリシェヴィキで、コミンテルン第四、五回大会の決定にそくしてマルクス＝エンゲルス全集（いわゆるリャザーノフ版旧ＭＥ《メ》ＧＡ《ガ》）の編集にあたっていたリャザーノフが、メニシェヴィキの反革命策動を援助したとの理由で、ロシア共産党を除名され、流刑に処せられた。マルクス＝エンゲルス全集の編集刊行は、アドラツキーによって引きつがれたが、ルカーチは研究所を去って、ふたたび実践活動に身を投じることになる。かれに課せられたのは、文学運動の諸問題にかんする理論的明確化という任務だった。

　ドイツにおけるプロレタリア文学運動の中核組織、「ドイツ・プロレタリア革命作家同盟」（ＢＰＲＳ）は、一九二八年十月に設立され、翌二九年八月から、独自の機関誌『ディ・リンクスクルヴェ』（左曲線）を月刊で発行していた。同盟員は約五百名、機関誌の発行部数は毎号ほぼ五千部から七千部にのぼり、ソヴィエト連邦をのぞけば、一九二九年二月に結成された「日本プロレタリア作家同盟」(ナルプ)とともに、世界のプロレタリア文学のうちもっとも強大な運動体だった。しかし、もちろん内部に意見の相違や対立をかかえていなかったわけではない。同盟そのものがふたつの異なる分子によって、つまり労働者出身のプロレタリア作家と、ブルジョワ知識人出身の革命作家とによって構成されていた、という、しばしばなされる理由づけも、もちろん可能だろう。両要素の結合の意義がどれほど強調されていたかは、機関誌『リンクスクルヴェ』の誌面だけからでも、充分にうかがうことができる。だが、問題の根は、さらに深かったのである。もちろん、その前史は、のちに見るように、ドイツ革命の時代にまでさかのぼるのだが、同盟創立以後にかぎってみても、そこには、もっと基本的な、文学表現の意味づけそのものにかかわる著しい対立が存在していた。

これが明確なかたちであらわれ、やがてひとつの危機にまで発展するのは、一九三〇年になってからである。きっかけは、『リンクスクルヴェ』二月号に掲載されたエーリヒ・シュテッフェンの「プロレタリア文学の原細胞」という文章だった。もっとも典型的なアジプロ劇のひとつとされる『アグファ・レヴュー』(一九三〇)の台本の作者でもあるシュテッフェンは、プロレタリア文学は闘争そのもののなかでプロレタリアート自身によって生産されるものだ、という立場から、つぎのように主張したのである。

――ブルジョワ社会は、もはや独自の創造力をもたない。プロレタリアート自身だけが、自分の必要とする芸術をつくりだすことができる。しかもその制作は、階級敵同士が直接対峙しぶつかりあう生産現場で、行なわれる。階級闘争の所産たる職場新聞が、芽生えつつあるプロレタリア文学の担い手であり、同時にまた普及者でもある。プロレタリアは、この武器をつかって敵の仮面をはぎ、もっとも決定的な地点で敵を撃つ。「プロレタリア文学は、ひとつの武器である。それは……闘争のなかで、闘争のなかから、闘争を支援するために、生まれたのである。ここにこそ、プロレタリア文学の原細胞がある。それの発展は、階級闘争の諸条件と不可分の関連をもっている。われわれはプロレタリア文学を構築する必要などない。われわれはそれを持っているのだ。」

だが、この見解は、ふたつの異なる階級の出身者の共同作業によって〈プロレタリア的・革命的文学〉をつくりあげようとしてきた同盟の方針と、まっこうから対立するものだった。正式の反論は、はやくも翌月号（三〇年三月号）の誌面にあらわれた。N・クラウス署名の「文学問題における経済主義に反対する」がそれである。シュテッフェンの見解は「プロレタリア作家の任務にたいするまったく間違った姿勢を暴露したもの」である、と述べたクラウスは、これこそ労働者の闘争を職場における企業家との対決だけに限定しようとしてレーニンから〈経済主義〉という非難をうけたロシアの日和見主義に相当するものだ、ときめつける。労働者作家はブルジョワ文学から何ひとつ学ぶ必要などない、とか、職場労働者だけがプロレタリア文学にとって有益なことをなしとげうるのだ、とか、どんな労働者にでも書けるような単純な職場報告がそれでもうすでにプロレタリア文学なのだ、とかいう結論は、誤っている。「われわれが必要とするプロレタリア文学は、人間社会の生活総体を、あらゆる階級の生活を、革命的プロレタリアートの立場から反映しなければならない。革命的プロレタリアートの立場、それは、自分の賃金や労働条件に不満をいだいている一労働者の立場などではなく、既存の社会秩序の内的なメカニズムや、その矛盾とその残酷さと野蛮さとの原因や、その没落の必然性を明確につかんでいるマルクス＝レーニン主義者の立場である。」そして、階級闘争の反映は「どこか高いところからなされるのではなく、直接、労働者自身によってなされる」というシュテッフェンの主張にたいして、クラウスは、「あらゆる出来事――職場での日常的な出来事だけにとどまらず――の反映は、シュテッフェンの言い分とは逆に、〈高いところから〉、マルクス＝レーニン主義の科学的認識という高いところからなされるべきなのだ」と反論する。クラウスと名乗るこの批判者が、じつは、ドイツ共産党中央委員会アジプロ部主任のヨーゼフ・レンツであったことは、いまでは明らかになっている。

この対立は、歴史的にみれば、明らかにひとつの発展の帰結として、生じるべくして生じたものだった、と言えよう。一九二〇年代後半のドイツのプロレタリア文学運動は、アジプロ劇、シュプレヒコールと、職場新聞、労働者通信員運動とによって担われてきていた。職場新聞を〈プロレタリア文学の原細胞〉として位置づけたシュテッフェンの態度表明にすぐつづいて、アジプロ劇の観点から同様の見解が出されたのも、偶然ではない。N・クラウスのシュテッフェンにたいする批判が掲載された同じ三月号の『リンクスクルヴェ』には、共産党員の演出家・俳

『ディ・リンクスクルヴェ』

優であるマクシム・ヴァレンティンとかれをリーダーとするアジプロ隊「赤いメガフォン」とによる共同執筆の文章、「アジプロ隊」が掲載される。ここで展開された主張もまた、プロレタリア文学をブルジョワ文学からはっきりと区別し、アジプロ舞台がプロレタリア演劇のもっとも実りある母胎であることを確認している点で、シュテッフェンの見解と同一線上に立つものだった。ヴァレンティン自身は、翌月号の誌上で、あの見解は半分だけしか自分のものではなく、他の半分はあとから補足されたのだ、と釈明して、いくつかの点で訂正を行なった。しかし、編集部は、ヴァレンティンの釈明のあとに「『リンクスクルヴェ』編集部」名の記事をつけ加え、両方をあわせて「アジプロ劇と闘争価値——討論のために」という表題を付したうえ、つぎのような指摘によって全面的にかれの姿勢を批判したのである。

——第一に、ここでは、われわれの芸術生産の唯一の判断基準として闘争価値なるものが、ラディカルな口調で芸術価値と対置されている。それならいっそ「同志ヴァレンティンは、さっさとかれの舞台のうえに機関銃を据えつければよいではないか。機関銃の闘争価値なら疑う余地はない。」つまりヴァレンティン的見地からすれば、第二に、文学独自の努力など何も必要ない、ということになってしまうのだ。そして第三に、この闘争価値というやつは、新しい装いをこらした〈傾向〉にほかならないのだが、こんなものは、メーリングによってとっくの昔に始末されている。さらにヴァレンティンは、プロレタリア革命的な形式はプロレタリア革命的階級闘争の内容からそのまま生まれてくるものだ、と主張し、内容と形式との有機的な結合を求める努力を放棄している。第五に、かれは、「プロレタリア革命的表現」を「集団的表現」とまったく等置し、ほかならぬその集団的なものを闘いとるために苦闘しているプロレタリア革命の意味を、あいまいにしてしまう。そして最後に、かれは、「発展の萌芽であって発展の目標ではありえないアジプロ隊を、〔目標たる真の〕プロレタリア劇場と混同している。」

くわしくあとづけてみたのは、ほかでもない、『リンクスクルヴェ』編集部のこの批判が、はからずも問題の本質をほぼすべて明らかにしているからである。きわめて簡略化して言うなら、武器としての芸術を批判する側は、アジプロ劇や労働者通信、職場新聞などを「発展の萌芽」として位置づけ、「発展の目標ではない」と考えていた。ブルジョワジーが革命的だった時代に生まれた文学の水準、あるいはそれ以上の水準にまでプロレタリア文学は到達すべきである、とかれらは要求したのである。だが、そのことによって、かえって、闘争価値を強調するヴァレンティンやシュテッフェンが実はまったく新しい、闘争にみあった芸術表現を獲得しつつあるという可能性を、見おとしてしまったのではなかったか？　模索過程としての「集団的表現」と革命の結果としてのみ実現されるはずの「真の集団的表現」とを区別することによって、表現における実験の意味を見おとし、知らず知らずのうちに、「ブルジョワジーが革命的だった時代の文学表現の水準」にてらしてしか、新しく芽生えつつあるものの意味を測定しえなくなっていたのではなかったか？　いずれにせよ、この批判を契機にして、作家同盟に著しい方向転換がはじまることになる。

　そのあらわれは、まずひとつには、〈プロレタリア大衆長篇小説《ロマーン》〉ないしは〈大形式〉の要求である。クルト・クレーバー、オットー・ビーハ（オト・ビハーイーメーリン）らによってくりかえし提起されたこの要求は、『リンクスクルヴェ』の出版元でもある「インターナツィオナーラー・アルバイター・フェアラーク」（国際労働者書店）がこの年の夏に開始した〈赤色一マルク・シリーズ〉など、積極的にプロレタリア大衆長篇小説の刊行をすすめる企画の実施とあいまって、着々と実践にうつされていった。そして、もうひとつのあらわれは、『リンクスクルヴェ』三〇年五月号から断続的に連載されたカール・アウグスト・ヴィットフォーゲルの「マルクス主義美学の問題によせて」にはじまる一連の美学論だった。同盟は、ここではじめて体系的な美学理論を、しかもヘーゲル美学にまでさかのぼるプロレタリア革命文学の理論的位置づけを、もったのである。だがもちろんヴィットフォーゲルのこの試みは、シュテッフェンやヴァレンティンの見解とは、正反対の方向をさし示すものだった。

　主としてアジプロ劇と通信員運動によって担われてきた二〇年代のドイツのプロレタリア文学運動は、うたがいもなく、ここで新たな方向によってとってかわられようとしていたのである。一九三〇年十一月にソ連ウクライナのハリコフで開かれた第二回革命作家世界大会の「ドイツにおけるプロレタリア・革命文学の問題にかんする決議」は、「ドイツ・プロレタリア革命作家同盟は過去において一連の左翼的行きすぎを犯したが、それは最近、最終的に克服された」と宣言した。

だがしかし、これで問題がすべて最終的に解決されたわけではなかった。一九三一年にはいると、新しい方針にたいする抵抗が、主として労働者出身の同盟員たちのなかから顕在化しはじめた。エッセンやベルリン・ノイケルン、ヴェディングなど、労働者通信員出身の作家たちが主導権をにぎる支部では、公然と同盟中央の方針に反対する声があげられた。この前後の事情は、六〇年代後半から七〇年代中葉にかけてBRD（ドイツ連邦共和国）でプロレタリア文学運動をはじめとするマルクス主義文学の理論的再検討を意欲的につづけた「アルターナティーヴェ」（二者択一）グループの一員、ヘルガ・ガラスの『マルクス主義文学理論――プロレタリア革命作家同盟内の対立』（一九七一）にくわしい。それによれば、労働者作家クルト・フーンを中心とするノイケルン・グループでは、『リンクスクルヴェ』を自分たちの機関誌とは認めず、独自のガリ版ずりの雑誌を発行しさえしたのである。文筆家の民主的権利をまもるための同業組合組織「ドイツ作家防衛同盟」（SDS）の共産党員フラクション代表で古くからの党員作家、レーヒャ・ロートシルト、党機関紙『ディ・ローテ・ファーネ』（赤旗）編集員でもあったハンガリー出身のドゥルス（アルフレード・ケメーニイ）、同じくハンガリー人のアラダール・コミャートとアンドル・ガーボル、それに、もっとも代表的なプロレタリア小説のひとつ『エッセン突撃』（一九三〇）の作者で労働者通信員出身のハンス・マルヒヴィツァらによって、左翼反対派は代表されていた。

対立は、一九三一年初夏に頂点にたっした。コミャートを中心とする反対派は、ヴィットフォーゲルの論文を掲載した責任を追及して、『リンクスクルヴェ』編集長のオットー・ビーハを辞任に追いこんだ。プロレタリア出身の作家たちが同盟の指導権をとるべきであることを定めた綱領の作成が、左派のイニシアティヴですすめられた。ヘルガ・ガラスによれば、六月中旬に二カ月たらずのソ連旅行からベルリンに帰ってきた同盟議長ヨハネス・R・ベッヒャーは、オットー・ビーハが解任され、ヴィットフォーゲルが〈病気静養のために〉旅に出ていることを、はじめて知ったのだった。ベッヒャーは、共産党の支持をとりつけて反撃にうつろうとした。だが、党のアジプロ部は、ヴィットフォーゲルに代表される美学的見解を批判し、編集長ビーハの責任を追及する意向を示していた。党自身が、一九二九年六月の第十二回党大会で、社会ファシズム論にもとづく左翼路線をうちだしていたのである。ベッヒャーは、国際革命作家同盟（モルプ）議長のベーラ・イッレーシに直接うったえる決意をかためた。だが、モルプが動きはじめるまえに、ベッヒャー自身が、党の意向を察知して、左派グループに屈服する道を選んだのである。

それにもかかわらず、すでに三一年九月には、コミャートを中心とする左派グループは同盟の主導権を失いはじめていた。なぜそうなったのか？　正確な経緯はいまなお明らかではない。だが、表面にあらわれた事実だけを追えば、こうである――まず、コミャート・グループによって作成された同盟綱領草案は、九月中旬、同盟内の共産党フラクションによって否決された。ソ連からやってきたルカーチが、ただちに左派のレーヒャ・ロートシルトにかわってＳＤＳ（ドイツ作家防衛同盟）の共産党フラクション代表となり、やがて作家同盟ベルリン支部の副議長に就任した。ベッヒャー、ビーハ、ヴィットフォーゲル、それにルカーチに加えて、いまではアンドル・ガーボル――かれは〈極左派〉の頭目としてハリコフ会議でもたびたび名指しの攻撃をうけたのだが――も反左派グループに移っていた。かれらによって、コミャートらの綱領草案にかわる新しい綱領を作成するための委員会が構成された。草案執筆にはルカーチとガーボルがあたり、ベッヒャーがそれに手を加えた。ガーボルの遺稿のなかに残された資料、ドイツ共産党中央委員会書記局の「プロレタリア革命作家同盟の活動にかんする決議」（三一年秋ごろ）は、この一連の出来事について、つぎのように述べている――

「一、中央委員会書記局は、プロレタリア革命作家同盟内の討論を、プロレタリアートの革命的階級闘争の現状況が提起している諸課題を解決するための、同盟およびそのフラクションの活動の真剣な改革の必要性の客観的表現である、とみなす。二、中央委員会書記局は、同盟指導部が同志コミャートのグループにたいする闘争のなかで全体として原理的な正しい立場を代表しており、モスクワの国際革命作家同盟との完全な一致をみながら同志コミヤートおよびそのグループの俗流化しつつある〈左翼的〉誤謬を原則的に正しく暴露した、という見解である。しかしながらこの闘争は、指導部自身の本質的な誤謬によって困難ならしめられた。その誤謬とは、主要な危険たる右翼的危険にたいする闘争が不充分にしか行なわれなかったこと、同盟の実践的活動が弱小であり、すべての共産主義的作家活動家とすべての同伴者を指導部のまわりに結集させるという課題が果たされなかったことである。……四、……同盟の最大の危険は、労働者作家の意義を不充分にしか評価しないということ、およびかれらと共同の活動が明らかに不充分であるということにあるとはいえ、中央委員会書記局は、労働者作家を天上に持ちあげてしまうやりかたにたいする闘争、世界観的水準を向上させる必要性を不充分にしか評価しないことにたいする闘争、学習の過小評価にたいする闘争、抵抗を弱めようという路線を告知するものにたいする闘争が、大プロレタリア芸術の創出と対比しても劣らぬ力をもって行なわれるべきである、という見解である。……、九、……e、同志コミヤートは、同盟内の活動からはずされねばならない。」

左派グループの排除に終わるこのような解決を推進した真の力は、ほかならぬジェルジ・ルカーチだった。のちにかれ自身がヘルガ・ガラスに語ったところによれば、かれは、友人のレーオポルト・フリークを通じて党の最高幹部のひとり、ハインツ・ノイマンを動かしたのである。フリークは、ドイツ共産党の特異な存在だった。政治局書記という重要なポストにいながら、対外的な党活動の表面にはほとんど姿をあらわさず、党員のあいだにさえ、その存在をまったく知らないものが多かったという。〈影の大御所〉という異名をとり、政治方針をめぐるいっさいの党内闘争に、けっして巻きこまれず、創立以来二十年にわたって、党の中央に坐りつづけていた。一九二〇年代におけるドイツ共産党指導部のめまぐるしいまでの交替を考えるなら、これは驚くべきことである。小柄できゃしゃなフリークは、いつでも無傷でそこにいて、ちゃんと重要な糸を握っていたのだった——パリ亡命中の一九三七年春、コミンテルンからの召喚を受けるときまでは……。党の会計を担当していたフリークは、疑惑をまねくことをおそれたのだろう、友人が強く引きとめるのをふりきって、単身モスクワにおもむいた。そして二度ともとの席にもどらなかった。一九三九年に、かれは銃殺された。

ルカーチは、二〇年代初期の共産主義青年インターナショナルの活動のなかで、フリークと知りあっていた。ルカーチの依頼をうけたフリークは、当時テールマン、レンメレとともにドイツ共産党の三頭指導部を構成していたハインツ・ノイマンに、ルカーチを紹介した。やはり青年運動をつうじてフリークおよびルカーチと親しかった党中央委員ヴィリ・ミュンツェンベルクもまた、ベッヒャー＝ルカーチ路線を党内で強く支持したのだった。ノイマンとルカーチとの共同戦線は、ナチズムの権力掌握を間近にひかえたドイツの危機的な状況のなかで屈折をはらみつつ展開されていた文学運動にとっても、またルカーチ自身の文学理論の形成にとっても、さまざまな興味深い問題をふくんでいる。少なくとも、こうした方法での収拾が、そのままなんの問題ものこさずに真の解決につながることなどありえない。圧殺された問題は、いっそう著しい矛盾をはらんで立ちあらわれてこざるをえず、その矛盾のなかでルカーチ自身も、みずからのこの処置を、文学理論上の明確化によって補い、正当化せざるをえなくなる。この解決の直後にはじまるかれのルポルタージュ形式批判は、まさにそのような必然的な過程の表現だったのである。

2　ファシズムを前にした〈二正面戦〉——ハインツ・ノイマン

一九三〇年春、ハインツ・ノイマンは有名な合言葉をつくりだした。「ファシストに出会ったら、その場でたたきのめせ！」——言うまでもなくこれは、その当時のドイツ共産党のファシズムにたいするひとつの姿勢をあらわしている。だが、ハインツ・ノイマンは、一方ではまた、〈社会ファシズム〉にたいするもっとも強硬な敵対者でもあった。三〇年九月の総選挙の結果、議席総数五七七のうちわずか六八議席を獲得したにすぎないカトリック政党の中央党が、社会民主党の支持をとりつけて引きつづきブリューニングを首相とする政権を握りつづけることになったとき、ノイマンは、「ファシズムがやってきた」と言明した。社会民主党にたいする憎悪は、かれを、ナチスにたいして鞭と飴とを使いわけようとする試みにさえ、追いやった。ゲッベルスが主催したナチスの集会に出かけていったかれは、「若き社会主義者諸君！　民族のための勇敢な戦士諸君！　共産主義者は国民社会主義との同士討ちを望まない！」と宣言した、というのである（オシップ・K・フレヒトハイム『ヴァイマル共和国時代のドイツ共産党』）。一九二三年春にナチ党員と称されたレオ・シュラーゲターがフランスのルール占領にたいする反対行動を行なって射殺されたとき、コミンテルン執行委員会でカール・ラデックが行なったシュラーゲター讃美とは、ノイマンの方針はまた異なっていた。もちろん、両者のナチス評価のあいだにはまさに同質の精神の共通性があったにせよ、一小集団にすぎぬ一九二三年のナチ党と、一九三〇年のそれとを同列に置くことはできない。しかも、ノイマンのこの二面作戦は、民族ボリシェヴィストや理想主義的な士官たちを、いくらか党に獲得することに成功したのである。かれらのなかには、のちに『リンクスクルヴェ』編集長となり、反ファシズムの代表的な作家のひとりとなるルートヴィヒ・レンがいた。

いっけん矛盾にみちているかに見えるノイマンの言動は、さまざまな曲折と対立と矛盾をはらむ二〇年代から三〇年代初頭にかけてのドイツの共産主義運動にとって、きわめて特徴的である。ファシズムをくいとめるための闘争のなかでドイツ共産党によってなされた統一と連帯の試みと、さまざまな批判や内部批判の実態を、ノイマンの歩みはありありと体現しているのだ。

一九〇二年七月ベルリンに生まれたノイマンは、高等学校《ギムナージウム》時代の政治活動を認められて、一九二〇年に十八歳で共産党員となった。はじめ『ローテ・ファーネ』の編集部で働いたが、二二年、共産党が非合法化されたのにともなって六カ月間の獄中生活をおくり、その間にロシア語を身につけた。出獄後、ドイツ共産党の代表団の通訳としてソ連におもむき、古参ボリシェヴィキたちと知りあったほか、スターリンともはじめて会った。二二年から二三年にかけては、党内左派のルート・フィッシャー派に属していた。二三年春に党内対立が深刻化したとき、ノイマンは左派をはなれ、中間的な位置に立って〈党の集中〉を提唱した。この時期にかれが書いたものとしては、ともに左派からはなれた三名の同志たちと連名の声明「党の情勢と任務について」（『インターナツィオナーレ』二三年四月十八日号）および、単独の呼びかけ「党の集中」（同）がある。これらは、少数派の見解である、との編集部の註を付して掲載された。

二三年秋の武装蜂起の準備に積極的に参加したノイマンは、この闘争の敗北の総括の過程で、ブランドラー＝タールハイマーの右派指導部が批判を受け、二四年四月の第九回党大会で左派が指導権をにぎると、党活動の公式面から姿をかくす。二四年一月におこったスパイ殺害事件に関連して投獄されたが、脱獄してヴィーンに逃がれ、同地で逮捕されてモスクワに亡命した。そのかれがふたたび政治の表面に姿をあらわすのは、二四年夏のコミンテルン第五回大会で確認された「共産党のボリシェヴィキ化」のテーゼが、それに先立って各国の党内で討論され、さらに二五年三月から四月にかけてのコミンテルン執行委員会第五回拡大総会《プレナム》で最終的に定式化される、その過程のなかでのことだった。二五年七月のＫＰＤ（ドイツ共産党）第十回大会で〈極左派〉が後退すると、ノイマンは、「ＫＰＤの新しい針路」（『インターナツィオナーレ』九月末日号）を書き、さらに翌年夏には、「極左的メニシェヴィズム」（同誌、二六年八月十五日号）を発表して、ドイツにおける〈ボリシェヴィキ化〉のもっとも熱烈な闘士となった。

「ＫＰＤの新しい針路」は、まず、ドイツの情勢を「帝国主義戦争および対立の新段階にすでに突入している」と把握することから出発する。この考えは、〈ボリシェヴィキ化〉を革命過程の進行の速度低下の時期における課題として提起するコミンテルン執行委員会の見解とは、やや異なっている。ノイマンは、まず第一に、〈大衆へ！〉というコミンテルン第三回大会の決定がますます重要性をもってきていることを指摘する。いまや一少数派になってしまったＫＰＤにとっては、「労働者と結びつき、労働者の生活に根ざし、日常的要求のために闘う共産党」となることが、なによりも急務である。そしてそのためには、職場細胞の拡充が不可欠の要件なのだ。第二に、コミンテルンにたいする党の関係について、ノイマンは、ソ連の方針はヨーロッパの革命を考えていない、というカール・コルシュをはじめとする〈極左〉派の見解を激しく非難し、ローザ・ルクセンブルクもまたこうした考えをいだいていたが、それはドイツ社会民主党の伝統によって毒されたものであって、まさにその点でローザも〈極左〉派も、ソ連社会主義を批判するカウツキーのメニシェヴィズムとぴったり一致しているのだ、と指摘する。そして第三に、統一戦線の問題。ここでもまた、統一戦線を単なるマヌーヴァー（政治的策略）としてとらえる〈極左〉派への批判が展開される。——こうして、ＫＰＤの針路変更は、ノイマンによって、まさに〈ボリシェヴィキ化〉への第一歩であるとして評価され、さらには、〈ボリシェヴィキ化〉とは、ドイツにおいてはとりわけ右の三点、つまり、〈大衆へ！〉のスローガンの下での職場細胞建設と、コミンテルンへのさらに緊密な結集と、統一戦線の追求、という課題として、実践にうつされようとする。そして、これらの課題のどれもが、党内的には〈極左〉派の清算として、対外的には社会民主主義を掘りくずして左派労働者を獲得する試み——〈下からの統一戦線〉戦術——として、具体化されていくのである。

一九二七年三月、ＫＰＤ第十一回党大会で、ハインツ・ノイマンは中央委員候補に選ばれる。八月には、そのノイマンを、スターリンが、詰めの段階にきたトロツキー、ジノヴィエフにたいする党内闘争の援軍として、モスクワに呼びよせる。ＫＰＤは、ノイマンによって、スターリンのもっとも忠実な腹心となったのである。その年の秋、

〈血のメーデー〉　ベルリン・ノイケルンのバリケード

かれは、共産主義青年インターナショナルの指導者でコミンテルンの中国特使であるヴィッサリオン・ロミナーゼをたすけるため、コミンテルンによって中国に派遣される。かれらの〈指導〉の下に、十二月十一日にはじまる武装蜂起、「広東コミューン」の五十八時間の闘争が決行される。悲惨な敗北のなかから、ノイマンは身をもって脱出する。「恐ろしい虐殺によって共産主義者は一掃され、それはすべての進歩的分子におよんだ。娘らはただ断髪をしていたというだけの理由で殺された。蜂起に参与した党の中央委員と省委員は一人のこらず殺されたが、ハインツ・ノイマンは逃走した。」——フランツ・ボルケナウは、『世界共産党史』（佐野・鈴木訳）で、ノイマンにたいする憎悪と軽蔑をまじえて、こう書いている。かれにたいする反対者たちは、これ以後、かれを〈広東の処刑吏〉と呼ぶようになる。

モスクワにもどったノイマンは、翌二八年、スターリンによってドイツへ派遣され、ヘルマン・レンメレ、エルンスト・テールマンとともにＫＰＤ〈三頭政治〉の一端をになうことになる。一九二九年五月一日、社会民主党員のベルリン警視総監カール・ツェルギーベルは、非武装の共産党系デモ参加者に、武装警官隊を襲いかからせた。これに抗議して、労働者街のノイケルンとヴェディングに、バリケードが築かれた。血のメーデーの数日間に、三十一人の労働者市民が殺され、三十六人が重傷を負い、千二百人以上が逮捕された。労働者たちの怒りが〈社会ファシズム論〉の妥当性を血をもってあかしだてたように思われたころ、ハインツ・ノイマンはその影響力の絶頂に立っていた。かれはＫＰＤ随一の理論家と目され、党中央機関紙『ディ・ローテ・ファーネ』編集長の任にあった。二十六歳のノイマンは、同年六月の第十二回党大会で、正式に中央委員に選出されて、政治局員候補となった。かれが指導部に加わった当初の一九二八年には約十三万人だった党員は、四年後の三二年後半には三十六万を数え、党史上最大の一九二一年〈三月行動〉当時の党勢に匹敵するまでになる。反対派をつぎつぎと排除しながら、かれは、三〇年九月の総選挙で国会議員に選ばれた。

だが、転機がおとずれる。三一年夏、ナチス、ドイツ国権党、鉄兜団などの民族主義的反対派が、プロイセン州の社会民主党政権に反対する住民投票を呼びかけたとき、ファシストの欺瞞を非難したKPD指導部のうちで、ノイマンただひとりだけは、この住民投票に参加することを主張した。ファシズムの危機よりも〈社会ファシズム〉の危険性を重大視したからである。ノイマンの主張は、中央委員会でしりぞけられた。だが、コミンテルン執行委員会の介入によって、KPDはこの決定を撤回した。そのKPDによって、住民投票は「赤色人民表決」と名づけられ、ナチスとその突撃隊（SA）メンバーが「勤労人民同胞」と呼ばれた。だが、これを契機に、テールマンとの決定的な対立が生じはじめる。ルカーチと結んで作家同盟の危機を乗りきったときが、まさにその転機の直前だったのだ。すでに三二年五月には、ノイマンはKPD内部での指導権を失い、モスクワに召還される。同年七月の総選挙で国会議員に再選されたものの、もはや失地回復は不可能だった。三二年四月に突如として息を吹きかえした〈上からの統一戦線〉、つまり共産党のイニシアティヴのもとに広範な反ファシズムの統一戦線を構築すべきだという方針は、反〈社会ファシズム〉の権化、ノイマンを許容する余地をもつはずもなかった。ファシズムと社会ファシズムの評価をめぐる過去のあらゆる誤りが、ノイマンの責任に帰せられた。

「われわれの党活動のこうした一般的な弱点や欠陥にもまして、KPDの中央委員会がそれらにたいしてもっとも激しい闘争を行なったあの一連の日和見主義的偏向……にもまして、同志ハインツ・ノイマンを先頭とする同志たちの一グループに、無責任なグループ活動や、集団的な党指導の権威をおとしめるような試みに通じる、深刻な政治的誤謬があった。同志ノイマンとかれのグループの本質的な、党の総路線から逸脱する見解は、誤った似而非《えせ》革命的な展望評価と、ファシズムおよび社会民主主義の誤った評価と、統一戦線政策の遂行にたいする不充分な洞察と、いくつもの段階をとびこえてボリシェヴィキ的自己批判を小ブルジョワ的絵空事におきかえてしまおうとする試行とにあった。同志ノイマンは、ファシズムがとうの昔にひとつの強大な大衆運動となってしまっている時点でもなお、〈ファシストに出会ったら、その場でたたきのめせ！〉というスローガンを擁護した。かれは、一九三〇年にブリューニングの十二月緊急令〔経済恐慌に対する措置として公務員の給与削減や企業の税負担軽減などを命じた「経済および金融の安定のための大統領緊急令」〕が施行されると、〈ファシズムがやってきた〉というテーゼを代弁したが、それは、結果として、国民社会主義に反対するわれわれの闘争を弱め、ファシズムの貫徹に抗するプロレタリアートのさらなる闘争展開を妨げることになりかねなかった。同志ノイマンは、さらに、昨年の夏にＮＳＤＡＰ〔ナチス〕もＳＰＤ〔ドイツ社会民主党〕も危機にひんしている、という立場を代表した。つまりそれは、自然発生的な投機と宿命論的な気分に通じかねない理論だった。そうした誤った評価の帰結として、〈われわれは社会民主主義的労働者たちに兄弟の手をさしのべる！〉というポピュラーな統一戦線スローガンに反対し、このスローガンをＳＰＤ労働者にたいする〈追随〉だときめつけたのである。」――「コミンテルン執行委員会第十二回プレナムとＫＰＤ」と題する党の公式見解（『インターナツィオナーレ』一九三二年九・十月合併号＝この雑誌の最後の号）のなかで、ノイマンはこう批判された。

　三二年十月、かれは党内のすべての地位を失い、コミンテルン代表としてスペインに派遣された。そのうえ、党内闘争を呼びかけたかれのレンメレ宛の手紙が三三年十一月に党指導部の手に落ち、自己批判を強いられたのち、チューリヒに移ったが、そこで三四年末に官憲に逮捕された。ドイツではすでに前年の一月末、ヒトラーのナチ党が政権を掌握していた。悪名高いこの共産主義者の亡命を受け入れる国はなかった。あきらめたかれは、やむをえず――ナチス・ドイツへの送還よりは――ソ連を亡命先に選ばざるをえなかった。三五年夏にモスクワに着いたノイマンは、妻マルガレーテ・ブーバー＝ノイマンとともに最後の数カ月をそこで送った。

　一九三七年四月二十七日、ＮＫＷＤ《エヌカーヴェーデー》（内務人民委員部＝ソ連の治安特務機関。内務省に相当する）がかれの部屋の扉をたたいた。連行されたノイマンは、二度と姿をあらわさなかった。かれがいつ処刑されたか、あるいはどこで獄死したか、いまだにわかっていない。

　ハインツ・ノイマンは、ＫＰＤ理論機関誌『ディ・インターナツィオナーレ』一九二九年一月十五日号に、「レッシングの革命的意義」と題する論文を発表した。これは、かれの恐らくは唯一の文学論文だが、もちろんそのなかでは、純文学的なテーマとしてレッシングが論じられているわけではない。むしろ、レッシング評価にかんしてはほとんどフランツ・メーリングの『レッシング伝説』の延長線上に立っているこの論文のなかで、われわれの注意を惹くのは、かれの政治的立場、その基本姿勢ともいうべきものが、レッシングという対象を借りて簡潔に表現されている点にほかならない。

そのひとつは、「かれは文学を階級闘争の武器として用いた」という指摘である。きわめて平凡なこの見解は、だがしかし、プロレタリア文学運動のなかで〈武器としての文学・芸術〉というスローガンがはらんでいた問題性を考えるなら——われわれがさきに行なった簡単な素描のなかに現われているかぎりで見るだけでも——特別の意味をおびてくるはずである。もちろん、それは、〈武器としての文学〉を主張したノイマンが、むしろこの主張と逆行する方向で作家同盟内の対立を解決したことの問題性だけにとどまるものではない。ノイマンの主張を理解するには、かれが、具体的にだれにたいして向けられるべきものとして武器を語っているのか、という点を、見きわめる必要があるだろう。

ノイマンは、他のドイツ古典作家たちと同じようにレッシングもまた物質的生産力の地盤を遠く離れれば離れるほど偉大でラディカルであった、と述べたのち、こう続ける。「レッシングは、実践的な政治において決然たる叛逆者だとすれば、美学においてはもっと決然としてそうだったのであり、神学においては最も決然としてそうだったのである。」ここでノイマンの言う「最も決然として」とは、なにを意味するのか？　レッシングは、ハンブルクの牧師長ヨーハン・M・ゲッツェとの有名な論争（『反ゲッツェ論』、一七七八）で、僧侶階級にたいする革命的な攻撃をくりひろげたのだが、それはただ単に反啓蒙主義との闘争にとどまらず、同時にまた、形而上学的啓蒙主義にたいする反対としても展開されたのだった。「古いドグマに新しいドグマを対置し、科学的方法によってではなくスコラ的方法によって宗教を攻撃するような試みにたいして、かれは自分の批判の鋭さのいっさいを挙げて立ち向かった。宗教にたいする敵対者たちの陣営の内部で、かれはまさにこの潮流にたいして主要な闘争を行なったのである。」

「おのずから暴露される粗末な誤謬」にたいしてよりも、「洗練された誤謬」にたいしていっそう激しく闘うという、この「戦術的原則」こそは、ノイマンによれば、すべての偉大な革命家が、マルクスにいたるまで、レーニンにいたるまで、つねに適用してきたものなのだ。もちろん、この時点でノイマンがこう語るとき、「おのずから暴露される粗末な誤謬」がファシズムを、「洗練された誤謬」がそのまま〈社会ファシズム〉を意味していたことは、あらためて言うまでもない。そして、かれが主張した〈武器としての文学〉もまた、「おのずから暴露される粗末な誤謬」にたいしてと同時に、このような「洗練された誤謬」にたいして主要に向けられるべき武器にほかならなかったのだ。

ハインツ・ノイマンは、こうしたふたつの誤謬にたいする闘争を、「二正面戦」と呼んだ。「ファシストに出会ったら、その場でたたきのめせ！」というスローガンが、〈社会ファシズム〉にたいする激しい攻撃と共存しえたのは、この原則にしたがうかぎり当然のことだった。だが、それがさらに、「洗練された誤謬」にたいしてこそ「主要な闘争」を行なうべきだという戦術的原則にまで深められるとき、ただひとりノイマンのばあいだけにとどまらぬ問題が生じてきたのではなかったか？　なるほど、革命的な労働者にたいする社会民主党の敵対と弾圧は、ヴァイマル共和国のすべての時期をつうじて、まさに筆舌につくしがたいものだった。賢明にも警察権力を手中におさめた社会民主党幹部たちの指揮で、ベルリンをはじめとする警察の社会民主党員の警官が、ゴムの棍棒とピストルをかざして労働者に襲いかかった。職場では、企業家が行なうべき弾圧と管理を、すべて社会民主党の組合幹部が代行した。〈社会ファシズム〉という規定は、直接弾圧にさらされている労働者たちにとっては、まさに血と肉をもって体験させられている現実に、ぴったり当てはまったのである。

だがしかし、そのために、「おのずから暴露される粗末な誤謬」が、じつは暴露されぬままに、あるいはむしろ、だれの目にも明らかに暴露されきっているがゆえに、放置されてしまったのではなかったか？　そして、一方で、こうした二正面戦を展開するもの自身が、みずからの運動の内部にまでこの戦術的原則をもちこみ、近いものから叩いていくという、悲惨な誤りをおかすことになったのではなかったか？　ハインツ・ノイマンにたいする非難が、かれの行なったさまざまな非難や粛清とまったく同一の戦術的原則にそくしてなされた、というばかりではない。「すべての偉大な革命家」が適用してきたというこの戦術的原則の貫徹そのものが、少なくとも何らかの状況においては、そのような具体化となってあらわれざるをえないのではなかったか？

そしてとりわけ、ノイマンの協力を得て作家同盟内のひとつの問題を処置したルカーチは、この戦術的原則とどのような関係をもっていたのか？　ひきつづき行なわれたかれのプロレタリア文学批判は、それとどう関係していたのか？――われわれは、ふたたびルカーチにたちもどらねばならない。

3　統一戦線をめぐって——ベーラ・クンとの対立

ジノヴィエフによる批判がなされたあのコミンテルン第三回大会の開会の前日、一九二四年六月十六日に、ルカーチは、パウル・エルンストにあてて一通の手紙を書いた。そのなかで、かれは、エルンストから贈られた著書（おそらくは、一九二三年に刊行されたエッセイ集『崩壊と信条』）の礼を述べたあと、その本の意見に反対して、こう書いている——

「……プロレタリアートとブルジョワジーは、たとえ全体としてみればともに少数者であっても、やはりこれら両階級こそが、政治的活動性をもっているのだ、とあなたもおっしゃっています。なぜそうなのか、なぜそうならざるをえないのか、あなたは問題になさらない。もしもこの問題を具体的に立ててごらんになれば、マルクス主義の立場を、いや、それよりはむしろ、それをさらに精密にしたレーニン主義の形態を、獲得するところまで到達なさったことでしょう。そして、イデオロギーの面では、階級意識についてのエッセイのなかでわたしが問うた問題を、問わざるをえなかったでしょう。そうすれば、こんにちの状況がこれらふたつの階級の闘争によって決定されており、どちらの階級に加担するかという決断の避けがたいことが、明らかとなったことでしょう。二、三日中に、レーニンについての拙著をお送りします。これを読んでくだされば、一通の手紙で尽くしうるよりもはっきりと、わたしの政治的立場がおわかりいただけるでしょう。」

もちろん、もしもこの手紙の発信が数日ないし数週間あとだったとしても、おそらくルカーチは、この文面をいささかも変えることはなかっただろう。だが、そのときにもなお、これにつづく数節がつぎのようなものでありえたかどうかは、疑問なのではあるまいか？

ゲルトルートとルカーチ（ヴィーンの亡命の初期）

「わたしたちは、去る四月、インフルエンザにやられてしまいました。病気のために、ゲルトルートはまったく動けなくなり、おまけにわたしまでが、これまでなかったようなひどい目に遭ってしまいました。病気ですっかり衰弱して、仕事ができなくなったのです。ふたりとも、ぜひ夏の休暇をとりに出かけることが必要です。」そのあいだ三人の子供たちをそれぞれよそにあずけることにしたのだが、こまったことに、下の男の子をあずかってくれるはずのひとが、急に都合が悪くなったのである。ルカーチの頼みというのは、この子をパウル・エルンストのところへ遊びにやりたい、ということだった。「ほとんど手はかからないと思います。一日中、動物を相手にしたり、野原で遊んだり、大忙しでしょうから。旅行はひとりで大丈夫です。……もしもご承知いただけるようでしたら、ミュンヒェンでの乗りかえについての要点をお記しいただいたうえ、ゲルトルートがドイツ大使館に（ヴィザのため）提示できるような簡単な招待状をお書きくださいませんでしょうか？　男の子の名前は、フェレンツ・ヤーノッシです。お手紙の宛名は、どうか家内の旧姓、ゲルトルート・ヤーノッシでおねがいします。」

一八六六年生まれのこの劇作家と、二十歳も年下のルカーチとのあいだには、ルカーチが「悲劇の形而上学」（一九一二）でパウル・エルンストを論じ、この作家の悲劇精神の現代的意義を高く評価して以来、かなりひんぱんな文通をふくむ交友がつづけられていた。エルンストは、かつてエンゲルスの友人として草創期のドイツ社会主義運動に参加したのだが、十九世紀末にはすでに社会民主党を脱退し、政治に背をむけて〈新古典主義〉の代表的作家となったすえ、ドイツ革命に直面して『マルクス主義の崩壊』（一九一九）を書き、明確な反共的立場を表明していた。のちにナチスから、民族革命のもっとも偉大な予言者という讃辞をあびることになるこの作家と、反対の道を歩んだルカーチとのあいだには、もちろん、このころすでに著しい立場の違いが生じていた。それにもかかわらず、おりにふれての論争をふくみながら交友はつづけられたのである。「悲劇の形而上学」や、エルンスト生誕五十年を記念した論文「ナクソスのアリアドネ」（一九一六）で展開されたルカーチの悲劇論は、ハンガリー革命の時期の『戦術と倫理』にすら、あざやかにその痕跡をとどめている。

これよりさき、ハンガリー・ソヴィエト政権の時期に、ルカーチは、最初の妻、エレーナ・アンドレーヴナ・グラベンコと、正式に離婚していた。かれがはじめてエレーナと出逢ったのは、一九一四年のハイデルベルクでのことだった。ロシアのエス・エル（社会革命党）派だった彼女との結婚にルカーチの両親が強く反対したとき、マックス・ヴェーバーが、この娘は自分の親族だ、といつわって、両親の説得に力をかしてくれたのである。だが、この結婚は永つづきしなかった。ルカーチがブダペシュトにもどったとき、エレーナはドイツにとどまった。

ソヴィエト政権が樹立されると、彼女はハンガリーへやってきた。だが、彼女は、ルカーチのもとでよりは、むしろ〈倫理主義者〉ルカーチを敵視していた党内〈ボリシェヴィキ派〉のアラダール・コミャートやヨージェフ・レーヴァイのもとで時をすごすことが多かったという。レーヴァイは、一九一五年から数年にわたって作家ベーラ・バラージの家でつづけられた〈日曜サークル〉の最年少メンバーとして、ルカーチの影響を強く受けていたのだが、一足はやく共産党に入党したあと、一八年十二月二日のルカーチの入党にさいしては、このようなブルジョワ知識人を党に加えるわけにはいかない、と強硬に反対したのだった。論争をつうじて、レーヴァイとルカーチの関係は旧に復し、親密さをました。『歴史と階級意識』が批判をうけたとき、〈弟子〉として非難を共有したレーヴァイは、それにもかかわらず詳細な書評を定評ある社会運動理論雑誌『グリューンベルク・アルヒーフ』（社会主義と労働者運動の歴史のための文庫）に書いたのである。けれども、革命政権時代にはまだ党内のルカーチ批判者の急先鋒だったレーヴァイやコミャートと、エレーナが行動をともにしたとき、彼女とルカーチには、最終的な離別の道しかのこっていなかった。一一〇年にドイツで刊行された『小説の理論』――それはエレーナとの出逢いの日々にハイデルベルクで構想されたのだった――を、それでもなおルカーチは別れた妻エレーナにささげた。だが、そのときすでに、かれは、もうひとりの別の女性と生活をともにしはじめていたのである。

一九〇二年、ルカーチがまだ十代のころ、父の親友の妻といっしょに、その友人として、しばしばルカーチ家を訪れたひとりの娘があった。ルカーチより三つ年上の、ゲルトルート・ボルトシュティーベルである。ルカーチは彼女に熱い想いをよせたが、彼女はこの年下の少年の恋を知ってか知らでか、イムレ・ヤーノッシという数学者と結婚してしまった。十数年ののち、「秋バラ革命」の熱気につつまれた一九一八年から一九年にかけての冬のブダペシュトで、不仲だった妻エレーナをハイデルベルクにのこしていたルカーチは、結核で夫をなくしたゲルトルートと再会した。革命の敗北後、かれを追ってヴィーンに来たゲルトルートと、ルカーチは結婚したのである。数年後に完成した『歴史と階級意識』は、ゲルトルート・ボルトシュティーベルにささげられた。彼女には、前夫とのあいだにまだ幼いふたりの男の子があった。のちに著名な物理学者となるラヨシと、技師から経済学者に転じてユニークな現代資本主義論『経済的奇跡の終焉』（一九六八）をあらわすフェレンツ、つまりパウル・エルンストへの手紙で触れられている下の息子である。そしてやがてもうひとり、アンナという女の子が生まれる。

　白色ハンガリーから派遣されてくるホルティの手先たちから身をまもりながら（ルカーチはこのころ、かれが生涯で手にした唯一の武器である一梃のピストルを買い求め、肌身はなさず持ち歩いた、という）かれらは三人の子供たちを育てねばならなかった。外国での暮しにつきまとう生活上の困難ばかりではない。党とコミンテルンの同志たちからの容赦ない批判や攻撃もまた、かれとその一家をたえず苦境に立たせた。はやくも一九二〇年六月には、レーニンによる批判が行なわれた。ブルジョワ議会への参加に原理的に反対し、プロレタリアートの自己教育の場としての評議会《レーテ》（ソヴィエト）制度をこれに対置したルカーチの論文、「議会主義の問題によせて」（『コムニスムス』二〇年三月一日号）を、レーニンは、「〈共産主義における左翼小児病〉のまぎれもない徴候」であるとして、徹底的に批判したのだった（『コムニスムス』書評、『コムニスティッシェ・インターナツィオナーレ』誌、ドイツ語版、二〇年第一一号）。

　ルカーチ自身は、その翌年のコミンテルン第三回大会にハンガリー代表団の一員として出席したとき、はじめてレーニンに会った。レーニンのひととなりに強い感銘をうけたというかれは、それ以後ようやく本格的にレーニンの著作ととりくむようになる。その一応の成果は、レーニンの死の直後、『歴史と階級意識』の版元、マリク書店のヴィーラント・ヘルツフェルデからの依頼をうけて数週間で一気に書きあげた『レーニン――その諸思想の連関についての研究』（一九二四）だった。この小冊子のなかでかれが主として追究したのは、革命の現実性という観点をいかに現実政策と結合させるか、という問題にほかならなかった。そのなかにはすでに、『歴史と階級意識』の思想からの脱却がいくつかの点――たとえば〈新経済政策《ネップ》〉の正当化など――で見られるのだが、それでもなおこれは、コミンテルンによる批判ののちであれば決して書かれえなかったであろう本だった。

　だがしかし、ルカーチが直面せねばならなかったいっそう本質的な困難は、ハンガリー共産党の内部闘争にあったのである。革命政権の崩壊後、党内では、敗北の総括と今後の方針をめぐって、ベーラ・クンを中心とするグループとイェネー・ランドレルのグループとのあいだに、激しい対立が生じていた。古くからの社会民主党左派活動家で、鉄道労働組合の指導者としてハンガリー労働者に大きな影響力をもっていたランドレルは、革命政権では内務人民委員、赤軍最高司令官などをつとめ、ヴィーン亡命後も、もはや社会民主党にはもどらなかった。国外での活動を余儀なくされたハンガリー共産党の中央委員となったかれは、亡命者グループのことを主として考えるのではなくハンガリー本国の労働者運動の再建を党の主要目標にすべきである、と主張した。この考えは、コミンテルンの方針をいかに党活動に適用するか、という観点から亡命ハンガリー共産党の進路を定めようとしたクンの路線と、するどく対立するものだった。白色テロルの荒れ狂うホルティ・ハンガリーでまず合法的な労働者運動を育てることから再出発しようとするランドレル・グループを、クンとその支持者たちは〈解党主義者〉と呼び、みずからは〈建党運動派〉と称したのだった。

　対立は、一九二一年のコミンテルン第三回大会の代表権をめぐって表面化した。コミンテルン執行委員会議長ジノヴィエフは、ランドレルを中心とする党中央委員会多数派のほかにクン派の代表団をも正式のフラクション〈党内グループ〉と認め、当時モスクワにいたハンガリー共産党員のうちでは多数をしめていたクン・グループが、党中央委員会多数派として認知されてしまったのである。多数派となったクン・グループは、同年秋、ハンガリー労働者に向けて、「共産党員は労働組合内での社会民主党費の支払いを拒否せよ」との指令を発した。組合が一括して組合員から社会民主党の党費を徴収していたその当時のハンガリーでは、この指令は、労働組合からの脱退を命ずることに等しかった。

ランドレルを中心とする反対派は、こうした一連の方針にたいして、一九二二年に、『冒険主義と解党主義――ベーラ・クンの政策とハンガリー共産党の危機』と題する批判論集を公けにし、公然と理論闘争を展開した。この論集の編者は、このころまだランドレル・グループに属していたラースロー・ルダシである。一貫してランドレルを支持したルカーチは、そのなかで「またもや幻想政策」という一文を書き、クン派の路線を全面的に否定した。この批判は、その後も長くつづくクンとの対立のなかでルカーチが表明したもっとも明確な論駁だったばかりでなく、党組織と現実政策にたいするルカーチの基本的態度を物語るものであり、また、かれのその後の発展にとってもきわめて重要な意味をもっている。

ルカーチの批判は、まず第一に、ベーラ・クンの政策がハンガリーのプロレタリアートの状況を出発点にしておらず、ハンガリー・プロレタリアートの解放を目標にしていない、という点に向けられた。クンにひきいられた中央委員会多数派は、もっぱら、亡命活動家たちにどう訴えるか、ということしか考えていない。それどころか、たとえばハンガリー南西部バラニャ地方の労働者にたいしてなされた呼びかけひとつとってみても、「かれはそれを、バラニャのために書いたのではなく――モスクワのために書いたのだ。」（強調はルカーチ）このように、ハンガリーの労働者の運動をまったく眼中におかぬまま、しかも口先では、「ハンガリー共産党は共産主義インターナショナルの指導の下に、近い将来ハンガリーにおける強大な大衆政党となるであろう」などと唱えてみせる「空想じみた幻想」、「良心なき冒険政策」は、必然的に、「魂のない官僚主義」を生みださざるをえない。なぜなら、こうした政策によって、指導部と党員とのあいだに、ぬきがたい不信感が生まれてしまうからだ。

「指導者たちの一部は、みずからの政策が砂上の楼閣であることをよく知っている。だが、かれらはまた同時に、自分たちがいかなる手段をもって（ごまかし、実現不可能な幻想の培養、地位、等々）支持者を獲得してきたかということも、知っている。さらにはまた、どのような人間たちを支持者として獲得してきたかということも、知っている。したがってここでは、共産主義的な同志的信頼を基盤にした共同作業が生まれることなど、そもそものはじめからありえないのだ。ここでは、どんな会話をかわすにも、かならず証人が必要である。あとになってから、おまえの結論はそうではなかった、ということになりかねないからだ。ここでは、どんな命令も、文書で出されねばならない——それがそもそも遂行されるようにするためばかりではなく、むしろ——しばしばそうであるように、遂行不可能な命令であればこそ——その文書がまさかのときに証拠資料として役立つようにするために。つまり、官僚主義機構は、それがそもそも何らかのものを生産するかぎり、同志たちが相互に告発しあうための書類や資料を生産するのである。そしてそれらは、必ずや生じる個人的闘争のなかでいつか使われるはずのものなのである。」このような相互不信をはらんだ雰囲気のなかでは、中央委員会の権威は盲目的で奴隷的な服従にもとづいてしか貫徹されえない——と、ルカーチは断言する。そして中央委員会自身も、この服従を手ばなさないためには、見せかけだけの成果をあげてみせねばならず、失敗の張本人の役を反対派におしつけねばならない。だが、うそをつけばつくほど、それを隠蔽するためにボロを出さねばならなくなる。現実の闘争のなかで闘っているプロレタリアートは、必ずや、中央委員会多数派の幻想政策を見破るであろう。「ハンガリー労働者たちがみずからを手段として利用させたりしないであろうことは、火を見るよりも明らかである。〈建党派〉のシャボン玉がついにはじけ散ったとき、すべての共産主義的労働者たちは、われわれが正しかったことを、見てとるであろう。かれらがわれわれを非難するとすれば、それはただ、冒険主義的幻想政策にたいする闘争をわれわれがもっと早くから開始しなかったということについてだけであろう。」

ここで述べられているのは、徹頭徹尾、ハンガリー共産党内部の問題である。ルカーチ自身が『レーニン』において、レーニンの実践を一般化することからは「戯画」「俗流レーニン主義」しか生まれないことをとりわけ暗にクンのハンガリー・ソヴィエト時代の外交政策を例にひきながら確認したように、ルカーチのこの発言を〈党〉一般、〈官僚主義〉一般に拡大して解釈することはできないだろう。だが、少なくともわれわれがいまの時点からふりかえってみるとき、ここには、最低限の一般化をわれわれに要求せずにはいないものがふくまれている。もちろん、ここで、官僚主義のメカニズムが解放闘争との真の結びつきの欠如という具体的実践にそくして解明されていることを、見のがすわけにはいかない。だが、クンの〈幻想政策〉にたいするこの批判は、さらにまた、のちに「誤った似而非革命的な展望評価」を非難されたハインツ・ノイマンの路線が、なにゆえにドイツ共産党のなかで絶大な力をもち、なにゆえに突如として排除されえたのか、という問題とも、かかわってこざるをえない。そして、そのノイマンと結んで事態を処理したルカーチ自身のやりかたが、クン批判のなかでみずから確認した原則とどのような関係をもっていたのか、という問題も、当然おこってこずにはいない。一九二二年にこのような幻想政策批判、このような官僚主義批判をなしえたルカーチが、ドイツ共産党とハインツ・ノイマンのなかに見出したものは何だったのか？――ノイマンだけではない。少なくとも、一九二九年のKPD第十二回大会の公式議事録は、党委員長テールマンの主報告の末尾に「何分間も鳴りやまぬ嵐のような拍手！」と記したのに加えて、その主報告のためにかれが壇上にのぼったときの議場の光景を、こう描写したのである、「ブラボーの叫び、長く鳴りやまぬ拍手。党大会は同志テールマンを嵐のような熱烈な喝采で迎える。代議員は起立し、『インターナショナル』を歌う。青年代議員は、〈モスクワ万歳〉を三度となえて党の第一議長を歓迎する。」O・K・フレヒトハイムによれば、これは、ドイツ労働者党の歴史のなかで指導者への大喝采が行なわれた最初の党大会だったという。個人崇拝はドイツにおいてもここで官許のものとなったのだ。そしてもちろんそれは、〈指導者〉への自己譲渡と、その意志の執行機関への無批判的唱和と、相互不信と密告体制とに支えられたスターリン主義型官僚主義の、不可欠の条件なのである。このような官僚主義的幻想政策が、しばしば、〈二正面戦〉をふくむ現実政策となって現われることも、これまた周知のとおりだろう。

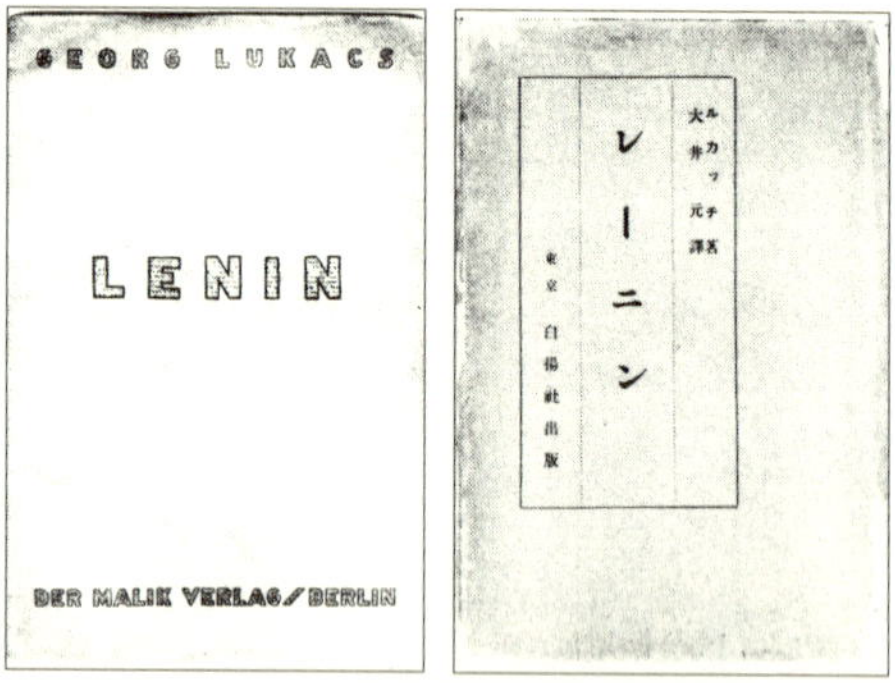

『レーニン』初版（1924）と大井元役の白揚社版（1927）

クン派の政策にたいする公然たる批判ののち、ランドレル・グループの中央委員の全員が中央委員会をしりぞき、ここにハンガリー共産党は、事実上、分裂することになった。ランドレルらは、ハンガリーにおける労働組合内での合法活動と、それと並行したハンガリー国内での非合法活動によって、社会民主党を左右に分解させ、その左派とともに新しい労働者党をつくる、という方針を提起する。この方向は、クン派の反対にもかかわらず一九二四年のコミンテルン第五回大会でも承認された。そしてすでに二五年四月には、ランドレル・グループの方針にそって、合法的な「ハンガリー社会主義労働者党」（ＭＳＺＭＰ）が結成されたのである。ルカーチは、イェネー・ランドレル、ヨージェフ・レーヴァイとともに、新党の綱領の作成にあたった。これを契機として、共産党の再統一がすすめられ、二五年八月、社会主義労働者党内の非合法共産党フラクションをふくめて、ハンガリー共産党（ＫＭＰ）第一回党大会がヴィーンで開かれた。だが、こののちも、中央委員会多数派は、依然としてベーラ・クンのグループが握った。かれらと、社会主義労働者党の綱領で「共和国」を当面の目標にかかげたランドレル派とのあいだに、なおも激しい内部闘争がつづけられた。

一九二八年二月、フランス滞在中のランドレルが五十二歳で死んだ。この年の夏、コミンテルン第六回大会は、〈資本主義の第三期〉論（資本主義は社会ファシズムの時代にはいった、という理論）をかかげて、社会民主主義勢力との全面対決を開始した。もちろんこれは、共和制の実現をめざし、統一戦線と人民戦線の可能性を追求することを基本線にしていたハンガリー社会主義労働者党の共産党グループの方針とは、まっこうから矛盾するものだった。この年の末、ルカーチは、旧ランドレル派のリーダーとして、ハンガリー共産党第二回大会に向けた方針案、「ハンガリーにおける政治および経済情勢とハンガリー共産党の任務にかんするテーゼ」を書くことになる。

いわゆる「ブルム・テーゼ」として知られるこの草案は、いままでのところ、五章からなるうちの第一章、第四章、それに第五章のＡとＤだけが公表されているにすぎない。しかし、そこから見るかぎりでも、ルカーチが提起しようとしていた方向は、明らかである。要約すれば、それは、ファシスト的なホルティ体制の支配するハンガリーで、党は、プロレタリア独裁ではなく「共和制」のスローガン、具体的には、「プロレタリア革命への――さもなければ反革命への——ひとつの過渡形態」としての「プロレタリアートと農民による民主主義的独裁」というスローガンをかかげるべきである、との主張だった。もちろんこれは、「共産主義者の目標は……なんら賃金奴隷の解放を意味しない民主主義ではありえず、社会革命、ただちにいますぐ開始されるべきプロレタリアートの独裁なのである」という一九一九年九月当時の自己の見解（パンフレット『共産主義者は何を欲するか？』）を、あらゆるところで堅持しようとしていたらしいベーラ・クンにとっては、ゆるしがたいものだったろう。コミンテルンもまた、このテーゼにたいする全面的な批判を展開した。一九二九年十二月にいたって、『インターナツィオナーレ・プレッセ・コレスポンデンツ』（コミンテルンの国際通信、いわゆる『インプレコール』）は、「ハンガリー共産党員にあてたコミンテルン執行委員会の公開状」を掲載し、ブルム・テーゼと同志ブルムにたいする反対闘争を公然と呼びかけた。一九一九年にすでにソヴィエト共和国を経験しえたハンガリーで、しかもそこでも社会ファシズムが進行しつつあるこの〈第三期〉に、あらためて「民主主義的独裁」を目標にかかげるのは日和見主義であり解党主義にほかならない、というのである。テーゼは、一九三〇年二月から三月にかけて開かれたハンガリー共産党第二回大会でも、否決された。

ベーラ・クンが自分の除名を策していることを知ったブルム＝ルカーチは、テーゼの正しさを確信しながら、自己批判を行なった。党をはなれたカール・コルシュがその後たどらねばならなかった運命を思うにつけても、その時点での党からの追放は、近づきつつあるファシズムに抗する有効な闘いへの参加を不可能にするだろう、と考えたからだった。そうした運動へのいわば〈入場券〉として自己批判を行なったのだ——のちにルカーチ自身はこう語っている。

だが、おそらくこうした決意は、かれにとって、このときがはじめてではなかっただろう。『歴史と階級意識』をめぐる批判ののち、そして、ともに非難をうけたカール・コルシュが左翼反対派として最終的にドイツ共産党を除名される数カ月前、ルカーチは、原稿を依頼してきたパウル・エルンストにあててこう書いていた——「たいへん残念ですが、書くことは絶対に不可能です。第一に、外的な理由からです。共産主義者であるわたしは、党のはっきりした許可があるときしか、ブルジョワ新聞や雑誌に書くわけにはいかないのです。この許可が党から与えられるのは、その論文の発表が客観的にみて運動に益がある場合だけでしょう。こうした理由から、この数年、いくつかの雑誌の依頼を何度かことわってきました。今度も例外というわけにはいきません。わたしはこの原則に基本的に同意しているのですから、なおのことです。……」（一九二六年一月二十九日付）

われわれから見たばあいのルカーチのたびかさなる屈折は、かれが自己の一貫性よりもつねに〈運動〉を上におくという原則をみずからに課してきたことを考えるなら、理解できないことではない。第二次世界大戦後の一九五六年秋、ハンガリー蜂起に加担して党籍を剥奪された時期のことをすら、かれはのちに、「一九五六年のあとで十年のあいだ党外で働かねばならなかったことは、わたしの意志にそったものではなかった」と述べている（「根底的、批判的改革の時代としての社会主義」、一九六九）。だが、それだけにますます、かれにとっての〈運動〉と〈党〉の意味が、そこでの批判や断罪と、連帯と統一への試み、共産主義的な同志的信頼を基盤にした共同作業の意味が、かれにたいして問われねばならないだろう。〈入場券〉という理由づけは、内的な真の自己批判を排除するものではない。むしろ、言葉の本来の意味におけるいっそう厳しい自己批判を、それは要求せずにはいないはずなのだ。

批判が真の自己批判と相互批判を触発し、同志的な内部批判として運動の動力となるのでなければ、運動と党が来たるべき共産主義的共同体の原型となるのでなければ、〈批判〉は密告と裏切りを生み、近いものからはじまって無限に〈敵〉を再生産する過程と化すだろうし、〈運動〉と〈党〉は独裁を揚棄することのない独裁国家の建設をめざすものでしかなくなるだろう。「ブルム・テーゼ」でルカーチが構想した「民主主義的独裁」は、少なくともこのような過程の進行にまず歯止めを加え、真の批判＝自己批判と、真に同志的＝相互批判的な運動の形成のための条件を創出するためのものだった。この構想を容れる余地をもたなかった〈運動〉が、ルカーチにとってそれでもなお運動というにふさわしいものだったかどうか、疑問だろう。しかし、ルカーチは高価な〈入場券〉をあがなってそこにとどまったのである——他の多くの誠実な共産主義者たちがしたのと同じように。

4　ルポルタージュ批判とその背景

「ブルム・テーゼ」の根本精神と、〈入場券〉としての自己批判とのあいだの内的な矛盾は、一九三一年夏にはじまるルカーチの「ドイツ・プロレタリア革命作家同盟」（略称＝BPRS）とのかかわりのなかで、くっきりと具体的な姿をとってあらわれてくる。それは、基本的には、統一戦線戦術とボリシェヴィキ化との矛盾であり、共同作業への模索と近いものへの攻撃との矛盾にほかならない。

　ハンガリー革命時代からの対立者のひとりアラダール・コミャートを中心とするグループが、〈左翼的誤謬〉を批判されて作家同盟の指導権を失った直後、三一年十一月号の『ディ・リンクスクルヴェ』に、ルカーチは、「ヴイリ・ブレーデルの長篇小説」と題する論評を発表する。労働者通信員出身のブレーデルが獄中で書いたふたつの長篇小説《ロマーン》、『機械工場N&K』（一九三〇）と『ローゼンホーフ街《シュトラーセ》』（三一）にたいする批判である。ブレーデルの作品がドイツ・プロレタリア革命文学の発展のなかで重要な位置をしめていること、それらが「すぐれたプロレタリア革命小説《ロマーン》にふさわしい枠、定式」をそなえていることを認めたうえで、だがしかしルカーチは、つぎのような点にきびしい批判を向けたのだった。

　すなわち、ブレーデルの作品の幅広い枠組と、一種のルポルタージュ、一種の集会報告でしかないかれの物語り技法とのあいだには、芸術的に未解決の矛盾がある。かれの人物たちは唐突に変身するし、かれらの会話には真実味がない。いずれも、生きていない。ルポルタージュであればそれでよいだろうが、長篇小説はこれとはまったく別の形象化手段を要求するものなのだ。これは、ブレーデルに技術《テクニック》が欠けているからだろうか？　それもある。だが、本質的な問題はそれではない。「こうしたことはすべて、〈技術〉不足の問題などではなく、弁証法の欠如の問題なのだ。」われわれのプロレタリア革命文学は、みずからの生存を闘いとり、きびしい闘いのなかでみずからの生存の正当性をあかしだてた。だが、党とコミンテルンの革命的実践および理論の最高の業績と比べるなら、まだまだ文学分野は遅れていると言わざるをえない。「……仮借ない自己批判をつうじて、遅れとその原因を容赦なくあばきだすことをつうじて、革命的階級闘争の全般的な発展水準にみあった任務を設定することをつうじて、このへだたりを認識し、ねばりづよくかつ目標を意識した作業をつうじて、文学的創作活動における唯物弁証法の取りあつかいかたを学びとることをつうじて、このへだたりをできるかぎり速やかに清算しなければならないのだ。」ブレーデルの作品が一定の水準にたっしているからこそ、まさにひとつの自己批判として、かれにこれを要求するのである——こうルカーチは述べたのだった。

『機械工場N＆K』の邦訳書（1931年、四六書院）と、小説のモデルとなった機械製作工場で旋盤工として働く作者ブレーデル（1928年）

　ブレーデルはルカーチの批判を、かれおよびプロレタリア文学総体にたいする「ひとつのボリシェヴィキ的批判」として受けとめた。三二年一月号の『リンクスクルヴェ』に寄せた「さらに一歩前進しよう」という文章のなかで、ブレーデルは、「同志ルカーチがその論説のなかで挙げているすべての細目……このすべては事実そのとおりなのだ」と認め、つぎのような決意を表明したのである、「われわれの仕事の方法論にかんして、さらに一歩前進しよう。ブルジョワ資本主義的文学にたいするプロレタリア文学の突破は、成功した。だが今度は、敵の階級文学よりもあらゆる点ですぐれたものにならねばならぬ。ブルジョワ〈科学〉よりもずっとすぐれたマルクス＝レーニン主義の科学を、文学にも適用することを理解し、文学を科学的社会主義の誇るべき高さに高めねばならぬ。」（強調はブレーデル）

　ところが、ブレーデルのこうした全面的な自己批判は、かえって、この問題をめぐる論議をよびおこす結果となった。三二年四月号の『リンクスクルヴェ』は、「他の人びとの批評──われわれの文学の適格性の問題によせる若干の所感」と題するオットー・ゴッチェのルカーチ批判と、それに答えたルカーチの「文学における自然発生性理論に反対する」という反論とを、あわせて掲載した。

ゴッチェは、一九二一年の〈三月行動〉をテーマにした長篇小説《ロマーン》『三月の嵐』（一九三〇）で、プロレタリア大衆小説《ロマーン》への要求に応えて登場した労働者作家だったが、職場や労働者街の読者たちにブレーデルの作品とルカーチの批判とについての意見を聞いてまわり、それを紹介しながら、大衆批評の立場にたって、ルカーチにたいする反批判を展開する。「あんなもの〔ルカーチの批判論文〕をでっちあげることができるのは、文学バカさ。だけどおれたちにとって大切なのは、〈芸術的〉形象化なんてものだけじゃなくて、階級闘争のなかでその本がもつ価値だよ！　その点じゃ、『ローゼンホーフ街』は、十枚のビラをあわせたより百倍も良い効果をあげた。」──こういう意見を紹介したゴッチェは、党とコミンテルンの革命的な理論と実践の水準にまで文学が自己を高めることができるのは、まさに「われわれの文学の大衆的性格が行為となり、職場や職業安定所や居住街区からの大衆批評がはじまるとき」である、と強調する。「なぜ、われわれは遅れてしまったのか？　なぜなら、大衆の充分なコントロールのもとにおかれていないからだ！……われわれにはまだこれが欠けている。だがそれでもなお、ブレーデルからわれわれは限りなく多くを学んだ──ルカーチからではない──そして明日は、ブレーデルがわれわれから学ぶだろう。われわれの文学は大衆文学に、われわれの批評は大衆批評にならねばならぬ。」

ゴッチェのこの反論は、論争にひとつの明確な方向づけを与えるきっかけとなった。ブレーデルにたいするかなり一般的なルポルタージュ批判を、ルカーチは、ゴッチェの見解を手がかりとして、ルポルタージュ形式とその世界観的基盤との関連を掘りさげる方向へと、発展させていく。

もともと、ルカーチがブレーデルとプロレタリア革命文学総体とにたいして「文学的創作活動における唯物弁証法の取りあつかいかたを学びとる」ことを求めたのは、かならずしもかれ独自の要求とは言えなかった。それは、なによりもまず、三〇年十一月のハリコフ会議（第二回革命作家世界大会）で強調された課題であり、当時のロシア・プロレタリア作家協会（ラップ）がとなえていた創作方法上の基本路線と、密接なつながりをもっているのである。ハリコフ会議の直後に国際革命作家同盟（モルプ）書記局が発した声明、「プロレタリア・革命作家第二回世界大会の諸成果」を見るなら、ルカーチのブレーデル批判のひとつの歴史的背景は、きわめてはっきりしてくるだろう。そこでは、会議が「プロレタリア文学の方法は唯物弁証法であるべきことを確認した」と明記され、この方法を鍛えあげることこそ「われわれの運動全体に課せられた任務である」と述べられている。「これに成功したときはじめて、全世界のプロレタリア革命作家は、ソ連におけるプロレタリア文学の教訓を利用しながら、みずからの芸術的創造のなかで、複雑多様な諸関係、発展と諸矛盾をふくんだ現実を、あるがままに反映することができるだろう。」――声明はこう述べて、唯物弁証法的方法のみが、プロレタリア文学を世界の革命的変革のための力強い道具となしうるであろうし、革命的作家の各自が、プロレタリアートの哲学たる唯物弁証法を消化しえたその度合こそ、プロレタリア作家へのかれの自己変革の度合を測る尺度である、と強調しているのである。

　ところが、この〈唯物弁証法的創作方法〉は、ちょうどハリコフ会議の直後から本格的に開始されたソ連共産党によるラップ批判のなかで、「抽象的で煩瑣な哲学的公式」として、「作家の創造性とイメージにたいする拘束、圧迫」として、いっせいに非難をあびはじめる。一九三二年四月には、ついにラップが共産党中央委員会の決議によって解散させられ、かわって単一のソヴィエト作家同盟を結成する方針が決定されて、〈社会主義リアリズム〉が創作方法上の基本路線として打ち出されていく。そして、ラップ書記長でその理論的指導者だったレオポリド・アヴェルバッハは、やがて三〇年代後半になると、もっとも悪質なトロツキストとして、文学・芸術分野に巣くうトロツキズムの元凶として、批判の集中砲火をあびることになる。ルカーチのルポルタージュ批判は、時期的にちょうどその転換期とかさなりあっていたのである。ドイツの作家同盟内の論争が、そしてルカーチ自身の理論形成が、こうした背景のなかで行なわれていたことを、見のがしてはならないだろう。

　ゴッチェの反論にたいする論駁（三二年四月）では、ルカーチはすでに、主たる論点を、創作活動における唯物弁証法から、ルポルタージュ形式の基盤としての〈文学における自然発生性理論〉への批判にうつしている。（だが、注目すべきことには、ルカーチはこれ以後もなお執拗に、しばしば唯物弁証法について語りつづけるのである。）

ゴッチェにたいして、かれはまず、「論文を書いたやつが自分でもっと良いものをつくればいいんだ」という読者の意見を紹介するゴッチェが、作家と批評家のそれぞれ独自な役割をわきまえていないのみか、批評そのものについてもまったく無理解である、と指摘する。「かれには、批評とは即、大衆批評である、というふうにみえるのだ。これは、自然発生性の立場である。ドイツの労働者運動のなかに少なからずのこっている〔ローザ・〕ルクセンブルク的残滓のひとつである。」ゴッチェにみられる自然発生性への拝跪は、さらにまた、創作方法そのものにたいするかれの態度のとりかたにも、あらわれている。労働者の日常を「ブレーデルはみんなみごとに写しとった」というような主張によって、ゴッチェは、報告ないしルポルタージュは形象化の代用たりうるか、という創作方法上の問題提起を、脇へおしやってしまうのだ。このような自然発生性への拝跪は、ルカーチによれば、まさに、われわれ自身の遅れへの拝跪であり、労働者の読者と労働者作家にさえ存在する小ブルジョワ的なイデオロギー残滓への拝跪にほかならないのである。

批評にたいするゴッチェの見解を自然発生性への拝跪であると規定したルカーチは、さらに、エルンスト・オットヴァルトの裁判小説『なぜならかれらはなすべきことを知っているから』（一九三二）を素材にして、ルポルタージュ形式への原理的批判を展開する。「ルポルタージュか形象化か？——オットヴァルトの長篇小説にふれての批判的所感」（『リンクスクルヴェ』三二年七月、八月）がそれである。ここでルカーチは、批判対象を、オットヴァルトからアプトン・シンクレア、セルゲイ・トレチャコフ、イリヤ・エレンブルクなどにまで拡大する。ブルジョワ的心理主義への正当な反対として生まれたルポルタージュの手法は、心理主義とは逆の意味で、社会的な内容と主観的要因や形式的要因とを切りはなすことになった。科学の方法としてであればそれでよいかもしれないが、長篇小説の手法としてそれが応用されるとなると、解きがたい矛盾が生じてくる。なぜなら、現実の一端をありありと描くのがルポルタージュであるのにたいして、「関連総体の形象化は、長篇小説の正しい構成のための前提である」からだ。創作方法としてのルポルタージュは、「特殊芸術的な課題の〈科学的解決〉であるがゆえに、「内容的にはひとつの似而非科学を、そして形式的にはひとつの似而非芸術を生みだす」ことを、意識してか無意識にか、めざすものにほかならない。そして、ルポルタージュが告発しようとしている資本主義的機構が、じつはきわめて固定的にしか、物神崇拝的・硬直的なやりかたでしか、描かれえないこと、そこでは内容と形式の生きいきとした弁証法的相互作用が失われてしまうこと、その結果として、ルポルタージュの方法の長篇小説への応用は、たんなる形式的実験へと変質していかざるをえないこと——これらの点を、ルカーチは批判するのである。

　ルカーチのこうした批判は、もちろん、かれが〈事実小説〉つまりルポルタージュ小説よりも長篇小説の形象化——すなわち過程総体のさまざまな相互作用をふくむ関連を生きた人間を通して描くこと——を、創作方法として上位に置いていることを示している。自然発生性、直接性にたいする非難も、部分的事実を報告するだけでは現実の流動をとらえることはできず、むしろ〈傾向〉の次元にとどまって、いたずらに形式上の新しさだけを追い求めることになりかねない、というかれの危惧の念にもとづいている。こうした危惧と、過渡期を全体として表現しうる文学形式は長篇小説《ロマーン》であるという、『小説《ロマーン》の理論』以来の観点とから発するかれのルポルタージュ形式批判が、ともすれば現実の新しさそのものを理論のなかでとらえきってはおらず、新しい現実を新しい手法で（もっともルカーチは、ルポルタージュの起源を、ヴィクトル・ユゴー、ウジェーヌ・シュー、ジョルジュ・サンドにまでさかのぼって見出しているのだが）表現しようとする試みを圧殺する結果になりがちであることも、すでにしばしば指摘されてきた。その意味では、オットヴァルトが、ルカーチへの反論「〈事実小説〉と形式的実験」（『リンクスクルヴェ』一九三二年十月号）で述べたつぎのような言葉は、すべて当たっていると言わねばならないだろう——「なるほどかれは、あるひとりの作家の〈文学的方向〉と階級的状態とのあいだの関連をくわしく調べるが、ある文学作品と現実とのあいだに存在する相互作用のほうは、すべておさえつけ、ないがしろにするのだ。」「なぜ事実小説の形式がこんにちこれほど愛好されるのか、という問題にたいする答えは、現実にもとづいてしか与えられない。」「最初からあらゆる形式的柔軟性を放棄して、読者の意識はもはやそれらの作家たち〔前世紀の大リアリスト作家たち〕の時代と同じではないということを、完全に度外視してしまうとしたら？　文学を現実の矛盾にみちた流れからとり出して高いところへまつりあげてしまうべきだというのだろうか？　もしもこれらの問いに肯定をもって答えるなら、われわれのプロレタリア革命文学は、いかなるばあいにも意識を変革することによって現実に介入するということを、断念せざるをえないのだ。」

ルカーチによる批判は、のちにアンナ・ゼーガースがかれにあてた手紙のなかで用いた表現をかりるなら、「作家が批評家にさからって自分自身になる」という状況を、プロレタリア文学運動のなかに生みださなかったとはいえない。それどころか、おりからのトロツキー批判キャンペーンと声をあわせるようにして、〈傾向〉文学とトロツキズムの関連を云々し（「傾向か党派性か？」、『リンクスクルヴェ』三二年六月）、ソ連で一斉攻撃を浴びていたトレチャコフに、「たとえばトレチャコフのばあいは、オットヴァルトよりさらにひどい」との全面否定で立ち向かったこと（「ルポルタージュか形象化か？」）などを考えるなら、ルカーチの批判の自律性そのものが疑問視されざるをえないだろう。

「まだほんの数カ月前、ソヴィエト・ロシアでトレチャコフのような方法が〈事実にたいする物神崇拝〉と皮肉られたことを、わたしは知っている。だが、ソヴィエト連邦の文芸政策上の諸問題を盲目的にわれわれの文芸政策的状況にひきつぐわけにはいかないことを、われわれははっきりわきまえておくべきだ。」「……われわれは、ソヴィエト・ロシアの作家たちが——おそらくはトレチャコフをひとつの例外として——伝統的な長篇小説に奴隷じみた執着を示していることを知っている。」こう言い切ったオットヴァルトのほうに、ルカーチの目からは見えなかったものが見えていたであろうことは、いまの時点からすれば容易に想像できるのである。そして、ついでにつけ加えるなら、この批判の延長線上で、セルゲイ・トレチャコフは一九三七年に逮捕され、三九年に獄死した。オットヴァルトの生存もまた、三七年に国際革命作家同盟機関誌『インターナツィオナーレ・リテラトゥーア』（国際文学）の編集部からトレチャコフと相前後して姿を消したときまでしか、確認されていない。

だが、もう一方では、プロレタリア革命文学運動がようやく世界的な規模で展開されはじめたハリコフ会議（一九三〇年十一月）から、党による最初の公然たる文学組織への介入・粛清として決行されたラップ解散（一九三二年四月）にいたる時期に、それでもなお、批判し去られた〈唯物弁証法的創作方法〉を実質的にはついに放棄しなかったルカーチの理論は、流れに抗するものとしての要素をもまた、もっていたのである。やがて公式化される〈社会主義リアリズム〉にたいして〈批判的リアリズム〉を対置したかれの理論的基盤は、「またもや幻想政策」における官僚主義批判の線上で、ほかならぬこのルポルタージュ論争をつうじて形成されたのだった。

　つまり、この時期のルカーチは、ノイマンの用語をかりれば、ひとつの〈二正面戦〉を選んだのである。だが、ノイマンのばあいとは逆に、かれは、主要な攻撃目標を〈社会ファシズム〉には置かなかった。そして、この戦術的原則は、ただ単に、長篇小説重視というかれの文学理念にもとづいていたのではなく、革命運動のなかでのかれの態度決定そのものにもとづいていたのである。

武装警官隊に守られてストライキ中の工場に入構するスト破りの労働者（1931年）

　ヴィリ・ブレーデルの作品にたいする批判のなかでも、オットヴァルトにたいする論難のなかでも、あるいはゴッチェへの反論においても、ルカーチは、かたくななまでに、〈社会ファシズム〉にたいしては口をつぐみつづけた。オットヴァルトの長篇のテーマそのものが、ヴァイマル時代における階級裁判であり、社会民主主義者たちの裏切りによって支えられていた似而非〈共和国〉の法治制度であることや、ブレーデルのふたつの作品のなかで、社会民主党の労働組合幹部による革命的労働者への敵対の描写が大きな比重をしめていることを考えるなら、ルカーチの沈黙は、きわめて意味深長であると言わざるをえない。たとえば、ブレーデルは、『機械工場N&K』で、社会民主党のスト破りにあった労働者たちに、こう語らせている――「おれたちがきょう体験したのは、純粋培養のファシズムじゃないのか？　現代風の親衛隊じゃないのか？」「だがな、工場ファシズムは、しばしば、社会民主党の活動家陣営にはじまり、本来のファシズム代表者たる国民社会主義者〔ナチス〕にまで達するのだ。そのことを、おれたちはとうとうきょう、身をもって思い知ったわけさ。」小説の舞台は、ブレーデル自身が旋盤工として働いていたN&K（ナーゲル&ケンプ）機械工場であり、そこで実際に行なわれた山ネコ・スト〔労働組合の方針に従わない自発的なストライキ〕である。社会ファシズム論にもとづいて、労働組合を分裂に追いこむ方針で共産党によって組織されたRGO（革命的労働組合反対派）の指導下に、これと同様の戦術が一九二九年から三二年にかけて、ドイツ全土の工場で展開されたのである。

批判された「ブルム・テーゼ」のなかで、ルカーチは、なるほど「ファシズムの重要な支柱である社会民主党にたいする闘争」、「民主主義の枠内でのファシズムの現実化に抗する闘争」の重要性を強調し、〈民主主義かファシズムか〉というスローガンは労働者をまどわせるものであることを確認している。だがそれにもかかわらず、かれは、「民主主義的独裁」の方針を提起したのだった。社会ファシズムないし民主ファシズムの危険を重視しながら、しかもなお、「本来のファシズム」を主要な闘争目標にすえ、これとの闘争のなかで社会ファシズムそのものをも撃破しようと考えたのである。

〈社会ファシズム〉論にたいする暗黙の批判は、ルポルタージュをめぐる論争のなかでも手放されなかった。もちろん、このかれの〈統一戦線〉思想の文学理論上の表現がブルジョワ文化遺産の重視であり、ブルジョワ長篇小説形式の偏重であった、と結論するとすれば、あまりにも問題を単純化してしまうことになろう。むしろ、ルカーチは、一方において、『歴史と階級意識』をめぐる批判と自己批判にもかかわらずかれが保持しつづけた〈全体性〉の観点と、〈事実〉批判、〈科学〉批判を、ルポルタージュ形式にたいする評価のなかでもつらぬこうとし、他方においては、二〇年代の全般にわたる実践活動の総括から獲得した〈民主主義的独裁〉の理念を、これまた批判と自己批判にもかかわらず、プロレタリア作家たちの世界観的基盤となっている〈社会ファシズム〉論と、それと表裏一体をなす妥協のない〈ボリシェヴィキ化〉の要求から、まもろうと試みたのだった。

ノイマンとの結託にもかかわらず、〈武器としての文学・芸術〉という観点にかれが加担せず、それどころか、内実的にはまっこうからこれに反対する理論を構築しようと努めたのも、この試みと無関係ではない（「傾向」ではなく「党派性」の要求〉。シュテッフェンやヴァレンティンによって代表され、ノイマンによっても支持された〈武器としての文学・芸術〉観を生みだし、あるいはまた労働者作家たちによるルポルタージュ小説の直接の母胎となった〈労働者通信員運動〉は、もともと、共産党のボリシェヴィキ化というスローガンと緊密に結びつきながら展開されてきたものだった。一九二四年十二月、モスクワで開かれた第二回ソヴィエト連邦労働者・農民通信員会議で、主報告者ベーラ・クンは、はじめて「共産党のボリシェヴィキ化と労働者通信員運動」について述べ、この両者が不可分であることを強調したのである。すでに概観した作家同盟内の労働者通信員運動やアジプロ文学をめぐる論争を想起するだけでも、ルポルタージュ論争のなかにどれほど運動の歴史と問題点が塗りこめられていたかが、わかるだろう。

　こうした歴史のうえにたち、しかも〈ボリシェヴィキ化〉にたいする疑念を内包してすすめられたルカーチのルポルタージュ小説批判が、それにもかかわらずどのようなものであったかは、ブレーデルがもらした「ボリシェヴィキ的批判」という言葉からもうかがうことができる。かれの〈二正面戦〉は、プロレタリア作家たちばかりか、ブルジョワジーの出身で徐々に共産主義者として実践に加わろうとしつつある作家たち、とりわけオットヴァルトやブレヒトまでをも、すべて〈傾向〉文学として、「帝国主義時代の頽廃《デカダン》的ブルジョワジーの遺産」を相続するものとして、しりぞけることになったのである。オットヴァルトの反批判に答えた「転禍為福」と題する文章（『リンクスクルヴェ』三二年十一・十二月合併号）で、ルカーチは、表現主義、プロレトクリト（プロレタリア文化運動）、新即物主義など、かれによればプロレタリア階級の階級基盤に根ざしていない「ラディカルに新しい芸術」の系列上に、ルポルタージュ小説やブレヒトの試み（とりわけ『処置』）を位置づけ、それらを、真に継承すべき遺産とは対立するものとして、プロレタリア革命文学運動にとっての〈禍〉として、全面的に否定し去ったのだった。

「けれども、なおきわめて才能ある同志たちが、かれらのやむをえぬ禍（かれらの階級基盤の狭小さ）を、ひとつの誇るべき福（ひとつの創作方法と文学理論）であるとして、それをプロレタリア革命文学運動におしつけようとしている以上、プロレタリア革命文学運動は苦心して獲得してきた理論的水準をそのために放棄してしまうつもりなどありえないということを——あらゆる友情をこめて、だがきっぱりと——述べておかないわけにはいかないのだ。」——ヴァイマル時代の実践の総括をこめて、ルカーチは、「転禍為福」と題する文章をこう結んだ。

これを掲載した『リンクスクルヴェ』のあと、その翌月号はもはや出なかった。一カ月後には、すでにヒトラーが権力を掌握していたのである。ルカーチ、ガーボル、ベッヒャーによって作成された「ドイツ・プロレタリア革命作家同盟綱領草案」は、ついに同盟の正式綱領として採択されずじまいに終わった。作家同盟は、最後まで綱領をもたなかったのである。

〈転向者〉パウル・エルンストへの手紙のなかで、ルカーチがたびたび表明した共産主義運動への信条告白は、運動内の〈禍〉よりもずっと大きな決定的な〈禍〉——ファシズム——の現実化に直面することになった。社会ファシズム論とボリシェヴィキ化のスローガンへの一定の距離にもかかわらず、かれにもまたこの事態にたいする責任があるとすれば、それは、なによりもまず、運動内の〈禍〉を禍としてしか評価しえなかったことにあるのかもしれない。なぜなら、困難の大きさは、〈禍〉を転じて〈福〉と為す視野の獲得をますます要求するにもかかわらず、かれはもっぱら、その〈禍〉の大きさを測ることしかなしえなかったのだから。

一九三一年夏以来、ルカーチは非合法のままでドイツに滞在していたのだった。作家同盟の会議で公式に発言するときは、だからかれは、ケラー（Keller）という党員名を用いた。権力をにぎったナチスの官憲が、ケラー＝ルカーチの住居を家宅捜索にやってきたとき、運よくかれは外出中だった。捜索を知ったルカーチは、十数年のあいだ肌身はなさず持ち歩いてきた拳銃を、シュプレー河に投げ込んだ。

もはやドイツにとどまるわけにはいかなかった。ソ連へ脱出したルカーチには、居るべき場所がなかった。ベーラ・クンがあらゆる手だてを用いて妨害したのだ、という。それが事実だったかどうかは別として、ルカーチは、毎日、コミンテルンの建物の前で、〈すわり込み〉を始めた。かれを知っている外国の代表たちのとりなしで、ようやくかれは、科学アカデミーの研究員の席を獲得することができた。

Ⅳ

表現主義論争前後

——〈粛清〉とルカーチ

リオネル・ファイニンガー「社会主義の大殿堂」（1919年）

1　なんとかして理解しようと……

「逮捕はつづいた。はじめは数人ずつだったのが、やがて数十人となり、それから数百人もの防衛同盟員たちが早朝のうちに住居から姿を消していった。とうとう最後には、防衛同盟員たちは夜ごと荷造りしたトランクのうえに腰かけて待ち、早朝ドアをたたいたＮＫＷＤ《エスカーヴェーデー》の捕吏たちを、〈ああ、それじゃここへも来てくれたんですね！もうわれわれのことを忘れてしまったんだろうな、って考えていたところですよ！〉という言葉で迎えるほどまでになった。」

モスクワに亡命したオーストリアの詩人、エルンスト・フィッシャーは、共和国防衛同盟（オーストリア社会民主党の武装組織）のメンバーたちをソ連で待っていた運命について、『回想と反省』（一九六九）のなかで、こう記している。一九三四年二月の反ファシズム武装闘争に敗れ、共産主義者たちとともにソヴィエト連邦にのがれたかれらの多くは、フィッシャー自身と同様、社会民主党からオーストリア共産党に移籍したのだった。フィッシャーは、反ファシズム統一戦線の方針が決定された三五年夏のコミンテルン第七回大会ののち、オーストリア共産党コミンテルン代表となっていた。だが、この逮捕が何を意味するのか、かれには見ぬくことができなかった。「その当時わたしはカフカを知らなかったが、もし知っていたら――おそらく――多くのことをもっと鋭い目で見る助けとなったことだろう。」――フィッシャーは自責の念をこめてこう回想するのである。

なぜなら、事態は不可解で謎にみちていただけではなかったからだ。かれは、〈不合理なるがゆえにわれ信ず〉という原理におのれの知性を従属させ、現実を批判的に見ることをやめてしまったのである。一九三七年一月、ラデック、ソコリニコフ、ピャタコフらを被告とする〈並行本部事件〉公開裁判を報道員として傍聴したフィッシャーは、『トロツキズムを殲滅せよ!』と題するパンフレットを書いて、すすんで見せもの裁判のキャンペーンに参加した。この公判のなかで、前年秋のケメロヴォ炭坑の爆発事故がトロツキストの陰謀であったことが明らかにされると、かれはさらに、『ケメロヴォの労働者虐殺』というパンフレットを追加したのである。

疑念がまったくなかったわけではない。オーストリアの同志たちが〈スパイ〉として逮捕されるのを坐視してばかりいたわけではない。しかし、公開裁判の被告たちの説得力にとんだ自白にもまして、フィッシャーの判断にもっとも強い影響をおよぼしたのは、かれが熱心に支持したコミンテルンの新路線、つまり反ファシズム統一人民戦線の推進者たち、ディミトロフ、トリアッティ、マヌイーリスキーなど、コミンテルン第七回大会の中心メンバーたちが、無条件でスターリンに従っていた事実だった、という。それにたいして、被告たちは、古いコースの人物たちだった。社会民主主義は主要な敵であり、ブルジョワジーの社会ファシズム的支柱である、という公式を、狂信的にくりかえす人物たちだった。スターリンに反対するということは、反ファシズムの闘争共同体に反対することだった——だから、エルンスト・フィッシャーは、この二冊のパンフレットを書いたのである。かつて、ハンガリー革命の魅力的な社会民主主義者ジグモンド・クンフィに惹かれ、社会ファシズムの権化とのしられたオーストリア社会民主党の左派指導者オットー・バウアーを最後まで敬愛しながら、それでもその〈闘争共同体〉に参加するために共産党員となったフィッシャーは、反ファシズムと統一戦線の名において、〈粛清〉に加担したのである。「ファシストの冒険屋どもは、冒険屋トロツキーを現実勢力として計算に入れてきたのである。ソヴィエト連邦内のトロツキスト中央委員会を殲滅するなら、侵略者にたいするスペイン人民の英雄的な抵抗のばあいと同じように、ファシストの冒険屋どもに考えなおさねばならぬという気持をおこさせることになろう。」——かれはこう考えた。そしてそれをパンフレットに記したのだった。

スターリン派による反対派排除は、三〇年代になると加速度的にその速度をました。つぎつぎと〈反ソ的陰謀〉があばかれ、古くからの指導者や活動家たちが〈人民の敵〉となって姿を消していった。かれらに直接手をくだした治安警察、ＮＫＷＤ（内務人民委員部）自身が、たえず〈粛清〉にみまわれていた。ＮＫＷＤ歴代高官のほとんどすべてと、数千人にのぼる部員たちが、おそかれ早かれ消されたのである。だが、いまではすでにひとつの歴史的常識となってしまっているかの観さえある〈スターリン時代〉の暗さそのものに、あらためて光をあてることが、ここでのテーマではない。つねに叛逆者・批判者たることをみずからの生活原理とし、他者の痛苦をみずからのものとして実感することを創作活動の出発点としているつもりだったエルンスト・フィッシャーのような詩人すらもが、こうした態度決定を行なったということ、そしてその態度決定が、発すべき言葉をもちえたほとんどすべての作家や知識人たちのものでもあったということを、ここに記しとどめておくだけでよいのである。

フィッシャーだけではなかったのだ。たとえば、すぐれたルポルタージュ作家として、ソ連共産党機関紙『プラウダ』時評欄の声望高い執筆者として、スペイン人民の戦いの証人として、そして最後に〈粛清〉の犠牲者として記憶されているソ連の作家、ミハイル・コリツォフですら、トロツキストとして逮捕される八カ月前には、トロツキストによって暗殺されたといわれた作家マクシム・ゴーリキーについて、こう記していたのである――

「……かれはスターリンと離れて暮すのがつらかった。スターリンの友人のような、兄弟のような、愛情に充ちた心遣いと、その助力と炯眼がゴーリキーの啓蒙計画に有効性と現実性と動きをもたらしていた。かれは、スターリンの計画、わが国全土の雄大な改造に直接参与することなく異国で暮しているのが淋しかった。ゴーリキーはスターリンの戦友として、かれの友人として、改めて自分の祖国を見いだした――そしてこの三人、レーニン、スターリン、ゴーリキーの友情は、わが国の文化のほとんど半世紀を照らす歴史的事実となった。……ソヴィエト人民の自由と幸福のために闘い、レーニン＝スターリンの社会主義体制のために闘い、全世界のプロレタリアートの利益のために闘うゴーリキーが、ブルジョワジーの腰巾着や手先、ファッショ的変質者、社会主義革命の敗北主義者や裏切者、トロツキストや右翼たちにどう対応できたであろう？　かれはそのような連中を憎み、軽蔑し、そのことを書き、話し、トロツキーに烙印を捺し、嘲弄した。トロツキスト＝ブハーリニスト一派にたいする偉大なロシアの作家のこうした憎悪と軽蔑は、当然きわめて広大な反響を見た。それはスパイたちの背信的徒党と非妥協的に闘争する党と人民の正しさを改めて確証した。それはトロツキーとその手先たちのアレクセイ・マクシーモヴィチ・ゴーリキーにたいする気違いじみた憎悪をそそった、――偉大な作家の精神的権威が争いがたいほど大きければ大きいほど、かれらの憎悪も無際限に気違いじみたものとなっていった。〈敵が降伏しないのなら――駆逐するのみです――〉人びとの優しい友人でヒューマニストのゴーリキーが断固としてこう語った。この言葉でかれは自身を、人民の事業のための闘争においていかなる妥協も拒絶する戦士の部隊に編入したのである。そしていうまでもなく、〈右翼＝トロツキスト・ブロック〉の銃口が真先に向けられたのも、前線でもっとも果敢に闘う共産主義の闘士、つまりかれにであった。……」（「何故かれらはゴーリキーを殺したか」、『プラウダ』一九三八年三月二十八日号。塚田治憲訳）

一九三六年から三八年にかけて行なわれた古参ボリシェヴィキにたいする見せもの裁判――三六年八月〈トロツキスト＝ジノヴィエヴィスト・テロリスト本部事件〉、三七年一月〈並行本部事件〉、三八年三月〈右翼＝トロツキスト・ブロック事件〉――が、いわゆるスターリン時代の〈粛清〉のほんの一小部分でしかなかったことは、いまではすでに明らかになっている。もちろん、当時すでに、日常的な〈人民の敵〉キャンペーンに唱和し、人民集会で隣人たちにたいする断罪に拍手と罵声を送った人びともまた、数えきれぬ死者たちの存在を知っていたにちがいない。そしてそのかれらの叫びと沈黙と死とならんで、〈地球の六分の一〉の外にいたものたちをもふくむ無数の精神の死があった。三つの裁判の傍聴記が世界各地の新聞雑誌をにぎわせ、さらに正式の公判記録がソ連当局によって露・英・独など各国語で出版されたとき、それらは、各国の共産主義者や反ファシストたちに、はかりしれぬ衝撃をおよぼした。社会主義は、直接〈粛清〉に斃れた人びとのほかにも、多くの担い手と支持者を失ってしまったのである。ふみとどまろうとしたものは、せきを切って沸きかえる反ソ宣伝のただなかで、なんとかして――まず自分自身にたいして――事態を合理的に説明しなければならなかった。各地で、苦渋にみちた粛清裁判擁護の試みが、いくつもなされた。

「催眠術、興奮剤《メスカリン》、そして現実」――プラハで刊行されていた週刊雑誌『ディ・ノイエ・ヴェルトビューネ』

〈新・世界舞台〉一九三七年三月四日号に「裁判批判の批判」を書いたとき、エルンスト・ブロッホは、それにこういう副題を付けた。クルト・トゥホルスキー、カール・フォン・オシエツキーら、いわゆる〈文化ボリシェヴィスト〉の名と結びついているヴァイマル時代の代表的な文化運動誌『ディ・ヴェルトビューネ』〈世界舞台〉の名称と精神を継承したこの雑誌は、ソ連以外の地で発行されていた反ファシズムの定期刊行物のもっとも代表的なひとつだったが、この誌上で裁判批判と対決するブロッホのペンは、言うまでもなく西欧のジャーナリズムに向けてふるわれていたのである。その時点までの二度にわたる公開裁判で、被告たちがあまりに唯々諾々と自供するのを見て、かれらは催眠術にかけられているのだ、いや興奮剤をのまされているのだ、というたぐいの臆測が蔓延し、それがこの裁判を中世の魔女裁判と同一視する傾向に拍車をかけていたのだが、ブロッホは、目にすることのできるまったく同じ資料から、そうした解釈とはまったく別の「現実」を解明しようとしたのだった。

〈モスクワ裁判の謎〉を解く鍵のひとつは、ブロッホによれば、被告と裁き手とが階級内容を同じくしているソ連の司法制度と、西欧の、とりわけファシズムの階級裁判との違いを知ることにある。自白の心理も、これをぬきにしては理解できないのだ。あるいは、ソ連の政経の破綻をつぐなう贖罪の山羊の必要性こそ裁判の真の動機だ、とする意見もある。だが、裁判記録からも明らかなように、そうした〈動機〉よりは、むしろスターリンにたいするトロツキストたちの憎悪がかれらをナチスと結ばせたという可能性のほうが、よっぽど現実的なのではあるまいか。「この憎悪は、それがまだ単独だったときには、安心して永いあいだ見すごしておかれた。トロツキーやトロツキストたち自体、それは、連邦が論駁するにはおよばぬような、いわんや裁判など不必要な、どうでもよい無力なものだった。ヒトラーの権力掌握以来、この憎悪に同盟者が生まれたのだ。」ヒトラーの攻撃性と、恥も外聞もないやりくちは——とブロッホはつづける——周知のところであろう。一方、トロツキストたちのほうはといえば、もちろん——被告席にいる若干のみじめな連中をのぞけば——ただちにロシアに資本主義を導入するつもりなどなかったにちがいない。「だが、かれらは、多額の賭け金と、かれらの目標追求の一時的な卑小さによっては抑止できないような冒険心とをつぎこんだひとつの賭けをやったのである。……スターリン官僚主義の打倒は、どんな手段をも正当化する。それはトロツキズムをかれらの敵の敵〔つまりスターリンの敵たるファシスト〕のもとへと追いやり、かれらが今日もう一度ブレストーリトフスクをくりかえすことを正当化するのだ。」

第一次裁判と第二次裁判とのあいだに、ファシスト・ドイツによるスペイン反革命軍への武力援助があったということは、この推定の正しさを裏付けているではないか——こうブロッホは考える。もちろん、公判記録や傍聴記だけからでは、不可解なことも少なくない。しかし——「世界とは不可思議な構造物であって、地上に完璧なものなど何ひとつない。地球の六分の一においてもまたしかり。解放されたその六分の一も、いまなお闘争のなかにある。建設のまったき弁証法のなかにある。それは、どこかある株式会社の年次決算のように水晶のごとく透明でもなければ、不干渉委員会のモラルのように一点の濁りもなく澄みきってもいない。むしろこの六分の一は、他からの干渉に断固として干渉し、そうしたあれこれの妨害の彼方に、人類をその搾取から解放するというかなりモラーリッシュな目標をすえているのである。」こう述べたブロッホは、かつてヘラクレイトスのある種の晦渋さについて問われたときソクラテスが答えたという言葉を引用して、裁判批判への批判をこう結んだのだった、「わたしが理解したことについては、非のうちどころがない。このことからわたしは、わたしが理解しなかったこれ以外のことについても、非のうちどころがないものと結論する。」

一年あまりのち、第三次公判でのブハーリンの最終弁論を読んだブロッホは、同じ雑誌に再度、裁判擁護の文章を発表する。ブハーリンは、一連の裁判のなかではじめて、起訴事実の一部を否認した。ブロッホによれば、これは自白の任意性のひとつの証拠だった。そしてかれは、ソヴィエト人民に見はなされて死んでいく死が恐ろしい空虚さであるというブハーリンの告白から、かつての輝かしい指導者の最後の気高さを、ファシストたちやその単なる手先たちとは似ても似つかぬものを、読みとろうとしたのである。「ブハーリンとその一味の犯罪は、客観的には、このうえなく重い。けれども、ブハーリン、ルィコフとシャランゴヴィチらとのあいだには、違いがある。それをぬぐい消してしまうとすれば、うそであり、ためにならないだろう。裁判報告を読めば、この違いは一目瞭然だ。つまり、明らかになるのは自白の問題だけではないのである。それゆえ、ある種の批判者たちは、自分の手仕事を安んじて続けていきうる状態にとどまるためには、ブハーリンの最終弁論を読まないほうがよかろう。」(「ブハーリンの最終弁論」、『ノイエ・ヴェルトビューネ』一九三八年五月五日号)

あるいはこれらの文章は、「エルンスト・ブロッホのような高貴で卓越した人物」(エルンスト・フィッシャー)すらもが陥らねばならなかった迷誤の記録として、読まれることもまた可能かもしれない。謎が大きければ大きいほど、解釈の幅は大きくなる。しかも、解釈の確実性の仮象もまた大きくなる。だがしかし、謎そのものの大きさは、あくまでも、反ファシズムとファシズムとの闘争、そのなかでの社会主義建設という、現実そのものに根ざしていたのである。反ファシズム闘争の正当性は、もちろん〈粛清〉によって失われた生命、踏みにじられた人間存在にたいして目をつぶることを正当化しない。しかし一方、〈粛清〉が反ファシズム闘争と同一の場で行なわれたということ、反ファシストにとって社会主義ソ連、この地球の六分の一をまもることがぜひとも必要と考えられていたということ――これを度外視した〈粛清〉観は、重層的な現実そのものを貧しくすることにしかならないだろう。〈粛清〉を正当化すべきだ、というのではない。〈反スターリン主義〉を嘲笑すべきだ、というのではない。そのなかで現実に生きていたものたちが、〈粛清〉と〈スターリン主義〉にたいしてどのような態度をとり、どのような言葉を発していたかを見さだめることから、あらためて出発しなければならないところへ、われわれは来ているのではないか、と言いたいのだ。

ナチス・ドイツがオーストリアを、つづいてチェコのズデーテン地方を〈併合〉し、さらにチェコスロヴァキア全土をうかがっていた一九三八年、ブロッホは、プラハをすててアメリカ合州国へ渡った。――ソヴィエト連邦へではなく。

――「わたしはドイツの詩人として、ソヴィエト連邦がドイツ文学、ドイツ詩歌の新しい故郷となったことをみなさんに告げたい。ドイツ文学の歴史的な不幸となってきたのは、空想と現実とを一致させ、一体化することの困難さであった。ソ連に住み、そこで創造しているドイツの詩人にとっては、この歴史的不幸は克服されてしまっている。なぜならここでは空想が現実に変わりつつあるからであり、現実は、空想のなかにのみ存在しうるようなものとなっているからである。詩人にとって創作の自由は自国人民の自由と合致する。したがって、創作の自由を守る全作家は、ソヴィエト連邦の存在を重視するだけでなく、それを防衛しなければならない。トロツキストたちや、フランコ将軍に自身の原型を見ているトロツキー自身が空想している〈文化〉がいかなるものであるかは容易に想像がつく。ほかでもないそのような文化を、トロツキーは、ドイツと日本のファシストたちの援助を得て実現し、ソ連を半植民地に、勤労者にとっての地獄に変えようとしているのだ。たとえ束の間にもせよトロツキストたちが勝利するようなことがあれば、すべての誠実な作家、誠実な文学者は、特別の〈文化と休息の公園〉へ、換言すれば、勝ちほこるトロツキスト＝ジノヴィエフ主義者の強制収容所へ送られる羽目になるだろう。この公判は――歴史的公判、革命的公判である。なぜならここにおいては社会主義的現実が、自由と社会主義の力強い進行を後戻りさせようとしたトロツキーの恥ずべき企図を圧しつぶしたのだから。……この四年の間にドイツ・ファシズムは三つの大きな敗北を蒙った。最初の大きな敗北は、ディミトロフがゲーリングに対決したかのライプツィヒ公判でのものである。……ヒトラー・ファシズムの第二の敗北は、マドリッド周辺での軍事的不首尾である。……そして第三の敗北をドイツ・ファシズムは反ソ・トロツキスト・センターのモスクワ公判において喫したのである。」（全モスクワ作家集会でのヨハネス・R・ベッヒャーの演説「ドイツ・ファシズムの敗北」、『リテラトゥルナヤ・ガゼータ』＝文学新聞＝三七年二月一日号。江川卓訳）

反ファシストたちは、〈粛清裁判〉を積極的に擁護し、合理化する以前に、なんとかしてこの出来事を――自分自身にたいしても人びとにたいしても――理解しうるものにしなければならなかった。世界のさまざまな場所で行なわれた無数のその苦い努力のうちから、ここではもうひとつ、ブレヒトの例だけをあげておこう。

ナチス・ドイツと海峡ひとつへだてたデンマルクのスヴェンボルで、ベルトルト・ブレヒトもまた、この試みをひそかに行なっていた。かれの遺稿のなかに、おそらくヴァルター・ベンヤミンにあてて書かれたと思われる文章がのこされている。この裁判について話すことがソヴィエト政府にたいする反対の態度をとることになるのであってはならない——これがブレヒトの、そして多くの反ファシスト、共産主義者たちに共通の、基本姿勢だった。なぜなら、そうした反対は、ファシズムに脅かされているロシア・プロレタリアートと建設中のかれらの社会主義とにたいする反対へと、自動的に転化してしまうからだ。「ぼくらのなすべきことは、この告発を理解しうるものにすることである。この裁判の被告とされた政治家たちが卑俗な犯罪者の域にまで転落したとすれば、西ヨーロッパにたいして、この成りゆきが政治的なものであること、いいかえれば、かれらの政策が卑俗な犯罪へみちびくものであったことが、説明されなくてはならない。被告たちの行為の背後にはつじつまのあった政治的構想があって、それがかれらを卑俗な犯罪にみちびいたことが、みえてくるようにされなければならぬ。」（野村修訳）

ブレヒトもまた、その「政治的構想」を、ブレスト－リトフスク講和、新経済政策《ネップ》の前例と関連づけて解釈する。ヨーロッパの国々でのプロレタリアートの不首尾、その状況下での社会主義建設のなみなみならぬ困難は、かれらに臆病風を吹きこんだ。革命の困難を切りぬけるために一時的に敵と妥協せねばならぬ——臆病風に吹かれて立てたその政治的構想の誤りは、だが、やがてかれら自身にも明らかとならざるをえなかった。「誤った政治的構想のためにかれらは孤立の底へ、卑俗な犯罪のどん底へ行き着いた。国内・外のすべての屑、すべての寄生虫、職業的犯罪者、スパイなどが、かれらの許に住みついた。かれらはこういう連中と目的をひとしくしていたのだ。ぼくは、このことが真実だと確信している。この真実は、ぼくの考えでは西ヨーロッパでも、敵の読者にたいしても、充分に真実味をもつにちがいない。……」

第二次世界大戦がはじまったとき、ブレヒトは、スウェーデン、フィンランド、ソ連を経て、アメリカに渡った。それよりさき、一九三八年七月末、スヴェンボルを訪れたベンヤミンが、モスクワにいるブレヒトの友人のことにふれたとき、ブレヒトはこう語ったという——「じつは、あちらに友だちなんかいやしない。モスクワの連中自身だって、友だちなどありゃしないのさ——死人と同じなんだから。」

——「陳先生。先生のお手紙およびご恵投の『闘争』、『火花』などの雑誌、すべて受け取りました。先生のお手紙の意味を要約しますと、あらまし二点あるようです。一つは、スターリン先生らが官僚であると罵っておられること。もう一つが、毛沢東先生らの〈各派連合して一致抗日せよ〉の主張が革命を売るものだと斥けられていることです。これは、私を〈わけがわからない〉ようにさせました。なぜなら、スターリン先生たちソヴィエト・ロシア社会主義共和国連邦の、世界上あらゆる方面にわたっての成功は、すなわち、トロツキー先生が追放され、漂泊し、落魄したこと、そして〈やむをえず〉敵のカネをつかった晩年の憐れさを説明してはいないのか。いまの流浪は、革命前シベリアの当時とは、味わいが異なるでしょう。なぜなら、そのころはパンひとかけらでさえ恵んでくれる人はいなかったからです。だが、心境はこれまた異なるでしょう。それは現在のソ連が成功しているからです。事実は雄弁にまさる。思いもかけず、いまになって、かくも非情な諷刺にみまわれました。……最後に私は、いくらかはすっきりしない気分を感じています。それはなにかというと、諸君が突然私に、手紙や書物を送ってきたのは、原因がないのではないということです。それは、私の何人かの〈戦友〉が、私がなになにだと指摘したことによるのです。だが私は、たとえ私がどんなにダメなやつだとしても、諸君とはどうしたって遠く離れているのだと自覚しています。着実に地面に足を踏みしめ、中国人の現在の生存のために血を流して奮闘している者を、私は同志として認めなければなりませんが、このことは、自分では光栄と考えております……」（魯迅「托洛斯基《トロツキー》派に答える手紙」、一九三六年六月九日付。竹内実訳）

2　表現主義からファシズムへの途上で

一九三〇年代後半のもっとも大きな文学論争、〈表現主義論争〉は、こうした現実のなかで行なわれたのである。

論争の主要な舞台となったのは、三七年九月号から翌年九月号までの、月刊誌『ダス・ヴォルト』（言葉）だった。ベルトルト・ブレヒト、リオン・フォイヒトヴァンガー（かれは、『モスクワ――一九三七年』という旅行記で、〈粛清〉裁判を正当化する報告を行なっている）、それにあの『機械工場N&K』の作者ヴィリ・ブレーデルを編集責任者とするこの雑誌は、三六年七月から三九年三月まで、反ファシズム・ドイツ作家たちの統一的な機関誌として、モスクワで発行されていた。論争の口火を切ったのは、三七年九月号に掲載されたクラウス・マン（トーマス・マンの長男）の「ゴットフリート・ベン――ある迷誤の歴史《ものがたり》」と、ベルンハルト・ツィーグラーの「〈いまやこの遺産は絶えた……〉」という、ふたつの論文だった。

マンは、表現主義の代表的な詩人のひとりであるベンがナチズムに傾倒することになったのは決して偶然ではなかった、と述べて、表現主義とファシズムとの関連を、はじめて公けに指摘した。そしてツィーグラーは、ベンについて言われたこの関連を一般化し、公式化して、こう断言したのである――「表現主義はどんな精神の子であったのか、そしてこの精神は、完全にそれを遵守するならばどこへ行き着くのか、ということは、こんにちでは明白に認識できる。つまり、ファシズムへ行きつくのだ。」

この断定は、当然のことながら、亡命ドイツ作家・芸術家のなかに、深刻な反響をよびおこした。ツィーグラー自身も述べているように、「あの時代のものがわれわれひとりひとりの骨身にしみわたって残って」いたからである。つまり、かれらの多くにとって、第一次世界大戦の前後にわたる表現主義の時代は、まさにみずからの活動の出発点にほかならなかったのだ。フランツ・レ[illegible]ニッツァー（評論家）、ヘルヴァルト・ヴァルデン（表現主義のもっとも代表的な理論家・組織者）、ベーラ・バラージ（作家・映画理論家）、アルフレート・ドゥルス（演劇・美術評論家）、ハインリヒ・フォーゲラー（画家）、ルードルフ・レーオンハルト（小説家）などが、それぞれ、自己の体験にもとづきながらつぎつぎと発言した。『ダス・ヴォルト』のほかに『ディ・ノイエ・ヴェルトビューネ』にも掲載された論争参加論文は、発表されずじまいになったブレヒトの数篇の文章、そして論争打ち切り後に公けにされたブロッホのものなどを除いても、二十五篇にのぼり、のべ十八人の論者が意見をたたかわせたのである。

『ダス・ヴォルト』と『ディ・ノイエ・ヴェルトビューネ』

表現主義の評価そのものにかんして言えば、ツィーグラーの公式化の乱暴さは、ほとんどの討論参加者によって指摘された。「ツィーグラーのテーゼをとことんまで考えれば、今世紀の芸術的行為はすべて——バウハウスやそれと関連するものをもふくめて——十九世紀のブルジョワ的エピゴーネン精神を克服しようとする左翼のアヴァンギャルド的試みはすべて、ナチスの精神を勝利させる手助けしかしなかったということになってしまうだろう。もしも表現主義がそれ自体として悪しき遺産であり、十九世紀もまたそうだということになれば、未来は、〈良き〉遺産までもっとも遠くさかのぼる人間のものだということになる。ファシズムとのこんな後ろ向きの競争など、まっぴらごめんだ！」（「表現主義の遺産」、三八年二月号）——クラウス・ベルガーのこの反論は、多かれ少なかれ、ほとんどの発言者の気持を代弁するものだった。

それにもかかわらず、論争全体は、表現主義を断罪する方向ですすめられ、そのような結論をもって閉じられたのである。結語を書いて最初の問題設定の正しさを確認したのは、ベルンハルト・ツィーグラー自身

アルフレート・クレラ

だった。ジェルジ・ルカーチが、〈リアリズム〉と対置してアヴァンギャルド芸術を全面的に否定する理論をたずさえ、ツィーグラーの側に立った。ツィーグラーとは、のちに第二次大戦終了後、DDR（ドイツ民主共和国）で党中央委員、政治局文化問題委員長として文化行政の要職に就いたアルフレート・クレラのペンネームである。一九三〇年代前半には、アンリ・バルビュスやロマン・ロランの呼びかけで設立された「反戦・反ファッショ闘争国際委員会」の書記をつとめ、モスクワに移ってからは、ディミトロフのもとで、コミンテルンの統一戦線政策の推進にたずさわっていた。

だが、ルカーチとツィーグラーとの出逢いは、これが最初ではない。かれらがともにヨーロッパの共産主義青年運動の組織化に従事していた一九二一年春から夏にかけて、ハンガリーの青年運動の基本方針にかんするルカーチの見解を、ツィーグラー＝クレラが〈青年サンディカリズム〉であると批判したことがあった。コミンテルンおよび各国共産党と青年運動組織との関係について、共産主義青年インターナショナル機関誌『ユーゲント・インターナツィオナーレ』（青年インターナショナル）誌上で、運動の中心メンバーであるヴィリ・ミュンツェンベルクやリヒャルト・シュラー、レーオポルト・フリークらをもまじえて論争がたたかわされたときのことだった。ルカーチはそのとき、党からは相対的に自立した青年運動組織の前衛的な意味を、とりわけ青年労働者の階級意識形成という課題の観点から強調し、ソヴィエト・ロシアでの組織形態をそのまま各国の運動に適用しようとするツィーグラーの見解を、全面的にしりぞけたのである。完成した組織形態を持ち込むのではなく、闘争のなかからふさわしい運動体を形成するという視点に立ったルカーチの姿勢は、青年運動独自の前衛的役割を重視するミュンツェンベルク、フリークらによって支持された。だが、ひきつづき開かれた共産主義青年インターナショナル第二回大会では、ルカーチを批判するツィーグラーによって代弁されていたロシアの立場、つまり青年同盟は党の政治的指導に従属しなければならない、という基本方針が、採択されたのだった。

十数年ののち、そのルカーチとツィーグラー＝クレラとのあいだに共同戦線がはられたのである。ツィーグラーが問題を提起したとき、じつはルカーチは、すでにそれ以前の一九三三年、「表現主義の〈偉大さと頽落〉」によって、独自に表現主義批判を開始していた。表現主義論争に参加してルカーチ＝ツィーグラーと全面的な対決を試みたエルンスト・ブロッホが指摘したとおり、ルカーチのその表現主義批判は、論争の共通の前提となっていたのである。

論争のもうひとつの、ある意味ではいっそう大きな前提は、ソ連ですすめられていた文化政策にあった。三二年には、〈弁証法的創作方法〉をかかげていたラップ（ロシア・プロレタリア作家協会）が党の決定によって解散させられ、三四年には、〈社会主義リアリズム〉を創作方法として標榜する「ソヴィエト作家同盟」が設立された。その路線を貫徹する過程で、とりわけ、三五年春からは、〈形式主義〉批判キャンペーンが大々的にくりひろげられた。キャンペーンは、三八年一月の国立メイエルホリド劇場の閉鎖で一段落をつげるまで、あらゆる芸術分野をまきこんで続けられた。

モスクワ芸術座のスタニスラフスキー・システムにあきたらず、師に叛逆して十月革命の息吹きのなかから新しい演劇方向を見出したフセーヴォロド・メイエルホリドは、表現主義の代表作のひとつ、エルンスト・トラーの『群衆＝人間』や、マヤコーフスキー『ミステリヤ・ブッフ』、トレチャコフ『吼えろシナ！』などの演出をつうじて、ロシア革命のみならず世界革命のもっともラディカルな芸術的表現を提示しつづけてきたのだが、それまでもことごとに党の文化行政と衝突していたかれの試みが、形式主義批判キャンペーンを契機にして、集中攻撃をあびることになった。それにもかかわらずメイエルホリドが一九三七年のロシア革命二十周年にさいして、ソヴィエト作家の作品を上演するかわりに『椿姫』をたずさえてあらわれたとき、最終的な決着の理由はととのったのである。メイエルホリドは解任され、かれの劇場は閉鎖された。かれが反抗した老スタニスラフスキーの古典的な方向が、あらためて最大級の讃辞をもって称揚されるようになった。

革命のなかから生まれ、革命に新たな表現を与えかつ革命によって新たな表現を与えられてきたひとつの芸術方向が、ここで断ち切られたのである。しかも、それは、たんなる解任や閉鎖ではなかった。批判は、それを受けたものの全存在を抹殺するものに変質していた。逮捕されたメイエルホリドは、〈人民の敵〉として、一九四二年に生命を失った。生きのこったのは、文学や芸術の分野をも例外とせぬ全面的な現実肯定と、無際限の唱和だった。

——「……この日、革命の首都の街頭には、数十万の人が繰り出し、ソヴィエト法廷の裁決に連帯を表明し、革命の敵どもにたいする消しがたい憎悪と党指導者への献身的な忠誠を幾度も幾度もデモで表わし、ファシズムの悪党どもを、その息の根を止めるまで粉砕し、血の最後の一滴まで社会主義の祖国を守り抜く決意を表明したのだった。デモに引きつづいて行なわれたモスクワ作家集会でも、愛すべき諸民族の指導者スターリンへの忠誠の誓いは、同じように熱っぽい力をもって響きわたった。作家同盟の演壇から、かくも熱狂的な演説が響きわたることは、久しくなかったことだ。一語一語が今日における党と国への深い責任の意識に貫かれていた。……トロツキーとかラデックといった連中、その活動の第一歩目から倦みもせずボナパルトの三角帽の試着を頭の中でくりかえしてきたトロツキーやラデックのような、憐れな道化どもの姿が、その気取った空疎さ、血みどろの茶番の嫌らしさまで、あますところなく生々しく再現された。……〈何という堕落の極みか!〉——この数日裁判を傍聴してきたデンマルクの作家マルティン・アネルセン・ネクセは、激昂のあまり叫ばんばかりにこう言った、〈何たる卑劣さか! 諸君はわれわれ西欧の人間にとって、ソ連が何を意味するかを分っているのだろうか? ソ連はわれわれの唯一の希望であり、疲れ果てた人類に光を投げかける唯一の灯台なのだ。〉西欧のもうひとりの革命作家ヨハネス・ベッヒャーも、同一の考えを表明した。かれはトロツキストどもに三重の裏切者という烙印を捺した。すなわち祖国、社会主義、人類への裏切者である。〈トロツキストを粉砕する者は、ヒトラーを、ファシズムを粉砕するのだ!〉……日本の帝国主義者どもは、文学市場に戦争文学を文字どおり氾濫させ、卑しい排外主義的本能をかきたてている。であればこそ、数十万の人間の脳髄を汚すこうした忌わしい三文小説にたいし、社会主義の高邁な理念《イデー》に鼓舞された芸術、資本主義世界との最後の決戦へと人びとを動員する作品の奔流を対置するのが、ソヴィエト作家たるものの、直接の義務ではないだろうか?……」(「ソヴィエト作家たちの声——一月三十日の全モスクワ集会において」、『リ

テラトゥルナヤ・ガゼータ』三七年二月一日号。渡辺雅司訳）

ルカーチの「表現主義の〈偉大さと頽落〉」は、はじめロシア語で発表されたのち、国際革命作家同盟（モルプ）の機関誌『インターナツィオナーレ・リテラトゥーア』（国際文学＝ドイツ版）、三四年第一号＝一―三月合併号に掲載された。そのなかでルカーチは、あらゆるブルジョワ性にたいして根底的《ラディカル》な否定をつきつけた表現主義の運動が、じつは、ドイツ革命に直面して破綻をきたしたUSPD（ドイツ独立社会民主党）のイデオロギーの芸術的メガフォンであった、という主張を展開したのである。社会民主党の戦争協力、社会排外主義に反対して、第一次世界大戦中の一九一七年、カウツキーらを中心に結成されたUSPDは、その抽象的な平和主義、小ブルジョワ的ラディカリズムによって、客観的にはドイツ革命を裏切ったのだが、表現主義者たちの唱えた〈非暴力〉、〈人間〉、〈自由〉、〈本質〉などの理念も、結局のところ資本主義の現実にたいして、USPD的な批判しかなしえていない――ルカーチの基本的な観点はこうだった。そしてかれは、さらに、表現主義の創作方法にも、現実にたいするこうした姿勢があらわれている、と述べる。つまり、帝国主義の現実を断片的、モンタージュ的に定着させ、非具象的、抽象的な表現方法を原理にまで高めたこの芸術傾向は、ルカーチによれば、帝国主義の部分的現象をそのまま固定化させてしまう弁護論なのである。表現主義者たちは、主観的にはラディカルな反対派であっても、じつは帝国主義的ブルジョワジーのイデオロギー的頽廃に加担しているのであり、かれらの運動は、当然ナチズムが受けつぐべき帝国主義の頽廃的遺産の一部なのだ。

それ自体としてはきわめて一面的なルカーチのこの批判が、じつはどのようなアクチュアルな意味をもっていたか――われわれの目にそれが明らかとなるのは、『インターナツィオナーレ・リテラトゥーア』誌にかれの表現主義批判が掲載された翌年、ブロッホのエッセイ集『この時代の遺産』が刊行されたときである。さらに厳密に言えば、この一巻をめぐって、著者ブロッホと、『インターナツィオナーレ・リテラトゥーア』誌の編集委員のひとり、ハンス・ギュンターとのあいだに、同誌上で論争がくりひろげられたときだった。

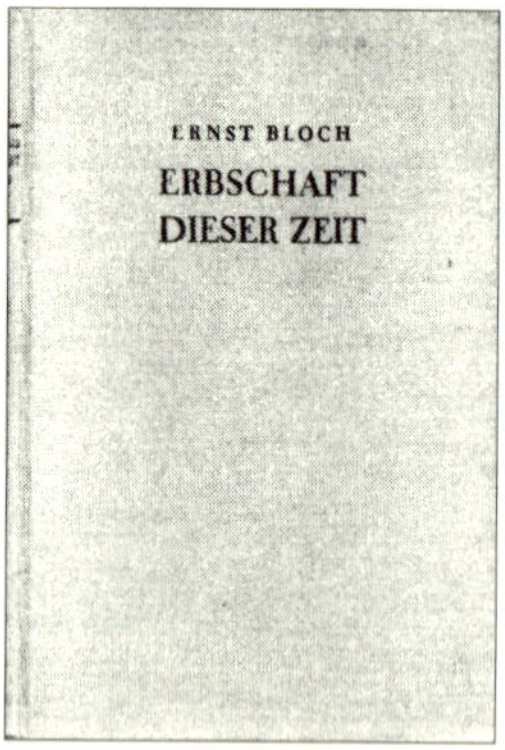

ブロッホ『この時代の遺産』初版本表紙（1935年）

ベッヒャーを編集長としてモスクワで発行されていたこの雑誌の三六年六月号に、プラハ在住のエルンスト・ブロッホは、「『この時代の遺産』のためのいくつかの註釈」と題する一文を寄せた。その前年に刊行されたかれの著書にたいするハンス・ギュンターの詳細な批判（「〈この時代の遺産〉？」三六年三月号）への、全面的な反論だった。ブルジョワ社会の矛盾と頽廃のなかに、否定すべき要素だけではなく、その社会自体をくつがえす契機がひそんでいるのをさぐろうとするブロッホは、このみずからの模索と同一の試みを、たとえば表現主義、シュルレアリスムやモンタージュの手法のなかに発見するのだが、ギュンターは、そうしたブロッホの試みを、経済分析を欠いた空理空論、根本的に誤っていてマルクス＝レーニン主義の説とはまったくあい容れないもの、ときめつけたのである。（ちなみに、このハンス・ギュンターはナチスの人種イデオロギーの中心的な担い手のひとりだった同姓同名の人種学者とはもちろん別人である。）

これにたいするブロッホの反批判は、ひとつには、後期ブルジョワ社会の現実のなかの非同時代性、ファシズムの養分でありながらファシズムによって完全には統合されきらないであろう要因の、評価をめぐってくりひろげられる。ブルジョワ社会が生んだ最新の機械はもっとも優秀で、これは遺産として継承する必要があるが、この社会の最新のイデオロギー的現象はもっとも悪しきもので、これは継承されてはならない、というような二分法によってブロッホの〈非同時代性〉論を批判したギュンターにたいして、かれは、いわば同一の現実のなかに革命の契機とファシズムの要素がともに内包されている〈この時代〉への、現実的な肉迫の必要性を強調する。「……利潤経済の最新の機械は無条件に良く、最新の精神的産物は無条件に悪い、というようなものではないのだ。……技術とイデオロギーの〈等置〉など、おはなしにもならない。けれども、ちょうどそれと同じくらい見のがしてならないことは、技術もイデオロギーも、それ以外の点でいろいろ著しい差異があるにもかかわらず、ふたつながら経済的・社会的現象だということである。技術はイデオロギーを、イデオロギーは、こんにちのものでさえ、技術を、みずからのうちに持っており、ジャズのリズムも、いわゆる即物主義の演劇も、さまざまなモンタージュも、こうした相互作用がなかったとしたら不可能だったろう。」言うまでもなく、〈この時代〉そのものに肉迫するということは、必ずしも時代の〈進歩的〉要素にのみ着目することではないのだ。むしろブロッホは、支配的趨勢によってはとりのこされ、貧困化させられている部分、自己の代弁者であるかにみえた支配者によって打ちすてられていくのを感じ、くぐもった怒りと不安と絶望をいだく都市の小ブルジョワ階級や農民という非同時代的要素に注目する。この非同時代的要素は、非同時代的であるがゆえに総じて同時代への強い関心をいだき、批判的・反対派的姿勢をとることを欲している。この非同時代性こそは、真の意味での社会の〈吹きだまり〉であり、〈風をはらむ片隅〉であり、それゆえに、見せかけの同時代性、いっけん反対派的なものをふくむあらゆるプロパガンダが力をもつ場でもある。

　ところが、こうした現実にたいして、マルクス主義者たちはどう対処してきたか？　かれらはまさに、「ブルジョワ世界の遺産が、技術の面では一九三六年型の飛行機に乗り、イデオロギーの面ではヘーゲルが死んだ時代の郵便馬車に乗りこむ、というようなやりかた」で、現実を処理するのだ。そうであってはならないのである。「なぜなら、こうすることによって今日の若い人びとは、赤いのも赤くなりかけたのも、あらためて自分たちの日常から外へ投げ出されてしまうからである。……ギュンターは、ルカーチと同じく、もっぱら〈ブルジョワ革命的な精神的成果〉のみが〈プロレタリアに役立つ遺産〉であるとする理論を、代表しているのだ。」――こう述べるブロッホと、表現主義者たちを〈小ブルジョワ的反対派〉として否定しさったルカーチとの差異は、あまりにも歴然としている。そしてその対立は、ファシズムを培養しその支えとなる要因を、いかにしてファシズムにではなく革命の契機に転化していくかという問題をめぐる対立――ファシズムの覇権という現実のなかでの対立だったのだ。

　しかもなお、このブロッホの反論に、ギュンターは依然として、つぎのような一節で応えたのである。

「つまりブロッホは、ヘーゲル以後ローゼンベルク〔ナチ党幹部の哲学者、アルフレート・ローゼンベルク〕にいたるまでのブルジョワ哲学はひとつのこらずヘーゲルの水準以下であり、ヘーゲルよりうしろに後退してしまっていて、したがってイデオロギー的にはもはや郵便馬車に乗ってさえいないということを、いまだに忘れている。そしてブロッホはさらにそのうえ、いちばん大切なことを忘れている。……つまり、ヘーゲル以後ひとつの独自のプロレタリア的世界観が形成されたのみならず、そして利用できるブルジョワ的遺産をとうの昔に継承したのみならず、不断にそして自立的に、マルクスとエンゲルスからレーニンへ、レーニンからスターリンへと、さらなる発展をとげてきた、ということである。いったいかれらの学説のなかでは、現代的な、そしてもっとも現代的な諸問題にたいして、明確な立場がとられてはいないだろうか？　そして、この遺産をうけつぐこと――それが、郵便馬車にすわっているといわれるべきなのだろうか？」（「エルンスト・ブロッホへの回答」三六年八月号）

この時代のなかにある非同時代的な要素――表現主義やシュルレアリスムはその意識的表現でもある――に未来への遺産を見出すのか、それとも、後期ブルジョワ社会はもはや頽廃しか生み出しえず、表現主義などの反対派もまたその頽廃の反映でしかないと考えてそれをファシズムにゆだね、ブルジョワジーが革命的だった時期の文化遺産や古典古代（ギュンターやルカーチも共通して、ホメーロス、シェイクスピア、ゲーテ、シラー、バルザック、スタンダール、トルストイ、ゴーリキーなどの名を挙げている）を社会主義文化は継承するのか？　ギュンターとブロッホの論争のなかで、そしてそれに先立つルカーチの表現主義批判のなかで提出されたこの問題が、やがて始まる表現主義論争の中心テーマとなった。

表現主義論争とその前後をつうじて展開されたルカーチの〈遺産〉観、そしてそれに支えられたかれのリアリズム理論の、非実践的性格については、すでに一九三二年の時点でエルンスト・オットヴァルトが指摘していたことが、そのまま当てはまるだろう。かれは、『リンクスクルヴェ』誌上のルポルタージュ形式をめぐる論争のなかで、形式的実験を否定してブルジョワ・リアリストたちの遺産に学べと要求するルカーチを、こう批判したのだった――「……プロレタリア革命文学にたいして十九世紀の作家の全作品を対置することなど不可能だ。われわれいま生きている作家のだれひとりとして、ひとに見せられるような〈全作品〉など持ってはいない。われわれのだれもが、発展の大きな流れのなかに組みいれられており、だれもがたえず新しい状況のなかから創り出しているのであって、だれひとりとして最終的な立場という居心地のいい平地に腰をおろして休息しているものなどいない。いまルカーチが〈バルザック〉と言うとき、かれはまったく何も言わないに等しい。バルザックはとうの昔に死んでいる。……」（「〈事実小説〉と形式的実験」、『リンクスクルヴェ』三二年十月号）あるいはまた、「表現主義論争への実践的提言」と題するメモのなかに、「バルザックを手がかりにせよ、などというのは、大海を手がかりにせよ、という忠告にも等しいのだ」と書いたとき、ブレヒトもまた同じことを述べていたのである。

　このようなルカーチ――およびギュンター、ツィーグラー――の理論を正統としながら展開された論争の経過と結末は、なるほどわれわれに奇異の感さえいだかせる。もちろん、全般的な反〈形式主義〉キャンペーンがあったかもしれない。表現主義と同一線上にあるとみなされたシュルレアリスムが、トロツキズムと密接な関係をもっているという事実があったかもしれない。だが、ルカーチがそうした路線の単なるメガフォンの役割をはたしていた、と考えることによって事態を説明するとしたら、誤りだろう。かつてハインツ・ノイマンと協力してドイツのプロレタリア文学運動内の論争に一定の方向を与えたとき、ルカーチは必ずしもノイマンの政治路線と一致していたのでもなければ、それに従属したのでもなかったように、表現主義論争におけるかれの理論もまた、当時のソ連の政治方針や文化政策への直接的な追随では必ずしもなかったのである。重要なのはむしろ、両者の客観的な類似性、同質性なのであって、そうした類似性、同質性そのものをではなくそれらの根源を明らかにしてはじめて、現実変革の過程における〈文学・芸術〉と〈政治〉との重層的な関連が、多少ともその姿を現わしはじめるのではなかろうか。

　「表現主義の〈偉大さと頽落〉」から『ダス・ヴォルト』誌を中心とする表現主義論争までの数年間に、ルカーチは、そうした観点からみるとき重要な意味をもってくるような態度表明を、少なくとも二度、行なっている。一度は、レーニンの『唯物論と経験批判論』刊行二十五周年にあたって、ソヴィエト科学アカデミー哲学研究所で行なわれた一九三四年六月二十一日の講演、「共産党のボリシェヴィキ化にとって『唯物論と経験批判論』がもつ意義」

（『マルクス主義の旗の下に』ロシア語版、三五年第四号掲載）である。そしてもう一度は、ソ連の新憲法草案をめぐる討議のなかでの発言、「ソ連邦の新憲法と個性の問題」（『インターナツィオナーレ・リテラトゥーア』三六年九月号）である。

「共産党のボリシェヴィキ化にとって『唯物論と経験批判論』がもつ意義」は、数度にわたるルカーチの〈自己批判〉のうちでも、もっとも徹底的な、それゆえにまたもっとも悲惨なものだったといっても過言ではない。ここではじめて、かれは公然と〈社会ファシズム〉を攻撃し、〈ボリシェヴィキ化〉の推進を説く。ファシズムの勝利は、ここにおいて、社会民主主義によるマルクス主義の系統的な破壊、社会ファシズムに転化した日和見主義政策による労働者や小ブルジョワの瞞着に帰せられる。だが、こうした社会民主主義イデオロギーの残滓や、同様に観念的な極左的サンディカリズムの潮流は、コミンテルン各支部（つまり各国共産党）にも存在していたのだ――とルカーチは述べる。「ドイツの支部における右翼的潮流――レーヴィからブランドラー＝タールハイマーを経て調停派に至るまでの――は、ドイツ社会民主党における旧い左翼反対派の世界観上の折衷主義に与《くみ》している。ボリシェヴィキに対抗してスパルタクス・ブントのイデオロギー的伝統を利用するかれらは、たんに帝国主義にかんするルクセンブルク的見解の正当性をレーニン的見解に対抗して固執するのみならず、あらゆる哲学的問題において観念論に広く門戸を開いている。パンネクーク＝ホルターからコルシュ＝ルート・フィッシャー＝マスロフにいたる種々の〈左翼的〉流派は、種々さまざまなやりかたで、つねに自己のセクト主義的戦術を、観念論的に基礎づけられた〈マルクス主義〉の論拠の助けをかりて基礎づける。かれらは、観念論的なやりかたで前衛を大衆から切りはなし、大衆の獲得を拒否し、そうすることによって資本主義にたいする真の革命闘争を拒否する。」これらすべての潮流のイデオロギーは、まさしく「上半身では観念論、下半身では唯物論」というレーニンの『唯物論と経験批判論』でのマッハ批判に、ぴったり当てはまるのである。

かれらは、ルカーチによれば、〈ロシア的〉ボリシェヴィズムに〈西欧的共産主義〉を対置しようと試み、「この対置によって、第一に、唯物弁証法的なボリシェヴィキ的理論と実践のかわりに観念論的な革命的空文句をもちだす反革命的トロツキズムのための道を、イデオロギー的に準備した。第二に、かれらはそれによって、左翼社会民主主義のためのマヌーヴァーの可能性を増大させた」のである。レーニンの『唯物論と経験批判論』は、こうしたすべての潮流を根絶する闘争の武器を、コミンテルン各支部に与えた——と、ルカーチは考える。この本がすべての外国語に訳され、その内容がスターリンの『レーニン主義の諸問題』のおかげですべての共産党員およびシンパ大衆の共有財産となって以来、そのとき以来はじめて、「ブランドラーからトロツキーにいたるまでのマルクス主義の観念論的歪曲にたいして、世界観の戦線においても有効に闘うことができる」のであって、唯物論のための闘争、レーニン時代の正しい理解のための闘争は、「コミンテルン各支部のボリシェヴィキ化の必要不可欠の構成部分」をなすものなのだ。

　このような批判のあとに、同じような壊滅的な自己批判がつづく。「ここで簡単にスケッチしたイデオロギー的潮流は、わたし自身の発展をも規定した。わたしはジンメルおよびマックス・ヴェーバーの門下として出発し……哲学的関係においては主観的観念論から客観的観念論へ、カントからヘーゲルへ発展した。それと同時に、サンディカリズムの哲学（ソレル）がわたしの発展に大きな影響をおよぼし、わたしのなかにロマン主義的反資本主義の傾向を強めた。……こうしてわたしは、一九一八年に、著しくサンディカリスト的で観念論的な世界観をいだいたまま、ハンガリー共産党に入党した。ハンガリー革命の経験にもかかわらずわたしは、コミンテルンの方針に反対する極左的・サンディカリスト的反対派の航路をたどっていた（一九二〇—二一年）。第三回大会ののち、自分が当時おかした具体的誤謬（議会主義の問題、三月蜂起）を悟ったものの、一九二二年に完結した『歴史と階級意識』というわたしの著書（一九一九—二二年のあいだに書かれたもの）は、これらの傾向の哲学的総括にほかならなかった。それゆえ、わたしはかつて一度もマッハ主義と接触しなかったにもかかわらず、〈上半身では観念論〉というレーニンの特徴づけは、まさにわたしの著書の中心的誤謬を衝いているのである。」

　のちにルカーチは、この自己批判についてもまた、ソ連で有効な活動をつづけるために『歴史と階級意識』と自分とを切りはなす必要があったことを強調し、これもまた〈パルチザン闘争への入場券〉であった、と語っている。

だが、一方では、マルクスの『経済学・哲学手稿』に触れたとき、かつての模索がすべて疎遠なもの、否定の対象でしかないものに思われた、という当時の心境をもまた、たびたびかれは語っているのである。おそらく、どちらも真実だっただろう。しかし、われわれは、三四年六月のこの批判＝自己批判の行間に、もうひとつの要素をもまた読みとることができるのではあるまいか？

それは、つぎのような事実の実感だった――ハンガリー革命とドイツの闘争のなかでかれ自身が加担していたラディカリズムが、二〇年代の歴史のなかで決定的に敗北し去ったという事実。その敗北がソ連の一国社会主義建設を強《し》い、ファシズムの勝利をゆるしてしまったという事実。そして、かつてかれ自身が代表していた潮流にたいする批判を糧としながら、その批判のきびしさを自己の革命性のあかしとするような、変質したラディカリズムの政治的表現としての〈ボリシェヴィキ化〉と〈社会ファシズム論〉が、生まれたのだった。ベーラ・クンにたいする闘争と、「ブルム・テーゼ」、さらにはドイツのプロレタリア文学運動をめぐる闘争は、ルカーチにとって、この変質にたいする後退戦にほかならなかった。この試みもまた挫折したとき、かれの批判と自己批判は、直接これを挫折させたものたちにではなく、この一連の発展の出発点そのものに向けられたのである。

それゆえ、それは、本質的にはひとつの迂回作戦であり、〈二正面戦〉のひとつだった。もしもルカーチが、ベーラ・クンによって代表されているとかれが考えた官僚主義と、敵にたいする罪の転嫁と、モスクワ向けの幻想政策とを批判した精神を、そして統一戦線にもとづく民主主義的独裁の「ブルム・テーゼ」の精神を放棄したのでなければ、この〈セクト主義〉批判には、内部の敵理論にたいする、近いものから撃つという構造にたいする、暗黙の批判がふくまれていなければならなかった。しかし、この〈二正面戦〉は、このときはもはや成功しなかったようだ。ルカーチの批判＝自己批判は、圧倒的な既成性によって過去の失敗した試みを裁くことにしかならなかった。ファシズムにたいするかれの攻撃、ブルジョワ的頽落にたいするかれの批判は、一九三四年の自己批判ののちには、もっぱら反トロツキズム・キャンペーンと結びつく機能をしか、果たさなかった。表現主義論争のなかでかれに批判されたもののうち、幾人かは、生きてファシズムから解放されるドイツを見ることがもはやできなかったのである。

世界でもっとも民主的な憲法──こう言われた〈スターリン憲法〉をも、ルカーチはそのような批判＝自己批判の観点からとらえた。この憲法のなかでついに人間の個性が全面的に開花する基盤と保証が与えられた──と強調するルカーチは、生産手段の社会化によって個性の抹殺が生じるのではないか、という疑念に反論しながら、革命の激動期に生まれたふたつの個性観、つまりユートピア的な人間性尊重のイデオロギーと、同じくユートピア的な共同性の模索を、ともに否定したのである。

「だが、生産手段のこうした社会化によって、ひとつの〈兵営〉が生まれるのではないだろうか？　人間は、カウツキーの言うように、〈国家の奴隷〉になるのではないだろうか？　これは、ただ単にブルジョワ的弁護論者や労働者運動の変節者たちの党派的な異論であるのみならず、またものごとがはっきりわかっていない知識人たちの誠実な不安であるのみならず、はじまったばかりの労働者運動のなかにあった幼稚な禁欲主義のイデオロギーでもあった。それは、プロレタリア革命の最初の激動期に、再来を見た。ひとつは、極左的なユートピア主義であり、これは、社会主義への最初の移行期のやむをえない犠牲を誇張して言いたてた。もうひとつは、根なし草になった知識人たちのダダイスト的な絶望で、これは、ブルジョワ的な個性崇拝の嘘に吐き気をもよおして、神秘化された〈集団〉のなかであらゆる個性を消し去ってしまうことに救いを期待したのであった。こうした見解はすべて、それが混乱にもとづくものであれ弁護のためのものであれ、社会主義の本質からは外れている。……人民戦線は、ますます幅広い働く大衆を、ファシズムに抗して闘うために、人間的な文化をファシズムの野蛮から防衛するために、みずからのまわりに結集させつつある。……ソ連邦のスターリン憲法は、社会主義のこれまでの勝利の成果をしっかりとつなぎとめ、そうすることによって、階級社会のあらゆる残滓を最終的に清算するための強固な基盤をつくりだすのだ。自由と人間の解放された個性との勝利。もろもろの偉大な革命家たちが、もろもろの偉大な革命的大衆がそれを夢み、そのために人類の最良の代表たちが生命を犠牲にしてきたものすべての実現。……新憲法は、ファシズムの野蛮による自由の抑圧、人間的個性の抑圧に反対して闘争に加わる全世界のあらゆる自由を尊重する人びとの輝かしい旗じるしとなるだろう。」

ルカーチによって批判し去られたふたつの〈誤った見解〉こそ、じつは、表現主義のもっとも大きな理念だったのだ。そしてまた、ルカーチ自身が確認しているとおり、それはまた『小説の理論』からハンガリー革命の時期にいたるルカーチ自身の中心的な理念でもあったのだ。〈人間性〉、〈共同体〉——のちにUSPDやさらに共産党に加わった多くの左翼表現主義者たち、ダダイストたちは、革命のなかで、革命とかかわりながら、これの実現をめざしていたのである。表現主義論争のなかでも、その模索があるいはつづけられ、あるいは批判をあびた。だが、そうした模索を自己の出発点におけるラディカリズムと（正当にも）同一視した批判者＝ルカーチは、論争がはじまるまえに、すでに、既成の現実——スターリン憲法体制——をもってそうした試みに断を下していたのだった。成就されなかった模索を、達成された現実によって裁くやりかた、ついえ去り敗北した試みを現実の〈事実性〉、〈既成性〉によって判定する批判方法が、真の討論、真の論争を可能にするはずはなかった。

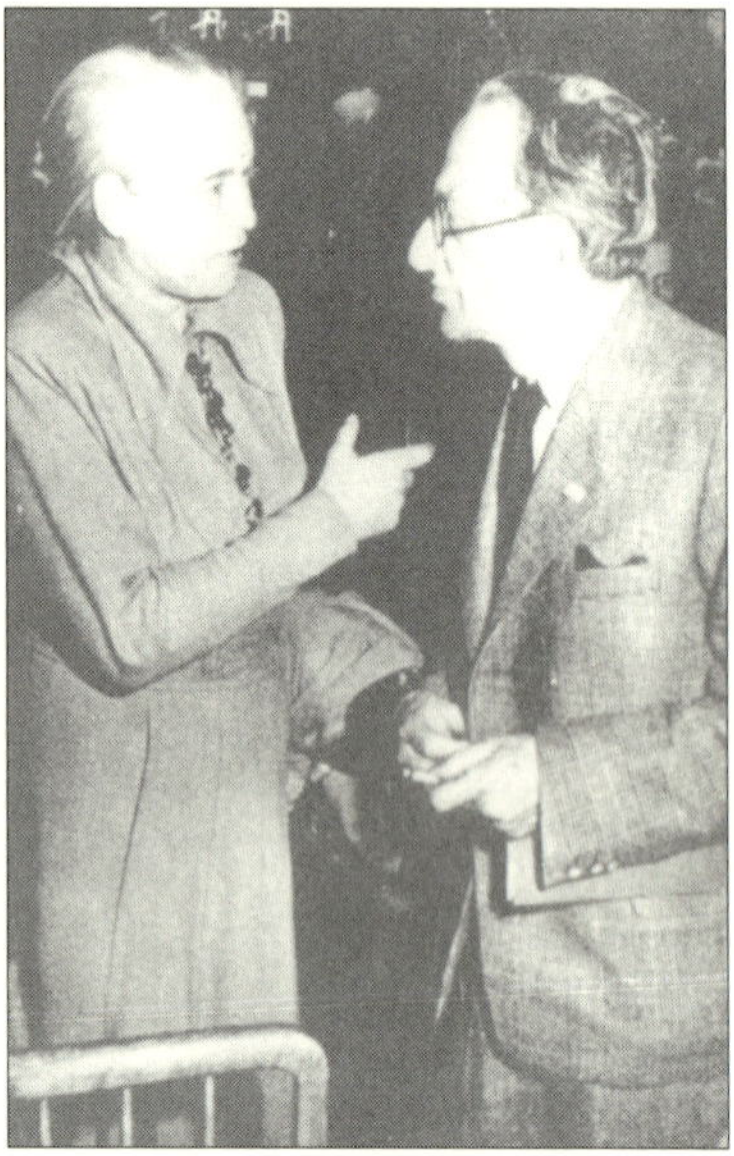

アンナ・ゼーガースとルカーチ（1952年）

「親愛なるゲオルク・ルカーチ！　わたくしたちが最後の討論の夕べにかこんでいたテーブルは——たしかあれはフリードリヒ街《シュトラーセ》の、とある酒場でのことだったと思いますが——あれこれするうちたいそう大きなテーブルになってしまいました。あなたは、いまでは、わたくしからずっと離れたところに坐っておられます。……」——表現主義論争が閉じられたのち、一九三八年六月二十八日の手紙でアンナ・ゼーガースがこう書いたのは、当時彼女が亡命生活をおくっていたパリと、モスクワとの距離のことだけではなかったのだ。同志的な討論は、内部の敵にたいする〈革命的〉警戒心となり、相互批判は中傷と密告にかわってしまった。同志たちのあいだには、もはや言葉の真の意味での共同の場《フォールム》は存在しなかった。あるいはゼーガースの想いはまた、粛清裁判の最終弁論のなかで〈人民の敵〉ブハーリンがもらした心情と、あい通じるものであったかもしれない――「われわれは、踏みなれた小径から隔たった道をたどりながら、はじめて共同の目的めざして進んでいったのである。時代がいまと異なり、ならわしもまったく違っていた。『プラウダ』紙には〈討論欄〉が設けてあった。全員が議論し、新しい道を探し、争っては和解して、共同の道を歩みつづけたのである。……」（鈴木英夫訳）

――「トロツキスト・センターとその手先どもが人民にたいして犯した恐るべき犯罪の数々をあばきだした判決は、わが国の革命期におけるトロツキーとトロツキズムの全活動、三十年有余にわたりレーニン主義およびレーニン＝スターリンの党にたいしてトロツキズムが行なった闘争の全体に、あたかも総決算を下したかの感がある。……トロツキーとは何者か？　トロツキーとは、ごくごく短期間、偶然に革命に身を寄せた人間である。だが実際には全生涯にわたってレーニンと争ったのである。……これをさしてレーニンはかれを偽善的ユダ＝トロツキーと呼んだのだ。レーニンはトロツキーを労働者運動における冒険主義者と名づける。レーニンの評価は、まったく余すところなく裏書きされた。……ラデックとは何者か？　ラデックは、生まれも民族も定かでない根無し草である。これは第二インターナショナルの掃溜め、外国のカフェーの落し子であり、あちこちと所を変える永遠の放浪者、渡り鳥である。権力を取った労働者階級は、かれを鍛え直そうとしたが、ラデックは生きながら朽ち果てることをよしとし、トロツキー主義の地下活動へと走ったのである。……わたしはイデオロギーの領域における破壊活動もあり得ると思う。……事実、演劇批評の分野ではピッケリその他多くのトロツキストが活躍していたではないか。……わたしは揺るぎなき革命的警戒を同志諸君に呼びかけるものである。（拍手）」（アレクサンドル・ファジェーエフ「われら無敵なり！」『リテラトゥルナヤ・ガゼータ』三七年二月一日号。渡辺雅司訳）

3　唱和とパルチザン闘争と

一九三〇年代のソ連亡命時代を、ルカーチはのちに、〈パルチザン闘争〉の時期と呼んでいる。この表現には、かなり曖昧なものがある。少なくとも、これは多義性をふくんでいる。もちろん、あの時期にかんして、何をなすべきだったか、という問題のたてかたをすることは、不可能かもしれない。何をなしえたか、という問いさえも、しばしば答えを見出すことができないのだ。だが、だからこそなお、〈パルチザン闘争〉という表現でこの時期の活動を自己と他人に納得させてしまってはならないだろう。

表現主義論争とその前後の数年間に、かれが〈パルチザン闘争〉によって何をなしえたのかは、これまでのところ、依然として不分明のままなのだ。たしかに、かれが中心的なメンバーとなって一九三三年から四〇年まで発行されたロシア語の雑誌『リテラトゥルニィ・クリティク』（文芸批評家）は、社会主義リアリズム路線からはずれたところで、独自の活動をつづけた。ルカーチの表現主義論やロシア・リアリズム論、イデオロギー論が、ここで書かれた。マルクスとエンゲルスの文学・芸術論の編集をつづけていたミハイル・リフシッツとの緊密な協力関係が、この雑誌の刊行にあたってもいっそう深められた。ア・プラトーノフ、エム・ローゼンターリ、エ・ウシエヴィチ、ゲ・ボヤージェフなど、好ましからぬ名前が紙面をかざった。ファジェーエフらによって代表される粛清推進路線にたいして、この雑誌はひとつのアンチ・テーゼとなった。リフシッツがのちに〈コスモポリタン〉として非難されたとき、ルカーチは、この時期の最大の収穫となった大著『若きヘーゲル』（一九三八年脱稿、四八年刊行）に、敢えてリフシッツへの献辞をかかげた。これと同時期の一九三九年に『インターナツィオナーレ・リテラトゥーア』に連載された「護民官か官僚か？」では、スターリンの名を引きながらもソ連における官僚主義を的確に批判しえていた。

ルカーチはまた、〈社会主義リアリズム〉については、かたくなに沈黙をまもりつづけた。はじめ『リテラトゥルニィ・クリティク』誌に連載された『歴史小説論』（一九三八―三九）は、官許のこの路線にたいする、それこそ〈パルチザン闘争〉と呼ぶにふさわしい成果だった。それは、同志たちの逮捕と死を横目で見送りながら「社会主義の勝利」を、「自由と人間の解放された個性との勝利」を謳う〈魂の技師たち〉の営みをまったく無視して、ブルジョワジーが革命的だった時代に生まれた偉大な所産と格闘したのである。

だが、そうした格闘のなかからかれがますます確固たる信念として築きあげた大ブルジョワ文学主義、ブルジョワ長篇小説《ロマーン》偏重の文学観は、モンタージュ、ルポルタージュ、その他いっさいの表現形式上の実験を、過去の遺産の尺度にあわせて葬り去ったのだった。かれ自身はこのスローガンにいかにシンパシーを持っていなかったにせよ、文学官僚によって唱えられる空文句的な〈社会主義リアリズム〉の旗のもとで、一九三四年の第一回ソヴィエト作家会議に集まった七百名の作家のうち、十五人に十四人までは、ファシズムにたいする勝利ののちに開催された一九五四年の第二回大会を生きて迎えることはできなかった。そして、そのかれらの何人かは、ルカーチによってもまた批判されていたのである――可能なかぎり節約せねばならぬ貴重なパルチザン戦の銃弾によって。

――「……同志スターリンは、わが国の作家たちを人間の魂の技師と名づけた。これは何を意味するか？　この名称はいかなる義務を諸君に負わせるか？　これは、第一に、生活を知ることを意味する。それは生活を芸術作品において真実にえがきだすためである。スコラ的に、死んだように、たんに〈客観的リアリティ〉としてえがきだすのではなく、現実を革命的発展においてえがきだすためである。そのさい、芸術的描出の真実性と歴史的具体性とは、勤労する人びとを社会主義の精神において思想的に改造し教育する課題と結びつかなければならない。芸術文学および文学批評のこういう方法は、われわれが社会主義リアリズムの方法と名づけるところのものである。……人間の魂の技師となるということ――これは二つの足でリアルな生活の地盤のうえに立っていることを意味する。

『リテラトゥルニィ・クリティク』誌（左はルカーチ『歴史小説論』の第２章となる「歴史小説と歴史劇」が掲載された1937年12月号）

そして、このことは、自分の番として古い型のロマンティズムとの絶縁を、すなわち、存在しない生活および存在しない主人公たちをえがき、読者を生活の矛盾と圧迫から実現しえないものの世界へ、ユートピアの世界へみちびきさるロマンティズムとの絶縁を、意味する。堅固な唯物論的基脚のうえに両足で立っているわが文学にとって、ロマンティカは無縁ではありえないが、しかしそれは新しい型のロマンティカ、革命的ロマンティカである。われわれはこう言う、社会主義リアリズムはソヴィエト芸術文学および文学批評の基本的方向であり、そのことは革命的ロマンティズムが構成部分として文学創造のなかへはいらなければならないことを予想する。……ソヴィエト文学は、ソヴィエトの英雄たちをしめす能力を、われわれの明日の日をのぞきこむ能力を、もたなければならない。これはユートピアではないであろう。というのは、われわれの明日の日は、すでに今日において計画的な意識的な仕事によって準備されつつあるのだからである。……」（アンドレイ・A・ジダーノフ「ソヴィエト文学は世界でもっとも思想的な、もっとも先進的な文学である――第一回全ソ作家会議での演説」、除村・蔵原・山辺訳）

表現主義論争での論敵のひとり、ハンス・アイスラーが一九六二年にＤＤＲ（ドイツ民主共和国）で死んだのち、ルカーチは、多くの点で見解を異にしていたこの前衛音楽家に、一編の追悼文をおくった。そのなかで、かれは、表現主義論争のころをふりかえって、かれとのあいだの対立があまりにも有名となってしまったブレヒトとの関係を、つぎのように述べたのである。「この論争のなかで激化した対立が、抽象的な直接性をおびていたがゆえにどれほど誤ったものだったとしても、その誤りには、やはり社会的な根があったのだ。そのために――真剣な試みがいろいろなされたにもかかわらず――完全な清算はいまなお成功するにいたっていない。」もちろん、誤った敵対関係を克服するためのアプローチは、当時もなされなかったわけではない。そのひとつは、ゼーガースとの往復書簡だった、という。それから間もなく、戦争がはじまって、ブレヒトはソ連経由でアメリカに渡った。「そのとき、わたしたちは文学の情勢についての立ちいった会話をかわした。ブレヒトの言葉のひとつが、いまでもなおわたしの記憶に生きいきとのこっている。かれはこう言ったのだ――いろんな方面の連中がぼくをきみにけしかけたがっている。きっと、きみのばあいだって同じだろう。しかしぼくらは、こういった試みに断固として抵抗しなくっちゃいけない、と。わたしたちは――もちろんわたしはここでもブレヒトの言葉の意味をくりかえすことができるのみだが――戦争が終わったらいつかポツダム広場のカフェ・ヨスティで会おうじゃないか、と言って別れたのである。」

戦後、ベルリンを訪れるたびに、ルカーチはブレヒトとアイスラーをたずね、相互理解が次第に芽生えていった、という。「わたしたちは両方の側からトンネルを掘りすすんでいるのだ、そして、いやでも応でもちょうどまんなかで出会うことになるだろう、という気持が、次第に強まっていった。……」(「イン・メモリアム・ハンス・アイスラー」、『ディ・ツァイト』紙、六五年九月三日号)

表現主義論争があたふたと閉じられたのは、『ダス・ヴォルト』誌の編集委員のひとり、ブレヒトが、これ以上戦線を内部から分裂させてはならないと考えて、中止を要求したからだと言われている。いずれにせよ、ブレヒトが、ルカーチ＝ツィーグラーの表現主義にたいする断罪に、腹立たしさとやりきれなさを感じていたのは、事実だった。遺稿としてのこされた論争関係の文章には、「リアリズム理論の形式主義的性格」、「死を賭して単刀直入に言うなら、わたしには、トルストイだのバルザックだのから学ぶことのほうがむずかしい(学ぶことが少ない)のである」、「この鈍感さたるや一頭地をぬいている」等々のルカーチ批判がいたるところにちりばめられている。それどころか、スヴェンボルを訪れたベンヤミンに、ブレヒトはこう語っていたのだった。「〔ルカーチ、ガーボル、クレラ＝ツィーグラーなどとは〕一緒に国家ぐらいならつくれるかもしれないが、ほんとうの共同体はつくれっこないね。つまり、連中は生産活動の敵なのだ。生産活動がうす気味悪いのだ。そんなものは信用できない。まるで予想がつかず、何がとび出してくるかさっぱり見当もつかないのだからね。かれらは自分で生産しようなどと思わない。その筋の有力者《アパラーチク》づらをして、他人を管理しようと思うだけだ。かれらの批評はどれもこれもオドシをふくんでいる。」

ブレヒトは、これらの批判を決して公けに発表しなかった。しかし、かれの目にうつっていたルカーチは、モスクワ在住の知識人官僚の頭目でしかなかったのだ。——モスクワの中央委員会にも自分を買ってくれているひとがある、とブレヒトがベンヤミンに語ったたったひとつの名前は、ベーラ・クンだった、という。一九三八年七月のことである。

——「かれは〈ゲシュタポのスパイ〉として一九三七年五月に逮捕されたが、そのころルビアンカの監獄は、裁判を待つ多数の囚人で居どころもなかったので、ブティルキの監獄に閉じ込められた。かれには、ほかの百四十人の政治囚と一緒の囚房が与えられた。……このうすぎたない囚房は、すでに墓の前室であった。ベンチも腰掛も何もなく、ハンモックさえなかった。ただ二つの大きな机が積み重ねてあって、囚人はその上にこれまた重なって場所をつくっていた。寝るために、囚人は入り組んだ塊となって互いに脚を折り曲げて横にならなければならなかった。そして誰かが向きをかえるとか、起きるときには、悲しい同房の長、〈名主〉が、みんなに位置をかえるよう命令して交通整理をしなければならなかった。ベーラ・クンは、時々ここからつれ出されて尋問を受けた。帰ってきたときには顔形が変わっていた。かれの尋問は、他の場合より長くかかった。何時間も何時間も立ったまま、反射鏡の眼もくらむ光のもとで、相も変わらず、スパイであったことを自白せよという尋問者の質問を受けた。十時間でも二十時間でも、時として失神するまで立っていなければならなかった。こうして完全に疲れ切って自分の脚で体を支えられなくなると、かれは囚房につれもどされた。囚人たちはかれのふくれあがった顔に、日に日にかれを破壊してゆく拷問の跡を読みとった。しかし、ベーラ・クンは何も自白することはなかった。そしてかれは話さなかったのである。これがかれの最期についてわかるすべてであり、当時スターリン機関の秘密のなかにいたある人からとどいたわずかな証言である。……」（レナート・ミエーリ『トリアッティの証言』より。大石敏雄訳）

ベーラ・クンの妻イレーンは、中央アジアへ追放された。娘のアーグネスは職をうばわれ、その夫で国際革命作家同盟（モルプ）常任委員だった詩人のアンタル・ヒダシは、強制収容所《ラーゲリ》に送られた。かれが釈放されたのは、一九四五年のことである。ソヴィエト作家同盟書記長ファジェーエフが、スターリンの秘書に働きかけてくれたのだ。それまでずっと文学分野での〈粛清〉推進にあまりにも大きな役割をはたしてきたそのファジェーエフは、一九五六年五月、〈スターリン批判〉の直後に自殺した。

表現主義論争の直接の前史をなすブロッホとギュンターの論争がそこでたたかわされ、またルカーチの「表現主義の〈偉大さと頽落〉」のドイツ語稿がそこに掲載されたモルプ機関誌『インターナツィオナーレ・リテラトゥーア』誌は、一九三〇年十一月のハリコフ会議（第二回革命作家世界大会）で発行が決定された『リテラトゥーア・デア・ヴェルトレヴォルツィオーン』（世界革命の文学）を前身として生まれた。ロシア語、ドイツ語、フランス語、英語の各国語版を月刊で出し、のちには不定期刊の中国語版を加えて、第二次大戦の終戦にいたるまで、モスクワで発行された。ドイツ語版の編集長はヨハネス・R・ベッヒャーだった。編集委員会は、A・バルタ、ヴィリ・ブレーデル、アンドル・ガーボル、ハンス・ギュンター、ジェルジ・ルカーチ、エルンスト・オットヴァルト、テーオドール・プリーヴィエ、G・ザヴァツキー、セルゲイ・トレチャコフ、エーリヒ・ヴァイネルト、フリードリヒ・ヴォルフによって構成されていた。トレチャコフは、ロシア語版の編集長でもあった。各国語版を統率する編集顧問には、アンリ・バルビュス、マクシム・ゴーリキー、魯迅、郭沫若、ジョン・ドス＝パソス、徳永直などが名をつらねていた。だが、三七年三月号からは、ドイツ語版の編集委員会からハンス・ギュンターとエルンスト・オットヴァルトの名が消えた。三七年六月号には、

『インターナツィオナーレ・リテラトゥーア』
（『国際文学』ドイツ語版）

表現主義論争のころのルカーチ

もはやトレチャコフはいなかった。かれらが〈名誉回復〉されたのは、一九五六年の〈スターリン批判〉以後のことである。

ルカーチの息子フェレンツも、シベリアへ送られた。反革命のかどで、刑期は二十年だった。だが、幸運がみまった。ルカーチの古くからの戦友で、ソ連の世界政治経済研究所長、イェネー・ヴァルガが、NKWD長官（内務人民委員）のラヴレンティー・ベリヤと、チェス友だちだったのだ。フェレンツは、極寒のなかでの強制労働から凍傷のためにねじまがった両手の指とともに、生きてもどったのである。

第二次大戦後にブダペシュト大学哲学科でルカーチの助手をしていたイシュトヴァーン・メーサーロシによれば、一九四一年には、逮捕はルカーチ自身におよんだ。二〇年代初期以来トロツキーの手先だった、という自白が要求された。数カ月のあいだ監獄ですごしたのち、しかしかれは釈放された。ハンガリーその他の国々の同志たちがコミンテルン書記長ディミトロフを動かしたためだった。

一九四五年八月一日——ハンガリー・ソヴィエト共和国が崩壊し亡命列車の同志たちがオーストリア国境に向けて脱出していってからちょうど二十六年後のこの日に、ルカーチはふたたびブダペシュトにもどった。厖大な蔵書や資料を運ぶため、ソ連軍は小型爆撃機を一機、提供したと言われている。

——「……報告期間内のもっとも重要な成果のひとつは、国内状態の一層の鞏固化、ソヴィエト制度の一層の鞏固化をもたらしたことである。……これらの巨大な業績に直面して、わが党一般方針の敵、各種の〈左翼的〉、〈右翼的〉思潮、トロツキー＝ピャタコフ的、ブハーリン＝ルィコフ的、あらゆる変節漢どもは、小さな塊にちぢこまり、自己の陳腐な〈政綱〉を仕舞い込み、そして潜行運動の方法にいでざるをえなくなった。かれらは、人民の意志に従う勇気をもたず、メニシェヴィキ、エス・エル、ファシストと融合し、外国の諜報機関の奉公人となり、スパイとして雇われ、わが国をバラバラにし、わが国に資本主義的奴隷制度を再興させて、ソヴィエト連邦の敵を援助する義務を負う方を選んだ。以上が、後で人民の敵となったわが党方針の敵の、不名誉な末路である。人民の敵を壊滅させ、党とソヴィエト諸組織から変節漢を一掃して、党は、その政治的、組織的活動において、ますます統一されたものとなり、党は、その中央委員会の周囲にますます緊密に結集するにいたった。……これら一切の方策がとられた結果として、党はその隊列から、偶然にまぎれこんだ、消極的な、野心家的な、また明らかに敵対的な要素をきれいに掃除し、もっともしっかりとした、忠実な人びとを選抜することに成功した。だがこの清掃が、重大な誤謬を犯すことなしに遂行されたと言うことはできない。遺憾ながら、誤謬は、予期することができたよりも、もっと大きいものであった。大衆的清掃の方法を、われわれがこれ以上用いる必要がないであろうということは、疑いのないところである。しかしながら、一九三三年から一九三六年にわたる清掃は、やはり不可避なものであったし、またそれは、大体として良い結果を与えた。現に行なわれている第十八回党大会には、約百六十万の党員、すなわち第十七回党大会におけるよりも二十七万人少ない党員が代表されている。だが、このことは、少しも悪いことではない。反対に、これは、さらに良い方向にむかうものだ。なぜならば、党は汚物を一掃したことによって、強化されるからである。われわれの党は、党員数こそ幾分少なくなったが、そのかわり、党は、質においては前より良いのである。これは大きな功績である。……もしも、わが国労働者階級の諸成功が、その闘争と勝利とが、資本主義諸国の労働者階級の意気を昂め、自己の力にたいする確信と、自己の勝利にたいする確信とを、かれらの間に強化するに役立つならば、わが党は、党の活動は無益ではなかったと言うことができよう。そして、必ずそうなるであろうということは疑わないでよかろう。（暴風の如き、長くつづく拍手）

わが勝利に輝く労働者階級万歳！（拍手）

わが勝利に輝くコルホーズ農民万歳！（拍手）

わが社会主義的インテリゲンチャ万歳！（拍手）

わが国諸民族の偉大なる親睦万歳！（拍手）

ソ同盟ボリシェヴィキ共産党万歳！（拍手）

（全代議員起立して、長くつづく拍手をもって、同志スターリンに挨拶を送る。〈ウラー！　同志スターリン万歳！　偉大なるスターリン、ウラー！　われらの敬愛するスターリン、ウラー！〉の叫び）」

（スターリン「ソ連邦共産党（ボリシェヴィキ）中央委員会の活動に関する第十八回党大会における報告演説」、一九三九年三月十日。強調は原典のまま）

V

全体性・過渡期・共同体

──ルカーチとこの時代

ジョーン・ハートフィールドのフォト・モンタージュ「変装術」
（社会 主義者に偽装するため、ゲッベルスにマルクスのヒゲをつけてもらうヒトラー。椅子の上のゲッベルスの右足が曲がっているさまも再現されている）

1　失敗したこの試みは成功するまで続けられるだろう

表現主義論争のなかで書かれた論文「映画の芸術哲学によせて」（『ダス・ヴォルト』三八年三月号）で、ベーラ・バラージは、映画が資本主義時代に生まれた唯一の新しい芸術であることを指摘している。それ以外のすべての芸術ジャンルは、演劇にせよ詩にせよダンスにせよ、資本主義以前からずっと存在しつづけてきたものだった。ただひとつ映画だけが、まったく新しい芸術表現として、資本主義社会のなかで、しかも十九世紀末のアメリカというまさに後期資本主義の戸口で、生まれたのである。

資本主義時代の独自の形式としての映画が、最初の昂揚期、第一期の全盛時代をむかえたのが、ほかならぬ表現主義の時代だった。『カリガリ博士』、『ゴーレム』、『プラハの大学生』などが、表現主義という名称と不可分の作品として、記憶されている。そこには、不可解さと、混乱と、テンポの乱れと、心理的葛藤とにみちみちたブルジョワ社会の生活が、さまざまな角度から表現されていた。だが、映画の画面にあったのは、この生活の単なる描写、ありのままの姿の定着だけではなかったのである。この社会のありかたと、そのなかでの人間の顔そのものをつきぬけて、いわばスクリーンの背後にまでとどく視点が、そこではじめて獲得されたのだった。

表現主義の時代がほぼ終わり、その時代に無声であった映画が、ようやく声をもとうとする直前の一九二四年、バラージは、表現主義映画の理論的総括ともいうべき映画論、『視覚的人間』を書いた。それは、「ひとつのフィルム・ドラマトゥルギー」、つまり映画の作劇法という副題をもっていた。この副題からもわかるように、映画はまだ（十年前にルカーチは先駆的な映画論「映画美学考」ですでにこのことを慨嘆していたのだが）独立の芸術ジャンルとして定着しきっていなかったのだ。バラージは、こうした事情のなかで、映画を明確にひとつの新しい芸術として、独立の芸術ジャンルとして、理論的に把握しようとしたのである。なぜなら、かれによれば、新しい芸術表現は、新しい社会構造や新しい生活様式のなかで生まれてくる、という側面ばかりでなく、新しい芸術が逆に新しい人間のありかたを規定する、という側面、とりわけ新しい感覚、感性を創り出すという側面をも、もつからだ。新しい表現方法である映画をはっきりと理論的にとらえておかないと、これから変わっていく人間、とりわけ人間の感覚の変化をとらえそこねてしまうことになる。バラージは、こうした基本的な考えに立って、映画論を展開したのだった。

だが、それではかれの考えていた〈新しさ〉とは何だったのか？——『視覚的人間』の冒頭の一章で、かれはこう述べている、「書物を印刷する技術の発明は、時とともに、人間の顔を判読不能なものにしてしまった。人間たちはあまりにも多くを紙から読みとることができるようになったため、他の伝達形式をないがしろにしてもさしつかえないようになったのである。」こうして、「視覚的精神は読解的精神となり、視覚的文化は概念的文化となった。」たとえば、古代ギリシアの時代につくられて、どこかの遺跡から一部分だけが発掘されたヴィーナス像を見たばあい、たとえそれに顔がついていなくとも、腰なり胸なり、残された部分から、それがどんな表情をしていたか、知ることができるだろう。人間の身体のあらゆる部分は、どの部分をとってみても、かつてはそれぞれが表情をもっていた。そしてそれらの表情は、有機的につながりあい、全体としてひとりの人間の表情全体をつくりだしていたのである。人間は、元来、このようにあらゆる部分で表現活動を行なっていたのである。ところが、本が印刷されるようになると、人間の顔が表情を失ったばかりでなく、人間の身体全体が表情を失ってしまった。それにともなって他方では、印刷術の発明は共同的な営為としての文化活動の喪失をひきおこした。同じ本を、だが各人がばらばらに読むようになった。教会を中心とする中世の〈村〉のなかで辛うじて残されていた共同体的文化は、個人的文化となった。

表情を失った人間が、人間の身体が、映画の発明によってついに表情をとりもどし、個別化された文化的な営みが、ついに共同性を奪回する——バラージはこう考えたのだった。読解的な存在となった人間が、ふたたび視覚的となり、人間の身体のあらゆる部分が、生きいきとその人間を表現し伝達するものとなる可能性を、映画は与えるのである。もはや、語るのは口だけではない。身体のどの部分もが表現を行ない、それらの総和が、その人間の表現総体になる。バベルの塔の建設にまつわるあの伝説、言葉が分化して種々の言語、民族語になってしまったために互いに言葉が通じなくなった、というあの呪いから、人間が解放される条件を、映画はつくりだす。映画の画面は、言葉の壁を打ち破り、共通の身ぶり言語、共通の表現を人間がふたたび獲得する条件をつくったのだ。

　無声映画の時代が終わってトーキーが登場すると、バラージのこの映画観は一定程度その意味を失わざるをえない。また、現実に映画がかれの期待したような役割を果たしたかどうかといえば、もちろん疑問がないわけではない。かれ自身、一九三〇年には、新たな映画論『映画の精神』を書いて、有声映画の理論化をもふくめながら、旧著を大幅に補わねばならなかった。けれども、かれのそうした着眼、人間の全体性と人間相互の全体的な関連とに目を向けたバラージの視点そのものは、その後の有声映画の多様な発展にもかかわらず、いまなおその意味を失ってはいない。

バラージ『視覚的人間』（左）と『映画の精神』（右）

　バラージのそうした視点は、また、多くの表現主義者たちの視点でもあった。表現主義の名付け親といわれるヘルヴァルト・ヴァルデンは、一九一九年四月、かれの主宰する運動誌『シュトゥルム』（嵐）に、「芸術と生活」と題する文章を書いて、「われわれはこの十年のあいだ、芸術でないものと区別するために芸術を表現主義と呼んできた」と述べている。第一次世界大戦をはさんだほぼ十年間、つまり一九一〇年代全般にわたって、さまざまな芸術分野で、必ずしも統一的な運動としてではなく多様多彩に展開された〈表現主義〉の活動は、のちの時代によっても、さまざまな観点から、さまざまに理解され、解釈されてきた。それは、理解し解釈する主体自身をうつす鏡ですらある。強《し》いてこれを共通項でくくろうとすれば、ヴァルデンのような定義づけしかありえないのかもしれない。われわれは、このように述べるかれとかれの運動が描いていた「芸術」と「生活」のイメージから、われわれ自身のイメージにそくして、いくつかの中心的な理念を抽象することが可能であるにすぎず、この理念が表現主義全体のなかでしめていた位置を、確認することができるにすぎない。表現主義とは何か?――つまりこの問いは、それを問うわれわれ自身がかかえている問題を、このひとつの芸術方向にそくして明確化しようとする試みにほかならないのである。

一九一八年の末、つまり、開始されたばかりのドイツ革命のさなかに、オスヴァルト・パンダーという一表現主義者は、演劇運動誌『ダス・ユンゲ・ドイチュラント』(若きドイツ)に掲載された「言葉と革命」というエッセイのなかで、こう述べたのだった――「表現主義は、死にはてた言葉を、体験から、体験のために、新たに生みなおそうとしている。表現主義とは、自我の荒々しい爆発などではない。表現主義は、世界に人間の顔を押しあてるのだ。」

ともすれば、印象主義《インプレッショニズム》の対立概念とされる表現主義《エクスプレッショニズム》は、自我の荒々しい、あるいは苦痛にみちた爆発であると言われる。ちょうど、あのエドヴァルド・ムンクの絵、『叫び』のような。たしかに、それもまた表現主義の一面だっただろう。だが、パンダーは、もうひとつ別の側面を、われわれにつきつけるのだ。表現主義は、それをとりまく世界の現実に、人間の顔を押しあて、世界を人間化しようとする作業だというのである。

あるいはまた、のちにドイツ共産党員となり、党内の左翼反対派として〈ルポルタージュ論争〉の直前にアラダール・コミャートらとともに批判されることになるレーヒャ・ロートシルトは、一九一九年二月、表現主義の雑誌『デア・ヴェーク』(道)誌上で、こう書いていたのだった、「われわれは、精神的人間の党派ではない。われわれは、党派に巻きこまれることから、精神を解放しようというのだ。われわれは、個々人および全体のなかにある創造的な力、とりわけ社会を形成していく力にうったえるのである。」――それでは、そのうったえは、どのような方向でなされるのか？　ロートシルトは、「組織」と題するその綱領的なエッセイを、さらにこうつづける、「われわれの意欲と同じく、われわれの道も、素朴かつ根源的なものであるべきだ。いつでも新しい力の流れにたいして身を開き、もっと偉大なものが危険にさらされているときには、いつでも、よろこんでそれに加担するものであるべきだ。個々人としてのわれわれが重要なのではない。めざす世界像の構成要素としてのわれわれが問題なのだ。」

　世界に人間の顔を押しあてる、という理念の実現は、このような「加担」によってのみ、可能となる。だからこそ、ロートシルトは、党派に巻きこまれることを拒否しつつ、ドイツ共産党に加わったのだった。これらの発言がドイツ革命のまっただなかでなされたものであることも、表現主義の実践的な側面、少なくとも表現主義者たちのなかにあったその意図を、物語っているといえよう。じじつ、やはり表現主義の小さな運動誌のひとつ、『ジッヒェル』（鎌）の一九一九年八月号には、「現在の表現主義の疾風怒濤《シュトゥルム・ウント・ドラング》は、〈世界を変革する〉という目的を自己に課している。この理由からして、それはきわめて政治的でもあり革命的でもあるのだ」というオトマール・ベストの一文が見られるのである。

　表現主義の大小さまざまな運動誌をいまあらためて見なおしてみると、こうした考えかたが決して表現主義者たちの少数の見解ではなく、むしろドイツ革命の時期の表現主義の、かなり一般的な確認点のひとつでさえあったことが、よくわかる。だからこそまた、この確認を実践に移そうという試みは、ただちに政治闘争の諸問題に直面せざるをえず、そこから、表現主義とドイツ共産党とのその後の永い確執が生まれることにもなったのである。表現主義がもっていた政治的な側面、革命の実践と密接にかかわる側面は、ただ単に、表現主義者の――ふつう考えられているよりも――多くの部分が意図的に革命をめざし、その方向で自己の芸術表現を行なった、という点だけにあらわれているのではない。かれらのそうした芸術活動を、直接政治闘争にかかわっていた共産主義者たち、とりわけドイツ共産党とその文芸政策がどのようにとらえたか、ということによっても、表現主義の〈政治性〉は鮮烈にうかびあがってくる。表現主義が現実の運動としては生命を終えてしまったあとの一九二〇年代、三〇年代になってからでさえ、ドイツ共産党の文芸政策は、つねに表現主義という過去の運動の評価に直面しつづけねばならなかった。表現主義にたいしてどのような態度をとるかが、いわば踏み絵にされたのは、三〇年代後半の表現主義論争のときだけではなかったのである。

第一次世界大戦でドイツが敗れ、各地で労働者や兵士が蜂起したとき、さまざまなサークルに結集していた表現主義の詩人や画家や劇作家たちの多くも、新しい社会主義ドイツの創出のために積極的に起ちあがった。かれらは、各地にみずから「芸術家評議会」、つまり芸術家のレーテ（ソヴィエト）をつくって、創作活動の自主管理をはじめたのである。自由な創作の保障を当局に要求するだけにとどまらず、芸術家コロニーの建設や、創作活動の共同化が、綱領としてかかげられた。たとえば、絵をかいたばあい、その絵はレーテで共同管理し、それが売れれば、売り上げ金をレーテに預託して共同で分配する、というふうに。かれらは、じっさい明日にも社会主義ドイツが実現されると信じていた。その社会主義建設のなかでの芸術活動や芸術家の役割を、現実の問題として構想したのである。

一方、一九一八年末から二〇年の時点では、ドイツ共産党（スパルタクス・ブント）は、まだ独自の文芸政策をもたなかった。一九年一月の武装闘争では、中心的な指導者、カール・リープクネヒトとローザ・ルクセンブルクが虐殺され、多数派社会民主党（ＳＰＤ）の裏切りのなかで、ドイツにおける革命そのものが、最初の危機にひんしていた。共産党は、文化の面にまで目を向ける余裕をもたなかったのだろう。この時期の文化運動は、むしろ、多数派社会民主党から戦時中に分かれたＵＳＰＤ（ドイツ独立社会民主党）や、サンディカリストたちによって、積極的に組織されようとしていた。共産党はそうした運動をもっぱら批判する、というかたちでのみ、わずかにそれとの接点をもちえていたにすぎない。表現主義やダダイズム、少なからぬ部分でそれと重なりあっていたプロレタリア文化運動（プロレトクリト）、とりわけ「プロレタリア劇場」の運動にたいして、一九年秋から二〇年夏ごろにかけてＫＰＤ（ドイツ共産党）の側から向けられた最初の批判は、すでに、それが小ブルジョワ的ラディカリズムであり、極左主義であり、継承すべきブルジョワ文化の遺産までも否定してしまう、という点を主眼にしていた。一九二〇年初夏、画家ジョージ・グロスとモンタージュ写真家ジョーン・ハートフィールドが、画家オスカル・ココシュカを〈芸術ヤクザ〉と呼んで、ブルジョワ的な芸術価値観に死刑宣告を下したとき、この時期のＫＰ

Dの文学・芸術観の代弁者だった女性批評家ゲルトルート・アレクサンダーは、この見解を〈芸術破壊狂《ヴァンダリズム》〉であると批判し、プロレタリアートはすぐれたブルジョワ文化遺産に学ばねばならない、と主張した。これにたいして、グロスらとともに「プロレタリア劇場」の運動を展開していた党員活動家、ユリアン・グンペルツが、労働者階級にとってはブルジョワ階級からのイデオロギー的解放こそ重要なのだ、と反論したが、論争は、党中央委員アウグスト・タールハイマーの結語によって閉じられた――「過去の芸術を殲滅あるいは拒否しようという、超革命的かつ反ブルジョワ的身ぶりをとったスローガンは、じつはブルジョワ的なスローガンであり、没落し自己解体しつつあるブルジョワジーの実践の反映である。」そして、こうした批判は、その後の歴史のなかで、激動期や転回期にさしかかるたびに亡霊のごとく回帰してくるのである。

　ブルジョワ文化遺産にたいしてどのような態度をとるか、ということや、文化全体の革命をめざすラディカリズムにたいする評価は、このとき以来、一九二〇年代の全般をつうじて、また三〇年代の反ファシズム闘争のなかでも、根本的にはつねに表現主義およびそこから生まれた諸傾向とのかかわりで、もっとも重要な争点となりつづけた。二〇年代後半に、KPDの立場に立って独創的なプロレタリア演劇運動を展開したエルヴィン・ピスカートルが党の側から批判されたとき、そのきっかけは、かれが代表的な表現主義劇作家でありアナーキストでもあるエルンスト・トラーの作品を上演したことだった。あるいはまた、ファシズムが権力を奪取する直前の時期にドイツのプロレタリア革命作家同盟内で行なわれたルカーチによる労働者作家批判では、かつてKPDが、表現主義やそれと密接なつながりをもった初期の革命的文化運動を批判し、それと対抗しつつ推進した労働者通信員運動や、そのなかで発展をとげたルポルタージュ形式が、問題にされたのだった。そして、三〇年代後半の表現主義論争がある。この論争のなかでルカーチ、クレラ＝ツィーグラー、さらにはハンス・ギュンターらによって徹底的に論難されたのは、ひとつには表現主義の〈超革命的な反ブルジョワ性〉であり、「人間」とか「共同性」とか「革命」とかの、〈空文句〉だった。

　この論争に先立って書かれ、論争の共通の前提となっていた「表現主義の〈偉大さと頽落〉」のなかで、ルカーチは、たとえばつぎのように書いたのである――「混乱したアナーキスト的・ボヘミアン的立場からの反対派である表現主義は、もちろん、右翼にたいしては多かれ少なかれ精力的に反対する傾向をもっている。そして、表現主義者たちおよびかれらに近い作家たちの多く（たとえばハインリヒ・マン）は、政治的にもまた多かれ少なかれ左翼的な姿勢をとっていた。だがしかし、かれらのうちの少なからぬものたちにとってこの姿勢がどれほど誠実なものだったとしても、根本問題の抽象的な歪曲、とりわけ抽象的な〈反ブルジョワ性〉というものは、つぎのような傾向にほかならないのだ。すなわち、ブルジョワ性にたいする批判を資本主義体制の経済の認識からもプロレタリアートの解放闘争との連携からも切りはなしてしまうというまさにそのことによって、きわめて容易に正反対の極へ、つまり右からの〈ブルジョワ性〉批判、のちにファシズムが大衆的基盤を獲得するさい重大な恩恵をこうむることになるあのデマゴーギッシュな資本主義批判へ、急激に転化していき得るような傾向である。」

たしかに、表現主義者たちの資本主義批判には、明確な経済的認識が欠けていたかもしれない。そして、「プロレタリアートの解放闘争との連携」ということが、もしもＫＰＤの隊列に加わることを意味するのだとしたら、なるほど、ドイツ革命の初期の段階で、表現主義者や、表現主義から出発したプロレトクリト主義者、ダダイストたちは、のちにＫＰＤに入党することになる少なからぬものたちをもふくめて、ＫＰＤよりはむしろＵＳＰＤ左派や、アナルコ・サンディカリズム的なＡＡＵ（労働総同盟）、ＫＰＤから分裂した左派グループＫＡＰＤ（ドイツ共産主義労働者党）のほうに、より大きな共感をいだいていた、と言えなくはないだろう。そしてさらに大きな問題として、じっさい、表現主義者たちの少なからぬ部分が、のちに、ファシストないしはそれに近い傾向になっていった、という事実がある。表現主義論争の直接のきっかけとなった詩人ゴットフリート・ベンは、積極的にナチズムを支持する信仰告白を行なった。かなり才能のある表現主義劇作家だったハンス・ヨーストにいたっては、ナチス・ドイツの帝国著作院総裁および文学アカデミー総裁におさまり、第二次世界大戦後、ナチ戦犯として三年半の懲役刑および財産の半分没収と十年間の著作禁止の判決をうけたのである。

そうした点を考えるなら、ルカーチたちの表現主義批判は、まったく的はずれだったというわけではない。表現主義のなかに、のちにファシズムへと転化する要素が、まったくなかったと断言することはできないのだ。——だが、問題はそれで片付くわけではないのである。

なぜなら、巨大な激動期、大きな過渡期というものは、その構成要素を黒白二色に、あるいは赤白二色にすっきりと分けてしまえるようなものでは決してないだろうからだ。ファシズムへと展開していく可能性と、真の革命への、共産主義社会への志向につながる可能性とを、未分化のまま、ともに含んでいるものだからだ。だからこそまた、ルカーチ自身、さきの引用文のうち「表現主義者たちおよびかれらに近い作家たち（たとえばハインリヒ・マン）」という一節を、戦後になってこの文章が単行本におさめられたとき、「……（ハインリヒ・マンは例外である）」と書きかえねばならなかったのである。

たとえば、表現主義者たちが実現しようとした〈共同体〉がやはりそうである。ブルジョワ社会の個々人が分裂させられ、また一個人のなかでもさまざまな個別細分化、機能分化がひきおこされていることにたいする批判は、ベーラ・バラージの『視覚的人間』の基調でもあったわけだが、多くの表現主義者が資本主義社会打倒の根拠として——マルクス以後はじめて存在感覚そのものによってとらえつつ——確認したのも、こうした細分化の事実にほかならなかった。表現主義のもっとも左翼的な理論家であり詩人でもあったルートヴィヒ・ルービナーは、一九一九年、数世紀にわたる革命思想の精髄を集成して「精神的転形期のドキュメント」と称した一巻のアンソロジーを編んだとき、それに『共同体《ゲマインシャフト》』（*Gemeinschaft*）という表題を与えた。原始芸術に目を向け、表現主義の絵画や彫刻に荒々しい生彩を吹きこむ理論的基礎をきずいたカール・アインシュタインは、このアンソロジーにおさめられたエッセイのなかで、「われわれに必要な集団芸術——ただ革命のみが芸術の変革の可能性をふくんでいるのであり、これのみがそうした集団芸術の前提であり、ただこれのみが芸術の変化の価値を規定し、芸術家に課題を提起する」と述べて、資本主義的な個人芸術との訣別と、革命とを結びつけた。

あるいはまた、みずからの芸術表現と社会革命とを、共同性（Gemeinschaft）を媒介にして結びつけようとした表現主義者のなかには、建築家のブルーノ・タウトがいる。かれは本来の意味での社会主義者だったため、のちに国民社会主義者《ナチス》たちが権力をにぎると、日本を経てトルコに亡命し、そこで不遇のうちに死んだ。日本では、桂離宮をはじめとする伝統的な日本建築に関心をいだいて、多くの建築論や文化論をのこしたのだが、このブルーノ・タウトは、ドイツ革命がはじまったとき、芸術家評議会《レーテ》の運動にいちはやく積極的に参加したひとりだったのである。かれは、芸術的営為のコミューン化を支持し、みずからの活動分野では、たとえば「ジードルング」の建設を実行にうつそうとした。「ジードルング」（Siedlung）とは、保育所、学校、公園、さらには芸術家村などをもふくむひとまとまりの居住区域、集団居住地で、そこでいっさいの生活が集団的に営まれる共同体である。タウトは、このジードルングの建設を、革命に参加する建築家のもっとも重要な課題として提起した。かれにとって革命とは、まさに生活総体の社会化、共同化だったのだ。かれはまた、芸術生産の匿名化、無名化をすすんで支持した。あるいは、既存の市街地全体をも新たに建設される建物をも、すべて明るい色で塗りつくすという「彩色建築」運動を呼びかけもした。かれにとって革命とは、あらゆる個人的な行為の枠を打ち破るものであり、したがってまた差別と貧困からの解放を、あらゆる生活空間が色彩によってもまた嬉々として表現していなければならなかったのだ。

もちろん、このような〈共同体〉への志向は、一方では、コルホーズや人民公社の試みとなってソ連や中国で社会主義への模索と結合されたとはいえ、大部分は、資本主義の支配者たちによって実現される結果となった。ジードルングを換骨奪胎して実現にうつしたのは、後期資本主義の住宅行政、労働力の檻としての〈団地〉づくりかもしれないし、街全体の外部彩色は、アメリカをはじめとする資本主義都市での流行だという。（ちなみに、大学闘争とかかわって東京理科大学を追われようとしている建築学専攻の宮内康夫氏によれば、東京の小菅刑務所の建物は、もっとも典型的なドイツ表現主義建築様式の実例として有名なのだそうだ。）

ただ単に共同性、共同体をいうなら、それは、ヒトラー・ユーゲントや隣組、民族共同体・共栄圏イデオロギーとして、どこよりもナチス・ドイツや天皇制ファシズムのもとで実践にうつされたのである。表現主義映画からファシズムへの行程については、すでにジークフリート・クラカウアーが『カリガリからヒトラーへ』（一九四七）で、くわしく跡づけている。

けれども、このように資本主義体制によって、ファシズムによって、それが擬似的に実現されたからといって、表現主義者が描き追求した理念そのものが、すべて誤っていたということになるのだろうか？　だから表現主義はファシズムへの道だったということになるのだろうか？　むしろ、表現主義者の夢や理想を真に実現に向かって、つまりそのなかに内在するファシズムの契機を切除し、共産主義社会の理念と実践への萌芽をはぐくむという意味において、おしすすめることができなかったという点をこそ、われわれは問わねばならないのである。表現主義の夢と行動と空振りを、警告を発し義務を負わせるものとして直視し傾聴するだけの目と耳をもたなかったという点こそが、問われねばならないのである。表現主義にたいする批判は、それゆえ――あらゆるラディカリズムと呼ばれるものにたいする批判がそうであるように――じつは内部批判として、自己批判として展開され深められねばならないはずであり、自己とは無縁な「アナーキスト的」、「ボヘミアン的」、「小ブルジョワ急進主義的」、「トロツキスト的」、等々の分子の、自己とは無縁な「誤謬」にたいする、断罪ではありえないのだ。

そしてまた、じっさい、〈共同体〉をめざした左翼表現主義者・ダダイストたちの少なからぬ部分は、政治的・思想的にも共産主義者であり、多くのものは、おそかれ早かれ、共産党員となりさえしたのである。のちにルカーチによって「デモ詩人」（Auchdichter）とののしられるルートヴィヒ・ルービナーは、一九二〇年二月にあまりにも早く世を去るまでの数カ月間、ＫＰＤの党員として、最後の生命力を党の活動にそそぎこんだ。そして、かれの妻フリーダ・ルービナーは、二〇年代全体をつうじて、つねにＫＰＤの隊列のなかで、主として労農ロシアの現実をドイツ民衆に伝える仕事に没頭したのだった。ブハーリンの『史的唯物論の理論』もまた、彼女の翻訳でドイツ語に移されたのである。

あるいは、画家ジョージ・グロスがいる。かれは卓越した漫画家でもあったが、その漫画は、ドイツのブルジョワ社会の現実そのものの首根っこに食い入っていた。たとえば漫画集『支配階級の顔』や『この人を見よ《エクツェ・ホモ》』では、悪名高いブルジョワや革命を裏切った右翼社会民主主義者の似顔をまじえて、種々さまざまな支配者たちの表情しぐさが、被抑圧民衆の悲惨と重ねあわせて描かれている。グロスもまた、党の創立当初から、一九五九年夏に永いアメリカ亡命を終えてドイツ民主共和国（東独）へ帰国したわずか三週間後に心臓麻痺で急死するまで、一貫して共産党の隊列をはなれることはなかった。

そして、グロスの漫画集を出版し、グロスの絵を装丁や挿絵に使った多くの本を労働者におくった出版活動家、ヴィーラント・ヘルツフェルデ（本名はヘルツフェルト）がいる。第一次世界大戦中、東部戦線に狩り出されたかれは、前線劇団を組織し、戦闘のあいまに、兵士たちのあいだで寸劇を演じてまわる。この活動をつうじて、戦前から演劇にたずさわっていたエルヴィン・ピスカートルと知りあい、敗戦後のドイツでは、ともにスパルタクス・ブント＝ドイツ共産党に加盟しながら、プロレタリア劇場運動をくりひろげる。その一方で、「マリク書店《フェアラーク》」という出版社をつくり、そこから、革命運動の理論的分野や文化・芸術の領域で新地平をきりひらくようなユニークな本を、つぎつぎと刊行したのである。グロスの『支配階級の顔』その他の漫画集も、ルカーチの『歴史と階級意識』や『レーニン』も、みなこのヘルツフェルデのマリク書店から出版された。『支配階級の顔』や『歴史と階級意識』がおさめられた「小革命文庫」シリーズの編集企画を担当していたのは、〈芸術ヤクザ〉論争でグロスとハートフィールドを擁護したユリアン・グンペルツだった。

ヴィーラント・ヘルツフェルデ
（背景はグロスの画）

ヘルツフェルデの兄は、一九一四年に世界で最初に写真モンタージュをつくりだしたジョーン・ハートフィールドである。ヘルムート・ヘルツフェルトという本名をもつこの写真芸術家は、祖国ドイツにたいする嫌悪のために、みずからの姓をそのまま英語化して、ハートフィールドと名のったのだ。そして、かれの親友グロスは、Georg（ゲオルク）という名をGeorgeつまりジョージもしくはジョルジュもしくはショルシュに変えたのである。ハートフィールドもまた、ドイツ革命のなかで、グロスやヘルツフェルデと並んで、表現主義からダダイズムへ、そしてさらにプロレトクリトへと移行しながら、〈共同体〉の理念を追求しつづけた。共産主義と表現主義は――さらにダダイズムや、モンタージュと不可分に結びついているシュルレアリスムは――少なくともここにおいては、けっして対立関係にあるのではなく、むしろ内部的な関係にあった。かれらの試みは必ずしも成功しなかったし、かれらの実践は、必ずしもすべての誤りから無縁であったわけではない――模索しつつなされる新しい実践がすべてそうであるように。勝利した既成性からかれらを裁くとすれば、かれらを断罪することは容易だろう。だが、このばあい、勝利者とはファシズムなのである。

　表現主義のもっとも代表的な詩人・劇作家のエルンスト・トラーをも中心メンバーのひとりとして一九一九年四月にミュンヒェンで樹立されたバイエルン・レーテ共和国が、わずか数週間後にＳＰＤ中央政府の反革命干渉軍によって血まみれで打倒されたとき、表現主義左派の運動誌『レヴォルツィオネール』（革命者）は、オイゲン・ノイベルガーという批評家の「ミュンヒェン革命」と題する追悼の辞を掲げた――

「レーテ共和国は、地獄の生まれそこないだった、と言われている。だがむしろ、天からひとすじの射光がその治下に地上に落ちてきた、と言うほうが正しいのではあるまいか？　評議会《レーテ》の執行委員会は、国家権力を占有していた。働くものたちは、労働をどのように管理したらよいか報告せよと言われた。人間的な社会の秩序のための、これ以上簡単な公式があろうか？　これ以上すぐれた解決のスローガンがあろうか？　もはや上から下へと命令が下されてはならなかった。下から上へと組織されねばならなかった。この試みは失敗した。だが、この試みを人びとは今後も、それが成功するまで続けるだろう。」

　敗北したミュンヒェン革命ののち、白色テロルによって多くの革命参加者が虐殺された。革命評議会議長だったエルンスト・トラーは、大逆罪に問われて要塞監獄にとらわれの身となった。この革命に参加をみあわせたＫＰＤは、その後たえず、トラーの「混乱したアナーキスト的・ボヘミアン的立場からの反対」を批判しつづけた。そしてトラーの作品についての評価をいわば正統性ないしは正当性の踏み絵にして、たとえばエルヴィン・ピスカートルの試みに批判をなげつけたのである。

　ピスカートルは、かつて、ミュンヒェン宮廷劇場の有望視された俳優だった。だが、世界大戦に従軍し、ヴィーラント・ヘルツフェルデらとともに前線劇場の経験を経て復員したのちは、もはやもとの道には戻らなかった。ヘルツフェルデとその兄のハートフィールド、漫画家グロスらとあいたずさえて、スパルタクス・ブント（のちのドイツ共産党）の側に立つ芸術家としてドイツ革命に参加した。――「かれらのほとんどはダダに属していた。芸術についておそろしくたくさん議論をしたが、もっぱら政治を念頭においての議論だった。そこでわれわれは、そもそも芸術がなんらかの価値をもたねばならぬとすれば、この芸術は階級闘争の手段でしかありえない、ということを確認した。生活に希望をいだきながら幻滅を味わった記憶をいやというほどもっていたわれわれは、極端な結論のなかにしか世界を救う道はないとみなした。すなわち、プロレタリアートの組織的な闘争、権力の奪取。独裁。世界革命。ロシア、われわれの理想。期待していた勝利のかわりにプロレタリアートのあいつぐ敗北を体験したとき、この感情はますます強まり、われわれはますます赤い色でわれわれの芸術の旗のうえに行為という言葉を書きつけた。（それとともに、感情の激しい高まりは、うわっ調子でない苛酷な闘争となり、われわれはそれに参加するだけの成長をとげていった。）われわれはリープクネヒトを埋葬した。かつて、われわれの背後に張られたあらゆる精神的鉄条網を通りぬけて塹壕のなかのわれわれのところまでとどいた、あの平和への意志のファンファーレを、埋葬したのだ。そして、ローザ・ルクセンブルクを。ゴルゴダの道――ウンターー・デン・リンデン、マルシュタル、ショセー街……幾千もの無産者がベルリンの街路の敷石を朱に染めた――そして、戦争のあいだじゅうわれわれの苦難の救い手だとばかり思っていたまさにその人びと、あの社会民主主義者たちこそが、かれらを殺した人殺しだということを、われわれは悟らねばならなかったのである。われわれは、みんなそろってスパルタクス・ブントにはいった。」（『政治劇場』）

　この闘いのなかで、ピスカートルはプロレタリア演劇運動の組織化をすすめていった。一九一九年秋には早くも「トリブナール劇場」をつくって運動を開始し、翌二〇年には「プロレタリア劇場、大ベルリン革命的労働者舞台」

を組織した。この劇場が官憲の弾圧とそれにともなう財政難によって丸一年で閉鎖を余儀なくされると、社会民主党系の既成劇団「民衆劇場」に演出家としてやとわれ、さまざまな制約のなかで、観客の組織化に力を注ぎつづける。そして、ついに劇団当局との対立が決定的となったとき、かれは、自分が組織した観客組織もろとも、「民衆劇場」を割って出たのである。この観客組織は、一九二七年にかれがKPDの支援をうけて「ピスカートル劇場」（第一次）を結成するとき、その基盤となった。創立当時からの党員だったピスカートルとKPDとの共同行動が明確なかたちでなされた最初は、その二年前、一九二五年に、かれが『RRR』（Revue Roter Rummel＝レヴュー・赤いテンヤワンヤ）と題する労働者演劇を党の催しのさいに上演したときだったが、このレヴューは、アジプロ劇のもっとも代表的なひとつとして、ドイツのプロレタリア文学運動史上、きわめて重要な意義をもっている。

だが、二七年に「ピスカートル劇場」が設立されたとき、KPDは、そこでの出しものがアナーキスト、エルンスト・トラーの『どっこい、おいらは生きている！』だったことを理由に、ピスカートルの公演を批判した。批判の重点はトラーの脚本に向けられていたとはいえ、あらゆる素材をみずからの演劇理念にもとづいて解釈しなおし、観客を劇に参加させ、観客を組織し、演技者自身も観客によって変えられていく主体として、つまり演劇をひとつの共同的な表現と変革の営みとしてとらえ、劇場をそのような共同的営為の場として形成しようとしたピスカートルの試みを、この批判はまったく理解していなかった。

ピスカートルが――そしてハートフィールドその他の同志たちが――劇場をどのようなものとしてとらえようとしていたかを示すものに、つぎのようなエピソードがある。

ベルリンでの「プロレタリア劇場」のある上演の日のこと、舞台の書き割り（背景を描いたパネル）をつくってくることになっていたジョーン・ハートフィールドが、開演時刻になっても現われない、という事件がおこった。開演を遅らせて待ったが、いつまで待ってもやってこないのである。仕方なしに、書き割りを使わないまま、つまり舞台の背景ぬきで、芝居を始めざるをえなかった。ところが、すでにだいぶ先まで進んだころ、小男でハゲ頭のハートフィールドが、汗をふきふき息せき切って、観客席のうしろの扉から飛びこんできたのだ。劇がはじまっているのを見たかれは、舞台で主役を演じているピスカートルに向かって、呼びかける――「待ってくれ、エルヴィン、待ってくれ！　おれだよ！」みんなはいっせいに、顔をまっ赤に上気させて飛びこんできたその小男のほうをふりむく。劇は中断されてしまう。舞台と下とで、やりとりがはじまる。「いったいどこをうろついていたんだ？半時間近くもお前を待ったんだぞ（観客のなかから、そうだそうだ、というつぶやき）、で、とうとうお前の書き割りがないままで始めたんじゃないか。」「車をよこしてくれなかったじゃないか！　お前の責任だよ！　通りをずっと走ってきたんだぞ。書き割りが大きすぎるものだから、電車はどうしても乗せてくれやがらない。やっとのことで一台つかまえたんだが、うしろのタラップに立っていなくちゃならなくて、すんでのことで転げ落ちるところだったんだぞ！」観客たちも、この奇妙な幕間劇に沸きかえる。「静かにしろよ、とにかく劇をつづけなくちゃ」と制止するピスカートルにたいして、ハートフィールドのほうは、ぜひとも芝居をもう一度はじめからやりなおして、ちゃんと書き割りを使って上演しろ、と要求する。ピスカートルは、そんなわけにはいかぬ、と答える。結局、それでは観客の意見をきこう、ということになって、舞台上からピスカートルが意見を求めたところ、書き割りを使ってやりなおすことになった――というのである。

のちにこのエピソードを記したとき、ピスカートルは、「こんにち、わたしは、ジョーン・ハートフィールドこそ〈叙事的演劇〉の創始者だと考えている」と述べたのだった。その説の当否はともかく、のちに異化効果を重視した叙事的演劇の方法を軸とする作劇法を展開し、「転禍為福」（『リンクスクルヴェ』一九三二年十一・十二月合併号）でルカーチにまっこうから否定されたベルトルト・ブレヒトが、二〇年代の一時期、ピスカートルの密接な協力者（演出助手）であったことは、偶然ではない。

ピスカートルらの試みは、このエピソードにも見られるように、自主的な判断にもとづく共同の決定によって方針をきめる、という基本的な原則のうえに立っていた。そのような共同性を、芸術活動をつうじて形成していくこと、そして、芸術活動そのものの新しい意味と方法を、そのような共同作業のなかでさらに探っていくこと、それをかれらは試みたのである。この試みは、上からの統合と抑圧と擬似的な規律にもとづくファシズムの〈共同性〉

と、まっこうから対立する理念をひめていた。それにもかかわらず、この試みがともすれば直線的に成功しないということのために、そしてまた何よりも、こうした試行は単一的な〈方針〉や〈スローガン〉そのものをもひとつの素材に、共同作業を形成するための教材に変えてしまうがゆえに、共産主義者自身によって、深化させられるというよりはむしろ、ほとんどつねに葬り去られてきたのである。一九二〇年秋から翌二一年春までの「プロレタリア劇場、大ベルリン労働者舞台」の活動をふりかえってピスカートルが回想録『政治劇場』（一九二七）のなかで記しているつぎのような一節は、この点にかんする苦渋にみちた指摘にほかならない。

「経済的にはプロレタリア劇場は民衆劇場とまったく同様に観客組織にたよらねばならなかった。会員は五千から六千の数に達したが、それは主としてＡＡＵ〔労働総同盟〕、ＫＡＰ〔共産主義労働者党〕およびサンディカリストによって充填されていた。ＫＰＤ〔ドイツ共産党〕の態度、少なくともその代表者たちのそれは、最初からきわめて拒否的で、それは会員大衆に影響をおよぼさずにはいなかった。従来のあらゆる芸術生産と根本的に手を切って、自明のプロパガンダ的目標などとともにブルジョワ的な芸術概念をも廃棄し、ひとつの新しい（プロレタリア的な）芸術の少なくとも基本線だけでも描いてみせる何ものかが、ここで生まれつつあるのだということを認識するかわりに、『ローテ・ファーネ』〔赤旗＝共産党機関紙〕の批評家たちは、われわれの活動に、ブルジョワ美学から引っぱってきた尺度をあてはめ、そしてわれわれに、ブルジョワ的概念と一致するような仕事を要求してきた……。一方では、〈芸術〉を、それもブルジョワ的なやつを要求するかと思えば、そのあともう一方で、芸術のために――市街戦を持ち出してくる始末だ（腹がへったら、散歩しろ）。……ここでは、もろもろの古典的なブルジョワ的定義に由来しつつ何十年ものあいだ民衆劇場の基本方針となってご奉公し、今日でもまだ完全には消えうせていない一本の線が、継承されていたのである。この論争で問題になっているのは、芸術のなかにある永遠の価値という問題であって、こんなものはもはやマルクス主義者が提起すべき問題ではないはずなのだ。……われわれの企図の必然性と重要性については充分に感じとってくれていたにもかかわらず、プロレタリアートは、経済的にあまりにも脆弱で、これを持続的に支えていけないことが明らかになった。ほとんど毎晩のようにホールは最後の一席までいっぱいになったが、それでも入場料は出費の埋めあわせにさえ足りなかった（失業者は証明書を提示すればたいてい無料入場できたのだから）。そのうえさらに、大きな邪魔がはいった。われわれの活動は、警察によるひっきりなしのいやがらせやごたごたによって、それをたっぷり味わわされた。規定どおりの認可など、警視総監から望めるものではなかった。べつに不思議なことではない。警視総監は——社会民主党員だったのだから。（かれがわれわれの申請を最終的に拒否するための口実を『ローテ・ファーネ』が与えてやっていたことは、恥じてなおあまりあるというものだ。）」

共産主義の隊列のなかの同様の試み、表現主義のなかから生まれて共産主義に向かおうとした試みは、ハインリヒ・フォーゲラーのばあいにも見られる。

一九一八年三月、ドイツが敵国ロシアで樹立されたばかりのソヴィエト政権との間にブレスト＝リトフスク条約を結んだとき、東部戦線に従軍していたドイツの一下士官が、ソヴィエト側にとって決定的に不利なこの強圧的停戦条約を糾弾して、ドイツ皇帝に公開状を発し、部隊内でそれを配布する、という出来事がおこった。

それをしたのは、志願兵として前線に送られてきていたハインリヒ・フォーゲラーという画家だった。もちろん、フォーゲラーはただちに逮捕され、営倉に監置されて、軍法会議の判決を待つことになる。ところが、やがてその秋にはいると、ドイツの敗戦が決定的となった。軍隊内でもいたるところに「兵士評議会《レーテ》」が結成された。将校を追放して自主管理を確立し、民衆の革命に合流したのである。フォーゲラーも、ハンブルク近郊オスターホルツの地の労兵評議会のメンバーに選ばれる。すでに二十世紀初頭から装飾的な美術様式〈ユーゲント・シュティール〉の著名な画家だったかれは、多くの芸術家が住んでいたオスターホルツのヴォルプスヴェーデという村に、一軒の小さな農家を買って、そこで妻とともに暮していたのだが、革命に参加することをつうじて芸術活動そのものについての考えを根本的に変え、「バルケンホフ」（白樺の屋敷）と呼ばれたその家を、ひとつのコミューンにする決意をかためる。一八七二年生まれのフォーゲラーは、五十歳に近い年齢で、創作活動と生活を、根本から変えたのである。

ハインリヒ・フォーゲラー、30代半ばの漫画自画像

バルケンホフには、表現主義やダダイズムの芸術家たちばかりでなく、ちょうど近くにあった捕虜収容所から、まだ送還されない東欧諸国やロシアの捕虜たちが、日曜の自由時間ごとにやってきた。かつては詩人リルケが訪れたかれの農家に、いまではサンディカリストや左派共産主義者たちが集まってきた。若い男女の芸術家たちが、ここで共同生活をはじめた。農場でともに働き、生活するなかで、共同的な芸術活動を行なう試みが開始された。この時期のフォーゲラーは、サンディカリストやアナーキスト、ＫＡＰＤのメンバーたちに近かった、という。やがて、ＫＰＤの側から、そうしたサンディカリズム的なやりかたにたいする批判がなされる。一九二三年秋の闘争でドイツ革命がさしあたりの最終的敗北をきっしたころ、左翼共産主義者やサンディカリストたちは活動力を急速に失い、ＫＰＤは、〈相対的安定期〉のなかで、独自の文化政策を推進する段階にようやく到達したのである。こうした状況のなかで、バルケンホフの共同体の試みも、挫折を余儀なくされていく。

「われわれ労働者は、すべての労働を分かちあった。われわれは、三名からなる労働者評議会を選出した。ひとりは財政を担当し、ひとりは生産を担当し、もうひとりは消費面を担当した。働くもののあらゆる欲求を自分のからだで知りつくすため、わたしは、労働者評議会に選ばれることをことわった。すべての所有物が、労働者評議会に提出された。すべての収入、すべての支出、すべての食糧が、労働者評議会の手を経るのだった。貨幣は、コミューン内では完全に廃止された。財政担当評議員だけが、外部の世界と資本主義的な交易を行なったのである。こうして、どの労働者も、現に所有されているか、あるいは創り出された程度に応じて、衣食住を要求することができた。だが、だれもが、全体にたいする配慮と責任をもっていた。労働者評議会は、いつなりとも解任されることができるので、コントロールは的確だったし、いたるところで社会的な関係が、相互援助にもとづく労働が、行なわれた。」――このコミューンを「労働学校」と呼んだフォーゲラーは、かれのことを〈イデアリスト〉、つまり理想主義者あるいは観念論者ときめつける批判者たちにたいして、以上のように答え、自分は「素朴で実際的な唯物論者だ」と主張したのである。

　バルケンホフのコミューンが解散を余儀なくされたあと、フォーゲラーは、共産党に入党した。こうして自己の理想を実現するためのひとつの道をあらためて選択したかれは、バルケンホフを党に寄付した。それは、党の婦人部の手によって、保育所として再生したのだった。

　フォーゲラーは、表現主義論争に、「一画家の経験」という回想的な文章をよせて、ブルジョワ的な画家から表現主義を経て社会主義リアリズムへと発展した自己の歩みをたどり、表現主義者だったころの試みのさまざまな欠陥を自己批判的にふりかえった。だが、かれの自己批判を楯にとってあらためて表現主義を批判することなど、だれができようか。批判者たちは、ハンガリー共産党員バラージが映画論のなかで追求し、フォーゲラーと多くの表現主義者たちがドイツ革命とかかわりつつ芸術表現のなかで模索したような、人間の全体性の回復と共同体の創出という理念を、もっぱら反対派排除の理由としてしか、自己の問題としてとらえることができなかったのである。表現主義が、少なくとも部分的にはファシズムへの道だったとすれば、それは、ファシズムの契機と革命の萌芽とが同次元で、同時的に、未分化のまま存在する過渡期の現実のなかで、表現主義者たちの理念がファシズムによって——擬似的に——実現されることを、共産主義者自身が許してしまった、ということにほかならない。そして、その原因のひとつは、あるいは、まさに政治闘争のなかでこそあくまでも手放してはならないその理念を、批判者たちが批判対象としてのみとらえることによって、もっぱら上からの操作にもとづく〈共同体〉をめざすファシズムと同一水準に立ってしまった、という点にもあるのかもしれないのだ。

　バルケンホフの農家を党にゆだねたハインリヒ・フォーゲラーは、ナチスの時代がくると、ソヴィエト連邦に亡命した。一九四二年、ドイツ軍がモスクワに迫ったとき、亡命ドイツ人たちは、強制的に南部へ移送されねばならなかった。かれらがナチス・ドイツ軍と呼応してソ連に銃を向けることを恐れての処置だった、ともいわれる。

　七十歳のフォーゲラーは、長く困難な列車の旅に、もはや耐えることができなかった。カザフスタンのある村まで来たとき、衰弱の極にたっしたかれは孤独のうちに死んだ。

2　レーテ・システムは不可避だ

『視覚的人間』のバラージが、資本主義時代のまっただなかで生まれた映画のなかに、資本主義そのものを超えるような趨勢を見出したとき、じつはそれとともにもうひとつ新たな問題が提起されていたはずだったのだ。すなわちそれは、この同じ映画の可能性が、資本主義を補修するための手段としても役立ちうる、という問題である。映画が後期資本主義社会のなかでその後たどった道すじは――ナチスのベルリン・オリンピックの有名な映画は言うにおよばず――バラージの期待によりはむしろその逆の方向にそっていたことのほうが多かったかもしれない。映画もまた、過渡期の所産として、二義的な可能性を内包している。フォーゲラーの試みにしても、もしもそれが孤立的・自己充足的な〈新しい村〉的存在の域を脱しないとすれば、すなわち、全体的な社会革命とは無関係な〈別天地〉のなかでの〈人間革命〉でありつづけるとすれば、それがいかに多くの人間を惹きつけようとも、むしろ抑圧体制を生きのびさせるための緩衝地帯にしかならないだろう。なぜなら、そのような〈共同体〉は、なるほどファシズム的な操作にもとづく似而非《えせ》共同体とは区別されるとしても、被抑圧者の自己教育と階級意識の形成の場、つまり抑圧者にたいするさまざまな糾弾と闘争行動とは無縁であり、そのなかでこそあらゆる抑圧支配からの解放の具体的な理念と主体とが獲得される対決の場とは、なりえないからである。

だがしかし、ここでもうひとつの問いが生じる。――それでは、経済的・政治的な変革は、自然必然的に真の社会革命を、真の共同体をもたらすのか？　ロシア革命のその後を知ってしまったわれわれにとって、これにたいする答えもまた、もはや自明であるように思える。だが、ただ単に「然り」か「否」かで答えることから一歩さきへすすもうとすれば、この問いはなお、じつはほとんど解決を与えられていないのではあるまいか。

ハンガリーとドイツの革命の実践のなかでルカーチが対決しようとした問題のひとつは、まさにこれだったのだ。かれのこの視点をもっとも明瞭に物語っているのは、ルカーチの文化政策の理論的根拠の表現ともいうべき「古い文化と新しい文化」と題する論文である。それは、一九一九年六月中旬にブダペシュトのカール・マルクス労働大学で行なわれた二回にわたる講演をもとにして、一二〇年十一月七日号の雑誌『コムニスムス』（共産主義）に掲載された。この文章は、なにゆえにブルジョワ知識人ルカーチが、ブルジョワ社会のなかでの文化的活動に見切りをつけて共産主義者とならざるをえなかったか、という理由を示すものとしても興味ぶかい。しかしここでは、もうひとつ別の角度からこの論文を見ることもまた重要だろう。

資本主義の文化は、経済的な資本主義が滅びる以前に、すでに死んでいる。なぜなら、そこでは、文化的な営みはすべて経済的営為によって支配されており、文化を創出しうる有産者階級すらもが、この経済の支配からのがれることができないからである。文化の社会的可能性は、第一次的な生活上の欲求が充たされうるような社会によって与えられる。共産主義社会への転換とは、生活の総体にたいする経済の支配の終焉であり、「人間の内的および外的な生活が、経済的動因によってではなく、人間的動因によって支配されるようになる」ことにほかならないのだ。「文化の社会学的な前提条件は、自己目的としての人間である。」経済の支配が廃棄され、人間と労働とのあいだの分裂、他人の労働とのつながりの欠如、専門分化、等々がなくなり、あるいはそれらが機能変化を生じることによって――つまり、人間の孤立やアナーキーな個人主義が揚棄されるとともに、人間社会はその諸個人においても、その生産においても、ひとつの有機的な総体を形成し、その個々の部分はたがいに与えあい、補完しあい、人間的なさらに高い発展理念という目標に、奉仕するであろう。

だが――とルカーチはここでひとつの疑問を提出する。もしも新しい社会主義社会の目標が、生産と分配との組織に尽きるとしたら、どうであろうか？　そのばあいには、依然として経済生活が人間的原理を支配しつづけるという点で、古い体制と変わりないだろう。つまり、経済の組織改編は、人間的な目標設定のための不可避の一前提条件でしかないのだ。

たとえば、歯痛によって思考がさまたげられるとき、歯痛をとりのぞいてはじめて、大きな成果をあげるだけの集中力が可能となるだろう。「資本主義の絶滅、経済の社会主義的な新しい組織化は、全人類にとって、あらゆる歯痛からの治癒を意味する。人間の意識から、人間の真に本質的な諸問題を生きることを妨げるあらゆるものが消え去る。」ところが、この例はまた、転換の限界をも示しているのである。なぜなら、歯痛がやめば自動的に思考作業が始まるとはかぎらない。新たな飛躍が必要なのだ。「文化は、人間の人間存在の理念の形姿である。それゆえ文化は、人間によって創出されるのであって、状況によってではない。それゆえ、社会の改造はすべて、外枠をつくるものでしかない。人間の自由な自己確証のための、自発的な創造力のための、可能性をつくるものでしかない。」

これにともなって、ルカーチが、「自己目的としての人間という理念、新しい文化のこの根本理念は、十九世紀の古典的観念論の遺産なのだ」と述べていることは、のちのかれのブルジョワ遺産重視の文化観、新しい試みをすべてこの遺産からの逸脱としてしかとらえない芸術観の基礎を、すでにうかがわせる。だが一方で、「プロレタリア社会の文化が、内容的に、本質的に、どのようなものであるのか、これはもっぱら、プロレタリアートの、自由になりつつある力によって条件づけられる」と確認することによって、かれは、革命においてもなお未分化な、未定・未明の要素に着目し、多義性をはらむ新しい要因に、真に人間的なものへの、真に新しい文化への、方向づけを与えていくべき人間の主体の契機を、革命の実践のなかで見すえようとしていたのである。

かれのこの志向は、けれどもじつは、ハンガリー革命の文化政策の実践のなかではじめて獲得されたものではなかったのである。むしろ逆に、この志向こそが、ルカーチを共産主義に近づけたものだったのだ。

一九一五年はじめにパウル・エルンストにあてたハイデルベルクからの手紙（日付なし）のなかで、ルカーチはつぎのように書いたのだった——「とうとう、ドストエーフスキーについての新しい本にとりかかりました。美学の残りは、しばらくおあずけです。この本は、たんなるドストエーフスキー以上のものを内容とすることになるでしょう――わたしの形而上学的な倫理学、歴史哲学、等々のかなりの部分を。」　のちに『小説の理論』となった〈ドストエーフスキー論序説〉にとりかかったことをこのように伝えたのち、ルカーチは、さらにこうつづける、「この本のためにひとつお願いをしてもよろしいでしょうか？　ロープシンの小説『蒼ざめた馬』が、一九一〇年に、『ベルリーナー・ターゲブラット』〔ベルリン日報〕に載りました。これを読むことが、わたしにとってぜひとも重要です。（ロシアのテロリズムの心理学のため。ドストエーフスキーとの関係で、それについていろいろ書こうと思っているのです。）　しかし、『ベルリーナー・ターゲブラット』がここの図書館では手に入らないのです。本屋から註文してもらったのですが、新聞社からは返事さえありません。」そこで、パウル・エルンストならだれか同紙の編集部に知りあいがあろうから、なんとかバックナンバーを入手してもらえないだろうか、というのだった。「こんなことでお手をわずらわせることをお許しください。しかし、事柄は、わたしにとってはこのうえなく重要であって、しかも実際これ以外の方法が見つからないのです。」

それからしばらくあとの一五年四月十四日付の手紙は、ふたたびロープシンについて語っている。「……妻がそのロシア語の本を、ドイツ語で読んでくれました。重要ないくつかの章節については、大ざっぱな翻訳をやってくれるでしょう。主としてテロリズムの倫理の問題に関心をもって、この本を芸術作品としてではなくひとつのドキュメントとして見ているものですから、これをぜひとも知らねばならないのです。著者は、もっともよく知られたテロリストのひとりでした。プレーヴェ、セルゲイその他の暗殺計画に参画しました。そして、わたしが当地で知りあいになっている人物たちと親しかったのです。――ひとつお願いがあるのですが。バルト地方出身の若いドイツ人、ハンス・エカルトが、大ロシア革命（一九〇四―〇

34歳のルカーチ（1918年）

パウル・エルンスト（1910年）

七年）の回想集から何篇かを選んで選集を訳出しました。これを出してくれる出版社が見つかるとお考えでしょうか？……わたしはこの計画に大きな関心をもっています。というのも、ひとつの新しいタイプの人間が出現したのをわたしは感じており、われわれはぜひともかれを知らねばならぬ、と思うからです。そこで、エカルト氏に、かれの翻訳の解説的序文を書こうと約束したのです。……もしもこの事柄に関心がおありでしたら、ロープシンのほかの小説（『なにごともなかったかのように』……）も読んでごらんになってください。ただし、芸術作品としてではなく、ひとつのドキュメントとして。」

この「新しいタイプの人間」は、『小説の理論』には描かれずじまいに終わった。抽象的理想主義の主人公ドン・キホーテと、幻滅のロマン主義の内面への道と、それら両者の綜合の試みとしてのヴィルヘルム・マイスターを論じたこの序説は、本来の主題であるドストエーフスキー、「いかなる長篇小説《ロマーン》も書かなかった」ドストエーフスキーへの、わずかな暗示で閉じられている。だが、これらの手紙から、われわれは、その書かれなかった本論がどのようなものになるはずだったかを、じゅうぶん推測することができるだろう。ほかでもない、未分化な諸要素をはらんだ現実のなかでの主体的な行為の問題が、ここで探求されるはずだったのだ。経済の支配に終止符をうつ運動と、さらにそれを越えて、経済の支配の終焉によって創出された新しい文化への条件を真に人間的な文化に向けて具体化していく作業、その作業にたずさわる人間の直面せざるをえない問題が、ここで描かれるはずだったのだ。そしてなによりも、革命の契機と反革命の要素とを同時的にはらむその過渡期の現実のなかでの、行為にともなう、そしてまた無為にともなう、責任と罪の問題が、革命の倫理の問題として、模索されるはずだったのである。

ロープシンのなかに病的な徴候をみる見解に反対して、ルカーチは、一九一五年五月四日のパウル・エルンストへの手紙のなかで、こう述べている――「わたしは、かれのなかに、第一倫理（既成の社会体制にたいする義務）と第二倫理（魂にたいする義務）とのあいだの古くからの葛藤の、ひとつの新しい形態を発見するのです。」政治にたずさわるものや革命家の魂は、おのれ自身に向けられるのではなく、人類に向けられている。したがって、ふたつの倫理は、つぎのような葛藤におちいるのである、「このケースにおいて、魂は、魂を救うために犠牲に供せられねばなりません。神秘的な倫理にもとづいて、ひとは残忍な政治的リアリストとならねばならず、絶対的な命令にさからわねばなりません。その命令というのは、芸術作品にたいする責任を負わせるようなものなどではなく〈汝、殺すなかれ！〉という命令なのです。」

こうした問題設定は、ルカーチが共産主義者となったのち、一九一九年のハンガリー革命のさなかに公刊された小冊子『戦術と倫理』に、そのまま受けつがれている。そこには、パウル・エルンストへの手紙のなかで引用されていたヘッベルの戯曲『ユーディット』の主人公のセリフ、「もしも神がわたしとわたしに課せられた行為とのあいだに罪を置かれたとして——わたしがこの罪から逃がれることができるくらいなら、そのわたしとは、いったい何ものであるのか？」という悲劇的な一節もまた、そのまま取り入れられている。ルカーチは、ハンガリー革命の実践のなかでこうした問題に直面したというよりは、むしろ逆に、こうした問題との対決が、かれに共産党への入党を決意させたのだった。創作活動のなかで直面していた諸問題が表現主義者やダダイストたちをKPDに近づけたのと、それは同一の経路だった。

『戦術と倫理』のなかで、ルカーチは、マルクス主義が本質的に倫理学をもたないことから生じる問題性について、指摘している。独自の倫理学を欠いたヘーゲルの体系をそのままうけついだマルクス主義は、せいぜいのところ、経済的な目標設定の正しい認識を倫理の尺度とするカウツキーの理論、「経済的な社会主義のなかでは階級闘争の倫理的な理想は経済的な理論に変えられる」とするかれの『倫理と唯物史観』（一九〇六）の思想しか、もたないのである。そのため、マルクス主義は、正しい目標のための行為は目標の正しさゆえにすべて正しいのか、という問いにたいして、答えるすべを知らない。行為し、あるいは行為しないことから生じる良心と責任の問題、さらには、みずからの行為の世界史的な意味と責任とを可能なかぎり認識しかつ自覚していてもなお残ってくる犠牲者の問題が、マルクス主義者によっては等閑に付されてきたのだ。殺人は絶対におかすべからざる罪であるが、それにもかかわらずおかさざるをえない、というテロリスト＝ロープシン（ボリス・サヴィンコフ）に、ルカーチが重大な関心をいだいたのも、この問題との関連においてだった。

目的と手段、罪の問題、行為と無為とにたいする責任、行為の正しさの尺度としての犠牲者の問題、等々は、もちろん、ルカーチにたいするマックス・ヴェーバーの著しい影響を物語っている。これらの概念は、すべてそのまま、ヴェーバーが「社会科学および社会政策の認識の〈客観性〉」（いわゆる「社会科学方法論」一九〇四）で考察したものにほかならない。パウル・エルンストあての一連の手紙ではじめてロープシンへの関心を語ったルカーチは、結婚したばかりの最初の妻エレーナをつうじて知ったにちがいないロープシンの像を、マックス・ヴェーバーの視線でとらえたのだった。ハイデルベルクのその日々を、かれは、ロシアの第一次革命の闘士たち、のちにボリシェヴィキによって断罪される社会革命党員《エス・エル》たちとの交友と、ヴェーバー・サークルでの討論のうちに、すごしていたのである。

殺人はいかなる場合にせよ是認されうるものではないということを、なんの疑いもなく確信している人間の殺人行為だけが、道徳的なものでありうるのだ——ロープシンを手がかりとしてこういうパラドックスに到達し、ここに「最大の人間悲劇」を見たルカーチは、だがしかし、その悲劇からの脱出口にたいしてもまた、同時に目を向けていた。「必要な歴史哲学的意識が個人のなかで正しい政治行動にまで、すなわちひとつの集団的な意志の構成部分にまでなって、めざめ、さらにこの行動をも決定することができるようになる、そういう決断を、個人のなかによびおこすのは、どんな倫理的思慮なのか?」——ルカーチはこう問うて、当事者が自分の行為から生まれる帰結を「知っている」ということの重要性、当事者が「自己の最善の知《ヴィッセン》と良心《ゲヴィッセン》」にしたがって行動することの重要性を、指摘する。だが、これが可能かどうかは、たんに個人的倫理の次元を越える問題である。すべての社会主義者にとって、倫理的に正しい行動は、現にある歴史哲学的な状況についての正しい認識ときわめて深く関連しているのだが、この認識が可能になる道はといえば、「ただひとつ、それぞれの個々人が、このような自己意識そのものをみずから意識化する努力を行なう、ということだけなのだ。そのための第一のしかも不可避の前提は、階級意識の形成である。正しい行動が真の正しい規範となるためには、階級意識は単なる現実的な所与性をこえ出て、みずからの世界史的な使命と、みずからの責任の意識とを自覚しなければならない。」

この思想は、やがて『歴史と階級意識』におさめられた「正統マルクス主義とは何か?」において、「階級意識はプロレタリアートの倫理である」という命題として、明確化される。かれの階級意識理論の模索は、革命の実践における主体的行動の諸問題を、たんなる個人倫理の水準にとじこめてしまわないための試みでもあったのだ。ひたすら高い理想に向かって突きすすむドン・キホーテの空振りをも、革命的現実から離れてもっぱら内面への道をたどる幻滅のロマン主義をも、そしてまた昂揚期のブルジョワ社会の理念にそくして綜合《ジンテーゼ》の試みをなしえたヴィルヘルム・マイスター的教養小説をも超えた、この時代のドストエーフスキー的＝ロープシン的世界における、主体的・共同的行為への参加の問題を、それにともなう犠牲と罪をいかにしてなくするかという課題との関連で、かれは見すえていたのである。

ルカーチの〈階級意識〉は、それゆえ――かれの小説理論の人物たちと同じく――途上にあるという性格を色濃くおびている。階級意識は、かれにとって、既成の存在ではなく、実践のなかで形成されるべきもの、ひとつの客観的可能性のカテゴリーなのだ。それは、革命への契機と反革命の要素とをともにふくむこの革命的現実のなかで、未分化な諸要因を、あらゆる〈事実〉に抗して、あらゆる表面的な〈安定〉をつきくずしつつ、流動化させ、現実変革へと組織していくための、アルキメデスの点なのである。それは、行為のなかでしか、しかも共同的、全体的な行動のなかでしか、形成されえない。そしてその形成はまた、共同性、全体性の理念がファシズムのものとして収奪されていくことへの、唯一の歯止めであり、それにたいする唯一の武器でもあるはずなのだ。

だが、こうした共同的な営為としての意識形成は、どのような形態をとって行なわれうるのか?――この問いにたいするルカーチの答えこそ、レーニンに批判されたあの「議会主義の問題によせて」(『コムニスムス』一九二〇年三月一日号)にほかならなかった。

議会制度はブルジョワジーの支配の道具であり、プロレタリアートはこれにレーテ(ソヴィエト)を対置しなければならない――レーニンは、ルカーチの議会主義批判を、もっぱらこういう主張としてのみ受けとった。「ブルジョワジーが大衆に影響をおよぼす場となっているあらゆる活動分野や機関を獲得する必要があるということ、その

1914年のルカーチ

獲得の仕方を学びとる必要があるということ」、このもっとも肝心な点をルカーチはまったく考慮していない、とレーニンは批判した。「ゲ・エル〔ルカーチ〕の論文は、きわめてラディカルで、きわめてまずい。マルクス主義はここでは純粋にうわべだけのとらえかたしかされていない。……厳密に規定された歴史的状況の現実的な分析が欠けている。」――だが、こう指摘したレーニンは、ルカーチが議会主義にたいする批判を通じて提起しようとしていた問題を、意識してか無意識にか、無視してしまったのである。

ルカーチの批判の出発点は、議会主義をひとつの戦術としてとらえる見解にたいする論駁だった。やむをえぬ〈現実政策〉として議会制度への参加戦術をとる、という方針が陥らざるをえない硬直化を、ルカーチはまず第一に指摘したのである。「共産主義的戦術の硬直は、共産主義の原理の硬直性から生まれる直接的な帰結なのだ。」つまり、共産主義の不動の原理は、それが間断なく変わりゆく現実を生きいきとした実り多いやりかたでつくりかえる使命を有する、ということによってのみ、柔軟性を獲得することができるのだが、一方、無原則的な〈現実政策〉は、原理にしばられないということを強調することによって、原理的な目標設定と現実とを結ぶ生きた連環であることをやめ、かえって硬直した図式的性格をおびるようになる。原理のなかにしっかりとイカリをおろしているということこそが、共産主義的戦術を、社会民主主義的・小ブルジョワ的〈現実政策〉から区別するものなのだ。

こう指摘したのち、ルカーチは、議会に参加する戦術をとることによって共産主義者が直面しなければならない種々の困難について述べ、最後に、議会制度に労働者評議会《アルバイター・レーテ》を対置する。ルカーチによれば、労働者評議会は、これが存在するということだけでも、もうすでにブルジョワ社会の枠をこえているのだ。それは、議会の代用物などではなく、合法的に存在を保障されるべきものではない。それは、ブルジョワ社会の破壊とプロレタリア社会の建設を一歩一歩たたかいとり準備するかぎりにおいてのみ、存在するのである。だが、その活動は、プロレタリアート自身にとって、プロレタリア革命の過程自身にとって何を意味するのか？　レーテの基本理念とかかわるこの問題を、ルカーチはこう要約する――「だが、プロレタリアートの批判とは、また、行為による批判、つまり革命的行動による教育活動、ひとつの実地教育でもある。このためには、労働者評議会こそが、考えられるかぎりもっとも好都合な道具である。なにしろ、労働者評議会がプロレタリアートのために闘いとることができるあらゆる個々の成果にもまして重要なものは、その教育的機能だからだ。労働者評議会こそは、社会民主主義の死である。議会においてはれっきとした日和見主義を革命的空文句でつつみかくすことがまったく可能であるのにたいし、労働者評議会は行動を強いられる――さもなければ、存在することをやめてしまう。」（強調はルカーチ）

日和見主義にたいする行為による批判を内包し、プロレタリアート自身によっても自己教育の場であるレーテは、行動性と階級意識形成とを結ぶ場として、構想されていたのである。ここでこそ、共産主義の原理とプロレタリアートの倫理とを結ぶ可能性が芽生え、革命の行為にともなう悲劇的な罪の問題が解決を見出すはずだったのだ。

そしてなによりも、自発的な革命参加は、ここにおいて、上からではなく下から、有効な共同行動の方途を模索する場を獲得するはずだった。――『小説の理論』が執筆されてからほとんど半世紀後に刊行されたその新版の序文のなかで、ルカーチは、この試論が表現主義時代の雰囲気を著しく身におびていること、そしてのちにエルンスト・ブロッホが表現主義論争のなかで『小説の理論』の名においてマルクス主義者ルカーチを非難するという奇妙な現象がおこったことを、語っている。だが、表現主義者たちとの共通点をもっていたのは、革命前の『小説の理論』ばかりではない。ドイツ革命のさなかに革命の実践と直面しながらなされたかれの模索もまた、戦後表現主義のさまざまな革命的な試みと、共通の世界に生きていた。それらはともに、大きな過渡期のなかで、この過渡期にこそ課題となる全体性と共同性の実現を求め、ともにレーテの理念に到達したのだった。この理念は、ドイツではすでに革命の最初の数カ月のうちに、ソヴィエト・ロシアですら十月革命の数年後に、制度としては実質的な意味をもたなくされてしまった。それとともに、行為による日和見主義批判は〈社会ファシズム論〉に変質し、自発性は〈ボリシェヴィキ化〉の要求とかわった。だが、屠殺されたミュンヒェンのレーテ共和国を悼んでオイゲン・ノイベルガーが書いたように、レーテの試みは、たとえ何度失敗しようとも、それが成功するまでくりかえし続けられるにちがいない。

ハンガリー1956年

一九二〇年代後半以後のルカーチの歩みに、この理念とのかかわりを跡づけてみることは、あるいは死児の齢をかぞえるにも等しいことかもしれない。ベーラ・クンとの党内闘争にせよ、「ブルム・テーゼ」をめぐる討論にせよ、あるいは数々の〈パルチザン戦〉にせよ、たとえそのなかにレーテの理念がひそかに生きていたことをわれわれが発見してみたとしても、それと境を接して外にあらわれている自己批判や他者批判の強烈さは、わずかな微光をかき消し呑みこんでしまわずにはいないだろう。強いて忖度《そんたく》するなら、一九五六年秋のハンガリー民衆の蜂起のさいにふたたび教育人民委員となったルカーチの文化行政の構想には、おそらく、あのかつての理念がいくぶんかは生きていたにちがいない。一九四〇年代末の戦後ハンガリーで、宿年の論敵ラースロー・ルダシによって再び口火を切られたルカーチ批判のキャンペーンのさい、ルダシや、いまではハンガリー人民民主主義共和国の文化相となっていたヨージェフ・レーヴァイがルカーチに向けた批判は、戦後ハンガリーの政治的一元化に逆行するルカーチの「人民民主主義」の理念、上からの統合ではなく非共産主義者をもふくむ下からの進路選択という理念を、対象としていた。社会主義リアリズムではなく批判的リアリズムを提唱するルカーチの文学理論は、このとき、「人民民主主義についての誤った見解」、「右翼的偏向」として、「ファシズムにたいする闘争にかまけて、資本主義にたいする闘争を忘れてしまった」(レーヴァイ)として、非難されたのである。だが、批判されたルカーチの「人民民主主義」が一九五六年秋の新政府によって具体化されるより前に、ソ連軍の戦車は、ブダペシュトの民衆の蜂起を鎮圧した。新政権の首班、イムレ・ナジは銃殺され、ルカーチはルーマニアへ拉致された。

そのとき剥奪された党籍をかれがふたたび得て、ハンガリー革命五十周年にあたり往年の功績にたいし赤旗勲章を授与されたのは、一九六九年のことだった。その翌年、つまりかれの死の前年、ルカーチは、ＢＲＤ（ドイツ連邦共和国）の週刊誌『シュピーゲル』（鏡）のインタヴューに応じた。

そのなかでルカーチは、質問に答えて、議会制度とレーテ・システムとを対置するかつての見解に立ちもどったのである。

スターリンが中央労兵評議会（ソヴィエト）のすでに有名無実となっていた残骸を議会に変えたことは、ルカーチによれば、一歩後退だった。「なぜなら、議会制度とは、上からの操作のために設立されたものだから」だ。それとは逆に、レーテ・システムの本質は、それが「下から建設される」ということにほかならない。あらためてこう確認したルカーチは、いまさまざまな分野で必要となっている改革のなかへ「下からのデモクラシー」を導入するという課題の重要性に、注意を向けるのである。

そのデモクラシーは、フランス革命のときのようにブルジョワとシトワイヤンとの分裂を生みだすものであってはならない。下積みの人民と、かれらを支配・抑圧する市民という差別構造を生みだすものであってはならない。そうではない真のデモクラシーを達成するためには、必ずしも革命を必要としない――とルカーチは考える。おそらくそれは数十年でも片がつかないかもしれぬような永い過程となるだろう。だが、下からのデモクラシーの実現は、必ず可能なのだ――

「ひょっとすると、この点ではわたしは、楽観主義的すぎるのかもしれません。みんなはいつでも、活動家が足りない、と言う。しかし、社会の発展は、新しいやりかたにぴったり適していて嬉々としてそれをやる気持をもった人間を、充分に生みだすものだ、というのが、わたしの永年にわたる経験です。一九一九年に、一時、ある師団の政治委員《コミサール》として前線に派遣されたとき、まず最初、小部隊から大隊にいたるまで、あらゆるところで、適任といえる政治委員をさがすことから始めなくてはなりませんでした。三日のうちに、これはすっかり片付いていました。そういった軍政治委員は、なによりもまず、兵士たちがちゃんと食べものをもらったり、郵便物を規則正しく受けとったりできるように、配慮しなければならなかったわけですが、それをうまくやってのけると、それ以外の問題でもみんなから信頼をよせられるのです。現在、改革好きの技師が五人や六人いないような職場など、わが国には、たったのひとつもないだろう、とわたしは確信しています。しかし、スターリン主義のもとでのような気分が支配しているかぎり、その連中は自分の生活を賭けるようなまねはしません。かれらのためにその危険をとりのぞくなら、改革に適した大衆はいるのです。」

ルカーチが語っているのは、直接的には徹頭徹尾、こんにちの社会主義世界におけるデモクラシーの問題である。だが、ここには、疑いもなく、あのハインリヒ・フォーゲラーたちの試みの理念がある。そしてまたここで語られていることのなかには、ルカーチ自身の永い歩みが塗りこめられてもいる。それは、下からのデモクラシーを形成するはずだったレーテ・システムが無に帰せしめられた歴史のうえに立って、なお、ふたたびその共産主義の原理に立ちもどろうとする試みなのだ。「一九一九年に、われわれは文化の分野で、それ以外のほとんどすべての人民委員部よりも多くのことを達成しました。われわれの路線は、文化改革に賛成していた数のうえでは少数の共産党員が、すでに存在していたブルジョワ的な文化運動と同盟を結んだ、という意味で、完全に民主主義的なものでした。各文化組織の頂点には、関心のあるものたちによって構成される、いわゆる執行部が置かれていました。たとえば音楽部門の執行部は、バルトークとコダーイとドホナーニイから成っていて、かれらのうちには共産党員はいなかったのです。それにもかかわらず、バルトークのほうが、だれか共産党員がそこでなしえただろうよりもずっとうまく、ハンガリ

ハンガリー・ソヴィェト共和国教育人民委員ルカーチ

ーの音楽生活の改革をやりとげたのでした。バルトークはといえば、音楽教育やオペラその他の改造を、ブルジョワジーとよりもわれわれと一緒にやったほうがやりやすいことを、正確に見ぬいていたのです。」――だが、このような同盟が単なる手段となることなく、強権的な操作となる危険を切除できるのは、レーテ・システムにおいてのみなのである。

「レーテ・システムのなかでこそはじめて、さまざまな形態の操作を、民主主義的な自治によって排除することができるのです。」――この発言を掲載した一九七〇年四月二十日号の『シュピーゲル』は、そのインタヴュー記事に「レーテ・システムは不可避だ」というタイトルを付けた。

これが真に不可避であるかどうかは、もちろん、さまざまなところで運動にかかわっているものたちが、このシステムを、みずからの生存の問題としてさまざまに追求しつづけるかどうかに、かかっているだろう。「新しいやりかたにぴったり適していて嬉々としてそれをやる気持をもった人間」、創意工夫をこらすことを生きる歓びにさえしている自立した「活動家」たちを、われわれの「社会の発展」もまた、この数年間の新左翼運動や〈市民〉運動、さまざまな地域闘争、反弾圧闘争、等々のなかに、かつてなかったほど多く生み出してきた。もちろん、悲惨な、ほとんど取りかえしのつかない暗い側面に、目をつぶることはできない。右のような運動を一度でも自己と無関係ではない闘いとしてとらえたものは、この闘いと同じ場で生まれた悲惨と死をも、自己と無縁な誤謬としてやりすごすことはできないだろう。だが、もしも、この明暗交錯する現実のなかで、それでもなおこの創意ある「もうひとりのドン・キホーテ」たちの比類ない希望が、意味ある行為の場を見出そうとしつづけるかぎり――もしも、〈ボリシェヴィキ化〉のかわりに自己批判と自己教育が、〈社会ファシズム〉論や〈内部の敵〉論のかわりに行為による批判が、近い対抗者への攻撃のかわりに共通の敵にたいする戦列が、それでもなおこの現実のなかで自己形成をとげようとしつづけるかぎり――この時代そのものがあらゆるところに秘めている矛盾と多義性は、やがてファシズムの契機から真の変革の契機へと、細胞分裂をおこしはじめるにちがいない。そのときはじめて、「われわれすべての兄弟」たちは、操作への従属と唱和のかわりに討論と相互批判を自己のものとし、たんなる倫理主義や集団への埋没ではなく闘争をつうじての共同体への道を、たどりはじめるにちがいない。

インタヴューののち一年を経ただけで、この過程の展開を夢にえがきつつルカーチがその生を終えたことは、かれ自身にとって幸運だったのかもしれない。このとき、ジェルジ・ルカーチは生涯ではじめて、自己の発した危険な言葉を撤回せずにすんだのである。

終章

ルカーチとはだれか？

ルカーチのハンガリー共産党党員証
（1945年10月10日発行。1918年入党 と記載されている）

「ここで自分自身の、永年にわたるさまざまな幻想について語るとき、わたしは、アーサー・ケストラーその他の道をたどらなかったという意味で自分がなすべきことを怠った、と言おうとしているのでは決してない。スターリンの方式といっしょに社会主義までも非とするその種の批判を、わたしはつねに拒否してきた。」――一九六九年九月、多少とも〈スターリン主義〉との対決を基調とする自己の評論が『マルクス主義とスターリン主義』という表題で一冊に編まれたとき、そのあとがきとなるエッセーのなかで、ルカーチはこのように述べた。

「あらゆる発展の変化にもかかわらず、わたしは今日でもなお、一九一八年に入党したときとまったく同じように、確信をもった共産主義者である。わたしが徐々にかちとり、最近数十年のわたしの著作のなかで明確に語られてきたスターリン方式にたいする拒否の明確さは、けっして社会主義からの離反をめざすものではない。それは、〈ただ〉図式的に通用している多くの社会主義の展望を撃っているにすぎず、〈単に〉社会主義の改革の必要性を強調しているにすぎない。そのさい、正しい道の認識がつらぬかれ、そのようにして獲得された洞察が実現されるまでに、どれほど永い時が必要かということは、決定的なことではないのだ。わたしがその立場をきわめて徐々にしかかちとってこなかった理由も、ここにある。問題性全体についての明瞭な洞察をいだいてもなお、わたしはこんにち、自由で根底的《ラディカル》な改革の一イデオローグであって、抽象的な、そしてわたしの考えによるとしばしば反動的な〈原理的〉反対のイデオローグではない。こうした理論的・実践的な改革作業が何年あるいは何十年を必要とするか、どのような困難をこれから克服しなければならないか、これはたしかに世界史的にはさまざまな大きな結果をともなうことかもしれないが、しかし客観的には、中心問題にとって結局のところ決定的なことではないのである。

人類の運命のなかでは、いまだかつて、克服せねばならぬもろもろの障害もなく一撃のもとに直線的に実現されたような転回など、ひとつもなかった。もっとも根底的な転回のばあいにそれが可能だなどということが、どうしてありえようか？」（「根底的、批判的改革の時代としての社会主義」）

晩年のルカーチがおりにふれて表明しているこのような楽天的な見解は、われわれの耳にはむしろ、しばしば、現実そのものの暗さの逆説的な表現のように響くかもしれない。この暗さがもはやとりかえしのつかぬほど深化してしまったのではないかという気持、そしてこの時代の闇の深さにたいする責任の大きな部分は社会主義者、マルクス主義者自身にあるという認識は、けっして理由のないものではないのだ。ここでは、すでに、闇そのものばかりか目にみえる光もまたファシズムの翳をおびている。ルカーチが信頼をゆだねる時間の経過は、根底的・批判的な改革のためにではなく、それの仮象のために、操作と統合による支配構造の改修のために、役立つものかもしれない。社会主義は、またもや、ファシズムに敗北するかもしれない。たとえ、今度もまた、虐殺と破壊と陶酔の数十年のあとに、ふたたび解放がおとずれることが万一ありうるとしても、その年月のうちに失われるものたちは、かつてのファシズムと〈粛清〉のなかで消されたものたちとともに、そのような勝利をゆるしはしないだろう。

こうした現実のなかで、それでもなお根底的な変革の希望を手ばなさないということは、いかにして可能なのか？　いやそれどころか、この希望をなお語りつづけるルカーチとは、そもそもいったいだれなのか？——多くの屈折をふくむルカーチの歩みをたどってきたいま、われわれは、あらためてこう問うてみないわけにはいかないのである。

世界はさまざまな不可逆的過程から成っている——ルカーチは、一九七〇年四月のインタヴューのなかで、こう語った。歴史の過程は、逆もどりすることをゆるさない。「もしも歴史がつねにその出発点に回帰するとしたら、それは歴史であることをやめてしまうだろう。」（『ルカーチとの対話』）

歴史の不可逆性についてのこの思想こそは、独創と妥協、反正統主義と転向をともにはらむルカーチの全発展を

ロシア赤軍1917-1924（ボリス・エフィモフ画）

つらぬくひとすじの赤い糸であるように思われる。『歴史と階級意識』でブルジョワ自然科学の合理主義を批判したときも、かれは、前近代的な非合理性への逆行によって解決を見出そうとは決してしなかった。むしろ、そこからの唯一必然的な脱出口としてプロレタリア独裁をそれに対置し、この客観的可能性を現実性にかえる方途をさぐろうとした。そうした逆行の試みが、ほかならぬファシズムの基盤となることを、三〇年代以後のかれは、たえず強調しつづけた。あまりにも硬直した非合理主義批判としてしばしば否定的な評価を受けてきた『理性の破壊』（一九五四）は、じつは、たんなる〈進歩主義〉や〈合理主義〉による〈反動〉と〈非合理主義〉への批判などではなく、歴史をもとに戻すことによって資本主義の矛盾を打開しようとする試みにたいして、永劫回帰（ニーチェ）から北方的ヘラス（アルフレート・ローゼンベルク）にいたるまでの、金髪碧眼の野獣から血と土にいたるまでの、歴史の不可逆性にまっこうから反対する傾向にたいして挑まれたイデオロギー闘争だった。表現主義やルポルタージュ形式にたいするかれの執拗な批判は、じつは、これらが装いを新たにした自然主義や傾向芸術への逆行である、と考えたからにほかならなかったし、長篇小説《ロマーン》形式にたいする高い評価も、この形式からこそ社会主義社会の叙事詩が生まれる、との理論にもとづいてのことにほかならなかった。

　だが、こうした理論がどれほど硬直した世界像を生みだし、どれほどしばしば新しい試みをとらえそこねてきたかを見るとき、われわれは、そのようなかれの態度こそ――かれの根拠づけとはうらはらに――しばしばひとつの〈逆行〉であったのではないか、少なくとも時によってはそのような機能をはたしてしまったのではないか、と考えないわけにはいかないだろう。

1921

1922

1924

たしかに、ルカーチは、スターリン主義もろとも社会主義を否定し去るという誤りを、一度としておかさなかった。一九一八年冬の入党以来、死に至るまで、かれが確固たる共産主義者《コムニスト》でありつづけたことも、疑いの余地はないだろう。われわれが見てきたようなさまざまな屈折と多義性にもかかわらず、ルカーチのひととなりにたいしては、われわれもまた、かつてのかれの論敵、ハンス・アイスラーが、生誕七十年記念によせた短い祝辞の、「高貴で純粋な人間」という形容を、そのまま容認することができるにちがいない。ところが、一方、この高貴さと純粋さを支えているものは、現実における社会主義の勝利への、まったく新しい実践による資本主義の克服という歴史過程への、無条件の信念なのである。そして、もちろんこれは、それ自体としては何ひとつ間違ってはいないだろう。だが、そのルカーチの信念は、それを間違いではないと認めたうえでなおわれわれのなかに残る疑念と危機意識には、じゅうぶんに触れてこないのだ。たしかに、曲折と暗黒を経ながらも地球の六分の一で社会主義が生きのび、反ファシズム闘争に勝利したことが、ルカーチのこの思想を支える文字通りの希望だった。原子爆弾の占有によって世界制覇の成就を確信していた第二次世界大戦終戦時のアメリカが、その後たどった没落の道すじは、もはやもとにもどすことはできない――ルカーチが死の前年にこう強調したとき、かれのこの希望は、五年後のインドシナ人民の決定的な勝利を疑っていなかったのである。

けれども、歴史の不可逆性についてのルカーチのこうした指摘は、社会主義そのものについてもまた当てはまるのではないか。一九一七年以来ソヴィエト連邦がたどってきた歩み、マルクス主義のたびかさなる機能麻痺は、ロシア革命の原点にかえって別の道をもう一度やりなおすことができるような種類のものではない。できることはただひとつ、いま、ここから、新たに始めることだけである。かつて存在した〈社会主義の祖国〉がもはやなくなったいま、別の新しい試み、いま勝利しはじめているその新たな試みのなかにあらためて別の〈祖国〉を確認しなおすのではなく、かつて崇拝されていた〈諸民族の指導者〉のかわりに別の新しい〈指導者〉を発見するのではなく、まったく別の新たな過程が、過去との対決をつうじて開始されざるをえないだろう。

こうした意味での〈はじまり〉、こうした意味での〈遺産継承〉が、過去のマルクス主義にたいする根底的《ラディカル》な批判をともないつつ、ブルジョワ社会と、変質した社会主義体制とにたいする直接的な否定の運動となって現われることは、もちろん偶然ではない。そして、その運動のなかでもまた、ほとんど例外なしに、さまざまな〈もうひとりのドン・キホーテ〉たちが、創意ある活動そのものを歓びとする活動家たちが、根底的・批判的な改革をもとめながら、自己形成に向かって模索をくりかえし、〈レーテ〉の理念がよみがえっては現実化に向かって突きすすむ。そして、ここでもまた、重層的で多義的な未明の現実は、さまざまな道の分岐を用意しているのである。

なぜなら、ブルジョワ社会は、あらゆる局面にわたって個人的決断を強いる社会だからだ。この確認もまた、ルカーチに由来している。

二十代前半の若きルカーチが、一九〇八年から九年にかけて『近代演劇発展史』（一九一一）を書いたとき、かれは、シェイクスピアの演劇と近代ブルジョワ演劇との根本的な違いについて、つぎのような指摘を行なったのだった。

――シェイクスピアのばあいの価値観や倫理は、単一で普遍的である。だからこそ、それは様式化の問題とはなりえなかった。この倫理に反するものは、一義的に「悪党」であった。ハムレットと、その父を殺す叔父クローディアスとの道徳観は、根本においては同一なのだ。ハムレットがクローディアスを悪であるとみなすのとまったく同じ程度に、クローディアスは、兄の

『近代演劇発展史』初版本・全２巻（ハンガリー語）

殺害について自分に罪があることを自覚している。だが、近代演劇では、人物たちの正邪は、このように一義的ではない。かれらは、たとえばヘッベルの人物たちが殺人をおかしたのちにそれを正当化する動機をさがし求めるように、各自が自立した倫理をみずから選ばざるをえない。近代演劇でこそ父と子の葛藤がテーマになりうる、という帰結も、ここから生まれる。生活力と経験においてまさっている父親にたいして息子が叛逆をくわだてうるのは、父親のものと同等の、あるいはそれをしのぐ正当な倫理を自分がもっていると息子が感じるからこそである。あるいは、そのとき父親にとって老いが自覚されるのは、もはや自己の価値観が絶対のものではないことを感じさせられるからである。だが第二に、これによって、近代演劇の人物たちの孤独もまた生まれる。ふつう孤独な人間とされるハムレットは、じつは孤独ではなかった。かれには、自分の言葉を自分が意図しているとおりに理解してくれる友人がいた。ホレーショという「腹心の友《コンフィデント》」をもったハムレットは、死んでいく瞬間にも、自分が理解されていることを疑わずにすんだのである。こうした意思の疏通は、近代演劇の人物たちにとっては、もはや望むべくもない。「腹心」というパターンが姿を消し、セリフもまた誤解の契機となる。——

それ自体としては当然のこうした指摘が、それでもなおわれわれの興味を惹くのは、このなかに、やがてルカーチが『歴史と階級意識』その他で展開する物象化論・疎外論の基盤がすでに見出されるからでもある。ハンガリーとドイツの革命のなかで、ルカーチが、現実変革における人間の主体的行為の意味を重視し、主体＝客体の同一性という理念を追求しようとしたのも、ブルジョワ社会における倫理の多様性、そのなかでの主体的な決断の比重の大きさを、前提としてのことにほかならなかったのである。

主体的な決断の比重の大きさは、現実の多義性の大きさにもとづいている。この現実がはらむ社会主義への志向が、同時にまた、ファシズムの契機ともなりうる、という未分化で未明の状況と、それは不可分に結びついている。全体性と共同体への志向が潜在的にもせよ強烈であればあるほど、それはファシズムの培養土としてもまた働きうるだろう。無媒介的な行動主義、直接的なラディカリズムは、当然のことながら、ファシズムによって組織される可能性をふくんでいる。かつてそうであったし、いまでもそれにかわりはない。——だが、さらに大きな危険は別にあるのではなかろうか。

この現実の多義性と重層性をまえにして、しばしばわれわれは、それを切り縮め、痩せ細らせることによってのみ、主体的な決断の重さに決着をつけようとする。断定が、明確化の代理をはたし、静観的な解釈と納得が、未明の現実のなかでの問いと模索にとってかわる。こうして、一方では、既成性が支配力をなんら揺るがされることなく、あまつさえ賢明さと理性と実行力の独占をほこり、他方、これに抗《あらが》おうとするものたちもまた、重層的な現実をともすれば貧しく一義的にとらえることによってしか、自己の存在のあかしをたてることができない。

〈もうひとりのドン・キホーテ〉は、ファウストの叡智をすら批判しうるだけの行動力を、実践のなかで身につけなければならぬ。その行動力が、近いものにたいする攻撃についやされるのではなく、真に「われわれ」の形成に向かって組織されねばならぬ。だがそのためには、少なくとも、多義性と重層性のままに現実をひきうける視点を獲得する必要があるのではなかろうか。この現実のなかでの〈倫理の多様性〉を前提としたうえで、「われわれ」の模索と発見をともにつづけること――この当然の試みが、われわれにはまだ欠けている。

けれども、もしもここで、〈ラディカリズム〉や〈アナーキスト的反対〉にたいして、重層的な現実のなかで個人的決断を試みるものたちにたいして、規律や統制を対置してみたところで、問題はなんら解決しない。なるほど、現実変革は力の対決であるとしても、規律や統制を生活原理として身につけた人間が、別種の規律や統制をも受けいれやすくされている、ということを否定することができるだろうか？　既成性と指導者とにたいする服従ではなく批判を義務とし、あらゆる問題を定式にあてはめて解釈するのではなく自分たちの問題としてともに考え、討論し、自立的に決断するという生活態度は――たとえこれがどれほど月次《つきなみ》にきこえようとも――ファシズムのものではない〈共同体〉を形成するための、最低条件であるにちがいない。もしも、ヴァイマル時代のドイツ共産党がファシズムに敗北した原因の大きなひとつが、労働者や市民の感性と生活態度そのものの組織化をファシズムにゆだねてしまったことにあるとすれば、この敗北の一原因は、さまざまな〈ピスカートルたち〉のあの不断の自問と討論に支えられた集団的な表現原理と組織原理の試行を、共産主義者自身がみずからのものとして展開させえなかったことにも、あるのかもしれないのだ。

「このところ、とてもすばらしい日曜だった。この日曜がくるたびにぼくらが討論する唯一の話題《トピック》は、共産主義であり、そしてぼくらが望んでいるその新しい世界のなかで、ぼくらの倫理的個人主義と、芸術上、哲学上の〈プラトニズム〉とがしめる位置や重要性のことである。（この新しい世界は、いずれにせよ来るだろうし、それは、現在の世界よりは良いものだろうから。）しかし、それがどのようなものか、ぼくらのだれも言うことができない。このまえは、文学と新しい芸術のことが議論された。主役は、かつてかれがそこから現われ出てきたコーラス〔合唱隊〕のなかへと、姿を没していくだろう、とジュリーは言う。」

一九二一年はじめの日記に、ベーラ・バラージはこう記している。ヴィーンに亡命したかれのまえにルカーチがふたたび姿を現わしたのは、前の年の暮れに行なわれたオットー・コルヴィン追悼集会の席上だった。地下のカフェーの黒い壁紙に、赤い星がちりばめられていた。演壇のうえには巨大な絞首台がしつらえてあった。復讐の決意に燃えた熱い雰囲気のなかで、演壇に立ったルカーチは、参加者と自分自身に向かって、オットー・コルヴィンと同じ行為がわれわれにできるか、と問いかけた。一年半ぶりで再開したジュリー＝ルカーチとバラージは、革命をはさんで永く中断したままだった〈日曜サークル〉の再開を申しあわせた。ほとんどすべての旧メンバーたちが、ヴィーンに移ってきていた。かつてと同じように、プラトニズムやキルケゴールがテーマとなった。が、討論の核心は、かつてとは異なっていた。バラージは、日記をさらにこう続けている――

最晩年のルカーチ（1970年）

「もうひとつ別の問題は、個人的倫理（キルケゴール）だ。ぼくらがここまでたどってきた発展の道すじは、個人的倫理を排除するようなひとつの運動とぼくら自身とをみずから同一化させるような地点まで、ぼくらを連れてきてしまった。人類の発展には、ふたつの道すじがある。階級の進歩と、個人の魂の進歩と。このふたつは、まったく別の道をたどるものかもしれない。ぼくらのなかで、それらは互いに交錯しあってきた。が、依然として、明らかにふたつのものでありつづけてきた。もしもぼくらが、ぼくらの倫理のほうを放棄するなら、このことがぼくらのもっとも〈倫理的〉な行為だろう。将来、なんらかの綜合《ジンテーゼ》があるのだろうか？　ぼくは、あると確信している。」

　それが具体的にどのようなものとなるか、かれらのだれひとりとして、言うことができなかった。それでも、かれらは、オットー・コルヴィンと多くの同志たちの死ののちになお、こうした「確信」をいだきつづけた。そして――われわれがルカーチとともにいま知っている死は、それとは比較にならないほど多く、しかも悲惨である。

　それだけに、さまざまな屈折を経たのちになお、最晩年のルカーチが、そうしたあらゆる過程のうえに立って、〈レーテ・システム〉の不可避性に到達したことは、きわめて重要であると言わねばならない。

　かれのたどった道の軌跡は、あるいは暗く、あるいは明るく、曲折にみちていて、ルカーチとはだれか？　という問いも、しばしば相反する答えに行きつかざるをえない。だが、後期ブルジョワ社会の個別細分化の極限的な進行と、単一的な変革理念の消滅をわれわれが味わいつくしたいま、この現実は、もしも操作の客体になるまいとすればひとりひとりが活動家に、アジテーターにならねばならないところまで、われわれ自身を運んできてしまった。このいま、あらためて、ルカーチとは、ルカーチたちとは果たしてだれだったのか？――という問いをわれわれが発しなおすなら、それは、この時代のなかで、〈われらの時代〉と言うにしてはあまりに暗く、〈やつらの時代〉と突きはなすにしてはあまりに深くわれわれをとらえているこの時代のなかで、直接的なしかも実りある「われわれ」の自己形成のための行動の可能性を問う問いとして、無数の反響を触発するにちがいない。

第二部

初期ルカーチ研究（抄）

多田倫子に

1955年、ヴァイマル（東ドイツ）でのシラー歿後150年記念祭で。
トーマス・マン（中央）、ヨハネス・R・ベッヒャー（右）と。

過渡期の終末

I

旧い体制の危機がそのまま反体制の側にとっても危機であったという点で、一九二〇年代から三〇年代にかけての時代は、われわれの六〇年代から七〇年代への時代と酷似している。あの〈黄金の二〇年代《ゴールデン・トゥエンティズ》〉が第二次世界大戦後の資本主義の陣営再構築とどれほど共通しているか、あるいはまた、二〇年代の終局にはじまる大恐慌が七〇年を目前にした支配体制の全体的な本質暴露の過程と比較できるかどうか、これを検討することは、もちろん、それ自体きわめて重要で興味ぶかい作業であるにちがいない。だがしかし、ここではただ、つぎの一点を確認することから出発しようと思う。すなわち、それが支配体制の危機であるばかりでなく反体制側の危機をも内包しているということこそは、すべての過渡期の本質的な特徴なのだ。

過渡期とは、一方からみれば、矛盾の激化につれて必然的に強化される抑圧とその隠蔽にもかかわらず、現に支配している体制がけっして強固なものではなくむしろ日に日に破産し倒壊しつつあるものだということが、ますます明らかにされていく過程である。それと同時に、他方からみれば、この抑圧とそれをおおいかくすイデオロギー操作は、たんに虚像として存在するだけのものではない。過渡的な状況のもとでは、それらは、現実的な重みをもって被抑圧者たちに打撃を加えうるという危険性をも、確実に秘めているのだ。現体制の解体を少しでも遠い将来にひきのばそうとする試みと、少しでも近い未来、現在とほとんど重なりあう未来を解放のために奪取しようとする力との対決は、こうした極度の緊張関係のなかで、ひとつの過渡期を形成し、変化の方向をさだめていく。過渡期とは、今日のつぎには明日がくる、というような一般的な連続的移行の概念ではない。ここでは、その危機的状況をいかにして相手側にとっての危機としていくか、ということ、いかにして危機を理論的にも把握し、その認識からいかにして変化の方向をみずからの未来と結びつけるための実践を展開していくか、ということが、焦眉の問題となってこざるをえない。

こうした問題設定のまえに立って、たとえばヴァルター・ベンヤミンは、一九二八年に発表された『一方通交路』のなかで、階級闘争をつぎのようなものとしてとらえたのだった。

「階級闘争の観念はややもすればまちがいやすい。これは、けっして、だれが勝ち、だれが負けるかということだけが問題になるような力だめしとはちがう。勝てばよいが、負ければわるいといった格闘ではないのだ。そのように考えるのは、事実をロマンティックにもみ消してしまう。この闘争に勝とうが負けようが、ブルジョアジーは、発展の過程においてブルジョアジー自身にとって致命的なものとなってくる内在的な矛盾によって、没落を定められているのである。問題は、ただ、ブルジョアジーがみずから没落するか、あるいはプロレタリアートによって没落させられるかということだけである。三千年の文化が存在するか、終りを告げるかは、これにたいする答えの如何による。歴史は、永久に闘いつづける二人の闘士といったイメージであらわされるような悪しき無限にはなんの関係もない。真の政治家は、かならず時機を計算するものである。もしもブルジョアジーの除去が、経済的技術的発展のあるていど予測できる瞬間――それはインフレーションと毒ガス戦争によって予告されている――までに実現しなければ、一切は失われたことになる。火花がダイナマイトにとどくまえに、燃えている火縄をひきちぎらねばならない。政治家の介入、冒険、テンポ、これらはすべて技術的なものであって、騎士道だのへちまだのというものではない。」（「火災報知機」、高原宏平訳(1)）

ベンヤミンの徹底した危機意識は、過渡期において ブルジョワジーのまえに立ちはだかっている危機とプロレタリアートが直面している危機とのあいだにある当然の異質性をふまえながらも、これら両者の危機がいわば同一の場でからみあって存在しているという事実をするどくえぐりだし、そこから直接的に、プロレタリアートの危機の極限の様相を、さながらひとつの終末の予言を現在この場にうつして伝えるかのように、無気味に、あざやかに、現実性をこめて、くりひろげてみせる。破局の夢を鋭敏に描きだすベンヤミンのアフォリズムは、だがしかし、その夢を逆夢《さかゆめ》にかえる作業、そのときどきの支配体制によってつくりだされた秩序という〈万華鏡《カライドスコープ》〉そのものをうちこわし、破局を確実に支配者の側にむけて宣言するための、試みにほかならなかった。過渡期をわれわれにとっての危機的状況としてとらえることによって、ベンヤミンは、この過渡期の止揚という課題、われわれのイニシアティヴで過渡期に終止符をうつという現実的な課題に、直面しているのである。

ベンヤミンが破局のイメージを描くことによって過渡期の止揚という課題をうかびあがらせたのにたいし、エルンスト・ブロッホは、この過渡期という概念を、そのあとに来るユートピアと結びつけて掘りさげようとする。かれにとってもまた、過渡期とは、たんに現体制の危機であるにとどまらない。ブルジョワ社会の内部的陥没によって生じた〈空洞〉は、革命の契機と反動の契機とをあわせふくむものなのだ。そこにめばえる未分化な反体制意識は、体制を打倒するための〈役立てられうる細目〉であると同時に、相対的に豊かになった体制が用意する〈娯楽《ツエアシュトロイウング》〉によって、〈分散《ツエアシュトロイエン》〉させられ〈陶酔〉させられつつ、ファシズムに組みこまれていく可能性をも秘めている。こうした両義的な意味をもつ後期ブルジョワ社会を見わたして、かれはそれをこう描写する――「ここを広く見わたしてみる。時代は腐敗し、しかも同時に陣痛に苦しんでいる。事態は悲惨であるか、さもなければ破廉恥であって、そこから脱け出る道はまがりくねっている。」だが、現状をこのようにみるブロッホは、さらにつづけて、この確認をつぎのように結ぶのである、「だが、この道の果てがブルジョワ的なものでないだろうことは、疑うべくもない。[2]」

それでは、この〈まがりくねった道〉の果ては何なのか、そしてその展望を現実的なものにかえていく保証はどこにあるのか――初期の代表作『ユートピアの精神』（一九一八、増補版＝一九二三）の基本思想を二〇年代から三〇年代にかけてのドイツの発展をみつめながら具体的に展開してみせる『この時代の遺産』（一九三五）は、その全巻が、過渡期のふくむ可能性を追求し、この可能性を現実化することによって過渡期そのものを終わらせる道を、なんとかして見出そうとする執拗な試行だった。この試みをおこなうにあたっての決意を、ブロッホは、かれが〈小ブルジョワ的反対派〉を重視しすぎる、という〈正統〉マルクス主義者の側からの批判にこたえながら、つぎのように述べるのである。

「まさしく革命に対抗するために窮乏化しつつある市民にさしだされているもろもろの方策を理解し、それにうちかとうとするなら、ひとは――悪魔的に――市民の国へ乗り込んでいかねばならぬ。市民が持っているのは、もはや、かろうじてなお一艘の船のみである。なぜなら、いまは過渡の時代なのだから。本書は、市民の最後の航海の長さと幅とを測定し、そうすることによってそれを現実に最後の航海たらしめるために、自分なりの貢献をなすのである。[3]」（傍点は池田）

Ⅱ

ブロッホと同年の一八八五年に生まれ、ベンヤミンより七つ年上のジェルジ・ルカーチが、『コムニスムス』（共産主義）、『ディ・インターナツィオナーレ』（インターナショナル）その他の運動機関誌紙に寄せた論説や、『歴史と階級意識』（一九二三）、『レーニン』（一九二四）など、一九二〇年代初期の一連の著作のなかで追求しつづけたのも、やはりまた、この過渡期の止揚という課題にほかならなかった。

すでに一九一四年から一五年にかけての時点で、ルカーチは、もちろんきわめて主観的・観念論的なやりかたではあったが、〈過渡期〉という概念をしっかりつかんでいた。「戦争にたいする、戦争の無意味さと非人間性にたいする、戦争による文化と良俗の破壊にたいする、情熱的な抗議」という意図から書きおろされた『小説《ロマーン》の理論』は、「資本主義の現状こそフィヒテのいわゆる〈完成した罪業の時代〉であるという判断[4]」に立ちながら、「神に見捨てられた時代の叙事詩《エポペー》」[5]としての長篇小説《ロマーン》の過渡的な形式と、その主人公の過渡的な性格とを探究し、長篇小説というひとつのジャンルの特性を、過渡期としての現代の特性と密接に結びつけたすぐれた考察だった。なるほど、いわゆる〈幻滅のロマン主義〉よりも〈綜合《ジンテーゼ》の試みとしての『ヴィルヘルム・マイスターの修業時代』〉をあとにおく誤った時代区分には、おりしもカントからヘーゲルへの移行をなしとげつつあったルカーチの観念論的弁証法の反映がみられるし、ドストエーフスキーの諸作品の〈純然たる心情の現実〉のなかにあまりにも容易に過渡期の終末と新しい時代のはじまりを見てしまう結論部には、二十代のルカーチのこころをうばいつづけた対象、そしてその後も、徴兵をまぬがれたかれが、ベーラ・バラージ、アンナ・レスナイ、ベーラ・フォガラシ、カーロイ・マンハイム、アルノルド・ハウゼル、ヨージェフ・レーヴァイらのいわゆる〈ルカーチ・グループ〉のメンバーたちとともに、一九一五年から一八年にかけての毎日曜日、バラージの部屋で夜を徹して語りあったあの対象、つまりドストエーフスキーの文学への、正当な、だがあまりにも一面的な傾倒が、強くにじみでている。とはいえ、この『小説の理論』ではじめてかれが、ヘーゲル哲学の重要なカテゴリーである〈全体性《トタリテート》〉を、資本主義における人間の分断を攻撃する武器として用い、もはや永久に失われてしまったギリシア的な全体性にかかわる〈創作された全体性〉としての長篇小説を、新しい現実の全体性が獲得されるまでの〈過渡期の形式〉、〈途上にある形式〉として規定するとともに、そのもっとも典型的な主人公であるヴィルヘルム・マイスターがこれまた過渡的な人物であること、自己をつくり変えつつ世界を変革していく人物であることに注意をむけたという点、そしてなによりもまず、この過渡的な形式と過渡的な内容とをもった長篇小説の終焉をドストエーフスキーのなかにともかくも予見することによって、過渡期の終末を見すえているという点、これらはきわめて積極的な側面だといわなければならない。

　一九一八年十一月下旬のベーラ・クンとの出逢いの直後になされたハンガリー共産党への入党は、形而上学的・宗教的なルカーチの熱弁になれ親しんできた〈ルカーチ・グループ〉の友人たちにとって、まさに寝耳に水の出来事であったらしい。「ルカーチが共産主義に転向したとうちあけたとき、それがいったい何のことなのか、だれにもわからなかった」とアルノルド・ハウゼルは伝えている。[6] だが、この転向はけっして不可解な事件ではない。のちにくわしく述べるように、演劇論から映画論をへて長篇小説論にいたる若きルカーチの理論上の歩みは、現実を静止した〈現存在《ダーザイン》〉とみる見方から、それをひとつの〈過渡期〉としてとらえ、さらにその過渡期の止揚という問題に目をむけていく過程にほかならなかったのだ。ヘーゲル弁証法、なかんずく〈全体性〉のカテゴリーを、第一次帝国主義戦争前後の危機に直面したかれがブルジョワ社会にたいする批判の武器として鍛えなおしていく萌芽は、すでに『小説の理論』のなかにめばえていた。主観的な危機意識が、現実の個々の状況の事実的確認とではなく、現実をその歴史的・過程的な全体像において把握する方向と結びついたとき、かれのまえには、まさに認識の対象としてではなく解体すべき対象としての過渡期があらわれたのだった。主観的・観念論的な現実否定を実証主義への転回によって具体化しようとするような試みとは一貫して無縁だったということこそが、若きルカーチの歩みの方向を規定する契機となった。ベンヤミンやブロッホがいずれも一九二〇年代にマルクス主義者としての自己を確立していったように、ルカーチにとってもまた、危機からの具体的な脱却の道、過渡期に終止符をうつための現実的な道は、もはやただひとつしか存在しえなかったのである。

　一九一〇年代の終わりから二〇年代前半にかけてのルカーチは、もっぱらこの道を歩みつづけた。エルヴィン・サボーのサンディカリズムや、ヘンリエッテ・ローラント＝ホルスト・ヴァン・デル・シャルク、そしてとりわけローザ・ルクセンブルクの思想をとおしてマルクス主義者としての自己形成をはじめたかれは、かれ自身が教育人民委員代理として参加したハンガリー評議会《タナーチ》共和国の崩壊ののち、一時ブダペシュトにとどまって地下活動をつづけ、まもなくヴィーンにのがれる。ここでオーストリア官憲に逮捕され、白色テロルをハンガリー全土にくりひろげつつあったミクローシュ・ホルティの反革命政権に身柄を引渡されようとする。だが、やがてアルフレート・ケル、パウル・エルンスト、ハインリヒ・マンおよびトーマス・マンらの助命嘆願や、エルンスト・ブロッホのキャンペーン（「ジェルジ・ルカーチを救え」、『白い草紙《ディ・ヴァイセン・ブレッター》』一九一九年十二月号）などに支援されて自由の身になると、「まだ帝国主義者にたいする赤色戦争の弾丸が自分のまわりでうなりをたててとびかう」のをきき、「まだハンガリーにおける非合法活動の興奮がうちふるえている」のをおぼえながら、「革命的な焦躁感」に突破口をきりひらくための作業に没頭していく。[7]『小説の理論』で提起された〈全体性〉のカテゴリーは、〈神に見捨てられた時代〉というかつての規定が『歴史と階級意識』で資本主義社会における〈物象化〉として具体的にとらえなおされることによって、いっそう積極的な意味を獲得する。同時に、〈過渡期〉の概念は、これを止揚する主体としてのプロレタリアートの〈階級意識〉を軸に、〈革命的現実政策《レアル・ポリティーク》〉の次元にうつされるのである。カール・コルシュが、「同志ルカーチは、わずか七〇ページというおどろくほど簡略なかたちで、このうえなく簡潔でわかりやすい言葉を用いながらしかも同時にきわめて深くかつ徹底的に、これらすべての基本的な諸問題を解明しつくしている」(8)と評した『レーニン――その諸思想の連関についての研究』は、この時期のルカーチの問題意識の出発点でありまた到達点でもある〈革命の現実性《アクチュアリティ》〉という一点をめぐる苦闘の産物にほかならなかった。

「凡人たちにとって、プロレタリア革命がようやく目にみえるようになるのは、すでに労働者大衆がバリケードに立って戦っているときである」というあまりにも簡潔な定式化のうちには、当時ルカーチをとらえていた錯綜した焦躁感が逆説的に表現されている。かれのまえに立ちはだかっていたものは、一方では、社会民主主義者の指導のもとで支配階級との緊張関係を喪失し、〈相対的安定〉のなかにぬくぬくともぐりこんで惰眠をむさぼる多くの労働者たちだった。(「カフェー、映画、ルナ・パークが、サラリーマンに行くべき道をさし示す。――信号はあまりにも明るく輝いているので、かれらが真に進むべき方向へ、というのはつまりプロレタリアートに通じる方向へ、それていくなどという疑いはありえないのだ。そのプロレタリアートと、サラリーマンはいまやあらゆるものをわかちもっている。すなわち、困窮と心痛と不確実性とを。ただ、こうした自分の状態についての明確な意識だけは、もっていない。」(9)――二〇年代の〈小ブルジョワ化〉した労働者について、ブロッホはにがにがしくこう確認している。)そして他方では、「所詮はうちかちがたい資本主義にたいする軽率者の馬鹿げた反抗」だとみなされ「迷えるものたち」とののしられる〈バリケードの戦士たち〉。後者にたいするルカーチのひそかな共感は、一九二一年三月に中部ドイツのマンスフェルトを中心に決行され数日にして鎮圧された鉱山労働者の武装蜂起、いわゆる〈三月行動〉にたいするかれの態度のなかに、はっきりとあらわれている。同年夏にモスクワで開かれたコミンテルン第三回世界大会にハンガリー共産党代表団〈少数派〉フラクションの一員として出席したルカーチは、ベーラ・クンらの同党代表団〈多数派〉の路線とは一線を画しつつも、マンスフェルト蜂起を〈一揆主義的誤謬〉として非難するロシア共産党のテーゼ案にたいしては、基本的にはこのテーゼの基盤に立ちながら、しかし「これこそは戦術のもっとも本質的な問題であって、本質的には三月行動とも密接に関連してくる」問題、すなわち「革命における党の役割にかんするわれわれの立場」については、テーゼの修正に賛成するのである。

ルカーチにとって、焦眉の課題は、三月行動が〈情勢判断を誤り〉、〈敵に非難の武器をあたえた〉ことを単に攻撃することではなかった。反革命的な労働者組織にくみこまれた大衆と、真に革命的な前衛とを結ぶ方途をさぐることこそは、敗北した三月行動の遺産を革命的にうけつぐ道だったのである。「われわれは、運動がプロレタリアートの武装に終わることをめざして活動せねばならない。しかしながら、いまただちにこのスローガンをかかげて行動を指導することなどできない。なぜなら、反革命的になってしまっている大衆には、こんなスローガンはとても受けいれられないからである。」——ブルジョワジーの武装解除とプロレタリアートの武装化という最終的な目標を当初からかかげて失敗した三月行動の誤りをこう批判しながらも、ルカーチはなお、これにつづけて、つぎの点を強調せずにはいなかった。「われわれは、部分的行動を日常の問題と結びつけねばならない。そのさいわれわれは、労働者大衆を運動へと、発酵状態へとおしやるためには、イニシアティヴをもって、つまり攻勢的に、先頭に立ってすすまねばならない。たんに啓蒙をつうじてのみならず、行動をつうじて、統一ドイツ共産党〔ＶＫＰＤ＝一九二〇年のハレ大会で分裂した独立社会民主党の左派が共産党（スパルタクス・ブント）と合流して結成されたもの〕の行ないをつうじて。[10]」

〈革命の現実性〉をつかもうとするルカーチの視点は、当然、前衛と労働者大衆をむすぶための実践に、組織論の方向に、むかっていかざるをえなかった。ヴィーンでの亡命生活中にかれがその中心メンバーのひとりとなって刊行した理論誌『コムニスムス——東南ヨーロッパ諸国のための共産主義インターナショナルの雑誌』（存続期間＝一九二〇年二月—二一年九月）誌上の一連の論説（「知識人の組織問題によせて」、「議会主義の問題によせて」、「第三インターナショナルの組織問題」、「共産主義政党の倫理的使命」、「資本家の封鎖、プロレタリアートのボイコット」、「日和見主義と一揆主義」、「合法と非合法」、その他）と、ドイツ共産党の中央機関誌『ディ・インターナツィオナーレ――マルクス主義の実践と理論のための雑誌』に掲載された三つの論文（「大衆の自然発生性、党の行動性」、「革命的イニシアティヴの組織的諸問題」、「ローザ・ルクセンブルクの〈ロシア革命批判〉への批判的註解」）は、それらのタイトルからもほぼうかがえるとおり、二〇年代初頭のかれの問題意識が一貫してどこに向けられていたかを端的に示している。そして、このようなかれの問題意識をつきうごかしていた原動力こそは、ロシア革命以後の時代をなおひとつの〈過渡期〉としてとらえる視点、そのなかに共存しているブルジョワジーの危機とプロレタリアートにとっての危機とをともに見ぬく鮮烈な危機意識にほかならなかったのだ。こうした状況のなかでますます強調される〈全体性〉のカテゴリーは、〈階級意識〉の形成と革命的な〈組織〉の確立という課題を現実化していくうえでの、かれの唯一のよりどころであり、〈客観的可能性〉を〈革命の現実性〉にかえていくバネとなるかれの〈リアリスティックな希望〉にほかならなかったのである。

Ⅲ

『歴史と階級意識』とともにこの時期のルカーチの活動の総括ともいうべき『レーニン』を、自分にたいするコミンテルンの批判的な空気を察したルカーチが逸早く用意した〈免罪符〉であるとみるにせよ、あるいはまた、後年ルカーチ自身が述べているように「当時はまだ単にかくれたかたちで挿話的にジノヴィエフのコミンテルン指導のなかにあらわれていたにすぎないその後のスターリン的発展にたいする、的確な批判」、「あの偉大な数年間にみられた具体的な革命的昂揚がおこなう単なる後退戦」であると考えるにせよ、この時期のはじめにかれが「大衆の自然発生性、党の行動性」（『ディ・インターナツィオナーレ』一九二一年第六号）のなかで述べたつぎのような見解は、レーニンにたいするルカーチの帰依のかくれた理由と、そしてなによりもまず、当時かれのすべての活動の根底をなしていたパトスを、生きいきと物語っている。

「レーニンは、かれ自身が一貫して最後の危機であるとみなしている資本主義の帝国主義段階における危機を、機械的・宿命論的に脱出口のないものであると考える見解にたいしては、きわめて正当にも、がんとして反対した。[11]」――ルカーチはまずこの点を強調する。抽象的に脱出口がない、それ自体として脱出口がないなどという状態は存在しないのだ。脱出口は、ないのではなく、閉ざされねばならないのだ。「プロレタリアートこそが、プロレタリアートの行為こそが、資本主義がこの危機から逃がれるための脱出口を閉ざすのである」（強調はルカーチ）。なるほど資本主義は、〈経済的な必然性〉の結果として、いわば〈自然法則〉によって、こうした危機に追いこまれる。だが、〈自然法則〉のおよぶ範囲は、せいぜいそこまでにすぎない。この危機にどのような終止符がうたれるかは、プロレタリアートの主体的行動の如何にかかっている。「もしもこの危機が妨げられることなくとことんまで進行するならば、別の解決もありうるのだ。すなわち、〈あい闘う両階級がとも倒れになる〉ということ、野蛮の時代の状態に逆もどりしてしまうということである。」この確認、この危機意識こそは、ルカーチがそれをレーニンと共有していたものであり、ルカーチをレーニンと結びつけたものだった。〈革命の現実性〉をとらえるということは、すなわちその現実性がともなう危機を明確に意識することでもある。〈自然法則〉によって資本主義が没落し、〈合法則的〉に社会主義社会が生まれるのだとすれば、そもそも危機的な〈過渡期〉という視点そのものが無意味だろう。資本主義の最後の危機の脱出口をふさぐこと、言いかえれば社会主義への、プロレタリア独裁への脱出口を切りひらくことは、全体的な滅亡の危機と同一の場での主体的行為によってしか、可能ではないのだ。

　ハンガリー革命の敗北の体験がこの危機意識に大きな作用をおよぼしていたことは、もちろん言うまでもあるまい。だがしかし、ルカーチの目は、たんに過去の失敗のうえにだけ向けられているのではない。現にいまなされつつあるひとつの実践、当面の問題となっている〈三月行動〉の評価のなかに、かれはまさにこの危機のひとつのあらわれを見るのである。ドイツ革命とヨーロッパ革命に――したがってまたロシア革命そのものにも――ひとつの期を画することにならざるをえない大蜂起の敗北と、とりわけその敗北をめぐる総括のなされかたのなかに、かれは、革命が直面する現実的な障害、「革命とその勝利をさまたげてきたもっとも本質的な、だが理論的にも戦術的にももっともわずかしか予見されなかった障害」をみてとったのだった。すなわちそれは、「ブルジョワジーの強さではなく、むしろプロレタリアート自身のなかにあるイデオロギー的な障害物」（強調はルカーチ）なのだ。

　こうしてかれは、この障害物の具体的なあらわれ、すなわち〈修正主義〉と対決する姿勢をあらためて明確にする。「修正主義は、ロシア以外の文献では、党の内部で解決すべき問題とされていた。それが世界的意義をもつ問題、いやそれどころか、おそらくはまた世界の運命を決する問題にさえなっているということは、資本主義にとってもっとも恐るべき危機が、つぎつぎとおとずれる革命的状況が、国家権力を手からとりおとしてしまわんばかりのブルジョワジーのイデオロギー的混乱が、革命的なイデオロギーを不可避的にプロレタリアートのなかに呼びおこしうるものでは決してなかったのだ、ということを証明している。だがしかし、こうした事態からただ単に、一貫した革命的意志がプロレタリアートに欠けているということからそのまま客観的な革命的状況は存在しないのだという結論をひきだしてのほほんとしているメニシェヴィキ的なイデオロギーに反対するための、戦術的な結論をひきだすだけであってはならない。それよりはむしろ、そうした結論をくださざるをえなくしているメニシェヴィキ的な俗流マルクス主義の諸前提を――まず理論的に――検討してみなければならない。すなわち、いま述べたような、メニシェヴィズムによって反革命的な徴候であると解されているこの事態をこそ問題にし、プロレタリアートのこの――率直に言うことにしようではないか！――おどろくべきイデオロギー的危機の原因を追究しなければならないのだ」（強調はルカーチ）。資本主義体制の立ちなおりを強調し、〈革命の現実性〉を否定するこのメニシェヴィズムは、もちろんドイツ社会民主党や独立社会民主党右派によって体現されていたとはいえ、ルカーチの鉾先は、たんにこれらの明白な〈社会裏切者集団《ゾツィアールフェアレーター》〉だけに向けられているのではない。ルカーチの対決は、なによりもまず、三月行動を〈一揆主義〉であるとして否定し去ろうとするドイツ共産党内右派のパウル・レーヴィや、かれのその見解表明の方法については非難しても見解そのものには同意する動きをみせはじめたコミンテルンの主流にたいして、むけられていたのである。三月行動の敗北とともにヨーロッパにおける革命的情勢は当分のあいだ決定的に消え去ってしまったとするかれらの見解にたいして、〈革命の現実性〉をあくまでも手ばなすまいとするルカーチは、ここで明確な反対派として登場することになる。

それゆえ、「議会主義の問題によせて」（『コムニスムス』一九二〇年第六号、三月一日付）の〈観念論〉と〈左翼小児病〉にたいするレーニンの批判がルカーチの目をはじめてレーニンに向けさせたという事実にもまして、共産主義内部の修正主義の危機との対決という実践のなかでルカーチがレーニンを理論的に把握していったというこの事情のほうに、われわれはより多くの注意をはらわねばならない。この点を見すえることによって、かれの『レーニン』の意味もまた明らかになってくる。そして、ルカーチはローザ・ルクセンブルクをすててレーニンに依拠することによりその革命性を喪失した、というたぐいの単線的な見方がどれほど誤っているかということも、これによってはっきりしてくる。たしかに、レーニンに向かうことによって、ルカーチの初期の〈サンディカリズム〉は克服され、たとえば議会主義にたいする急進的な態度は修正されざるをえなかった。労働者大衆の自然発生的な闘争のもつ意義にかんしても、「この数年間の革命の経験が、革命的な自然発生性の限界というものをまざまざと明らかにしてみせた」ことを確認するだけの冷静さをそなえはした。だがしかし、かれは決して大衆の自然発生性そのものを否定的にとらえるのではない。あらゆる革命の出発点でもあり窮極の理念でもあるこの主体的な自発性《シュポンタネイテート》を自然発生性《シュポンタネイテート》のままに終わらせないことこそが問題なのだ。三月行動の総括をめぐるドイツ共産党内の論争で、大衆行動の不可避性、たんなる自然発生性だけに大きな期待をかけ、共産党自身のイニシアティヴによる攻撃的闘争の必要性を否定するような意見を主張したのは、クラーラ・ツェトキンなど党中央委員会少数派（右派、中間派）だった。〈党の行動性〉を強調するルカーチの見解は、この拱手傍観主義、待機主義にたいする反対という意味をもっているのであり、大衆の自然発生性を党の行動性によって代行し、あるいは否定しさってしまうものではなかった。かれの考えるその行動性とは、大衆への一方的な働きかけ、啓蒙活動のことではない。大衆の自然発生性と党の積極的な行動との実践をつうじての相互作用の必要性、ルカーチ自身が随所で引用しているマルクスの言葉を使えば「教育者自身が教育されねばならない」という必要性を、かれはプロレタリアートが直面する危機のなかに見てとったのだった。一方では三月行動の偉大な自然発生性を〈誤謬〉として否定しさりながら他方では革命的情勢が〈自然法則〉にしたがって醸成されるかのように考える党内の日和見主義的潮流にたいして、この主体的な理念を対置したルカーチが、やがて〈自然弁証法〉の理解不足を理由にその〈極左主義〉を壊滅的に批判されていったという事実こそは、その後のコミンテルンと国際共産主義運動がたどる徹底的な代行主義と近代主義の道を暗示するものにほかならなかったのである。

Ⅳ

レーニンの訃報に接したルカーチが、詩人ヴィーラント・ヘルツフェルデの主宰するマリク書店（Der Malik Verlag, Berlin）の依頼に応じてレーニン論ととりくんでいたころ、かれの周囲では、ひとつの新しい時代がはじまりつつあった。だがそれは、けっしてかれが追求しつづけたような過渡期の終末ではなかった。

一九二四年の初夏、コミンテルン第五回大会第三回会議の報告者ジノヴィエフによって、ルカーチはアントニオ・グラツィアーディ、カール・コルシュ、ボリス・ロニガーらとともに、〈極左分子〉として批判される。

「われわれは極左分子とたたかわねばならない。なるほど、かれらは数のうえでは少数である。しかし、大きな河も小さな小川からできてくるのだ。もしもわれわれが原則を堅持しようとするなら、もしもレーニン主義がわれわれにとってただ単に口先だけの知識であってはならないとするなら、わたしがレーニンから引用した言葉を記憶にとどめておいてほしい。すなわち、われわれはこれら極左分子をのさばらせてはならない。これこそは、理論上の修正主義であって、インターナショナルな現象となってはびこりつつあるものなのだ。イタリアで同志グラツィアーディが、一冊の著書をたずさえて、そのなかにはかれがまだ社会民主主義者で修正主義者だったころに書いた、マルクス主義に反対の態度をとる古い論文がのっているのだが、その著書をたずさえてかれがたちあらわれるとき、この理論上の修正主義がわれわれのもとでなんの罰もうけずに放っておかれることはできない。ハンガリーの同志G・ルカーチがこれと同じことを哲学と社会学の分野でやっているのを、これまたわれわれは許さないだろう。わたしは、ルカーチの属しているフラクションの指導者である同志ルダシから、一通の手紙をうけとった。ルダシは、修正主義者ルカーチに反対の態度をとる意図を表明している。支部がかれにそれを禁じたとき、かれはそこから脱退した。マルクス主義が水割りされることを望まなかったからだ。ブラボー、ルダシ！　おなじような潮流は、ドイツの党にもある。同志グラツィアーディは教授《プロフェッサー》だ。コルシュも教授だ（野次――「ルカーチだってやっぱり教授だ！」）。そのほか幾人かのこういったたぐいの教授連があらわれて、かれらのマルクス主義理論を大安売りしたところで、そんな代物を買いたがるものなどいないだろう。そういったたぐいの理論上の修正主義を、われわれの共産主義インターナショナルでは、罰せずに許しておくことなどできないのだ。〔……〕『インターナツィオナーレ』の最近号に、極左分子のひとりに数えられるボリスとかいう人物の論文がのっている。（ルート・フィッシャー――「これは教授ではない！」）さよう、例外的に教授ではない。しかし共産主義者でもない。少なくともマルクス主義者とはちがう。わたしはこの獲物を、同志ブハーリンの手にゆだねることにしよう。かれは、綱領提案演説のなかでそれを批判したいと言っている。だがしかし、ドイツの労働者たちは、自分たちの理論雑誌にマルクス主義的でない綱領論文が印刷されるのを、ゆるしはしないだろう。〔……〕この雑誌の発行責任者である同志コルシュは、レーニンをレーニン主義からの多くの逸脱にたいして〈弁護〉してくれている。思うに、われわれは、まずマルクス主義とレーニン主義を勉強するようにという友情にみちた忠告を、同志コルシュに与えてやるべきではないだろうか。」（『共産主義インターナショナル第五回大会議事録』、一九二四年。傍点は原文でイタリックの箇所）[12]

　この批判によって、カール・コルシュは、以後ついに共産主義運動の主流に復帰することなく、〈革命的反対派〉として、孤独な活動をつづけることになる。一方、ルカーチは、ひきつづきラースロー・ルダシ、アブラム・デボーリンらによって『歴史と階級意識』が集中的な攻撃をうけたとき、非公式に自己批判をおこなうかわりにコミンテルンはそれ以上かれの誤りを追及しない、という「一種の紳士協定」（リュシアン・

ゴルドマン「ルカーチの『小説の理論』によせて」[13]をうけいれた、といわれる。この間の詳細を確認する手だてはいまのところないが、いずれにせよ、二〇年代前半のかれの理論活動はこれをさかいに――『レーニン』による後退戦や『モーゼス・ヘスと観念論的弁証法の諸問題』による迂回作戦をふくみつつも――転換を余儀なくされ、二〇年代後半から三〇年代はじめにかけてのルカーチは、ほとんどもっぱら実践活動のなかに身を投じていく。かれがまさに具体化しようとしていた〈組織論〉は、こうして、前スターリン時代の終焉とともに、革命運動の地平線の下にうずもれていくのである。

一九三〇年代のルカーチは、まったく異なる相貌をおびてわれわれのまえに再登場してくるかにみえる。三一年から三三年までベルリンで工作活動をつづけていたかれは、ドイツ共産党の指導下にあった《ドイツ・プロレタリア革命作家同盟》の機関誌『ディ・リンクスクルヴェ』（左曲線）にあいついで精力的な評論を発表する。だが、それらからは、もはやかつての主観主義的な焦燥感は姿を消し、正統的なマルクス主義者としての自負と落着きが、言葉のはしばしにあらわれているようである。ほぼ時を同じくしてソヴィエト連邦で確立されようとしていた〈社会主義リアリズム〉テーゼと客観的には歩調をあわせているように見えるルカーチのこの理論活動は、そのままマルクス主義文学・芸術理論の三〇年代における展開を示唆しているかの観さえある。

だがしかし、ドイツがファシズムの手におちる前夜に『ディ・リンクスクルヴェ』誌上でくりひろげられるプロレタリア文学、とりわけルポルタージュ文学の評価をめぐる論争と、一九三七年から三八年にかけて亡命ドイツ文学者たちのあいだでたたかわされる〈表現主義論争〉というふたつの大きな論争をとおして、このルカーチの理論のなかにひそむ問題点が明らかにされていくのをみるとき、われわれには、二〇年代前半のルカーチとは決定的に異なる、しかも二〇年代のルカーチとけっして断絶してはいないひとつのルカーチ像を、発見することが可能となるのだ。

『ディ・リンクスクルヴェ』の論争でも、また〈表現主義論争〉においても、批判の対象にたちむかう武器としてかれが一貫して用いるのは、かつて〈過渡期の形式〉として定式化された〈長篇小説《ロマーン》〉であり、危機からの脱却のテコとして追求された〈全体性《トタリテート》〉という視点だった。〈現実の客観的全体性〉は、これを形象化しうる唯一の形式としての長篇小説と不可分のものとして結合され、さらにこの結合が、〈リアリズム〉を規定する基準として、あらゆる断片的形式や細部描写、個々の事実の寄せあつめであるがゆえに全体性をとらええない（とルカーチが考える）モンタージュやルポルタージュ、そしてそれらをはじめとするすべての形式的実験を否定するための、理論的な根拠とされる。かつて〈過渡期〉の危機をみつめ、その過渡期の止揚をめざして探求されたその同じ概念が、いまでは、この過渡期に特有な芸術現象を断罪する武器として使われることになるのである。

これらふたつの時期のあいだに、このおなじ概念を中心に変質をとげたものは何なのか？　その変質にもかかわらずルカーチの理論の底流に生きつづけているものが、はたしてあるのか、あるとすればそれは何なのか？　そして、中断された〈組織論〉の試みは、どこにその隠れ場所と突破口を見出したのか、あるいはどこで永久に死にはててしまったのか？——三〇年代のルカーチの発展は、われわれにこうした疑問をなげかける。

だがしかしまた、この疑問を解明しようとするとき、われわれはつねに、ハンガリーとドイツの革命のなかでその敗北を身をもって生き、革命の現実性を見すえながらそれが内包する危機的状況を明確に意識化することによって、危機そのものに終止符をうつ道をさぐりつづけた時期のルカーチに、立ちもどっていかざるをえない。若きルカーチの歩みをあとづけ、それがふくむさまざまな問題に光をあてることは、一個人ルカーチの理論と実践を明らかにするうえで重要な意味をもつだけではない。二〇年代から三〇年代にかけての危機の時代に、その危機からの脱却をめざし、真に過渡期を終わらせることをめざしてさまざまな試行をつづけた一群のマルクス主義者たちの歩みをとらえかえすうえでも、それはなんらかの意味をもつであろう。

そしてなによりも、現在の危機的な状況のなかで、この過渡期の終末をみすえ、その危機を旧い体制にとっての決定的な危機にかえていく方途をさぐろうとするとき、ルカーチの問題提起とかれのたどった道すじは、たんなる過去の一挿話にはとどまらぬ重みをもって、われわれにせまってこずにはいないのだ。

（一九六八年六月）

（1）ヴァルター・ベンヤミン『一方通交路』（Walter Benjamin: *Einbahnstraße*, Frankfurt am Main: Suhrkamp Verlag 1962, *Bibliothek Suhrkamp* Bd.27）。

（2）エルンスト・ブロッホ『この時代の遺産』、「一九三五年版への序文」（Ernst Bloch: *Erbschaft dieser Zeit*, Erweiterte Ausgabe, Frankfurt am Main: Suhrkamp Verlag 1962, Ernst Bloch *Gesamtausgabe* Bd.4, 邦訳＝池田浩士訳・水声社）。

（3）同前。

（4）「リアリズムが問題だ」、『ダス・ヴォルト』一九三八年六月号（*Es geht um den Realismus.* In: *Das Wort, Literarische Monatsschrift*, 3. Jahrgang Heft 6, Juni 1938.　邦訳＝池田浩士編訳・れんが書房新社刊『表現主義論争』）。

（5）『小説《ロマーン》の理論』（『美学および一般芸術学雑誌』第一一巻、一九一六年、二二五―二七一、三九〇―四三一ページに掲載）第一部、第五章（*Die Theorie des Romans.* In: *Zeitschrift für Ästhetik und allgemeine Kunstwissenschaft*, Bd.11, Stuttgart 1916.　邦訳＝白水社『ルカーチ著作集』第二巻）。

（6）デーヴィド・ケトラー『マルクス主義と文化――一九一八―一九年のハンガリー革命におけるマンハイムとルカーチ』（David Kettler: *Marxismus und Kultur, Mannheim und Lukács in den ungarischen Revolutionen* 1918/19, Luchterhand Verlag 1967,　邦訳＝『ルカーチ著作集』別巻「若きルカーチとハンガリー革命」）参照。

（7）「リアリズムが問題だ」（『ダス・ヴォルト』一九三八年六月号）。

（8）『ディ・インターナツィオナーレ』誌、第七巻第一二号、一九二四年六月十五日付（*Die Internationale, Zeitschrift für Praxis und Theorie des Marxismus*, Berlin, Jahrgang 7, Heft 12, 15. Juni 1924.）。

（9）「人工的中間層――クラカウアー『サラリーマン』によせて」（Bloch: *Künstliche Mitte. Zu Kracauer* ,,*Die Angestellten*“. In: *Erbschaft dieser Zeit.*）。

（10）一九二一年七月二日午後の第一三回会議での発言（*Protokoll des III. Kongresses der Kommunistischen Internationale*, Hamburg: Verlag der Kommunistischen Internationale, 1921.　邦訳＝池田編訳・三一書房刊『ルカーチ初期著作集』第三巻）。

（11）「大衆の自然発生性、党の行動性」（*Spontaneität der Massen, Aktivität der Partei.* In: *Die Internationale*, Jg.3, Heft 6.　邦訳＝三一書房版『ルカーチ初期著作集』第三巻）。

（12）ジノヴィエフが六月十九日夜におこなった「執行委員会の活動にかんする報告」の第三節「第四回大会から第五回大会まで」のうち、「極左分子と理論上の修正主義にたいする闘い」および「『インターナツィオナーレ』批判」の項（『共産主義インターナショナル第五回大会議事録』ドイツ語版。*Protokoll des V. Kongresses der*

Kommunistischen Internationale, Hamburg 1924.)。
（13）ゴルドマン「ジェルジ・ルカーチの『小説の理論』によせて」（『弁証法の探求』所収）。

ルカーチの文学理論における長篇小説の問題

I

『歴史と階級意識』がコミンテルンによって批判されたとき、ルカーチは、コミンテルンがそれ以上かれの誤謬を追及せぬかわりかれのほうはしかるべき時期まで公式の場には論文を発表しない、という一種の〈妥協案〉をうけいれたといわれている。その真偽のほどはともかくとしても、一九二〇年代後半のかれの著作活動は、それまでの膨大な数の論文とくらべればとるに足りないほどわずかな評論と短い書評とにかぎられ、ふたたび活潑な論陣をくりひろげつつルカーチが登場してくるのは、ようやく、祖国ハンガリーへの潜入（一九二九年）、モスクワのマルクス＝エンゲルス＝レーニン研究所での研究生活（三〇―三一年）およびベルリンでの工作活動（三一―三三年）を経たのちのことだった。『ディ・リンクスクルヴェ』（左曲線）、『インターナツィオナーレ・リテラトゥーア』（国際文学）などにつぎつぎと発表される三〇年代のかれの論文は、もはやかつての〈観念論的〉ないしは〈極左的〉思想とは完全に訣別した正統的なマルクス＝レーニン主義者としての方向を、明瞭に示しているかにみえる。ファシズムの擡頭のなかで実践活動をつづけ、ナチスの政権奪取とともにドイツを去ったかれのまえには、第一次帝国主義戦争とハンガリー革命の記憶をいやがうえにも過去のものにしてしまう新たな闘争——反ファシズム闘争——という焦眉の課題が立ちはだかっていたのである。こうしてルカーチは、一九三八年、当時モスクワで発行されていた亡命ドイツ文学者たちの機関誌『ダス・ヴォルト』（言葉）六月号に、つぎのような自己批判をふくむ「リアリズムが問題だ」を書くことになる。

「一九一四年から一五年にかけての冬。主観的には、戦争にたいする、戦争の無意味さと非人間性にたいする、戦争による文化と良俗の破壊にたいする、情熱的な抗議。絶望的なまでに悲観的な全体的気分。資本主義の現状こそフィヒテのいわゆる〈完成した罪悪の時代〉であるという判断。つまり主観的な意図は、前進しようと努める抗議であった。客観的な成果は、『小説の理論』であった——それは、どんな点からみても、観念論的な神秘主義にみちあふれた反動的な著作で、歴史的発展にたいするすべての評価が誤っている。一九一二年。革命的焦躁感にみちた興奮した気分。わたしにはまだ帝国主義者たちにたいする赤色戦争の弾丸が自分のまわりでうなりをたててとびかうのがきこえ、わたしのなかではまだハンガリーにおける非合法活動の興奮がうちふるえている。偉大な革命の浪の第一波がすぎさったということや、共産主義的前衛の決然たる革命的意志が資本主義を打倒しえないなどということを、わたしはどうしても認めようとはしない。すなわち、主観的な基礎は、革命的な焦躁感であった。客観的な成果は、『歴史と階級意識』であった——それは、その観念論のゆえに、反映論の理解が不充分であるがゆえに、反動的であった。こういうことになったのは、もちろん、わたしひとりではない。むしろそれは集団的な現象である。[1]」

この自己批判は、おりから同誌上を中心としておこなわれていたいわゆる〈表現主義論争〉での論敵エルンスト・ブロッホの前衛芸術擁護論にたいして、主観的な前衛が必ずしも真の革命的前衛ではないことの生きた例証として書かれたものだった。だが、かれがきびしく否定しさろうとするみずからの初期のふたつの主要な著作の〈誤り〉とならんで、それを生みだす土台となっていた精神あるいは気分があまりにも生きいきと描かれているだけに、この告白は、われわれを暗い感慨のなかに投げこまずにはいないのである。

激動する歴史のなかで、ひとりの個人がみずからの古い感情と思想とを切りすて、傷つきながら新しい意識と行動原理を獲得していくこと、それ自体は、自己をつくりかえつつ世界をつくりかえていく人間の、しかも思想家という人間の、本来そなえもつ有機的な特性だろう。『小説の理論』も『歴史と階級意識』も、ともに、三〇年代後半という時点では、もちろんそれ自体としてはもはや実践的な機能をもちえなかった。観念論的であるというにせよ弁証法的でないというにせよ、自己批判そのものはむしろ当然といえるだろう。したがって、このルカーチの一文がわれわれによびおこす暗い感慨は、ひとりの思想家が、かつてみずからの全精神、全存在を傾注して形成した思想体系を、ひとつの完結した世界像を、時代の推移とともにみずから解体させることを強いられるという、その点にあるのではない。このような形の自己否定であれば、古いものを超えたところに新しい思想世界をふたたび構成していくという志向をふくむことによって、現実性《リアリティ》にますます肉迫し現実をますます先取りしようという志向をふくむことによって、暗澹たる悲惨さをぬぐいさることができるのであり、それこそはまた新しい歴史を形成する一契機となりうるものでもあるのだ。ところが、ルカーチのこの自己批判の悲惨さは、その後かれの自己批判がつねにそうであるように、このときもまた、きわめて主観的・形式的なものでしかなかった（しかもそれがきわめて誠実かつ真摯な気持からなされた）ということにある。すなわち、古い著作のふくむもろもろの契機を綿密に現実とつきあわせ、それを生みだした精神と感情の基盤を、歴史における変革主体の問題として、現実の趨勢にてらして検討する作業を徹底的におこなわないまま、ある概念を別の概念によって置きかえるというやりかたで、過去との訣別がなされたのだった。こういう清算のしかたからは、往々にして、客観的現実およびそのなかに存在した

――「わたしひとりではない」、「集団的な」――意識状況そのものをも、ともに捨象してしまうという誤謬が生じるばかりか、なんらかの本質的な古い契機がその後も仮面をかぶって生きつづけ、客観的には同一の思考様式がくりかえし再生産される結果となる一方、この自己批判が表明された時と場所をつつんでいる新たな――「わたしひとりではない」、「集団的な」――支配的現実にたいする緊張関係はまったく消えうせ、現実への抵抗は、主観的意図とはかかわりなく、試みとしてさえ存在しなくなってしまうのである。

Ⅱ

この自己批判の前後をつうじてルカーチの文学理論にもっとも本質的な底流となって生きつづけているものは何かといえば、それは、〈長篇小説《ロマーン》〉という形式にたいする高い評価である。『小説《ロマーン》の理論』で「神に見捨てられた世界の叙事詩《エポペー》」と抽象的に名づけられ、三〇年代になると「ブルジョワ社会の叙事詩[2]」としてより具体的に定義づけられた長篇小説というジャンルは、このふたつの規定の表面的な差異にもかかわらず、つねにかれの理論の基軸としての位置をたもちつづけてきた。新カント派からヘーゲルへの移行過程にあったルカーチが『小説の理論』で理論的基礎づけをあたえた現代の〈大叙事文学〉、すなわち長篇小説は、のちに〈批判的リアリズム〉理論が展開されるさいにその中核となって、ゲーテ、バルザック、トルストイ、ロマン・ロランらにたいする絶大な評価の土台となり、さらには、現代文学をとらえるなかで、カフカに代表される〈デカダンス〉を、トーマス・マンを頂点とする〈リアリズム〉によって否定しさるさいにまで、大きな意味をもちつづける。第二次世界大戦後、ヨージェフ・レーヴァイによって批判された〈ブルジョワ・リアリズム偏重〉、〈社会主義リアリズム軽視〉という問題[3]も、一九五六年のハンガリー蜂起を機にしていっせいにまきおこった〈修正主義者ルカーチ〉にたいする批判の鉾先がむけられたところも[4]、本質的には、長篇小説を重視するかれの基本的な傾向と密接に結びついたものだった。それゆえ、われわれは、初期のルカーチと中期以後のかれとをわけるこの自己批判の空洞化を、かれの長篇小説理論のなかにもっとも典型的に見ることができるのである。

「どうすれば存在《ヴェーゼン》は生きたものになりうるのか？

どうすればそれは感覚的な直接性をもったまま唯一の現実的なものに、真に存在するものになりうるのか？」——若きルカーチの『悲劇の形而上学』は、このような問題設定にもとづきながら、全的に生きることを欲し完全であることを希う人間と運命との葛藤を、演劇というジャンルに即してさぐろうとしたものだった。

そして、そのあとをうけた『小説の理論』は、この〈完全であること《ダス・フォルコメンザイン》〉という理念を、生の哲学の深い影響から脱してヘーゲルにむかいつつある次元で発展させ、芸術というものを「創作された全体性」としてとらえることから出発する。「星空が、歩みうる、また歩むべき道の地図となり、その道を星々の光が照らしている」ような世界が失われたとき、もはや模写すべき現実の全的な世界像を喪失した人間にとって、芸術はそれ独自の全体性として自立し、内面と外的世界との統一が追求されうる唯一の場となったのだが、具体的にその統一を試みるためのジャンルが、すなわち長篇小説なのだ。この〈全体性《トタリテート》〉という概念は、ルカーチによってやがてマルクス主義的な意味づけをあたえられ、〈物象化〉、〈階級意識〉とともに『歴史と階級意識』で疎外論が展開されるさいのいわば三本の柱のひとつとなり、さらに、初期の傾向をかれみずからが否定したのちも、かれの思想全体のなかでもっとも重要なカテゴリーとして生きつづけることになる。そして、それにともなって、『小説の理論』のなかで追究された〈長篇小説〉とこの〈全体性〉とのきわめて密接な関連も、新カント派的術語がマルクス主義の文脈におきかえられるという変化こそあれ、ほとんどそのまま中期以後のルカーチにうけつがれていく。『小説の理論』そのものにたいして三〇年代のかれがおこなった全面的な否定は、その理論的中枢が実質的に維持されることによって、たんに形式的否定にとどまらざるをえなかったのである。

もちろん、〈全体性〉概念を、全的な人間、あるいは世界との全的なかかわりあい、すなわち物象化からの人間の解放と結びつけたルカーチの理論は、それ自体としてきわめて積極的な側面をふくんでいる。「調和を求める人間的な憧憬の真に偉大な理論的・文学的告知者たちは、個人の調和の前提となるのは、外的世界とその個人の調和的な共働、つまり、社会と個人の調和であるということを、たえず明確に認識してきた。」[5]——「ブルジョワ美学における調和的人間の理想」（一九三八）のなかのこの一節は、ルカーチの〈全体性〉があくまでも人間の全的解放と結びついていること、文学作品がその全体性を形象化によって先取りし、理論活動がそれを理論的に深め定着させていくものとしてとらえられていることを、端的に示している。ルカーチの文学理論における長篇小説の問題を考察するばあい、われわれは、〈全体性〉とのかかわりにおいて、この側面をみのがしてはならないだろう。だがそれにもかかわらず、かれのその〈全体性〉概念は、自己批判を経た三〇年代以後においてもなおきわめて観念論的な性格をのこしており、それが、長篇小説にかんするかれの見解を、およそ人間の全的な解放とは縁遠い硬直した非現実的なものにかえてしまっているということ、いやそれどころかむしろ、〈全体性〉および〈長篇小説〉は、かれの初期の著作がふくんでいた積極的な要素を捨象してしまうという方向でのみ、止揚されたのだということを、明確に指摘しておかなければならないのだ。

『小説の理論』においてルカーチが、長篇小説を、「生成しつつあるもの、つまりひとつの過程として」把握したことは、きわめて正しかった。そこでは、長篇小説というジャンルは、世界の全体像が失われてはいるが、人間がまだ完全にその世界と異質なものになりきってしまってはいない社会における形式として、理解されていた。そこには人間と世界との、個人と社会との、また個人相互間の鋭い対立が存在しはするが、その対立の克服をめざしてなされる人間の行為そのものはまだ可能なのである。したがって、一方では、長篇小説の形式は解きがたい矛盾をふくまざるをえない。すなわち、それは、もはや世界の全体性がとらえられない時代の形式であるがゆえに完全な叙事詩とはなりえず、また、全体性を志向するものでありながら、この目標が達成される瞬間にもはや長篇小説としてはとどまりえないという矛盾、つねに叙事詩から叙事詩への過程にある形式としてしか存在しえないという矛盾である。そして他方では、長篇小説に描かれる人物そのものがまた、途上にあるものとしての性格をもっている。内面的に体験された問題性をもたないがゆえに無限の純粋な行動へとつきすすんでいくばあい（〈抽象的理想主義〉）にせよ、もっぱら内面の世界へと沈潜していく（〈幻滅のロマン主義〉）にせよ、あるいはこの両者を綜合する試みとされているヴィルヘルム・

マイスター的教養小説にせよ、長篇小説の主人公は、ブラウニングのパラケルススとおなじく、「わが魂を試みんがために行く！」（I go to prove my soul!）という言葉をモットーとする人間なのである。「他のいかなる形式にもまして先験的な寄るべなさの表現」である長篇小説のなかに、そのような〈途上にある〉形式と人物とをみたルカーチは、たしかに、リュシアン・ゴルドマンが指摘するように、『魂と形式』のなかではまだ問題になっていなかった「リアリスティックな希望というカテゴリー」を展開し、それによって「客観的可能性のカテゴリー」の輪郭を描いてみせたのだった。[6] だがしかし、われわれはなによりもまず、全体性を求める過程にある矛盾した形式としての長篇小説の特質を（観念論的にではあれ）定式化したこの著作において、ルカーチが、〈過渡期〉という概念をしっかりとつかんでいたことを、看過してはならないだろう。

「叙事詩は、それ自体において完結した生の全体性を形象化し、長篇小説は、形象化しながら、生の隠された全体性を発見し築きあげるべく探求する。〔……〕歴史的状況のなかにある裂け目と深淵は、すべてその形象化にとりこまれなければならず、構成という手段によって蔽いかくされることはできないし、また蔽いかくされてはならない。[7]」——現実の全体性が失われた時代の形式である長篇小説は、必然的にその現実のふくむ種々の矛盾を避けて通ることはできない。それは、現実の状況のなかにある、全体性を阻害する諸要因をリアルに描きながら、しかもその状況のなかで全体性を志向しつづけるひとつの形式である。したがってそれは、みずからがおかれた状況の諸現象を（それがいっけんますます裂け目と深淵をふかめひろげているものであっても）けっして固定的なものとはみなさず、克服の対象として、潜在的に全体性への契機をふくんだものとして、すなわち過渡期の状況として、見るのである。このような視点によって、ひとつの状況は、静止し、固着したものとしてではなく、古い支配や抑圧や頽廃とともに変革への萌芽をもすでにそのなかにふくんだものとして、とらえられる。それゆえ、そのばあいには、渾然といりまじった種々の要因のなかから新しいものの契機をとりだし、それを現実のものに変えていく作業、すなわち、人間の主体的な行為としての現実変革の問題が、重要な意味を獲得することになる。〈全体性〉のカテゴリーは、〈過渡期〉という概念と結びつくとき、げんにある世界の肯定をではなく、あるべき世界の想定とそれへの接近の試みをうらづけることによって、ユートピア的な未来の先取りおよび革命的実践の一契機に、転化されうるものなのだ。

ところが、まさにこの〈過渡期〉という概念こそは、『小説の理論』の否定とともにルカーチの理論体系から実質的には葬りさられてしまった要素にほかならなかった。主観主義的な急進主義が真の革命的急進性とは無縁であることを後悔の念とともにかみしめなければならなかった二〇年代後半以後のルカーチは、〈全体性〉概念を、もっぱら現実の非直接的・意識的把握という方向にむかって発展させていく。感性の段階にとどまった危機感や自然発生的な反対派が現実の表面的な変動のみを見てその底にひそむ持続的な本質を認めえないことをくりかえし批判するかれは、文学・芸術理論のうえでは、もっぱら自然主義的直接性の否定、リアリズムと自然主義の対立を強調し、ゼーガースのいわゆる「創作活動の第一段階[8]」よりも、その第二段階、現実を意識化してとらえる作業の重要性を、説きつづけるのである。「作家が現実をじじつあるがままにとらえ、かつ描こうとするならば、というのはつまりかれがほんとうにリアリストであるならば、現実の客観的全体性という問題がひとつの決定的な役割を演じるのである。[9]」――ここで述べられている〈全体性〉は、『小説の理論』のなかで探しもとめられていた〈生の隠された全体性〉ではなく、『歴史と階級意識』で物象化とプロレタリアートの階級意識との関連でとらえられたあの全体性とも異なっている。それは、前記の〈表現主義論争〉でブロッホが激しく攻撃したように、事実上いっさいの運動概念の欠落した、静止した全体性であって、芸術作品はそれをただ〈じじつあるがままに〉写しとればよいのである。『小説の理論』が接近をこころみたあの〈リアリスティックな希望〉ないしは〈客観的可能性〉のカテゴリーは、現実の忠実な反映ということにおきかえられ、いまでは人間にとって失われているがゆえにそれを求める途上で芸術が生まれるはずであった〈全体性〉は、げんに客観的に存在するものとしての全体性に変貌する。長篇小説は、もはやひとつの過程ではなく、げんに客観的に存在することになっている全体性をうしろだてとした、自己完結的な、至上の形式としてたちあらわれる。現実を広く包括的にとらえて形象化し、作品のなかに現実の〈客観的全体性〉をとりこむ大叙事文学形式、すなわち全体小説としての長篇小説が、あらゆる他の形式をしりめにかけて、バルザックからトーマス・マンにいたるまでのブルジョワ・リアリストたちの名とともに、到達すべき最高の目標として提示されるのである。

Ⅲ

ルカーチが『小説の理論』において〈全体性〉を〈過渡期〉と結び、長篇小説を途上にある形式としてとらえたとき、かれの文学・芸術論のまえには、現代における芸術現象を実践的に意味づけ、現代文学と芸術に新しい道をさし示す可能性がひらけていた。〈全体性〉と〈過渡期〉との関連ないしは交互作用を真に弁証法的に追究することによって、抽象的な〈全体性〉を、硬直させるのではなしに具体化し、未来の次元として、歴史的な変動の趨勢のなかに位置づける道が、そこではじまっていた。その道は、およそ運動という概念とはかかわりをもたない固着した全体性と特定の形式的完成とを単線的に結ぶ方向にではなく、現実の変革と芸術活動との関連を明らかにする方向にむかってのびていくこともできたはずだった。現実を静的に作品のなかに反映するのではなく、一方では古い世界像の崩壊を促進し他方では新しい未来を作品によって先取りするための、あらゆる種類の試み、芸術上の実験を、世界をつくりかえていく運動の全体像のなかに正しく位置づけることが、そうしてはじめて可能となっていただろう。

ところが、三〇年代にはいって再開されたルカーチの批評活動は、これとはまったく逆の方向をたどっていった。『小説の理論』ののりこえは、一方では、長篇小説のもつ過渡的性格についての考察をそれ以上深めることなしに中絶し、他方では、このジャンルがもつ、全体性を描こうとする形式だけを救出しそれを至上のものとして文学理論のなかに固定する、というかたちでしかなされなかったのだ。主観的な危機意識にかわって客観的現実を全体的にとらえる意識性が、革命的焦躁感にもとづく観念的な未来の先取りにかわって歴史的意識と弁証法的思考にもとづく反映論が導入され、これらは、長篇小説形式の絶対化とあいまって、ルカーチの批評原理をますますきびしく規定していく。しばしば指摘されてきたかれの理論の〈演繹的方法〉は、意識化―非直接性（媒介性）―全体性―長篇小説形式という単線的な定式化が、あたかも唯一のリアリズムの公式であるかのように理論づけられ個々の作品評価に適用されたばあいの、必然的な帰結なのである。こうした定式化が、提起されてまもない〈社会主義リアリズム〉路線と密接にからみあいながら、反ファシズム闘争と形式主義・前衛主義批判をつうじてますます強固におしすすめられることによって、もろもろの断片的な新しい試みはもとより、現実の全体性をちょくせつ包括的に反映しえない〈細部のリアリズム〉は否定され、実験的な作品や短篇小説的手法の諸形式が、無視されるかあるいは一律に〈アヴァンギャルディズム〉、〈モダニズム〉、あるいは〈デカダンス〉芸術としてしりぞけられ、さらには、出来事を現実の全体性のなかに位置づけて〈物語る〉のではなく断片的に〈記述する〉にすぎない文学形式――緻密な細部描写やとりわけルポルタージュ文学――は、完全に否定されてしまうことになる。[10] ルカーチが、カフカ、ジョイス、ムジルなどの現代文学や表現主義をはじめとする抽象芸術一般にたいしてもっぱら否定的な評価しかくだしえないのは、かれの文学理論の長篇小説偏重と表裏一体をなした現象にほかならない。

　新しい現実は、つねに、それを描くための新しい方法や形式を要求する。たとえそれを描こうとする試みが包括的な形式によっておこなわれないとしても、そのために作品のリアリティと価値とが制限されるとはかぎらない。現実を断片的に描くということは、必ずしも現実を断片としてしか見ようとしない態度のあらわれではないし、ましてや、その現実を作品のなかで断片として固定させてしまおうとする試みを意味するものでもない。逆に、あたかも包括的に描かれているかにみえる現実も、真に客観的＝主体的にみれば、じつは現実のある部分、ある側面でしかない。ルカーチが『小説の理論』においてはその限界と終焉を示唆しながらも、のちには、事実上、長篇小説のもっとも典型的な形式とみなしている〈教養小説〉の、代表的な作品『ヴィルヘルム・マイスター』が、じつは、〈自己と外的世界との綜合〉をではなく、たんに自我と世界との妥協を描きえたにすぎなかったという事実（そして資本主義社会においてはそれしかなしえないのだという事実）、他方、ゲーテとの対比においてルカーチから消極的にしか評価されなかったジャン・パウル(11)が、すでにブルジョワ社会を決定的に毒しはじめていた種々の要因をきわめてリアルに描きだし、いっけんその社会のなかにぬくぬくともぐりこんでいるようにみえながら実はそこにひそむ矛盾を執拗にあばきつづける人間を形象化したという事実（そしてそれゆえにまた、ゲーテの長篇小説は形式的に完結しえたのにたいし、ジャン・パウルのそれはつねに形式的破綻を避けえず、つねにパロディへの道をたどらざるをえなかったという事実）――こうした事実は、ルカーチのリアリズム論の基盤となる全体性＝長篇小説理論そのものが、われわれにとってはもはや克服の対象でしかなくなっていることを如実に示している。

だがしかし、これまでにみてきたようなルカーチの文学理論の欠陥が、初期の著作にたいする自己批判の空洞化、すなわち、あるひとつの古い理念を形骸化したかたちで新しい理論体系のなかにのこすことによって生まれたものであったということを、もう一度考えなおしてみるとき、われわれは、たんにルカーチ一個人の枠内にはとどまらないひとつの問題にぶつからざるをえないのである。ルカーチのこの自己批判は、ファシズムの支配という現実をまえにしてなされたものだった。過去と訣別しようとするルカーチ自身のなかに、批判の対象となっているかつてのそれとは根本的に異なるかたちでではあれ、強い危機意識と革命への展望とが渾然とうずまいていたであろうことは、想像にかたくない。しかも、その自己批判は、やはりかつてのハンガリー革命のときとはまったく別の形態をとっていたにせよ、反ファシズム闘争というひとつの実践活動をつうじて獲得された立脚点にもとづく、誠実な反省だった。すなわち、われわれがルカーチの文学理論における長篇小説の問題を明らかにしようとするとき、われわれはまた、理論と実践の、思想と現実変革の、問題にかかわってもいるのである。このことは、従来なされてきたルカーチにたいする批判のほとんどが、ちょうどルカーチ自身の自己批判が古い感情と思想を、発展させるべき要素もろともに捨てさったのとおなじように、ルカーチ理論の形式的批判にとどまり、その理論内容の矛盾や硬直を衝くのみで、具体的な歴史のなかに生きたひとりの思想家が革命運動のなかで展開した批判活動を主体的な実践と客観的な理論的成果との関連においてとらえるという観点をともすれば欠いていたことを考えあわせて、とくに強調しておかなければならない。

『小説の理論』をもふくむ最初期の諸論文を読むとき、われわれは、ルカーチの出発点が、のちのかれ自身によって激しく否定される思想と感情とに、いかに色濃くそめられていたかを発見して、深いおどろきを禁じえないだろう。そこでかれをとらえているものは、シャルル＝ルイ・フィリップであり、テーオドール・シュトルムであり、パウル・エルンストの悲劇精神であり、初期のトーマス・マンである。かれがチェーホフに傾倒し、とりわけ『犬をつれた奥さん』の哀愁ただよう雰囲気を深く愛していたということも、のちのかれの〈リアリズム〉論とてらせば、われわれに意外の感をいだかせさえする。だが、こうした事実はまた、〈大叙事文学主義者〉ルカーチ、〈バルザック主義者〉ルカーチのかげに、もうひとつのルカーチ像を設定してみることを可能にするし、またそうした試みにむかってわれわれを衝きうごかさずにはいない。それは、いわゆる世紀末的な、あるいは前衛的な、のちのかれ自身に言わせればおそらく〈デカダンス〉、〈モダニズム〉、等々と名づけるであろうような傾向にたいする、深い共感、少なくとも深い関心をいだいたルカーチの姿である。たとえば、『小説の理論』と表現主義との客観的な親近性を認めたかれの発言[12]は、さきに引用した「リアリズムが問題だ」のなかの自己批判の一節を補足して、この仮定をある程度うらづけているものと言えよう。ルカーチの自己批判は、たんに革命運動とちょくせつ関係した思想と感情とに向けられていただけではなく、よりいっそう感性的な次元の美意識、芸術的な感受性にまで、むけられていたのだった。このように考えてはじめて、そののちのかれがあれほどまでに意識化の作業を重視し、直接性＝非媒介性を拒否するようになるいきさつが、明らかとなるだろう。

すなわち、ルカーチの〈全体性〉への固執、〈長篇小説〉形式の偏重は、みずからの古い感性を否定し、誤りをおかした過去を清算して、新たな革命への展望を、その革命のなかで文学・芸術がになうべき役割をさし示す道を、きりひらくための苦渋にみちた試みだったのだ。ファシズムの嵐を眼前にしたかれにとって、この努力はむしろ当然のことだった。だがしかし、その古い感性の否定は、新しい感性を見きわめることによってではなく、事実上、感性そのものを否定するというかたちでしか、なされなかった。かれが自己批判をつうじて、なさねばならなかったことは、本来なら、「どうすればそれ〔存在《ヴェーゼン》〕は感覚的な直接性をもったまま唯一の現実的なものに、真に存在するものになりうるのか？」という観点を、具体的な歴史的状況のなかで、すなわち過渡期としての現代のなかで深めることによって、感性で世界をとらえる人間が実践のなかでそれを徐々に意識化しながら自己をつくりかえつつ世界を変革していく過程を明らかにし、その実践活動のなかに文学・芸術のもつ意味を位置づけ、そのはたす役割を明確にする、という試みでなければならなかったはずだ。この試みにとって、〈長篇小説〉というジャンルはじつに多くの重要な問題を具体的に提供しえたはずである。だが実際には、この〈ブルジョワ社会の叙事詩〉、〈神に見捨てられた世界の叙事詩〉の本質を充分に追究せぬままこの形式を絶対視して、直接性一般を否定し、もっぱら〈現実の客観的全体性〉の反映を強調する方向で、ルカーチはみずからの過去と文字どおり訣別したのだった。そして、それとともに、積極的な文学理論への出発点となるべき大きな可能性をひめていたかれの長篇小説論は、長篇小説というひとつの文学形式を至上のものとして固定させることによって、この形式そのもののこんにちにおける崩壊と、運命をともにすることになるのである。

（一九六七年七月）

（1）「リアリズムが問題だ」（『ダス・ヴォルト』誌、一九三八年六月号。邦訳＝れんが書房新社刊『表現主義論争』）。

（2）「ブルジョワ叙事詩としての長篇小説」（熊沢復六訳、ソヴィエト文芸百科全書『短篇・長篇小説』、清和書店、一九三七年）。

（3）ヨージェフ・レーヴァイ「われわれの文学の若干の問題にかんする見解」（József Révai: *Bemerkungen zu einigen Fragen unserer Literatur.* In: *Literarische Studien,* Ditz Verlag, Berlin 1956.）。

（4）ハンス・コッホ、ヨージェフ・レーヴァイ、アンドラーシ・ゲデ、ヨージェフ・シゲティ、エレマール・バログ、J・エルスベルク、ベーラ・フォガラシ、ハンス・カウフマン『ジェルジ・ルカーチと修正主義』（Hans Koch, József Révai, András Gedö, József Szigeti, Elemár Balogh, J. Elsberg, Béla Fogarasi, Hans Kaufmann: *Georg Lukács und der Revisionismus, eine Sammlung von Aufsätzen,* Aufbau Verlag, Berlin 1960. ここに収められた論文の一部は、藤野渉編『現代思想としてのマルクス主

義』（大月書店、一九五九年）に訳出されている）。

（5）「ブルジョワ美学における調和的人間の理想」、『ダス・ヴォルト』一九三八年四月号（*Das Ideal des harmonischen Menschen in der bürgerlichen Ästhetik.* In: *Das Wort,* 3. Jg. H. 4, April 1938. 邦訳＝『表現主義論争』）。

（6）リュシアン・ゴルドマン「ジェルジ・ルカーチの『小説の理論』によせて」。

（7）『小説の理論』第一部、第三章（『美学および一般芸術学雑誌』第一一巻、一九一六年。邦訳＝白水社版『ルカーチ著作集』第二巻）。

（8）一九三八年六月二十八日付のアンナ・ゼーガースのルカーチ宛の手紙（Lukács: *Essays über Realismus,* a. a. O. 邦訳＝『表現主義論争』）。

（9）「リアリズムが問題だ」（『ダス・ヴォルト』一九三八年六月号。邦訳＝前掲書）。

（10）ルカーチ「物語か記述か」を参照（*Erzählen oder Beschreiben?* In: *Probleme des Realismus,* Aufbau Verlag, Berlin 1955. 邦訳＝白水社版『ルカーチ著作集』第八巻）。

（11）ルカーチのジャン・パウル評価については、とりわけ、ラーベ論、ケラー論（ともに『十九世紀のドイツ・リアリストたち』*Deutsche Realisten des 19. Jahrhunderts,* Aufbau Verlag, Berlin 1953. 邦訳＝『ルカーチ著作集』第五巻に収載）および初期の『魂と形式』中のスターン論のほか、『ドイツ文学小史』第一部第二章（*Skizze einer Geschichte der neueren deutschen Literatur,* Aufbau Verlag, Berlin 1953. Neuausgabe: Luchterhand Verlag, Neuwied und Berlin 1963. 邦訳＝岩波書店『ドイツ文学小史』）を参照。この作家にたいするルカーチの態度は、長篇小説の解体の過程として〈パロディ〉や未完の作品がふくむ重要な意味を、かれが充分にとらえきっていないことを示している。

（12）『小説の理論』新版への序言（*Vorwort zur <Theorie des Romans>,* Luchterhand Verlag, Neuwied und Berlin 1963. 邦訳＝『ルカーチ著作集』第二巻）参照。

ドストエーフスキーとルカーチ
——長篇小説論への序章

追放された神々とまだ支配力をもつにいたらぬ神々は悪霊《デーモン》となる。
（『小説の理論』）

I

一九一四年冬、ドストエーフスキーへの瞥見をもって終わる一篇の『小説《ロマーン》の理論』によって、ルカーチがとらえ表現したものは、たんに〈長篇小説《ロマーン》〉というひとつの文学ジャンルの特性や歴史にとどまらず、むしろかれ自身をとりまく現実の姿とそれにたいするかれの態度や決断そのものでもあった。

第一次帝国主義戦争というかたちをとって噴出したブルジョワ社会の矛盾のただなかで、この矛盾が生みだすさまざまな問題性を、鮮烈な危機意識に支えられながら概念化し、崩壊と終末の実感を（もちろんまだ明確な方向性を見出しえぬままだったとはいえ）来たるべきユートピアへの予感と結びつけた点において、この文学上の理論作業は、うたがいもなくロシア革命とヨーロッパ革命の同時代人だった。古代ギリシアの英雄叙事詩にはじまる長篇小説の歴史の包括的で抽象的な叙述は、言うまでもなく、過去を事実として定着させる〈文学史〉とはなんの関係もない。それは、長篇小説の〈歴史哲学的〉な特性、すなわち、この形式が一貫してもっている過渡的性格を描きだすためのものにほかならず、この形式の基盤をなす社会的・人間的不確かさ、その〈深淵〉を、照らしだすためのものにほかならない。おそらく古代ギリシア社会は、事実という側面からみれば、ルカーチが想定するような、「星空が、歩みうる、また歩むべき道の地図となり、その道を星々の光が照らしているような時代」、そうした「幸福な」時代ではなかっただろう。すでにそこにも、支配—被支配の構造は確実に機能しており、したがってその社会は、被支配者にとっても支配者にとっても、明澄な全体的可視性をもったものとして現われてきたはずはないのである。だがしかし、じつはルカーチの関心は、ギリシア時代とその後につづく諸時代との歴史的差異にむけられているのではない。かれの目はむしろ、執拗に〈いま〉を見すえている。しかも、かれが古代社会に対置したひとつの状況、「認識と行為、魂と形象、自我と世界とのあいだに架橋しがたい深淵をおかざるをえず、すべての実体が深淵の彼方にとび去っては反省的意識となって帰ってくるままにまかせざるをえない」という状況、これこそは疑いもなくわれわれの状況である。ルカーチが、ほかならぬこの状況が長篇小説をささえる基盤であることを発見し、放浪の旅をつづけながらも最終的にはみずからの故郷に帰りつく古代英雄叙事詩の主人公と対比させて、この世界のなかに故郷を見出しえないまま自我と世界とのあいだに横たわる深淵をのりこえようと試行しつづける近代長篇小説の人物たちに目をむけたことこそは、『小説の理論』のもっとも本質的な意義であり、この未完の考察とわれわれとを結ぶ絆なのだ。

　世界が疎遠なものとなって迫ってくるとき、自己の内面もまた底なきものとなる。世界の喪失と自我の喪失は、当然のことながら、同一の歴史的状況の二様の表現にほかならない。外的世界と同様にみずからの内部もまた自明のものではなく、たえず探索しつづけねばならない未知の領域なのだ。失われた世界とそのなかで世界をも自我をも失った人間、そしてそれにもかかわらず、あるいはむしろそれゆえにこそ、失われた自我と世界とをさがし求めざるをえない人間、これが長篇小説の内容であると同時に、また基盤ともなっている。〈I go to prove my soul!〉（わが魂を試みんがために行く！）というブラウニングの『パラケルスス』の言葉こそは長篇小説の主人公のモットーにふさわしい、とルカーチは考えるのである。

　このような長篇小説というジャンルがもしも崩壊し終末を告げるとすれば、それはルカーチにとって、この文学形式の基盤そのものの崩壊と終末を意味するものであらざるをえない。かれが近代長篇小説の三つのパターンのうち、いわば綜合《ジンテーゼ》的性格をもつものと規定した『ヴィルヘルム・マイスター』的〈教養小説《ビルドゥングス・ロマーン》〉は、これまた、文学史的には、ルカーチが言うような、他のふたつ、すなわち「抽象的理想主義」（『ドン・キホーテ』）と「幻滅のロマン主義」とを止揚・綜合する試みでは必ずしもなかった。むしろ、この「綜合の試み」の破綻こそがロマン主義の母胎だったと言うべきだろう。長篇小説を三種に分類し、ゲーテ的教養小説を〈綜合〉としてとらえる視点には、カントからヘーゲルへの思想的移行をとげつつあった当時のルカーチのいわゆる観念論が、あきらかにあらわれている。それにもかかわらず、小説の内的構造という点からしても、自我と世界との緊張関係のなかに身をおきながら両者のあいだに統一、和解を見出そうとする人物を描く〈教養小説〉は、実際上もっとも明確にブルジョワ社会の理想を表現する形式だった。なぜなら、こうした到達点の設定は、社会の共通の理想像に裏打ちされることなしには不可能なのだが、典型的な教養小説にとっては、この到達点（教養理念）は、〈個人〉が〈成長〉して〈社会人〉となること、つまりある一定の〈職業〉ないしは〈専門分野〉で果たす〈社会的役割〉によって〈公共〉の生活に参加する、ということにほかならないのだ。それだけに、教養小説にかわる幻滅小説の擡頭と、二十世紀初頭における教養小説形式の最終的な破砕は、資本主義体制のなかでは決して統一されえない〈個人〉と〈共同体〉との関係を〈職業〉や〈専門〉を軸として統一可能であるかのように描いてきたブルジョワ社会の理想の崩壊、および理想を理想たらしめるイデオロギー的ヴェールの破綻を物語るものである。ひいてはまた、それは、これらに依拠して維持されるものとなりかわっていたブルジョワ社会そのものの崩壊と終末を、必ずしも所与のものとして示すわけではないにせよ、少なくとも予示するものにほかならない。ルカーチにとって、長篇小説が古代および中世の叙事詩から未来社会の叙事詩への途上にある過渡的形式であり、かつて叙事詩を可能ならしめていたものが深淵と故郷喪失とを知らぬ世界であったとすれば、長篇小説の終焉はそうした世界の再生であり、過渡期としての現代の終末でなければならない。「神に見捨てられた時代の叙事詩」である長篇小説は、この終末のはてに、ふたたび自己の行為の意味を見出す人物を形象化することができるであろう。人間は自我と世界との分裂のかなたにふたたび全的な存在を獲得し、世界はふたたび〈神〉を見出して、人間の帰るべき故郷となるであろう――。

現実認識は、こうして、ひとつの文学形式の考察を媒介としつつ、未来への志向と結ばれる。その未来にいたる道はまだいかなる意味においても実践的に把握されていないがゆえに、それは単なる予感でしかなく、あくまでもユートピアでしかない。だがそれだからこそまた、ここにある未来への希求は、まだ果たされぬ夢として、ひとつの課題として、現実の中空をただよいつづけることができる。現実とユートピアと、そしてなによりもこの両者のあいだをへだてかつ結ぶ急転（革命）は、この時期のルカーチにとって、具体的な展望や的確な方針を可能にするイメージとして存在していたのでは決してない。しかし、そのかれが、つぎのような一節をふくむ確認によってかれの考察を閉じたとき、『小説の理論』は、その枠内では解決できない深刻な問題性をはらむものとならざるをえなかった。そしてほとんどこの問題性のゆえにのみ、ルカーチの長篇小説論は、いっけん思弁的・観念的な考察にもかかわらず現実的であり、現実否定的でありつづけているのである――「ドストエーフスキーの諸作品においてはじめて、この新しい世界が、既成のものにたいするどんな闘争からも距離をおきながら、ただもっぱら眺められた現実として、描きとられる。それゆえ、かれおよびかれの形式は、本論の埒外にあると言わねばならない。ドストエーフスキーはいかなる長篇小説も書かなかった。〔……〕かれは新しい世界に属している。」[1]（傍点は池田）

Ⅱ

ドストエーフスキーとルカーチ――ともすればたがいにきわめて遠くへだたっているかに思われなくもないこのふたりは、じつは意外なほど近いところに立っている。第一次世界大戦下のブダペシュトで、カーロイ（カール）・マンハイム、アルノルド・ハウザー、ベーラ・フォガラシらをメンバーとして週に一度ベーラ・バラージの家で討論をつづけた私的なサークル（ルカーチ・グループ）において、ルカーチは終始ドストエーフスキーについて語っていたという。一九一九年のハンガリー革命のさなかにも、教育人民委員代理としてソヴィエト政権に参加したかれの心をとらえていたものは、政治的暴力《ゲヴァルト》と倫理の問題であり、テロリスト＝サヴィンコフの苦悩とならんで、キリストを火刑にするあのドストエーフスキーの〈大審問官〉の問題だった。

『小説の理論』自体がドストエーフスキーへの関心と密接に結びついていたことも、はじめてこの論文が一冊の本として出て以来じつに四十数年ぶりに刊行された第二版の序文から、うかがうことができる。だが問題は、なによりも、これが当時ルカーチの計画していたドストエーフスキー論の序論として書かれたものだった、という事実である。このことがほとんど知られていないのは、この論文が『美学および一般芸術学雑誌』にはじめて発表されたときルカーチのつけた註が、その後の版本ではすべて削除されたためにほかならない。その註でルカーチはこう述べている――「本論は、少なからぬ点で断片的である。これは美学的・歴史哲学的なドストエーフスキー論の序論として書かれたものであって、その本質的な目標はネガティヴなものだった。すなわち、文学的形式に関しても、その形式の歴史哲学的関連性に関しても、ドストエーフスキーが――新しい人間の告知者として、新しい世界の形象者として、古くかつ新しい形式の発見者および再発見者として――ひときわくっきりとそこからうかびあがっているその背景を、描くということだった。もしもかれの諸作品とかれが歴史哲学的にもつ重要な意義とをポジティヴに分析していたとすれば、ここで単に暗示的に指摘されているにすぎない多くのことがらも、相互の補足的な対比をとおして真に明白になっていたことだろうと思う。わたしの入隊は、仕事の中断を余儀なくさせた。そして、このことによって、そもそも仮りにこれが完結されるものだとしてもいつこの作品全体が完結できるのか、まったくわからなくなってしまったため、この論文をこうしたかたちで公にするのもやむをえない、とわたしは感じている。この論文は、もちろんそれでもなお、このスペースのなかで可能なかぎり、ひとつの限定された対象をできるだけあますところなく論じてはいるのである。たしかに本論には――外的な事情のために――たんに意図した体系的構成のみならず、若干の箇所では最終的な推敲も欠けているが、どうか読者がこれをもっぱらわたしの責にのみ帰せられることなく、できうるかぎり、ポジティヴなもの、成就されているもの、つまりこの断片がふくむ特殊問題に、目をむけられるよう願ってやまない。[2]」

　予定されたこのドストエーフスキー論は、かれがここで述べている兵役という理由よりも（実際には、多額納税者の子弟であったため、実質的な兵役は免除され、実務的作業に配属された）、やがてかれがまったく予想外の活動にとびこんでいったという事情のために、ついに書かれることなく終わった。もちろん、そうした外的な条件に加えて、〈序論〉そのものの構想が、これにつづく新たな展開を困難にしたということも、想像できないではない。ひとつには、〈幻滅のロマン主義〉の世界喪失と内面への道は、ルカーチが近代小説のほとんど最高の成果として讃えるトルストイの諸作品の出現にもかかわらず、なおも人間にとって克服された過去とはならなかったからである。またひとつには――同じことを別の側面から言うだけにすぎないが――ドストエーフスキーへの展望とともに予感された〈新しい世界〉が、ハンガリー革命やドイツ革命の敗北によって、またもや単なるユートピアに終わってしまったからである。その意味では、ルカーチ自身の後年の回想(3)にまつまでもなく、この未完の〈ドストエーフスキー論〉は、同時代の表現主義が、もっとも根底的《ラディカル》に現実の実相をあばきだし、変革へのパトスをこめてそれを表現しながら、革命の一時的圧殺とともに少なくともまとまった思潮としては分散し消滅していったのと、まったく同一の道すじをたどったとさえ言える。

　だが、未完の革命がけっして過去のものとなりえないように、思想的・文学的な世界把握の試みも、たとえそのとき果たされなかったにせよ、そのまま消えさり無に帰することはありえない。たとえば表現主義は、この運動をになった芸術家たちが、あるいは共産主義者としての自己形成をとげ、あるいは冷笑と自己韜晦のうちに神秘主義とファシズムの陣営に屈服していったのちも、たんなる過去の歴史的遺産と化してしまうことなく、共産主義者たちのまえにもまた現在的な問題として立ちはだかりつづけた。一九三七年から三八年にかけての〈表現主義論争〉は、この芸術運動の課題がなんら過去のものになってはいなかったこと、この思潮を生んだ社会的・歴史的・人間的状況が当然ながらまだ止揚されていなかったことを、如実に示している。〈表現主義〉とは、当節流行の脱政治的〈再評価〉や衛生無害な〈復権〉とは縁もゆかりもない破壊的・革命的な問題なのだ。

　同じように、ルカーチにとっての〈ドストエーフスキー〉もまた、重い課題となってかれの心をとらえつづけざるをえなかった。ドストエーフスキーが『悪霊』のなかに入れることを断念したのち永く日の目をみることがないままになっていた「僧正チーホンの庵室にて」(スタヴローギンの告白)の原稿が、一九二一年、ソ連邦教育人民委員ルナチャールスキーの手によってはじめて開かれたその翌年、ルカーチは、ドイツ共産党機関紙『ディ・ローテ・ファーネ』（赤旗）に、「スタヴローギンの告白」と題するエッセイを寄せる。また一九三一年には、モスクワで発行されていたドイツ語週刊誌『モスカウアー・ルントシャウ』（モスクワ展望）に、「ドストエーフスキーの遺稿について」という短評を書いている。そのかれが、あらためて正面からドストエーフスキーととりくむことになるのは、だがしかし、すでにかれが――かれ自身の意図とは裏腹に――〈社会主義リアリズム〉理論の実質的な担い手のひとりと目されるようになってからの、一九四三年のことだった。

　そのとりくみは、かつて計画された〈ドストエーフスキー論〉が〈ネガティヴな序論〉だけで中断されざるをえなくなった内的な必然性を、はっきりと確認し意識化することなしにはなされえない。一国社会主義の一応の固定化と反ファシズム闘争、第二次世界大戦という歴史的時点にありながら、この新たなドストエーフスキー論は、かつてドストエーフスキーの諸作品のなかにかいまみられた〈新しい世界〉がまだ現実のものとなっていない、という痛苦にみちた認識によって支えられているのである。

『小説の理論』のなかでルカーチは、「わが魂を試みんがために行く！」というあのセリフを演劇の人物が語ることの不当性を指摘し、これこそは長篇小説の主人公の言葉でなければならぬと述べた。「演劇の主人公は内面性を知らない。なぜなら、内面性は、魂と世界との敵対的な分裂から、心理と魂とのあいだの苦痛にみちた距離から、生まれるからだ。」（強調は池田）この分裂、この距離を意識した人間は、それを埋めるべく冒険（行為）をもとめ、冒険によって自己を確かめようとする。これが長篇小説の素材であり、基盤である。「長篇小説は、冒険の形式、内面性の固有価の形式である。」だがこの冒険は、成功を保証されていない冒険である。行為によって内面性はますます外的世界からの乖離を深め、ますます著しい内面性の固有価として、主人公をさらに冒険へとむかわせる。こうした絶えざる行為、絶えざる過渡的状態こそは、近代長篇小説の特質なのだ。それゆえ、「わが魂を試みんがために行く！」というその言葉を、一九四三年の「ドストエーフスキー」の冒頭にモットーとしてかかげたとき、うたがいもなくルカーチは、ドストエーフスキーの諸作品のなかにもこの特質を認めていたのである。それどころか、これを全体のモットーとしてかかげるいじょうは、ここにこそその典型的な姿があると考えていたにちがいない。かつて垣間みられた〈新しい世界〉を長篇小説的状況を超えたところに見出しえなかったということ、ドストエーフスキーが告知したその世界は、じつは長篇小説的状況の徹底化、極限化にほかならなかったということ——これが、この新しいドストエーフスキー論の暗黙の前提をなす認識である。

Ⅲ

それでは、この認識によって、「ドストエーフスキーはいかなる長篇小説も書かなかった」というあの規定は、まったく無意味な誤ったものになってしまったのか？　『小説の理論』ではトルストイとドストエーフスキーの歴史的位置づけを転倒させていた、という後年のルカーチ自身の反省[4]に、われわれも従うべきなのか？

けっしてそうではない。むしろルカーチは、このモットーによって、先行するもろもろの長篇小説形式とその基盤とが、ドストエーフスキーに至ってはじめて真に質的な変化をはらむものとなったこと、ゲーテ的〈教養小説〉の人間像およびそのエピゴーネンたちが、ここではじめて決定的に新しい人間像にとってかわられたことを、明示しようとしたのである。この変化の本質を追究することによって、この変化が確実に既成の秩序にとっての危機をはらむものであることを明らかにすることによって、かつて単なるユートピア、単なる予感でしかなかったものを、具体的な急転（革命）の現実性へと収斂させること、これこそが、ふたたびドストエーフスキーと対決するルカーチの意図だったのだ。

「すでにゲーテは、〈汝自身を知れ〉という命題にたいして、自己分析による自己認識にたいして、きわめて懐疑的な立場をとっていた。しかし、かれにとっては、行為が人間の自己認識にいたる道であるということは、まだ自明のことがらだった。もちろん明確に定式化されたものではないにせよ、しかしいつになっても揺らぐことのない理想の体系を、かれはもっていた。かれがこれらの理想を追求することによって、必然的に行為が生じた。そうした行為は、その内容のゆえに、理想との内的な関係のゆえに、意味あるものとなるのである。自己認識は、こうして行為の副産物となる。人間は、具体的な社会的行動をおこなうことによって、自分自身を認識するのである。たとえこれらの理想が変化しようとも、たとえこれらが、実現されたり実現されなかったりすることによってその重みを失い、相対化されようとも、失われた理想にかわって新たな理想が生まれてくる。ファウストも、ヴィルヘルム・マイスターも（そしてゲーテ自身はなおのこと）それぞれ問題性をもっている。しかしかれらは、自分自身にとって問題となるまでにはまだ至っていないのだ。」(5)――一九四三年のドストエーフスキイ論のこの一節は、『小説の理論』のなかで近代長篇小説の典型としてとらえられたあの〈教養小説〉がどのような社会的・人間的条件のもとで可能であったかということを、あらためて的確に言いあらわしている。こうした条件は、ドストエーフスキーにとってはもはや存在しない。かれにとっても、かれの人物たちにとっても、到達すべき有意義な目標、すなわち〈教養理念〉たりうるような理想は、もはや見出すべくもない。孤独のすえにいだかれる〈権力への意志〉ですら、かれらにとっては存在のささえとはなりえない。行為は、もはや自我と世界とのあいだの深淵を埋めるためのものでさえなく、もっぱらこの深淵の幅と深さをはかるための実験でしかなくなる。「自分自身を素材とする実験、すなわち、行為のための行為の遂行、その内容、効果、等々のための行為というよりはむしろ行動しつつ自分自身をいっさいの深みまで、底の底まで、決定的に認識するための行為の遂行」(6)――これこそは、ルカーチが指摘するとおり、ドストエーフスキーにとってのみならず「十九世紀および二十世紀のブルジョワ・インテリゲンチャの世界における重要な人間的問題のひとつ」なのである。しかも、かれらのこの問題性、かれらがおこなうこの実験は、ついにかれらを生の限界にまで拉《らっ》し去らずにはいない。「ここには、ロシア・インテリゲンチャの誠実な部分をきわめて早い時期に革命家に変えたあの絶望と生の無目的性の深淵がぽっかりと口をひらいている。そしてわれわれは、これらの人間にとって、もしもかれらが誠実に自己の生の目標を探求したばあい、自殺か、自堕落か、革命か、それしか残されていなかったのだということを、深く震撼させられながら見てとるのである（スタヴローギンは、第一の道を選ぶ）。」――すでに一九二二年に書かれたエッセイ、「スタヴローギンの告白」のなかで、ルカーチはこう指摘している。[7]

このような終末につきすすんでいくかれらの実験からは、一方ではますます深い自己喪失が、行為と内面とのますます著しい分裂が生じる。そして他方では、行為のたびごとにますます自分自身に投げかえされてしまう人間たちにとって、他人の心理は永遠に未知の地でしかなく、他人はただ、疎遠で威嚇的な力としてのみ存在するようになる。他人をさまざまなやりかたで責めさいなんで、それをじっと観察する自分自身をみつめる自分。他人は、自己を素材とする実験のひとつの道具にまでおとしめられ、そうした人間関係は、あらかじめ暗示された悲劇的な破局にむかってつき進んでいくことによってしか、人間的な関係として成立しえない。他人と自己との物化、この自己喪失とこの孤独から、〈理念《イデー》〉への固定妄想と、物笑いになることへの恐怖にかられた身ぶり（ゼスチュア）が生まれる。これらによって駆りたてられたドストエーフスキーの人物たちは、それぞれ個性的なやりかたではあれ、いずれも決して成就することのない無限の行為を、他人との断絶をますますかれらに意識させずにはいない空しい身ぶりを、さらにくりかえしつづける。スチェパン・ヴェルホーヴェンスキーも、スヴィドリガイロフも、ナスターシャ・フィリッポヴナも、そしてニコライ・スタヴローギンも、すべてその例外ではない。たとえば、『叔父さんの夢』の主人公は、ゼンマイ仕掛けの表情という驚くべき想定によって、あらゆる動作が身ぶりにほかならないことを強調されている。「木屑に乗って流れを渡る」ような底なしの試行をくりかえしたスタヴローギンは、最後の自殺をすらも、実験にかえ、身ぶりにかえる。綱にべっとり石鹸をぬって首を吊るかれは、苦痛を和らげるためのこの処置をあえてとることによって、自分自身の卑劣な行為の仕上げをし、それを他人のまえで演じてみせるのである。しかも、これは単に、人物たちの〈個性〉の問題ではない。ナスターシャ・フィリッポヴナは、そしてまたニェートチカ・ニェズヴァーノヴァは、読むものをとらえてはなさないこれらの人間像がどのような人間関係のなかで、どのような境遇のなかで、そうした〈個性〉として、これほどまでに悲惨で激情的で魅力的な女性像として、形づくられてきたものであるのかを、あまりにも生きいきと示している。

　ドストエーフスキーの世界のいたるところに生きているこうした実例は、かならずしもルカーチによってこのように指摘されているわけではない。ルカーチは、本質的にはラスコーリニコフや〈未青年〉に、そしてとりわけスタヴローギンに固執する。しかし、この少数のインテリゲンチャ像を手がかりにして、かれは、これらさまざまな人物たちの底に流れる極限的な自己喪失と世界喪失を、するどくつかんでいる。これほどわずかなスペースのなかで、後進国の大都市がはらむ爆発的な問題性と人間の内面の破綻とをこれほど深くえぐりだし、ブルジョワ社会の内在的な崩壊のきざしをこれほど緊密に作品および人物と結びつけたドストエーフスキー論は、ほかに例がないとさえいえる。だがしかし、ここにおいて真に重要なものは、そうした文学的な〈理解〉の〈深さ〉ではない。現実にたいするどのような姿勢と態度決定にもとづいてこれが書かれたのか、ドストエーフスキーの世界と人物のなにがこれほどまでにルカーチをとらえ、こうした考察をかれから引き出したのか、これこそが問題なのだ。

　ルカーチが「ドストエーフスキー」の結論部で、『作家の日記』をもふくめたこの作家の作品にくりかえし現われてくるクロード・ロランの「アシスとガラテア」という絵への回想について言及しているのは、きわめて注目すべきことである。スタヴローギンは、その「告白」のなかで、ドレースデンの美術館にあるこの絵をわざわざ観にいったこと、そしてその絵の夢をみたことについて述べている。この夢は、出版者の意向で「告白」を『悪霊』から削除せざるをえなくなったとき、『未青年』に編入され、ヴェルシーロフがアルカージイ・ドルゴールキーに語ることになる。ドストエーフスキーの人物たちは、この絵を〈黄金時代〉と呼ぶのだが、これについてルカーチはこう解釈するのである――「黄金時代、それは真の調和的な人間同士の真の調和的な関係である。ドストエーフスキーの人物たちは、これが自分たちの現実のなかでは夢にすぎないことを知っている。しかしかれらはこの夢を断念することができない。またかれらの感情のほとんどがこの夢とまっこうから矛盾するばあいにすらも、断念しようとはしない。この夢こそはじつに、ドストエーフスキーのユートピアの真の核心、本当の含有金であり、人間がたがいに認めあい愛しあうことのできる世界状態、文化と文明が人間の魂の発展をさまたげる障害ではなくなる世界状態なのだ。」内面性と世界との分裂にひしがれ、行為と魂とをへだてる深淵にのみこまれながら、ひたすら自己を素材とする実験をくりかえすドストエーフスキーの人物たちは、じつは、ルカーチが指摘するとおり、こうしたユートピアへの夢によって支えられているのである。

だがそれだけではない。ルカーチのこの指摘に加えて、われわれはぜひともうひとつの側面に目をむけておかなければならない。すなわち、こうした夢は、すぐさまかれらを、悲惨な現実とそのなかでの自己の行為のおぞましさについての意識へと、ひきもどしてしまうのだ。スタヴローギンが恍惚たる夢からさめたとき、そのかれが黄金色にかがやく夕陽の光のなかに見たものは、かれによって凌辱され死を決意した少女のまなざしと非難のしぐさ、かれがその死を冷徹に予想し冷酷に現認したその少女の姿である。ヴェルシーロフもまた、夢から現実にひきもどされたときの感慨をこう述べる、「わたしが夢のなかで見た、ヨーロッパの人類発生の初日の沈みゆく夕陽は、わたしが目をさますが早いか、たちまち現実に、わたしにとっては、ヨーロッパの人類最後の日の落日に変貌してしまったのだ！」（小沼文彦訳）あらゆる理想の解体、あらゆる秩序の崩壊の意識が、こうした黄金時代にたいするやみがたい願望と結びつくとき、ドストエーフスキーの人物たちのあの絶望的な〈行為〉が生まれる。しかもその夢は、刻々にその願望を裏切る逆夢《さかゆめ》によってたえずつきまとわれ、それとのあざやかな対照のなかでますます鮮烈な夢となって人物たちをとらえつづけるがゆえに、〈行為〉はますます絶望的なものとなる。「じつをいえば、わたしだってあんたのことを空想しなかったわけでもないの。それはあんたのいうとおりなの。わたしがまだあの男に養われて、五年のあいだほんとのひとりぼっちで田舎で暮らしていたころ、わたしはよくあんたのことを空想したわ。考えて考えて考え抜き、空想して、空想し抜くことがあるでしょう。すると、正直で、人のいい、親切な、そしてやっぱり少々のろまな人を想像するの。そんな人がやって来て〈ナスターシャさん、あなたには罪なんかない、ぼくはあなたを尊敬します〉といいそうな気がしてならなかった。よくそうした空想に苦しめられて、気がちがいそうになることもあったわ……そこへこの男がやって来て、年にふた月ずつ泊っていって、けがらわしい、恥ずかしい、腹の立つ、みだらなことをして帰って行くんです。――わたしはなんべん池へ身を投げようと思ったかしれないけれど、未練なために思いきれなかったの。さあ、もう……ラゴージン、用意はできた？」（米川正夫訳）――〈白痴〉ムイシュキンをのこして出発していこうとするとき、ナスターシャはこう自分の夢と現実を語る。

けっして実現されることのない夢は、それにもかかわらずこの夢を放棄すること自体が生そのものを放棄することであるがゆえに、かれらを非現実的で狂気にみちた行為へと駆りたてずにはいない。夢を現実にかえる力を奪われ、あるいはその力をまだ獲得しえない人間たちは、かれらが〈白痴〉や〈無神論者〉となる可能性すらもたないとき、〈悪霊《デーモン》〉としてこの逆夢の世界とかかわるしかないのである。ドストエーフスキーは、革命を憎悪しようとした。革命だけを拒否しながら、革命の一歩手前までのあらゆることをとことんまでつきつめた。かれには、その最後の一歩をふみだすことができなかったがゆえに、ナスターシャやスタヴローギンが見えたのだ。これとは逆に、トルストイは革命を必然であると理解していた。そのかれにはナターシャしか見えなかった。ともに長篇小説の歴史に画期的な革新をもたらしたこのふたりの作家のうち、かれらの主観的な意図とはうらはらに、ドストエーフスキーのほうがより深くわれわれの時代に、すなわち革命的状況に、かかわっている。自己をも他人をも、たえざる実験の素材や道具として、すなわち純然たる〈もの〉としてとらえるドストエーフスキーの人物たち、そのかれらとかれらの世界は、まさに、われわれの世界、われわれの人間にほかならない。なんの解答も見出せぬまま（あるいは政治的には誤った解答しか見出せぬまま）この人物たちの世界と内面を描いたドストエーフスキーは、真に〈新しい世界〉を、すなわち夢の実現のためには必然的に破壊されねばならぬ最後の世界を、告知する作家となることができたのだった。

多面的で重層的なドストエーフスキーの作品の、ほかならぬこうした側面とかかわろうとする方向性を示したルカーチは、じつは、このかかわりかたのなかにかれ自身の態度決定を、屈折したかたちで、しかし見まごうべくもない鮮明さをもって表現している。一九三一年に書かれた「ドストエーフスキーの遺稿について」では、ルカーチはむしろ、ドストエーフスキーの世界観をめぐってこの作家を否定的に評価しようとしていた。「かれは、小ブルジョワ知識人が革命に背をむけるのに役立つイデオロギーを、数十年も前もって与えていたのである。（ロープシンのようなタイプの頽廃したテロリスト的なナロードニキの後裔や、レオニート・アンドレーエフその他にかれがおよぼした影響を、思いおこされたい。）他方では、かれは、資本主義にたいするロマンティックな反対の問題をすべて、のっけから、〈内面的〉、〈心情的〉問題にかえてしまい、そうすることによって、広範な小ブルジョワ・インテリゲンチャがかれらの世界観を、宗教めかしたサロン的革命談義にまで〈深める〉のを、たすけるのである。[8]」だが、四三年の「ドストエーフスキー」では、この作家の反動的な政治性は後景にしりぞけられる。そして、「資本主義にたいするロマンティックな反対」の意味が、きわめて積極的に追究されるのである。三〇年代のあの悲惨な歴史を生きのびたルカーチが、あらためてドストエーフスキーととりくむとき、かれをとらえていたのは、あのかつての〈ユートピア〉の問題だったのだ。しかもそれは、もはや一九一四年のあの単なる予感としてではなく、行為の問題として、実践の問題として、言いかえればまさに革命の問題として、とらえられようとする。黄金時代への夢を指摘したかれは、つぎのような一節で「ドストエーフスキー」を閉じるのである――「ドストエーフスキーの人物たちの自然発生的で粗野で盲目的な叛逆は、この黄金時代の名においておこなわれ、こうした魂の実験の内容がなんであれ、この黄金時代への無意識的な志向をもっている。この叛逆こそが、ドストエーフスキーの作家としての偉大さであり、歴史的な進歩性なのだ。まぎれもなくここには、ペテルブルクの悲惨の闇のなかに輝くひとつの光がある。それは、人類の未来への道を照らす光なのだ。」（強調は池田）

Ⅳ

ハンガリー革命とドイツ革命のただなかで激しく燃えあがり、やがて革命の敗北とともにコミンテルンの批判をあびて消えていったかにみえたかれのあの革命的情熱が、二十年の年月を経てこの「ドストエーフスキー」のなかに生きつづけている。〈共産党のボリシェヴィキ化〉という名の反対派排除、左翼を切りすてることによってのみ提起されえた〈統一戦線〉戦術、これらにたいするかれの覆いがたい屈服、ないしは自己批判（そのもっとも顕著なあらわれは、一九三四年六月の講演「共産党のボリシェヴィキ化にとって《唯物論と経験批判論》がもつ意義」(9)のなかにみられる）にもかかわらず、ルカーチは、ドストエーフスキーを手がかりにして、たんなる言葉のうえでのスターリン批判をのりこえたのだった。この一篇のドストエーフスキー論は、実現されなかった革命とますます悲惨なものになっていく現実との確認であり、その現実のなかで依然として〈悪霊〉でしかありえない人間たちへの共感の表現であり、それにもかかわらずそのかれらの行為の背後にひそむ〈黄金時代〉への夢をみずからも追求しつづけようとする試みである。そしてそれゆえにこれは、三〇年代、四〇年代のかれ自身の二面性と、多くの共産主義者が強いられた屈折とを、あざやかに物語るドキュメントであるともいえよう。

だがしかし、この屈折の表現には、屈折ゆえにこそ露呈された問題性もふくまれている。若きルカーチは、『小説の理論』のなかで長篇小説という形式を〈過渡期〉および〈全体性〉の概念とわかちがたく結びつけることによって、この形式が、全体性喪失の状況のなかでなおも全体性を獲得しようと試みる志向の表現であることを確認し、しかもこうした状況が、長篇小説形式そのものと同じく、永遠のものではなく過渡的なものにほかならないことを明らかにした。ドストエーフスキーの諸作品の決定的な新しさにたいする高い評価も、それらが全体性の喪失を徹底的にあばきだして表現し、この状況を永遠の運命として受容するのではなくその彼方に〈黄金時代〉を夢みる人物、この現実にたいしてさまざまな叛逆をおこなう人物の、埋めがたい内面の深淵を具体的な世界のなかに形象化しえたからこそなのだ。全体性の存在が最後の一片にいたるまでもはや失われきった歴史的・社会的状況のなかで、個人の内面世界は最終的にまったく固有の世界として自立し、それを他のいっさいの存在のみならずそれ自身からさえへだてる深淵は、もはや決定的に埋めがたいものとなる。それは、ブルジョワ時代とともにはじめて独立した〈個人〉の最後的な完成であり、それゆえにこそまた崩壊でもある。こうした状況のなかで、なおもそこをおおう〈調和〉と〈秩序〉のヴェールを切り裂き、いまは存在しない全体性を作品のなかで擬似的に構築することを拒否しながら、ひたすら内面の深さを測ろうとしたドストエーフスキーの作品は、「神に見捨てられた世界の叙事詩」、「ブルジョワ社会の叙事詩」としての長篇小説の最後的な完成であり、それゆえにこそまた崩壊でもあったのだ。かれの人物たちがいだく〈黄金時代〉への夢は、もはや〈教養理念〉ではない。むしろ、〈教養小説〉的作品を決定的に不可能にする現実の確認である。だからこそ、たとえば一九三一年から三二年にかけてのルポルタージュ形式をめぐる論争や三〇年代後半の〈表現主義論争〉のなかでルカーチが、あくまでも長篇小説形式を規範としながら、「現実の表面」ではない「真の全体性」を「反映」することを作家たちに要求するとき、かれの視野からは、その現実の過程のなかに生きる人間の内面的問題性とその〈深淵〉が脱落し、主人公の行為を重層的にとらえる可能性が、事実上うしなわれてしまう。

たしかにルカーチは、一国社会主義的近代化政策・工業化政策をかつぎまわることによってのみ生存権を得ていたたぐいのスターリン主義的〈工業化小説〉にたいしては、たびかさなる〈批判〉にも屈せずついに衷心からの讃辞を呈することをしなかった。歪曲された〈革命的ロマンティシズム〉やいわゆる〈無葛藤理論〉のスローガンを、かれは一度として代弁したことはなかったし、むしろそれらの作品が〈社会主義リアリズム〉どころか〈国営自然主義〉でしかなかったことを、くりかえし強調している。けれども、かれの〈リアリズム論〉は、依然として旧来の長篇小説形式での現実の反映を要求するがゆえに、ブルジョワ科学主義を客観的な真理としてひきついだ三〇年代のイデオロギーを信奉する機械化・工業化小説、このイデオロギーを一種の〈教養理念〉として努めはげむ〈共産主義的人間〉を描いた形式的長篇小説の群れを、思想的・内容的にはともかく、様式的・手法的には容認することになってしまう。これによって、「全過程の全体性」を「反映」すべきであるとするかれの理論は、一方では、現実の悲惨さをおおいかくし、いかなるかたちのものであれ既成の秩序を合法化するこれらの作品を、内在的に批判することができなくなり、他方では、それによって〈反映〉ということの真の意味、破壊的な力をもちうる現実批判的な意味を、水割りし稀薄化してしまう。なぜなら、もしも芸術作品が現実の反映であるとすれば、それは現実の本質、すなわち支配―被支配の関係、社会の（現実には隠蔽された）階級支配関係の反映でなければならないはずであり、しかもそうした関係は、現代においては、それが人間の内面をいかに歪め、この歪みのなかからどのようなかたちでこの関係への反作用が萌《きざ》していくかということをも、反映しなければならないはずだからだ。

しかも、現実の反映は（ルカーチがよく承知しているとおり）文学作品の内容にかんしてのみおこなわれるものではなく、その形式をも規定し、さらにはこの形式によって逆に反映の幅と深さが規定される。新しい現実が要求する新しい表現形式は、旧来の方法ではとらえきれない新しい現実の姿を、新たに発見するのである。「ドストエーフスキーはいかなる長篇小説も書かなかった」という確認は、たんにこの作家がゲーテ的教養小説をもロマン主義的幻滅小説をも書かなかったという事実だけを示すのではなく、まったく新しい現実がここではじめて発見されたということをもあらわしている。すべての〈教養理念〉が失われ、すべてのブルジョワ的〈自我〉が失われたところから生まれたドストエーフスキーの文学は、この喪失が人間たちの一定のグループのなかに必然的に生みだすひとつの極限的な対応形態を、この現実にたいする自然発生的な叛逆を、発見したのである。この発見は、かれの形式をますます遠く教養小説的長篇小説からへだてていく方向でしか深化されえない。そして、この叛逆者たちを新しい方法で具体的に描けばえがくほど、現実の深淵はますます底なきものとして、ますます破局にむかってつきすすむものとして、あらわれずにはいない。ドストエーフスキーにおいて、表現形式の根底的な変質は、現実の根底的な急転の潜在的エネルギーの蓄積と、客観的可能性の決定的増大と、密接に結びついているのである。

ドストエーフスキーは、街のなかで自分の視線を惹く見知らぬ人物に出会うと、そのあとをつけて、かれ（ないしはかの女）の一挙手一投足を綿密に観察したという。それがどんな暮しをしている人間で、過去にどのような経歴をもち、なにを考えており、さらには今後どのような運命をたどるであろうかと、その人物のおかれた状況と内面とを徹底的に想像しぬいたという。外的・感覚的な観察を手がかりにして内面世界にまで肉迫するこの作業は、ドストエーフスキーがあの叛逆者たちをじつはどれほど具体的にとらえていたか、どれほどリアルに〈反映〉していたかをうかがわせ、なにゆえにかれが単なる現実の確認にとどまらずそれを超えて人物たちに〈黄金時代〉の夢をいだかせることができたのかを、いくらかは暗示しているように思う。このような〈想像〉によってこそ、ドストエーフスキーはかれの現実のなかに生きているさまざまな人物を重層的に描きだし、しかもそのかれらのなかから、とりわけ一連の〈周辺的英雄〉たちをまったく新しい相のもとに形象化しえたのだった。そしてそれによって、かれの文学は、「新しい世界に属する」ものとなり、長篇小説というジャンルの「埒外に」立つことになったのである。

だが、こうした〈想像〉すらも、もはやわれわれにとっては不可能となってしまったのか？　このような作業による人間の内面と外的世界との結合は、いまの支配機構のなかではすでになされえないものなのか？　ドストエーフスキーの小説をになっていた自然発生的な叛逆者たちは、現在においては〈長篇小説〉を最終的に破壊するものでしかありえないのか？　――ドストエーフスキー以後を視野の中心にすえる〈長篇小説論〉は、まず少なくともこのような問題とかかわらねばならないだろう。だが、それはもはや、従来の文学理論がおこなってきたような追認の作業ではありえない。世界におけるその占めるべき位置をこのジャンルに指し示してやるためのものではありえない。このジャンルを生みだし存続させてきたブルジョワ社会とその文化の総体にたいする、それは批判でなければならぬ。長篇小説は最後的に滅びなければならないのだ。過渡的形式としてのこのジャンルとともに、過渡期そのものが破壊されねばならないのだ。新たな長篇小説論は、長篇小説の解体と過渡期の終末とを告げるものでなければならない。

（一九七〇年十一月）

（1）『小説の理論』、第二部、第四章（『美学および一般芸術学雑誌』第一一巻、一九一六年。邦訳＝『ルカーチ著作集』第二巻）

（2）『美学および一般芸術学雑誌』第一一巻、一九一六年、二二五―六ページ脚註。

（3）『小説の理論』新版への序（ルフターハント版、一三ページ。邦訳＝『ルカーチ著作集』第二巻）参照。

（4）同前（ルフターハント版、八ページ。邦訳＝同前）参照。

（5）「ドストエーフスキー」、『世界文学におけるロシヤ・リアリズム』第三版（*Dostojewskij*. In: *Der russische Realismus in der Weltliteratur*. Dritte Auflage, Aufbau Verlag, Berlin 1952. 邦訳＝『ルカーチ著作集』第六巻）。

（6）同前。なお、このエッセイのもっとも便利なテキストは、大学書林の〈語学文庫〉におさめられた独和対訳本だったが、現在では入手困難になっている。

（7）「スタヴローギンの告白」、『ディ・ローテ・ファーネ』（赤旗）、一九二二年七月十六日付。（*Stawrogins Beichte*. In: *Die Rote Fahne*, Jg. 5, Nr. 319, 16.Juli 1922）。

（8）「ドストエーフスキーの遺稿について」、『モスカウアー・ルントシャウ』（モスクワ展望）誌、一九三一年三月二十二日号（*Ueber den Dostojewski-Nachlass*. In: *Moskauer-Rundschau*, Jg. 3, 22. Nr. 17, März 1931.）。

（9）「共産党のボリシェヴィキ化にとって《唯物論と経験批判論》がもつ意義」、『マルクス主義の旗の下に』ロシア語版、一九三四年第四号、一四三―一四八ページ（*Значение „Материализма и эмпириокритицизма" для большевизации коммунистических партий. Под Знаменем Марксизма*, 4, 1934, стр. 143-148. 邦訳＝永田広志訳『「唯物論と経験批判論」研究』ナウカ社、一九三六年。なお、この邦訳には、おびただしい伏字と削除箇所がある。新訳は池田浩士編訳『論争・歴史と階級意識』（一九七七年十月、河出書房新社）に収められている）。

合法と非合法の弁証法
——ハンガリー革命におけるルカーチ

ルカーチの知識人論によせて

I

　ハンガリー革命前後のルカーチには、自分自身が〈知識人《インテレクトゥエラー》〉であることにたいする執拗なこだわりがあるように思われる。これが、一方ではかれの思想に払拭しがたい倫理主義的な色彩をあたえると同時に、その反面、焦躁感にみちたするどい急進主義《ラディカリズム》がかれの革命理論をつつむ原因ともなっているようにみえる。

　すでにこのふたつの要素、とりわけ前者は、革命の直前に書かれた「戦術と倫理」、「精神的指導の問題と〈精神労働者〉」などのなかにもあらわれているが、ハンガリー評議会《タナーチ》共和国が崩壊したのち亡命地のヴィーンであいついで発表されたいくつかの試論は、いずれもこうした傾向を顕著に示している。かれの倫理的な思考は、もちろん、革命前においても革命後においても、たんなる禁欲主義や、階級支配の関係を無視したひとりよがりの非暴力主義に傾斜していくことは一度もなかった。いわんやそれは、これらの裏返しとしての脱主体的な倫理的アナーキズムや暴力礼讃への道とは、いかなる意味においても無縁だった。むしろかれの倫理的思考は、一貫して、自己の個人的な行為をたえず集団的な行動のなかに、言いかえれば革命運動の実践のなかに位置づけ、自己と全体的な変革過程との相関関係をとらえようとする志向として、あらわれている。ハンガリー革命の敗北ののち、なおも燃えつづけるドイツ革命の炎のなかでかれが試みた組織論にかんする一連の理論作業は、資本主義から社会主義への長い過渡期に終止符をうつための闘争とその闘争主体とのつながりを明確にする努力であり、革命をになう階級とそれを形成する主体の意識との有機的な関連を追究する試みだった。

　だがしかし、その革命の担い手がプロレタリアート階級であるという事実の把握は、ルカーチをすぐさま大きなディレンマのまえに立たせずにはいなかった。

かれ自身が典型的なブルジョワ〈知識人〉であるということ。しかもそのかれは、〈知識人〉という存在がブルジョワ社会における教養の特権に依拠してのみなりたちうるものであり、そうした特権の廃絶こそがプロレタリア革命の目標であることを、はっきりと認識せざるをえないということ。ブルジョワ知識人としての自己の存在をそのままにしておいてプロレタリアートとたとえば〈連帯〉するなどということが、そもそも可能なのか？　ブルジョワ社会の――実践的――否定というような、自己の存在基盤を掘りくずす作業に、そもそも〈知識人〉は参加しうるものなのか？――月《つき》次《なみ》な、だがしかし避けることのできないこの設問から、ルカーチの革命論もまた出発する。

　社会主義は〈精神労働〉を軽視する、という非難にたいする反論のかたちで書かれた「精神的指導の問題と〈精神労働者〉[1]」のなかで、かれはいわゆる〈知識人〉の問題をとりあげている。資本主義社会で〈精神労働者〉、〈知識人〉がしめる位置はどのようなものか？　まず第一に、かれらは、あたかも肉体労働者と対立するひとつの単一的な階層であるかのようにみせかけられているが、じつはそのなかにいくつかの階級差別をふくんだ存在である。ごく少数の大企業経営者や大株主と、〈精神労働〉をかれらに売ることによって生産にたずさわるものたちとは、けっして同一の階級ではない。一定程度あたえられている抑圧階級への上昇の可能性という幻想（これは、じつは教養の特権にあずかる可能性にすぎない）にもかかわらず、「生産にたずさわる〈精神労働者〉は（せいぜいのところ不明確な階級意識しかもたぬまま）肉体労働者とおなじ階級に属しているのである。」支配階級の一員であるという、あるいはその一員になりうるという幻想（自分の代はだめでも、せめて子供は……！）は、〈精神労働者〉自身が自己の位置を明確に認識するのをさまたげ、抑圧機構の存続を保証する。抑圧―被抑圧関係を廃絶するためには、抑圧されるもの自身が自己のおかれた被抑圧的状況をはっきりと意識することが前提となるのだ。「社会を動かす力はなるほどそれぞれの個々の人間の意識とか、かれの意志や目標設定とかとは無関係であるが、しかしこうした力が存在しているということは、ただ人間の意識というかたちでのみ、人間の意志とか目標設定とかいうかたちでのみ考えられうるもの」なのである。マルクス主義の最大の意味は、「このようなかたちでの社会の意識化が、この理論のなかで、ただこの理論のなかでのみ、実現されたという点にほかならない」(強調はルカーチ)。マルクス主義によって、社会の発展の原動力である階級闘争は、意識のなかへと高められた。プロレタリアートの階級意識によって、人類の社会的発展は、長い無意識状態からぬけ出した。しかし、プロレタリアートの階級意識は、それだけではまだほんの第一歩にすぎない。「なぜなら、たんなる所与性としての階級意識は、もっぱらプロレタリアートの直接的な利害が社会的発展の合法則性にたいしてどのような関係にあるかということだけを、復原してみせるものにすぎないからだ。」社会が真に自己意識化されるためには、さらにそのさきの一歩が必要となる。「この必要な一歩とは、直接的な階級意識だの階級利害の直接的な対立だのという域をこえて、これらの階級利害や階級闘争をつうじて目標にいたる、つまり無階級社会、あらゆる経済的従属からの解放、という目標にいたるあの世界史的な過程を、認識することにほかならない。」階級意識という言葉が直接的な経済利害の認識とのみ結びつけられてしまうとき——こうした歪曲は、社会民主主義的〈現実政策〉のなかに如実にあらわれており、とりわけそれは全世界的な危機の時代に、顕著となるのだが——こうした〈階級意識〉は、もっぱら階級闘争の最終目標をおおいかくす役割をはたす。こういうときにこそますます、プロレタリアートの階級意識の意識化が、プロレタリアートの階級闘争は世界史的な使命であるという意識が、不可欠となってくるのだ。言葉の真の意味における〈精神労働〉とは、じつはこの階級意識の意識化という作業にほかならず、この作業をおこなう人間こそが、〈精神労働者〉の名に真にあたいするものなのである。——

このようなルカーチの確認は、直接的な階級利害の意識と、階級意識の意識化、すなわちプロレタリアートの世界史的な使命についての意識とを区別することによって、当面の収穫だけを個別的にとりあげる〈現実政策〉にたいする反論の根拠ともなり、また、そうした現実政策とつねに密接に結びついている階級意識の鈍麻にたいする批判ともなっている。肉体労働と精神労働の(イデオロギー的)分断によって〈精神労働者〉を支配機構のなかにすっぽりと組みこんでしまう後期資本主義の構造にたいして、それを内部から切りくずす契機としての意識化の作業の重要性は、いまなお、あるいはいまこそ、いくら強調しても強調しすぎることはないだろう。けれども、われわれにとって、問題はさらにつぎの段階にむかわざるをえない。この作業の具体的な可能性は、どこに存在するのか？　教養の特権がげんに与えられており、その特権を基盤として幻想と脱意識化が進行しつつある状況のなかで、〈精神労働〉と階級意識の意識化をそのままつなぐことが、はたしてどこで可能なのか？

ハンガリー革命の敗北は、〈知識人〉一般にたいするルカーチの幻想を、徹底的にたたきつぶさずにはいなかった。教員や私企業の職員、下級公務員など、革命前のかれが被抑圧者のなかに分類した〈精神労働者〉たちは、ほとんどすべて反革命の側にまわったのだった。ハンガリー・タナーチ共和国崩壊の半年後、一九二〇年二月八日の『コムニスムス』（共産主義者）誌に掲載された「知識人の組織問題によせて」[2]という短いエッセイは、こうした体験をふまえて新たにこの問題に接近する試みにほかならなかった。

Ⅱ

「知識人の組織問題によせて」にみられるルカーチの認識のうち、まずなによりも注目しなければならないのは、〈知識人〉がその属性であるところの知識をいかにしてプロレタリアートのために役立てるか、という観点からの問題のたてかたをルカーチは決してしていない、ということである。こうした問題のたてかたは、知識人をささえる基盤となっておりかつこれをなくすことこそがプロレタリア革命の目標であるあの教養の特権という枠組をそのままにしておいて、この特権のおかげで与えられたものを特権をもたぬ人びとに還元していくにはどうすればよいか、を論じるというほどの意味しかもってこないだろう。この特権そのものが、あるいはこの特権にあずかれるという幻想が、そうした期待や幻想をいだくものの意識をますますくもらせ、抑圧機構の本質を隠蔽する役割をはたしていることを考えるなら、自己の特権をいかに被抑圧者のために役立てるかという発想は、幻想を根拠にしてよりいっそう錯綜した幻想をつくりあげる役割をしか果たさないだろう。事実、階級社会は、階級的利益の

（本質的ならざる）一部を被抑圧階級に還付するというかたちの安全弁を駆使して、支配機構を維持してきたのであり、いまもなお維持しているのである。

　知識人組織の問題性は、それが階級社会の構造を、知識人自身にたいしてもプロレタリアートにたいしても、おおいかくしてしまう、という点にある。知識人の組織は、一方では、革命前のルカーチがすでに指摘しているとおり、〈知識人〉をなにか単一的な階級であるかのようにみせかけてそのなかに存在する階級矛盾を知識人自身に気づかせない、という働きをする。直接的な階級意識をもちうる程度に自己の位置を自覚している〈近代主義者〉、〈合理主義者〉が、その認識に居直って、ほとんど例外なくみずからすすんで支配権力の走狗の地位をひきうけていることは、われわれの周囲の無数の実例が示している。それと同時にまた、知識人組織は、資本主義の〈専門家〉を永遠の専門家として固定し、資本主義のなかで与えられた〈専門知識〉を、あたかもそれが資本主義の後にくる社会にも役立ちうるものであるかのように、それどころか、資本主義そのものを破壊する作業にもそのまま役立てられうるものであるかのように、みせかける。もちろん、資本主義を倒す武器は、資本主義自身によって与えられる。そして、マルクスも言うように、自己疎外の揚棄は自己疎外そのものと同一の道程をたどる。だがしかし、問題は、資本主義から武器をうばいとりそれを資本主義にむけていくのはどの階級の組織か、真に自己疎外の揚棄にむかう必然性をもつのは、本質的にどの階級の組織か、ということにほかならない。知識人に与えられた教養は、それ自体が「ひとつの生産手段」（ベンヤミン）以外のなにものでもないのだ。これは、かれが知識人であるかぎり、かれ自身から剥離することがない。そのような知識人が、みずからを〈労働者〉と呼んでいかに組織的に権力と対決する姿勢を示そうとも、それは、生産手段をもたないプロレタリアートの組織とは根本的に異なるものなのだ。ルカーチが執拗に知識人組織への不信を理論化しようとするのも、結局は、知識人のこうした存在的な本質を見すえざるをえないからこそなのである。「工業プロレタリアートのばあいでさえ階級闘争は経済的な抑圧状態によって強いられたものである、ということはなるほどそのとおりにはちがいないが、だからといって、工場労働者の諸組織はそもそものはじめからその理念じょう攻撃的な組織である、という事実は少しもかわらない。」それにたいして、知識人の組織は、本質的に反動的であり、防御的な性格のものとならざるをえないのだ。

このルカーチの頑固なまでの区別は、それ自体としては図式的なものであり、〈知識人〉内部の階級分化から生じるさまざまな流動という客観的な契機と、労働者内部の相対的〈裕福化〉という主観的・イデオロギー的契機とを、ともに正当に考慮していない。しかし、まず第一の社会的・歴史的原則として、この区別をしっかりと確認しておくことは、ことのほか重要と思われる。これらふたつの組織の混同は、これら両者の〈連帯〉の可能性についての幻想を、さらには〈統一〉についての幻想を生む危険があるからだ。とりわけ後者の危険は、たとえば二十世紀の革命のなかでつねに反革命的な役割を演じてきた〈教職員組合〉のなかに具体的にあらわれている。教員と事務職員、さらには用務員という、まったく異なる権利と義務を強いられ、しばしば対立する利害関係にある諸階層が、あたかも同等の権利を与えられている平等な人間同士のように〈団結〉し、同一の要求をかかげて〈闘う〉という形態である。（ときには、これが〈教職員組合〉ですらなく、たんに〈職員組合〉と名のっていることまであるのだが。）その結果は、最大公約数的な闘争方針であり、なによりもまず、相互間に存在する差別的状況にたいする意識の鈍麻である。さらに悪いことには、権力との対決が尖鋭化すればするほど下級職員にその矛盾が集中する反面、組織内部では、教員階層が自己の特権を下級職員に還元・付与するというかたちをとって事実上は特権的内部支配がおこなわれる可能性さえ皆無ではない。

こうした組織の〈統一〉と〈団結〉をささえているものは、ルカーチが階級意識の意識化と対立させて否定しているあの直接的な所与性としての階級意識である。当面の経済的利害や権力機構の一端への参加要求が、すなわち直接的な所有欲・権力欲が、その組織を動かす動力であり、じっさいには不統一な利害と目的を強いて統一するためには、本来の最終的な攻撃目標以外の当面の仮想敵の存在が不可欠である。支配権力ともっとも直接的に対峙している部分にたいするかれらの〈組織的〉攻撃は、〈反権力〉内部の権力たらんとする意志の表現でもある。しかもこの意志をささえる理念は、ほとんどつねに経済的要求とルサンチマンでしかない。「所有欲を再現して、これに別のやりかたで満足をあたえる内密の形式は、ほかでもなく、権力になりあがっていく一般的な嫉妬である。どんな私有財産の思想であれ、ともかくそれが私有財産の思想であるかぎりは、すくなくとも自分よりゆたかな私有財産にたいしては、嫉妬として、また平均的なものにしたいという野心として、はむかっていくものである。したがって、これが競争の本質をすらかたちづくっているのだ。野蛮な共産主義者とは、空想された最低水準を出発点にして、この嫉妬と平均化とを完成したものにほかならない。」（三浦和男訳『経済学・哲学手稿③』）――「まずしいくせに欲求を感じない人間たち」を生みだす「野蛮な平等主義的共産主義」についてのマルクスの批判は、ここにもまたあてはまる。

Ⅲ

知的な生産手段をもつ知識人が、階級として、あるいは組織として革命的だなどということは、ブルジョワ革命の時代ならともかく、現代においては不可能である、とルカーチは考えるのだ。「その知識人が社会主義者だと自称するとすれば、それは意識の欠如にほかならない。社会主義政党がかれらを社会主義者とみとめるとすれば、それは認識の欠如である。」インテリゲンチャは、教養の特権、すなわち知的生産手段をもたないプロレタリアートとは逆に、もはやこんにちでは階級として反権力闘争をたたかうことはできない。「知識人は、ただ個人としてのみ革命的となることができる。プロレタリアートの階級闘争に参加しうるためには、かれらは自己の階級から出なければならないのだ。」（強調はルカーチ）

インテリゲンチャの闘争参加が個人的にしかなされえないというこの確認は、かれらの運動が組織ではなく運動体という闘争形態をとらざるをえなくなっている必然性や、その運動体が初期においては必然的にごく少数者のいっけん無秩序な運動でしかないという事実をも、一面から説明している。けれども、こうした状況はあくまでも出発点であり、初期の段階での必然性にすぎぬものでなければならない。これを自己目的として固定させてしまうことはできない。〈知識人〉の行動は、さらにそこから、なによりもまず、「プロレタリアートの大多数がただ本能的におこなうことをかれらは明晰な意識をもっておこなう」というかたちで、すすめられるからだ。すなわち、階級意識の意識化という対自的な作業である。知識人としての自己の位置を明確に意識化し、全的な変革の過程のなかに位置づけて把握するという作業は、プロレタリアートと〈知識人〉との階級的な矛盾を明確化し、プロレタリアートの歴史的な役割と加虐者・抑圧者としての自己の地位を認識する作業にほかならない。だがしかしまたそれは、資本主義の発展――ないしは解体――の過程がすすむにつれて依然としてブルジョワ知識人（小ブルジョワ知識人）という本質をのこしたまま進行していく知識人内部の分化を、具体的に把握し、かつ尖鋭化させていく試みでもあるだろう。相対的剰余価値の搾取は、知的収奪の対象としての〈精神労働者〉をも大量に必要とする。後期資本主義社会のなかでの知識人の階級分化は、〈知識人〉という直接的な所与性としての階級意識を基盤とした支配形態によっておおいかくされ、かつまたかくされることによってこの支配形態をささえている。こうしたなかで階級意識を意識化する作業は、即自的な〈知識人〉の枠組をのこしたままの〈知的作業〉、いわゆる〈精神労働〉によっては、もはやなされえない。知識人の直接行動の意味は、階級意識を意識化するための具体的な作業との関連でとらえられなければならない。

ハンガリー革命前後のルカーチの知識人論は、プロレタリア革命への参加を決意した一個の知識人の自己対象化の試みにほかならなかった。「知識人は、ただ個人としてのみ革命的となることができる」という命題は、ルカーチにとって、自己の客観的な役割を認識した知識人にのこされた唯一の自己正当化の道だったかもしれない。そもそも、かれが〈知識人の組織問題〉を論じ、〈階級意識の意識化〉を提起すること自体が、プロレタリアではなくブルジョワ知識人である自己の存在にたいする、絶望的な挑戦にほかならなかったのだ、とさえ言えよう。だが、この自己正当化は、それゆえに、つねに自己否定のかたちをとってしか実現に近づくことがない。「プロレタリアートは、祝福された解放の国へ足をふみいれるまえに、この自己批判という劫火のなかを通りぬけねばならない。」[4]（「議会主義の問題によせて」）――だとすれば、この道をプロレタリアートとともに歩もうとする〈知識人〉にとって、その一歩一歩は、最終目標と現実との距離だけでなく、自己とプロレタリアートとの距離をもはかる作業とならざるをえない。「わが魂を試みんがために行く!」をモットーとした若きルカーチの語彙のなかに、もしも〈自己否定〉という語があるとすれば、それはこうした意識的な行為をさすものにほかならなかった。そして、それだからこそ、かれ自身がそののち革命運動に、つねに〈知識人〉としての役割をはたすことによってしかかかわりつづけることができなかったいじょう、この自己否定の要求はかれのあらゆる理論活動につきまとい、かれのあらゆる問題意識の源泉となりつづけざるをえなかったのだ。

ハンガリー革命におけるルカーチ

I

一九一八年秋、オーストリア・ハンガリー二重帝国の戦線は各地で崩壊する。オーストリアへの従属政策を強力に推進してきた保守政治家イシュトヴァーン・ティサはすでに一七年に失脚し、ハンガリー国内では民族主義的な空気が高まっている。もはや決定的となった敗戦は、一八四八—四九年の革命=独立戦争の敗北以来オーストリアとの〈和協《アウスグライヒ》〉を強いられてきたハンガリー人民のなかに、反戦と独立と革命への意志をよびさまさずにはいない。社会民主党と急進党、それに民族主義的な反対派である独立党が、その政治的表現となる。中央政府の支配力が失われたブダペシュトに、国民評議会が設置され、これら三派の合作がはじまる。

社会民主党は、十月七日に改革綱領を発表し、翌日には大衆集会を催して、積極的に社会民主主義的な制度改革をすすめるかまえをみせた。社会民主党左派の理論家で反体制的な青年層に絶大な影響力をもっていたエルヴィン・サボーの葬儀がその数日後におこなわれ、これに参列する群衆が市街をうめつくした。その巨大な力は、旧秩序を決定的に圧倒し、憲法制定のための国民議会開催をついにかちとるための原動力となった。けれども、前線から帰還してくる兵士たちを加えた大衆の要求は、日ごとに尖鋭化し、もはやそのような制度的手なおしで満足する段階にとどまってはいなかった。社会民主党指導部は、この盛りあがりにむしろ当惑していた。かれらは、この大衆の自発的な立ちあがりを組織的な直接行動に転化することを躊躇し、

「撃つな、息子よ、このなかにわしもいる」のリフレインをもつ「兵士の息子へ」という詩をブダペシュト守備隊の兵士たちに配布すべきかどうかで、まる一日を小田原評定についやすありさまだった。だが、そのあいだに、ブダペシュトじゅうのいたるところにこの詩を書いたポスターが貼りめぐらされてしまった。革命詩人シャーンドル・ペテーフィの詩に鼓舞されたあの一八四八年の革命の昂揚した気分が、ふたたび民衆をとらえた。十月三十日夜、街路をうめつくした群集は、帝国政府の代表と交渉して合法的な地位をあたえてもらうことを考えていた〈革命家〉たちを突きあげて、独立党左派のミハーイ・カーロイ伯を首班とする三党の連立政権を樹立させてしまったのである。「国民議会の指導メンバーたちは、十月三十日の夜、明朝は逮捕されているにちがいないと確信しながら眠りについた。ところが、めざめてみると、政権が自分たちの手中にあることが確実となっていたのだった。[5]」——ハンガリーの第一次革命は、こうして一夜にして達成された。オーストリア・ハンガリー二重帝国は解体し、共和制の成立が宣言された。

　敗戦にともなう協商国（連合国）側の苛酷な要求に直面し、かつこれいじょう過激な改革がおこらないことを望んだブルジョワジーも、この新政権に忠誠を誓った。こうした勢力を背景として協商国側との休戦交渉にのぞんだ政府は、人民の自然発生的な諸要求に的確に対応する能力をもたなかった。加えて休戦交渉がゆきづまりをみせると、国民の不満は次第につのった。カーロイ政権は、急速に支配力をうしなっていった。

　一方、ハンガリー共産党は、一九一八年十一月二十四日（一説では二十日）に結成されていた。中心になったのは、ベーラ・クン、ティボル・サムエイなどロシアで捕虜になってボリシェヴィキ革命に参加し、ロシア共産党（ボリシェヴィキ）の党内にハンガリー人グループを形成してきた共産主義者たちだった。ベーラ・クンは、十一月十七日ブダペシュトに帰り、ホテルの一室を確保するとただちに組織活動を開始した。ソヴィエトから別々に帰還していた同志たちが集まった。サボーの影響をうけたサンディカリストの工場労働者や青年、《ガリレイ・サークル》などに結集してきた急進的な左翼インテリゲンチャが、それに加わった。共産党は評議会《タナーチ》共和国の樹立を目標として、カーロイ政権が革命を裏切っていることを非難し、大衆集会やデモを組織して激しく政府を攻撃した。ブダペシュトその他に労働者評議会、兵士評議会がつくられ、すでに一九一九年初頭には、街頭は共産党を支持する大衆によって事実じょう占拠されるにいたった。国外からは協商国側に支援されたルーマニア、チェコスロヴァキアなど隣接諸国の軍隊によっておびやかされ、国内では保守反動派の巻返しと、革命化した大衆のつきあげとに直面したカーロイ政権は、国の秩序を維持する力をもたなかった。やがて三党の連立はやぶれ、社会民主党が単独で政権を担当するはめにおちいることは確実となった。かれらはもはや、共産主義者のアジテーションを暴力的に鎮圧するか、それともなんらかの方法で共産党と調整をつけるかの、ふたつにひとつを選ばぬかぎり、支配をまっとうすることは不可能となった。二月二十日、社会民主党政府は、党機関紙『ネープサヴァ』(人民の声)編集局にデモがかけられたことを口実にして、共産党の主だった指導者をほとんどすべて逮捕した。だが、警察力をつかって革命勢力を弾圧しようとするこの試みも、もはや徒労でしかなかった。社会民主党は、ついに共産党との統一に同意せざるをえなくなり、三月二十一日、ブダペシュト監獄内で、勾留されていた共産党指導部とのあいだの協定書に調印したのである。

「ハンガリー社会民主党とハンガリー共産党は、各執行委員会の合同会議を開き、両党の完全な合同を決議した。

統一党の名称は、革命のインターナショナルが党の最終的な名称を決定するまでのあいだ、《ハンガリー社会党》とする。

合同協定にしたがい、両党は、新党および政府の運営に合同であたることになる。党は、プロレタリアートの名において、ただちに全権を執行する。プロレタリアートの独裁は、労農兵士評議会によって行なわれるであろう。したがって、予定されていた国民議会選挙はこれにより中止される。

ブルジョワジーを武装解除するために、プロレタリアートの階級的軍隊がただちに創設されねばならない。プロレタリアートの全権を確保し、協商帝国主義に対抗するため、ロシア・ソヴィエト政府との完璧にして緊密な軍事的および精神的同盟を締結しなければならない。

ハンガリー社会民主党

ハンガリー共産党」[6]

　こうして樹立されたハンガリー評議会《タナーチ》共和国は、旧社会民主党のシャーンドル・ガルバイを革命評議会議長として、ヴェルサイユで協議された新たな帝国主義的分割に反対しながら、同時にまた、西へむかって進撃を開始した社会主義革命の重要な橋頭堡となるはずだった。ドイツは革命的情勢のまっただなかにあった。ロシア・ソヴィエトの赤軍は、ポーランドを席巻してハンガリー国境に迫ろうとしていた。ハンガリー革命に鼓舞されて、おなじくオーストリアの支配にたえてきたスロヴァキアが、チェコ反革命軍にたいして叛乱をおこし、スロヴァキア・ソヴィエト共和国が宣言された。ロシア革命にはじまる世界革命の波が、ハンガリーを懸橋《かけはし》としつつ、いまや全ヨーロッパにひろがるかにみえた。ハンガリーのブルジョワジーは、革命政権にたいする国際反革命十字軍の攻撃を期待して鳴りをひそめた。協商国側は、ハンガリー周辺の弱小民族を赤色ハンガリーにけしかけながら、国内の反革命勢力を公然と援助した。

　こうしたなかで迎えられた一九一九年のメーデーは、ハンガリー史上もっとも盛大な、だがもっとも緊迫した雰囲気のなかでおこなわれた──


「メロディーが朝をつんざいて響きわたった。

トララ・ラ・ラと町が鳴っていた。

ブルジョワたちは窓を開けた。ママが不機嫌な声で言った、〈眠ることさえできやしない！〉

なにしろ七時のことで、いつもならブルジョワ・ママは、いい匂いのする寝室のみごとなレース飾りのベッドのなかで、いちばん上等な眠りをあじわっているころだったからだ。

けれども、どうしようもなかった。プロレタリアは早起きする。きょうは祭日なのだ。五月一日《メーデー》。空は青く、旗がひらめく。町そのものが赤い衣装を着たようだ。町が祝う。町が歓声をあげる。

メロディーがまたもや窓をたたく。

ホルン奏者たちが町じゅうをねり歩く。東西南北、いたるところでそれが鳴りひびく。

トララ・トラ・ラー──　──　──

あのメロディーには反吐が出る、とブルジョワが言う。かれの血管はふくれあがる。まるでその鳴りわたり響きわたるメロディーがかれの首をねじりでもしているかのような動作をかれはする。

だがどうにも具合がよくない。

はじめ、そのメロディーはひとつのホルンから発しているだけなのに、やがてその音はあちこちで次第にひんぱんに響きわたる。プロレタリアたちは、お祭りの服を着ている。男女の若い労働者や、女たち子供たちが、家々から流れ出てくる。あちこちに小さなグループができる。だれもがみな、赤旗をもっていた。

そして歌が高まる。

〈圧政の壁破りて　かたきわが腕《かいな》〉

まるで歌に翼があるかのようだった。まるで水門が開かれ、小さな小川が次第に大きくなっていくつもの轟々たる滝にかわるかのようだった。そんなふうに歌は鳴りひびき、ふくれあがり、みなぎりあふれた。

……

〈いざ闘わん　いざ　ふるいたて　いざ！〉——

〈あの歌は神経にさわるわ、窓をおしめ！〉——ブルジョワ・ママは言った。かの女はアスピリンを飲み、頭につめたいハチマキをした。

けれども、アスピリンの効き目はなかった。

大衆は大きくひろがり、なだれをうって進んだ。赤旗が風にひらめいていた。大地が揺れた。空気がふるえ、歌が空にむかって流れた。

赤軍の兵士たちがやってきた。ぐっと胸を張って。銃をしっかりと握っていた。

一——　二——　一——　二。——　——

トランペットが高らかに響いた。

〈この騒ぎはおさまるまいよ……〉とブルジョワ。

——・——・——・——

ドナウ河の島の活気は楽しかった。急ごしらえの舞台では、男女の歌手たちがプロレタリアの観客を楽しませた。プロレタリアの子供たちは、滑稽な芝居に大笑いした。それから、お菓子も出たし、障害物競争や人形劇があり、ブランコや回転木馬や、その他さまざまの愉快なゲームがどっさりあった。それから、まじめくさった芝居も上演され、楽隊は驚くほどすばらしい演奏で聴衆をうっとりさせた。何千もの人間が、流れをなしてここにやってきた。世話好きのプロレタリアは、同志たちに冷たい飲みものを持っていってやった。アルコールを飲むものは誰もいなかったのに、誰もかれもが酔っていた。

青年労働者たちは、何千人も、スポーツ競技場へと出かけていった。だれもが青年インターナショナルの名において話をした。歌っているかれらの心臓は、地球上のいたるところに自分たちと同じような若いプロレタリアがおり、自分たちと同じように感じているのだ、という想いのために、どきどきと高鳴った。

かれらは歌う。かれらは若い。かれらはみな、闘いの意志をいだいている。さらにいっそう献身的に闘わねばならないのだと考えると、かれらの青白い顔は赤らみ、かれらの手はぎゅっと握りかためられ、かれらはますます高く旗をかかげる。赤旗を。

〈武器をとろう！――武器をとろう！〉――

腕と腕ががっちり組みあわされた。

力強いリズミックな足どりで、かれらは市中へ進んでいく。赤い市中へ。祝祭の市中へ。

旗。――

マルクス、エンゲルス、レーニンの像。巨大な像。かつてのブルジョワの宮殿をも圧倒するほどの大きさだ。いたるところに五芒の星。槌と鎌。

山も赤い。

家々も燃えている。

不意に、花火が高くあがる。炸裂して炎の文字となる、〈プロレタリア独裁万歳！〉――

青年労働者が行進する。歌が響きわたる。

かれらがたくましく軍隊調で前進すると、この陽気な新しい軍隊の歩みにつれて家々がうちふるえた。

〈ブルジョワを震憾せしめよ……！〉

ブルジョワ・ママ、〈あいつら、デモ行進してるわ、はなたれ小僧のうすぎたない見習いのくせに。〉

〈ブルジョワを震撼せしめよ！〉

〈アスピリン、もう一錠！〉

――・――・――・――

そのとき、知らせがはいった。

〈ルーマニア軍だ！〉

――・――・――・――

まだ家々は赤い。

プロレタリア青年も行進をつづけている。

そして歌っている。

ブルジョワは時を数える。あの臭いプロレタリアがこのわしの家にいられるのも、あといくばくでもないぞ。

〈この赤い町がいまに血まみれになるのだ！〉

ブルジョワたちは、はやくもリストをつくりはじめる。屠殺すべきプロレタリアのリストを。

けれども、プロレタリア青年は行進しつづけている。

そしてプロレタリアも。

そして赤軍の兵士たちも。

かれらは、赤い市を防衛するために行くのだった。

ただその意志がありさえすればよかった。それは成功した。

・――・――・――・――・――

赤軍の兵士たちが行進した。

歌が次第に大きくなった。歌が高まり、歌が響いた。

〈圧政の壁破りて　かたきわが腕《かいな》……〉

・――・――・――・――・――

ブルジョワは窓をバタンと閉めた。

〈あの金切り声には反吐《へど》が出る！〉

ブルジョワ・ママはアスピリンをくれと言った。

〈いったい、いつになったらあの我慢ならない無頼漢どもを外へたたき出すことができるのかしらね？〉

プロレタリアは、なんとも立派な家のなかで、ほっと一安心して息をついた。」（ヤーノシ・レーカイ「五月の想い出――ブダペシュト、一九一九年」、『青年インターナショナル』誌、一九二一年第九号）[7]

銀行や工場の国有化、コルホーズ、ソフホーズの組織、斬新な文化政策などを急速にすすめたタナーチ（ソヴィエト）政権は、だがしかし、ルーマニア、チェコの干渉軍の圧倒的な攻撃にさらされ、孤立を深めていった。東ヨーロッパ全域に革命の火の手があがるという見通しは、もはや実現の可能性をもたなかった。一時は攻勢に転じ、ルーマニア領内に進撃したハンガリー赤軍も、協商国の恫喝によって撤退を余儀なくされた。土地を一挙に国有化したことに不満をいだく農民とかれらの不満をあおる旧貴族、大土地所有者など、国内反革命勢力のサボタージュが、国内から革命政権にゆさぶりをかけた。労働者と貧農は干渉軍をむかえて勇敢に抵抗をこころみたが、劣勢はいかんともなしがたかった。その間に、この干渉軍と呼応して、旧支配階級の利益を代表する旧オーストリア・ハンガリー海軍提督ミクローシ・ホルティが反革命軍を組織し、やがてハンガリー全土をほぼ掌握した。こうした情勢のなかで、労働組合の指導者たちは、〈プロレタリア独裁〉を攻撃して、〈自由な選挙〉による〈民主的政府〉を要求し、労働者たちを評議会政権打倒にむけて組織した。

労働者階級に銃を向けることを避けて、八月一日、ハンガリー・タナーチ共和国は百三十三日の伝説的な生命を終えた。その日、総辞職に先立ち、革命評議会と社会党中央執行委員会との最初にして最後の合同会議が開かれた。東部および南部戦線で赤軍が敗退したという報告と、協商国の支持を得てジュラ・パイドゥルを首班とする労働組合政権が樹立されたというニュースがもたらされるなかで、ベーラ・クンはつぎのような演説をおこなって革命の敗北を確認したのだった――「ハンガリーのプロレタリアートは、かれらの指導者を裏切ったのではなく、かれら自身を裏切ったのだ。（事実を）きわめて慎重に考慮したすえ……わたしは、つぎのような冷たいホゾをかむような結論に到達することを余儀なくされたのである。すなわち、プロレタリアートの独裁は、経済的にも、軍事的にも、政治的にも、うち破られてしまったのだ。もしもここに確たる秩序が存在していたなら、独裁は崩壊する必要はなかっただろう。たとえ、社会主義への移行が経済的および政治的に不可能だったとしても……もしも（ハンガリーに）階級意識をもった革命的プロレタリアートがいたならば、プロレタリア独裁はこのようなやりかたで崩壊することはなかっただろう。できることなら、わたしはもっと別の結果を望みたかった。できることなら、プロレタリアートが、バリケードを築いて闘うのを見たかった。……支配を手ばなすくらいならむしろ死ぬほうがましだ、とプロレタリアートが宣言するのを見たかった。そのときわたしは考えたのだ、大衆がいなくてもわれわれ自身だけでバリケードを築くべきだろうか？　もちろんわれわれは喜んでわが身を犠牲に供するつもりであるにせよ……ハンガリーにもうひとつのフィンランドをつくることが……はたして世界革命の利益になるだろうか？　〔……〕プロレタリアートは、われわれの政府に満足しなかった。かれらは、あらゆる種類のアジテーションにもかかわらず、かれら自身の工場のなかで〈プロレタリア独裁を打倒せよ〉と叫びつづけた。将来なんらかの別の政府ができれば、もっと失望するだろうにもかかわらず。……いまやわたしは、この国のプロレタリア大衆を階級意識をもった革命家に教育しようというわれわれの実験が、失敗に終わったことを認めざるをえない。プロレタリアートが革命的となるためにはなお、もっと非人間的で残忍なブルジョワジーの独裁が必要なのだ。〔……〕」[8]

東西ヨーロッパの革命の拠点をむすぶ懸橋はおちた。クンをはじめとする革命の指導者のうち、あるものは外交ルートを通じてオーストリアへの亡命の道を見出し、家族とともに特別列車でハンガリーを去ることができた。だが、あるものたちは亡命すら許されぬまま、あるいは単身でハンガリー脱出を試みて斃れ、あるいは絶望的な再起を期してブダペシュトでの地下活動にはいった。けれども、わずか数日後にブダペシュトに入城したホルティの白軍は、パイドゥル政権を倒してブルジョワ独裁を復興した。凄惨な白色テロルが全国でくりひろげられた。四半世紀にわたる恐怖政治の幕が、こうして切っておとされた。

Ⅱ

一九一五年晩秋、三十歳のルカーチは、ハイデルベルク留学からひとまず帰国する。大戦はすでに一年以上も前から始まっているが、多額納税者の子弟には兵役義務を免除・軽減するというオーストリア・ハンガリー帝国の法律によって、ハンガリー随一の銀行家の息子であるかれは、同世代の多くの知識人と同様、戦線にかりだされるのをまぬかれ、郵便物の検閲の仕事にたずさわる。ゲオルク・ジンメル、マックス・ヴェーバー、エーミール・ラスクらに学んだかれは、一方ではカントからヘーゲルへの移行過程をたどりながら、毎日曜日にかれより一つ年上の作家、ベーラ・バラージの家で開かれる討論会に、自己の思想を展開する場を見出す。

この集会は、ハンガリー革命の文化政策にとっても、のちのルカーチの思想発展にとっても、重要な意味をもっている。それ自体の性格が革命的だったわけではないし、直接ここでルカーチのマルクス主義への転回がなしとげられたわけでもない。カーロイ・マンハイムとの対比でハンガリー革命前後のルカーチの思想と実践を追究しているデーヴィド・ケトラーの『マルクス主義と文化——一九一八—一九年のハンガリー革命におけるマンハイムとルカーチ』[9]によれば、むしろ逆にそこではきわめて非政治的な討論がくりかえされ、その討論の中心となったルカーチの思想は、一貫して思弁的・神秘的なものであったらしい。ベーラ・バラージをはじめ、ラヨシュ・フュレプ、アンナ・レスナイ、それにルカーチという、比較的年長のメンバーも、〈子供たち《キンダー》〉と呼ばれたベーラ・フォガラシ、カーロイ・マンハイム、アルノルド・ハウザーらも、だれひとりとして当時はまだ共産主義者でなかったばかりか、そもそも政治的な問題にかんしてとくに関心を示すということさえなかった。のちに第二次大戦後のハンガリーの文化相として一九四〇年代末のルカーチ批判の最先鋒となったヨージェフ・レーヴァイも、このグループのなかではまだ〈赤ん坊《イル・バンビーニ》〉のひとりにすぎなかった。「一九一七年当時は、カーロイ・マンハイムも、政治に関心をもっていなかった点では、グループのわれわれ一同とかかわりはなかった。これは主としてルカーチのせいで、かれは、一種の神秘主義者となってハイデルベルクから帰ってきて以来、ラスクやヴェーバーやヤスパースととりくみ、哲学や宗教に興味をいだいていた。日曜のサークルは、一九一三年から一九一八年ごろまで、毎週、ベーラ・バラージの家で会合をもった。われわれは、午後の三時から翌朝の三時までいっしょにすごした——十二時間のうち十時間はルカーチがしゃべっていた。われわれが政治について話したことは一度もなく、話題は文学、哲学、宗教だった。当時はまだだれも社会学に関心をもっているものはなかった。グループのアイドルは、初期のころは、キルケゴールとドストエーフスキーだった。」（アルノルド・ハウザー）[10]

だがそれにもかかわらず、たとえば『小説の理論』にみられるようなルカーチの終末論的な危機意識は、この集会をつうじてますます鋭くとぎすまされ、マルクス主義に唯一の現状打開の道を見出すための精神的基盤をつくりあげていったし、また他方、このサークルのメンバーの多くが、ルカーチとともに共産主義に転じ、のちのハンガリーの歴史にとって大きな役割を果したことも無視できない。なによりもハンガリー革命そのものが、この種の純粋に文化的・教養的な蓄積をうけいれる余地をもっていたということ、いやそれどころか、うけいれねばならぬ必然性をもっていたことを、見逃してはならないだろう。オーストリア・ハンガリー帝国第二の都市としてのブダペシュトは、ハンガリー全体としてみたばあい農民の絶対多数が土地をもたない貧農であるという典型的な後進国の性格をおびていたにもかかわらず、パリ—ヴィーン—ブダペシュトとつらなるヨーロッパ三大文化都市のひとつであり、十八世紀以来くりかえし新しい文化運動のひとつの中心地となりつづけてきた。そしてこれらの運動をになったインテリゲンチャの階層は、相対的には反体制の方向を示し、第一次帝国主義戦争とロシア革命を経た時点では、かれらの多くがサンディカリストとなり、さらにマルクス主義者となっていった。かれらを一翼としたハンガリー革命は、多数の貧農とプロレタリアートを経済的に解放するという課題を実現せねばならなかったと同時に、こうした文化水準を維持し発展させ、それを全人民の文化水準にしていくという方向をもたどらねばならなかったのだ。ルカーチらのグループがソヴィエト共和国の文化政策を推進するうえで大きな力となりえたということ、そしてさらにはルカーチ自身がこのグループでの思想形成をそのまま——もちろん決定的に異なる方向性において——共産主義者としての自己形成へとつないでいかねばならなかったということ、したがってまた、みずからの過去の蓄積を倫理的にはいったん全面否定したうえでなければ共産主義者としての活動を開始しえずまた展開しえなかったということ——この点にこそ、知識人としての自己がいかにして真にプロレタリアートの革命運動とかかわりうるかという、ルカーチの執拗な問いかけの実践的な契機が、かくされているといわなければならない。

一般に〈ルカーチ・グループ〉とよばれる例の日曜サークルは、一九一七年にいたり、《精神科学のための自由学校》に発展した。学生や若い労働者・市民を対象とする連続的な公開講座である。中心となったのは、ルカーチとマンハイムだった。のちにすぐれたコムニストの哲学者となったフォガラシが「精神史の方法」というテーマを担当し、バラージは「抒情的感傷の発展」を講じた。ハウザーは「芸術的ディレッタンティズム」、著名な美術史家となったフリジェシ（フレデリック）・アンタルは「近代絵画の構図と内容の発展」、シャーンドル・ヴァリヤシは「現象学の探求」、それに二十世紀ハンガリー音楽を代表するふたりの作曲家、ゾルターン・コダーイとベーラ・バルトークがそれぞれ「ハンガリーの民謡」、「民族音楽と現代音楽」というテーマで講演した。ローザ・ルクセンブルク、ヘンリエッテ・ローラント＝ホルストとならんで若いルカーチのマルクス主義思想に絶大な影響をおよぼしたサンディカリスト、エルヴィン・サボーは、この講座全体をつうじて唯一のアクチュアルなテーマとして、「マルクス主義の根本問題」を提起した。マンハイムはかれの不朽の名著のひとつとなった『認識論の構造分析』をこの連続講演会の過程で仕上げ、ルカーチ自身は美学の諸問題について論じた。ほぼ五〇名の、けっして多くはないが熱心な聴衆がこれに参加し、《自由学校》は、敗戦直前の混乱のなかでも中断することなくつづけられた。

カーロイ政権の樹立も、かれらには影響をおよぼさなかったかにみえた。第一次革命にさいして、政府に協力を求められたものはなかった。〈ルカーチ・グループ〉がはじめて政治の分野に登場するのは、ようやく一八年十一月三日になってから、それも、ハンガリーのインテリゲンチャへのアピールにルカーチとフォガラシが名をつらねただけだった。同じ月に書かれた「倫理的問題としてのボリシェヴィズム」というエッセイのなかで、ルカーチははじめてロシア革命をとりあげ、それへの倫理的な異議を表明した。(11)

一九一八年十二月中旬、ルカーチはハンガリー共産党に入党する。「かれ〔サボー〕のサンディカリズム的な著作は、わたしの〈歴史哲学的な試み〉に多くの貴重な示唆（たとえば、『ゴータ綱領批判』を知ったのも、かれのおかげだった）を与えてくれたのみならず、強烈な抽象的・主観主義的な、したがって倫理的な調子をもまた与えた。アカデミックな知識人だったわたしは、非合法的な労働者運動から離れたところにいたので、戦時中にスパルタクス・ブントの文書もレーニンの戦争論も目にしなかった。ローザ・ルクセンブルクの戦前の著作を読んで、いつまでも消えることのない強い影響をうけていたが、レーニンの『国家と革命』を知ったのは、ようやく一九一八―一九年の革命期になってからのことだった。こうしたイデオロギー的発酵状態のなかで、一九一七年および一九一八年の革命にぶつかったのだ。しばらく迷ったのち、一九一八年十二月、わたしはハンガリー共産党に入党した。そしてそのとき以来、革命的な労働者運動の戦列にとどまることになったのである。」（『マルクスへのわたしの道』）(12)――みずからの決定的な思想的転回について、ルカーチは後年（全集第二巻の自伝的序文をもふくめて）この簡単な述懐以上のことを語ってはいない。しかし、これにさきだって十一月末ないし十二月はじめにベーラ・クンとの出逢いがあり、その直後に入党が決意されたということだけはたしかである。

いずれにせよ、かれの共産党入党は、〈ルカーチ・グループ〉のメンバーにとっては、まさに青天の霹靂だった。だが、かれの決断はかれらのなかに連鎖反応をよび、バラージ、フォガラシその他がつづいて共産党員となった。クンは、「ハンガリー共産党のなかに〈ルカーチ・グループ〉ができてしまった」と語ったという。これ以外の《自由学校》のスタッフたちもまた、革命後のブダペシュト大学改編にあたって招聘されたばあいが多かった。ヴァリャシは形式論理学の講師となり、レーヴァイはキケロを講じた。マンハイムとハウザーは、ともに、同大学の一部門として新たに設けられた高等教育担当教員養成のための課程でそれぞれ哲学と文学理論をうけもった。後年ソヴィエト連邦に帰化したイェネー・ヴァルガは、同大学経済学教授をつとめるかたわら、クン政権の財務人民委員、さらに最高経済会議議長に任命された。ルカーチ自身はといえば、入党後ただちにブダペシュトの中央宣伝員《アジテーター》学校の仕事を担当し、やがて党中央委員会の下にある学生および青年労働者関係の委員会メンバーとなったのち、一九年二月にクン以下の共産党指導者が逮捕されたあとの中央委員に加えられた。そして、ソヴィエト政権内では、第一次革命以来ひきつづき文化・教育担当の人民委員にとどまっていた旧社会民主党幹部ジグモンド・クンフィの下で、教育人民委員代理をつとめ、事実上はもっぱらかれが革命政府の文化政策を推進する役割を果したのだった。

Ⅲ

ベーラ・バラージを緊密な協力者としてルカーチが着手した革命の文化・教育政策は、学制改革から劇場要員の公定給与体系の決定[13]にいたるまで、文化面のほとんどあらゆる部門にわたっていた。そのもっとも基本的な原則は、すべての文化財と文化活動をプロレタリアートのものとすること、そして新しい文化をプロレタリアート自身のなかから生みだす準備をととのえることだった。「ルカーチは、同志たちの助力をえて、文化的洗脳のキャンペーンとでも呼ぶべきものに着手した。」——ヴィクトル・ジッタはこれをこのように表現している。[14]そのためにまずルカーチは《精神的生産のための国家協議会》を設け、あらゆる具体的な文化政策をここに諮問した。教育面では、新しい教育要員による児童学校教育の速かな拡大、最高水準の集中的な研究体制の推進、労働者のための成人教育の実施、という三本の柱にそった方針がたてられた。これと無関係にではなく、文学の分野では、まず五五〇名の作家のリストをつくり、それらの作家たちに充分な生活の保障をあたえ、新しい文学の創造を奨励する政策を積極的にすすめた。ルカーチはとりわけ、すぐれた童話《メールヒエン》の誕生を重視し、教育人民委員部文学芸術部門責任者であるバラージ自身をもはげまして、のちに卓越した映画理論家・シナリオ作家となったこの抒情性ゆたかな詩人につぎつぎと新しい童話を生みださせた。

一九一九年四月十五日、ルカーチの名でつぎのような布告が発せられた――「教育人民委員部は、今月十日付の指令をもって次のとおり決定した。幼稚園、小学校、ならびに小学校より若干高度な教育施設においては、十四歳以下の生徒の教育と娯楽のために、美しくかつ教訓にみちた童話の朗読をとりいれるものとする。」

若きルカーチのロマン派への深い傾倒、たとえば『魂と形式』におさめられたノヴァーリス論にあらわれているような共感のことを想いおこすなら、これは必ずしも理解できないことではない。じじつかれは、かねて童話にたいしてなみなみならぬ愛着をいだいていた。〈ルカーチ・グループ〉以来の親しい女友だち、アンナ・レスナイもやはり同じだったが、そのかの女が、共産主義者となったルカーチに、こうたずねたことがあった――さあこれから童話はどうなるのかしらね？　ルカーチの答えはこうだったという、――いまこそ童話は現実となるのだ、石や樹が語るのだ。[15]

こうした文化政策は、ルカーチにとって、新しいプロレタリアートの文化を創造するという基本方針となんら矛盾するものではなく、むしろその不可欠の前提ですらあった。童話《メールヒエン》が現実となる世界、石や樹が語りはじめるような世界、それこそが、かれの夢みる共産主義世界の詩的な表現だったのだ。もちろん、こうしたいわば最終目標とならんで、それをめざすためのきびしい現実政策もすすめられねばならなかった。ユーゴスラヴィア生まれのアメリカの政治学者ヴィクトル・ジッタは、『ジェルジ・ルカーチのマルクス主義――疎外・弁証法・革命』のなかで（反共主義の立場をとる資料を多く用いながら）一貫してルカーチの共産主義的な文化政策に不満をもらしているが、その伝えるところによれば、ルカーチは、さきにふれた作家リストの作成にあたってももっぱら共産党員の作家たちを優遇し、また、劇場のレパートリー選定にさいしては、帝国時代のハンガリー音楽をしめ出したため、党員以外の作家は作品制作のチャンスを与えられなくなったという。これが事実であるかどうかはさておき、ルカーチの文化政策にたいして、かれの〈上司〉である教育人民委員クンフィはつねに批判的で、両者の関係はきわめて冷たいものだった。ところが、こうした旧社会民主党の側からの異論とならんで、革命政府のなかにはむしろこれとは逆の方向の強い批判があったのである。

　その批判の根拠の第一は、主として《今日《マ》》というグループに結集する未来派、シュールレアリストたちをあまりにも優遇しすぎる、ということであり、第二に、それに反して真に社会主義的な作家を過小評価している、という点だった。とりわけ後者の理由は、のちにくりかえしおこなわれたルカーチ批判をあまりにもありありと彷彿させるのだが、これにたいしてルカーチは、鋭敏な感覚こそ革命の前提であり、文化の水準こそ革命の水準なのだ、という論拠によって反論をくわえた。「教育人民委員部は、いかなる傾向、いかなる党派の文学をも公式に支持することはないであろう。共産党の文化綱領はただ、すぐれた文学と劣った文学とを区別するだけであって、シェイクスピアやゲーテを、かれらが社会主義作家ではなかったからという理由で非難するようなことはしない。しかしまた、社会主義のタイトルのもとに芸術をディレッタンティズムにひきわたしてしまうようなこともしない。共産党の文化綱領は、最高の、もっとも純粋な芸術をプロレタリアートにおくりとどけることであり、当人民委員部は、政治的手段に堕した社説文学によって感覚を堕落させることをゆるさないだろう。政治はただの手段にすぎず、文化こそが目標なのだ。(16)」

　ここには、革命前の《精神科学のための自由学校》の理念がそのまま生きている。それと同時に、大戦前のルカーチが、文学作品の緻密な解釈《インタープレタツィオーン》によって作家の魂に光をあて、さらにはその社会的背景にまでするどく切りこんでいったとき、かれを支えていたであろう理念が、そしてまた、のちのかれが、革命運動のなかで一貫して追いもとめた文化の概念が、簡潔に言いあらわされている。だがしかし、革命の文化政策にたずさわるルカーチは、このような表現によって、文化を脱階級的なもの、あるいは超階級的なものとしてとらえる姿勢を示したのでは決してなかった。政治委員《コミサール》としてルーマニア戦線の赤軍第五師団と行動をともにしたのちブダペシュトに帰ったルカーチは、一九一九年六月中旬に、カール・マルクス労働者大学で〈古い文化と新しい文化〉についてのふたつの講演をおこなった。これらは、革命が敗北したのち、手を加えてひとつにまとめられ、一九二〇年十一月七日号『コムニスムス』に発表された[17]のだが、そこには、文化の革命を全体的な社会革命の重要かつ不可欠の一環としてとらえるルカーチの思想が、〈文化〉という概念の追究をとおして的確にあらわされている。

　そのなかでかれは、「われわれがある時代の文化を正しく把握するなら、そのなかにこの時代の全発展の根を把握したことになり、それによってわれわれは、経済的諸関係の分析から出発した場合とちょうど同じところへ行きつくことになる」という確認にもとづいて、〈文化〉というものを〈文明〉と対置するやや陳腐な定義づけをおこないながら、だがしかし、経済的基盤と直接つながっている〈文明〉にたいして、「第一次的な生活上の必要がみたされうる社会、それをみたすためにすべての生活力が要求されるような困難な労働をする必要がなくなっている社会」でこそ、〈文化〉の可能性がうまれてくることを強調する。「資本主義的社会秩序の崩壊を悲しむブルジョワジーは、文化が没落していくということを、もっとも多く嘆く。」かれらは〈文化遺産〉を大切に保存し、これの破壊を無条件で悪だときめつける。かれらは、資本主義秩序の保全にたいする気づかいを、「あたかもその気づかいの理由が、文化のもつ永遠の価値を気づかうところにあるかのように」みせかけるのだ。だがしかし、資本主義社会とは、経済生活が、生活機能の手段であることをやめてあらゆる社会生活の自己目的となってしまった社会にほかならない。だから、「資本主義時代の文化は、経済的・政治的崩壊がおこるよりもまえに、すでにみずから崩壊していたのだということ。それゆえ——しばしば聞かされるこの種の気づかいとは反対に——文化のためには、資本主義社会秩序の長ったらしい死の過程に最後のとどめをさすことこそが火急の必要事であり、そうしてこそ新しい文化への道が開かれるだろうということ」（強調はルカーチ）、これが肝要なのである。

「政治はただの手段にすぎず、文化こそが目標なのだ」という主張は、政治と文化をことさらに切りはなそうと努めるブルジョワ・イデオロギーの表現ではなく、むしろ、政治革命を同時にまた文化の革命としても位置づけねばならなかったハンガリー革命の（そしてまたあらゆる現代革命の）基本的な性格の表現であり、この革命の体験をふまえたルカーチがこれ以後たえず追究しつづける変革のイメージの表現でもあったのだ。

Ⅳ

ハンガリー革命を遂行したメンバーたちは、旧社会民主党員、サンディカリスト、左翼インテリゲンチャなど、きわめて種々雑多で、革命評議会にはいくつものグループが混在していた。共産主義者たちのなかにすら、大別して三つの異なるタイプがあったとされている。その第一は、第一次大戦とロシア革命の体験を経て思想堅固なボリシェヴィキとなった正統派的なレーニン主義者たち。その代表はベーラ・クンだった。もうひとつは、ブルジョワジーを殺戮することがいちばん簡単で手っとりばやい解決策だという固定観念にとらわれた〈知的荒廃者〉たち。そして第三のタイプは「他のふたつとはまったく対照的だった。このタイプの代表者たちは、宗教的な、いやそれどころか神秘主義的な思想でみたされていた。かれらの多くはドイツ観念論の教養を身につけ、倫理的な領域については厳格な基準をもっていた。しかし、かれらは、資本主義と戦争の罪悪と恐怖からぬけ出る道は容赦のない暴力行使しかないのだ、と考えていた。[18]」

この第三のグループは、クンをはじめとする正統派からは軽蔑の意味をこめて〈倫理家〉とよばれていたが、言うまでもなくその頭目はルカーチだった。革命政権要人の宿舎になっていたソヴィエト会館では、ヨージェフ・レーヴァイ、エルヴィン・シンコー、それにルカーチの妻でロシア人のエレーナ・アンドレーヴナ・グラベンコらが、ルカーチをかこんで哲学や文学を論じていた。ヘーゲル、マルクス、キルケゴール、フィヒテ、ヴェーバー、ジャン・パウル、ヘルダーリーン、ノヴァーリスなどからの引用が、さかんに飛びかっていたという。[19]これについて、革命政府のメンバーのひとりは、つぎのように伝えている。「それからわたしは、ソヴィエト会館のいくつかの部屋でどんな問題が論じられているかを知って、目をみはったままあいた口がふさがらなかった。問題のひとつは、われわれ共産主義者はユダのようなものだ、というのだった。われわれの血なまぐさい仕事は、キリストを十字架にかけることである。しかし、この罪深い仕事は、同時にわれわれの使命でもある。キリストは十字架上の死によってはじめて神となる。これは世界を救済するためには必要なことなのだ。だから、われわれ共産主義者は、世界中の罪をわが身にひきうけ、それによって世界を救うわけだ。だがいったいなぜ、われわれは世界中の罪を一身にひきうけねばならぬのか？　これにたいしてもちゃんと答えはあった。それも、ヘッベルの『ユーディット』からとってきたいとも明快な答えがだ。〈神がわたしとわたしの行為とのあいだに、ひとつの罪をおかれるとき、あなたをお恨みして、あなたから逃れようとするなら、そのわたしとは、いったい何ものでございましょうか？〉神がユーディットにホロフェルネスを殺せと、つまりひとつの罪をおかせと要求したのと同じように、神はまた共産主義者たちに、比喩的にもまたじっさい肉体的にもブルジョワジーを殲滅すべしと要求することだってできるのだ。……ざっとこういったことが主要テーマだった。よりどころとなっていたのは、キリストが幸福なキリスト教徒の仔羊たちの生活をかきみだすだろうからというのでキリストを火刑場におくったあのドストエーフスキーの〈大審問官〉だった。議論は、はたして大審問官は正しいかどうか、ということをめぐってたたかわされていたのである。[20]」

これを引用しているデーヴィド・ケトラーは、こうしたことが実際にルカーチによって語られたかどうかについては、疑念を表明している。だがしかし、まさにこのテーマこそは——ここではテロリスト＝ロープシンにかわってドストエーフスキーの大審問官が登場しているという違いこそあれ——そのまま『戦術と倫理』の中心をなしていたものである。ヘッベルの言葉は、その論文の結びの言葉として使われたものだった。プロレタリア独裁の達成よりもまえに書かれたものであるがゆえに「独裁の進展によって生じた倫理の機能変化」はその「試論のアクチュアルな意味を、ドキュメンタリーなものに、歴史的なものに、かえてしまった」と革命直後のルカーチ自身がはやくも批判的な対しかたを読者に要求していたこのエッセイの主題が、あるべき行為とそうあらざるをえぬ行為との相剋、目的と犠牲者の問題が、じつは依然としてなお革命の日々のルカーチの脳裡に生きつづけていたのだった。みずからをユダにみたてるこの発想は、たしかに、一面では、眠っている子供をたたきおこすべきか否か、という種類の気負った優越感をちらりとのぞかせる。だがしかし一方、このような優越感の背後に、たえず暗い予感がつきまとわずにはいない。すなわち、自分たちは本当にユダなのだろうか、という疑念である。

一九一九年の革命の直前に書かれた『戦術と倫理』[21]は、こうした錯綜した問題意識を、萌芽的にわれわれのまえに明らかにしてみせる。

革命的な戦術が現行の法秩序の枠によってしばられないものであるいじょう、それの正しさを判断する唯一の根拠は、最終目標、すなわち社会主義の真の実現に、役立つかどうかということでしかありえない。ところがここで、ひとつの問題が生じてくる。「社会的にみて重要な〈価値〉を、社会的にみて正しい目標を、追求することは――その行動の内的な原動力のいかんにかかわらず――それ自体ですでに倫理的であるのかどうか、という問いである。」これは、個々人の孤立した行動ではなく革命運動における集団的な行動のばあいには、「個々人の良心や責任意識は、戦術的に正しい集団的行動という問題と、どのような関係にあるのか？」という問いになってくる。

このように問題を設定したルカーチは、まずつぎのことを確認することからはじめる。すなわち、倫理とは個々人に問いかけるものであり、個人の良心と責任意識にたいし、世界の運命が自分の行為ないし無為にかかっているようなつもりで行動することを要求する。「それゆえ、いま共産主義の側に立つことを決断するものはだれでも、共産主義のための闘いのなかで失われるすべての人命にたいして、自分自身がかれらすべてを殺したのと同じような個人的責任を負う義務がある。」資本主義を擁護するものにしたところで、かわりはない。倫理的には、だれひとりとして、自分は無関係なのだといって責任をのがれることなどできないのである。ところが、こうした個人的な行動は、それがあるひとつの戦術にしたがうか否かという決断をせまられるとき、政治という特殊な行動領域に足をふみいれる。その戦術にしたがうことが、倫理的にどのような意味をもつのか？　ある集団的な戦術にしたがいつつなお個人的な責任を負うことが、つまり戦術と倫理を矛盾なくつなぐことが、はたして可能なのか？　ここでルカーチが強調するのは、〈知る《ヴィッセン》〉という概念である。「自分がどのような状況のもとでどのように行動しているのかを知っていなければならぬ」ということが、戦術と倫理をむすぶための前提となるのだ。「個々人の厳格さや責任意識こそはすべての行為の道徳的な規準のひとつ——つまり当事者が自分の行為からうまれる帰結を知りえていることを示す規準——であるから、かれがこの帰結を知りつつなお自己の良心にたいしても自己の行為の責任を負うことができるのかどうか、という問いが生じてくる。」この最後の問いは、ルカーチの考えによれば、結局は個々人の〈倫理的自覚〉という次元にゆきつかざるをえない。いかに自己の行為の帰結を確認していても、それはただ誤りない行為の可能性を示すだけにすぎないからだ。道徳的な誤りの可能性もまた、これと裏腹につねに存在しつづける。それどころか、革命の実践のなかには、〈罪〉をおかさずには行為しえない状況さえ存在しているのだ。そこで最後につぎのような二者択一が不可欠となってくる。つまり、「もしもわれわれがいずれ罪あるものとなるにしてもそこに二通りのやりかたのどちらかを選ばねばならないとしたら、このばあいにもやはり、正しい行動か誤った行動かを決めるなんらかの規準があるのではないか。」この規準とは、すなわち〈犠牲者〉の問題である。ロープシンをひきあいに出しつつ、ルカーチは、こう結論する——「殺人はいかなる場合にせよ是認されうるものではないということをなんの疑いもさしはさまずに確信している人間の殺人行為だけが——悲劇的なことには——道徳的な性質のものでありうるのだ。」

たしかに、ここには、とりわけこの結論部には——その内容の真実性にもかかわらず——倫理主義的な色彩がみちみちている。あるべき行為とあらざるをえぬ行為との齟齬にたいする認識は、すでに十年近くもまえに「悲劇の形而上学」のなかでかれが展開した思想、あの多分に主観主義的でいながら現実をふかくえぐった思想の残響を、たしかに感じさせる——「生きるとは、なにかを生きつくすことができるということである。生とは、全的にかつ完全に生きつくされることの決してないなにものかである。」「真の生は、つねに非現実的である。いやそれどころか、経験としての生からみれば、つねに不可能でさえある。」「生きおおせんがためには、生を拒まねばならない。[22]」

だがしかし、こうした基調のなかに、いまやきわめて重要な突破口が開かれていることを見逃してはならないだろう。「自分がどのような状況のもとでどのように行動しているのかを知っていなければならぬ」という要求を、ルカーチは、たんなる知識や認識、たんなる自己意識の水準で述べているのではない。それは、社会主義者の行動が、社会主義の最終目標と、さらにはそれを実現する客観的な可能性、すなわち社会主義の歴史的な現実性《アクチュアリティ》と、どのような関係にあるのかという認識、言いかえれば、現にある〈歴史哲学的な状況〉の認識にほかならない。「戦術と倫理」とほぼ同じころに書かれた「正統マルクス主義とはなにか?」のなかで、かれはつぎのように述べている。革命の瞬間は、「ただひとつ、理論と実践および運動と最終目的がみずからにとってはひとつの統一をなしているということを労働者運動が意識したときにだけ、可能性から現実性へと飛躍することができるものなのだ。[23]」かれは、個々人の倫理的な行為を、ただ個人のなかにとじこめてしまうのではなく、階級的な行為としての変革運動のなかで有機的にとらえようとする。〈知る〉という可能性は、自己意識そのものの意識化のなかにしか存在しない。そのための「第一のしかも不可避の前提」は、「階級意識の形成」なのだ。『戦術と倫理』の問題設定は、たとえ倫理的であったとしても、決してたんなる倫理主義の水準にとどまるものではない。個人にうったえる倫理とプロレタリアートの階級意識を緊密にむすぶルカーチの方向性は、〈倫理〉というものを、個人主義的・道徳主義的説教の枠にとじこめられたまま現行秩序を維持するための虚偽のイデオロギーとなりかわっている存在から解放し、それに実践的な爆破力を与える可能性をさし示している。

主体的な行為の規準をこのように階級意識と結ぶかれの試みは、やがて、「物象化とプロレタリアートの意識」をはじめとする『歴史と階級意識』の諸論文で、さらにいっそう深められていくことになるのだが、そこでのプロレタリアートの位置づけ、歴史の主体でありかつ客体であるプロレタリアート階級という位置づけは、〈知る〉ことの全体的可能性にするどく着目したハンガリー革命期のルカーチのなかで、すでにその端緒を見出していたのである。階級意識とは、最小の単位としての個々の人間と、類的・社会的存在としての階級をむすぶ主体的な環である。それはまた、個々人の主体的な行為が外的世界全体をつくりかえていくさいの個的な、しかも全体的な意識、それゆえに、主体と客体をむすぶ意識である。そうであるいじょう、階級意識の形成は、現実の変革に主体的に参加していくことをつうじてしかおこなわれえない。この実践がたえず倫理との緊張関係をたもちつつなされるとき、〈汝、殺すなかれ〉という戒律は、もはや抽象的・一般的な道徳律であることをやめる。肉体的・精神的な損壊をあくまで否定しながらも銃を手にする決断にいたる意識の変化がひとりの人間のなかで可能となる一方、このおなじ決断の過程が、テロルやリンチをあくまでも拒否するめざめた意識として、盲目的な〈暴力〉を自己から切りはなしていく不断の作業として、実践のなかに根をおろすにちがいない。

それにしても、戦術と倫理をむすぶこの階級意識が、プロレタリアートの階級意識を意味するかぎり、〈知識人〉ルカーチのまえには、なおも埋めつくせぬ理論と実践のふかい断絶がのこされざるをえない。階級意識の意識化は、かれ自身にとってはつねに倫理的要請という性格を止揚することがないかのようである。

合法と非合法の弁証法

I

社会的現実に異議をとなえ、これを変革しようと試みるものたちにたいして、既存の秩序を維持することにみずからの利益を見出す勢力から発せられる攻撃は、つねに、現状は普遍の妥当性をもつ永遠の秩序であり、もし不都合なところがあるとすればそれは運営面に若干の欠陥や手落ちがあるからだ、という信仰を基盤としている。価値基準や世界観の変遷を当然のこととしてみとめ、世界は決して不変のものではないと信じている人間も、この価値基準や世界観が法律というかたちをとり、世界が法治国家という形式で固定されてしまうと、たちまちこれらのなかに確固たる普遍妥当性を見出して、自己をそれに適応させるべく努めるようになる。こうしてかれらの目には、犯罪とはもっぱらこの法律に違反するもののことであるとうつり、暴力とはもっぱら、この秩序をうちこわそうとするもののことであると映ずる。

権力の維持がこうした一般的意識（あるいはむしろ無意識）に依拠してこそ可能になっているという事実は、このような意識ないしは無意識のイデオロギー的・実践的基盤を明らかにしていくことによってこの意識状況そのものの流動化と転倒をはかることが反体制運動にとってどれほど重要な課題であるかを、示唆している。このような試みは、すでに多くの共産主義者たちによってくりかえしなされてきた。エンゲルスは早くも『反デューリング論』のなかで、法律や国家というものが人間生活に不可欠の自然的な環境ではなく支配のための暴力機構《ゲヴァルト・オルガニザツィオーン》であることを、指摘している。「みたびベルギーの実験について」と題する論評のなかでローザ・ルクセンブルクがおこなった批判もまた、こうした作業のひとつだった——

「もしある〈自由な市民〉がその意志に反して、狭くて快適でないヘヤのなかへ、他人によって強制的にほうりこまれ、ある期間そこから出されないとしたら、誰でも、これが暴力行為であると理解する。けれども、この作業が刑法とよばれる印刷された本にもとづいてなされ、その小ベヤが〈国立プロイセン拘置所、ないし刑務所〉ということになると、とたんにそれは、平和な合法的な行為だということになる。」兵役や税制についても、やはり同様である。「要するに、ブルジョワ合法性として現出しているものは、問答無用の義務的規範にまで高められた、支配階級の暴力にほかならぬ。こうして個々の暴力行為が、拘束力をもつ規範としてひとたび固定されてしまうと、その事態は、ブルジョワ法律家の頭脳のなかには、さかだちして映ってしまうらしい。かれらには〈法秩序〉が〈正義〉の自前の所産と見え、国家の強制的暴力が法のたんなる帰結、たんなる〈追認〉と見える。現実はその正反対であり、ブルジョワ合法性（およびその生成過程としての議会主義）自体は、経済的基盤から現出したブルジョワジーの政治的暴力の、特定の社会的な現象形態にほかならない。」（野村修訳）[24]

ハンガリー革命の敗北後、ヴィーンに亡命したルカーチが、『コムニスムス——東南ヨーロッパ諸国のための共産主義インターナショナルの雑誌』を主な発表の場としながら追究しようとした問題、『歴史と階級意識』（一九二三）をその成果の集大成とする問題も、支配関係におけるこの意識状況を明らかにし、無意識から意識への転倒を秩序そのものの転倒と結びつけようとする試みだった。とりわけ、この雑誌を舞台にした戦術問題にかんする討議の過程でまとめられた「合法と非合法」（一九二〇年第二三五号、九月九日付）[25]は、ドイツ革命のなかで明らかになった問題点をもふまえつつ、共産主義運動の合法性と非合法性について論じたものだった。この論文の成立の背後には、もっぱら合法活動を主張する日和見主義の蔓延と、逆に非合法な行動によってちょくせつ資本主義秩序に切りこんでいくことのみを革命的実践であるとみなす一揆主義的な傾向の存在とが、労働者運動総体に混乱をうみだし、ドイツ革命の達成をますます困難にしていた、という現実がある。けれども、ルカーチの考察は、そうした限定された歴史的局面の枠をこえでて、われわれが現在おかれた状況にまでもするどく迫ってこずにはいない。かれの論理の展開を追いつつ、われわれ自身の問題に比喩的な光を投げかける試みをおこなってみるのも、あながち無駄ではないだろう。

Ⅱ

ルカーチもまた、法や国家が人間の思考と感性のなかに逆立ちした反映を生みだすという指摘からはじめる。「もろもろの暴力機構《ゲヴァルト・オルガニザツィオーン》は人間の（経済的）生活条件とうまく調和しているか、あるいはとうてい克服しがたく思われる優越性をもって人間のまえに立ちはだかっているため、人間たちは、それらの暴力装置を自然力であると、自分たちが生活していくうえで不可欠の環境であると感じてしまい、自由意志でそれらに服従することになるのである。（しかしこのことはなにも、かれらがそれらに同意している、という意味では決してない）。」（強調はルカーチ）法や国家というかたちをとった暴力機構は、こうして、それが暴力《ゲヴァルト》であると意識されぬまま権力《ゲヴァルト》としての支配を貫徹していく。権力支配が平穏に、平和的に維持されているときこそ、じつは、この合法的な暴力機構がもっとも大きな力を被支配者たちのうえにふるっているときなのだ。――ところが、この隠然たる暴力が、明白な暴力となって立ちあらわれねばならないときがやってくる。「つまり、あるひとつの暴力機構は、反抗の意志をいだく個人やグループにたいして、その必要が生じるたびに暴力をもって自己を貫徹していくことができる場合にのみ存続しうるのだが、もしも、機能を果たそうとすればそのたびごとにいちいち暴力を行使せざるをえなくなるとしたら、それが存続することはまったく不可能だろう。」こうした必要が生じてきたとき、すでに革命は現実性《アクチュアリティ》を獲得しているのである。「その暴力機構はすでに社会の経済的基盤と矛盾しており、この矛盾が人間の頭に投影されて、人間たちは事物の既存の秩序をもはや自然必然性とはみなさず、暴力にたいしては暴力を対置するようになる。」（以上、強調は池田）

こうして大きな過渡期がはじまる。合法的な暴力機構は、少なくとも被支配階級の一部にとっては、絶対的な正当性をもはやもたない。かれらを支配・抑圧するためには、ますます大きな暴力が必要となる。暴力機構はいよいよその暴力性をむきだしにし、強圧的な手段で支配をまっとうせざるをえなくなる。

だがしかし、過渡期というものは、たんに支配体制にとっての危機を意味するだけではなく、反体制勢力にとっても大きな危機の時代なのだ。ハンガリー革命とドイツ革命の体験を経たルカーチの二〇年代前半の思想は、この認識にふかくひたされている。この認識こそはまた、〈修正主義〉とともに機械的な唯物論、つまり革命の〈自然法則〉性への信仰から、かれの思想を区別する契機でもある。なぜなら、この危機は体制にとっては経済的基盤の危機を意味するが、反体制にとってはイデオロギー的危機を意味するという認識は、必然的に、変革の主体の問題を革命理論のなかにもちこまずにはいないからだ。この問題意識は、「合法と非合法」では、こう表現されている──「あるひとつの暴力機構の変革が可能となるのは、既存の秩序だけが唯一可能なものであるという信念が支配階級のなかでも被支配階級のなかでもすでに揺らいでいるときだけなのだ〔……〕。生産秩序の革命は、このための必然の前提である。けれども、革命的変革そのものは、ただ人間によってしかなしとげられない。既存の秩序の力から──精神的にも──自己を解放した人間によってしか、なしとげられないのだ。」（強調はルカーチ）

ルカーチの考える革命とは、すでになしとげられた経済的・社会的変化をただ追認するにすぎない政治革命のことではない。これにさきだつ生活環境全体の変革、つまり社会革命のことを言うのである。それゆえにこそ、既存の秩序からの解放とは、すぐれてイデオロギー的な課題とならざるをえない。暴力機構の顕在化によって生じる反体制の側の暴力による対応は、社会全体にたいしては、まず第一に、許すべからざる行為として、〈犯罪〉として、〈暴力〉として、否定的な影響をおよぼす。はじまりつつある社会革命は、非合法なものとして現象するからだ。「このような変革はすべて、平均的人間の本能に根本からさからって進行するため、その人間はこれを、生活一般にたいする破局的脅威とみなし、洪水か地震のような盲目的な自然力とみなしてしまう。この過程の本質を把握しえぬまま、かれのめくら滅法で絶望的な防御は、住みなれた自己の生活をおびやかす直接的な現象形態との抗争にむかっていく。」こうした状況のなかで、〈反暴力〉キャンペーンが権力の側からの必死のイデオロギー攻勢としてかけられてくること、そしてこれが、習慣的生活をまもろうとする傾向のなかで一定の効果をあげうることは、すでにわれわれの体験しているとおりである。

ところで、こうしたキャンペーンを無効にするものはなにか？　ルカーチはここで、かれがそれこそはマルクス主義のもっとも重要な本質であるとする〈革命過程の全体性〉の認識を強調する。「これらの孤立した闘争、成功した場合でさえ決して的確な勝利をおさめることのない闘争は、それら相互の関連と、間断なく資本主義の終焉にむかってつき進んでいく過程との関連を、意識することによってしか、真に革命的なものとなることはできない。」このような意識化、このような意識の変革こそは、革命過程そのものともいうべきものなのだ。それは、一方では、合法的な暴力機構の実体をますます明らかにしていくような実践として、だがしかしまた他方では、その実践の非合法性を革命の全体性のなかに位置づけていく作業として、おしすすめられねばならない。実践の主体がたえず自己の行動を意識化するとともに、個別的な非合法性を全過程の合法性とむすぶ意識を、社会的に拡大していかなければならない。この両側面の意識形成が同時にすすめられないとすれば、それがいかに正当なものであったとしても、〈非合法活動〉はつねに非合法性を止揚することはできないだろう。支配のための暴力機構は、暴力機構としての実体を被支配階級のまえに露呈することなしに、一部の反権力的〈暴力〉を、いともたやすく圧殺してしまうだろう。しかもそのときこの圧殺をたすけるものは、ほかでもない、圧殺されるものと同じ境遇におかれた被支配者たちだろう。今日すでにその前兆は〈自警団〉や〈市民の協力〉のなかにあらわれている。

Ⅲ

非合法な行動は、それが個々の現象として意識されるかぎり、体制にとってはなんら危険ではない。むしろそれは、暴力反対、秩序維持のキャンペーンに足をすくわれてしまう。突発的、散発的な非合法活動、個々の行動としての制度のふみこえは、むしろ、体制を維持し、支配をぬりかためるのに役立つのである。そのかぎりでは、こうした個別的反対を批判するルカーチは正しい。

けれども、こうした行動にたいする批判は、しばしば、もっと大きな問題を看過してしまう。すなわち、ルカーチ自身がしばしば指摘しているように革命過程の初期においては必然的に自然発生的な少数者の闘争としてはじまらざるをえないこのような行動が、なにゆえに革命運動の展開のなかで依然として〈非合法〉なものにとどまっていなければならないのか、という問題である。合法と非合法とは、すでに述べたとおり、革命過程におけるイデオロギー的な力関係の表現にほかならない。だとすれば、権力の暴力機構を見ぬいた勢力が依然としてなお非合法性の枠のなかにとじこめられていなければならないというのは、何を意味するのか？

ルカーチは、「合法と非合法」よりわずか三週間ほどまえに発表した「日和見主義と一揆主義」[26]のなかで、この問題をとりあげている。

「一揆主義はただ日和見主義の土台のうえでのみ大きくなることができる。したがって、労働者階級のなかに一揆主義的な傾向が存在するという事実は、すべての真の共産主義者に自己批判を迫らずにはいない。自分の戦術のなかにどこか日和見主義的な要素がひそんでいるのではないかという点検を迫らずにはいない。」

非合法の枠のなかにとどまっているものをすべて一様に〈一揆主義〉と呼ぶことができるかどうかという

問題は別としても、この確認は、反体制運動が直面する危機の本質をよくとらえている。権力の側からなされる〈反暴力〉キャンペーンに唱和して、あるいはそれよりもさらに積極的に、〈革命勢力〉の側から〈暴力糾弾〉がおこなわれている状況のなかで、日和見主義にたいする批判、ないしは共産主義者の自己批判は、避けてとおることのできない課題なのだ。

革命的実践をひとつの大きな意識化の過程としてとらえるなら、革命運動における組織とは、けっして、これがあってはじめて行動が開始できるというようなものではない。「共産主義政党にとって組織とは行動のための前提条件ではなく、前提条件と結果とが行動をつうじてたえず相互にいりまじっているようなものだということ。いやそれどころか、もしもこれらふたつの観点のうちどちらか一方を優位におくとすれば、組織とは、前提条件としてよりはむしろ結果としてとらえられねばならないものなのだ。」ところが日和見主義者たちは、闘争というものは組織がうみだす産物であると考える。かれらは、あらゆる革命的行動よりも、組織づくりを優先する。「日和見主義者たちのこうした種類の思考や行動をあきらかにしてみせるために、いまさら実例をあげるまでもなかろう。得票数の計算や党紙売上げ部数の計算にうつつをぬかし、充分な数のプロレタリアが充分よく組織されきっているというような〈瞬間〉をひたすら待ちわびるかれらのやりくちは、もうだれもがいやというほど知らされていることだからだ。」

こうした〈組織ボケ〉は、当面の闘争成果の極端な重視、直接的に獲得できる要求項目の偏重を生みだし、既得権の防衛を至上命令とする思考様式を生産する。「なぜなら、〈組織〉の過大評価、その機械的なとらえかたは、目にみえる直接的な成果のために革命過程の全体性がなおざりにされ、背後におしやられてしまわざるをえない、という必然的な結果をまねくからである。」革命をひとつの統一的な過程として全体的に把握し、そのなかに個々の行動を位置づけるという意識的な作業の欠如は、最終目標と個別闘争を切りはなす日和見主義のもっとも顕著な特性なのだ。非合法な行動が個別的なものとして意識されるかぎりなんら権力をゆるがすことができないのと同様に、日和見主義者たちの〈個別的要求〉や、あるいはまた〈抗議〉や〈反対〉は、支配階級をなにひとつ傷つけることがない。「なぜなら、〈反対〉という立場をとることは、既成のものが本質的には不変の基盤として受けいれられ、〈反対〉の努力がただ、既成のものの妥当領域内で可能なかぎりのものを労働者階級のために獲得することだけに向けられる、ということを意味するからである。」――「合法と非合法」のなかでも、ルカーチはこのように日和見主義を批判している。そして、革命的マルクス主義者と似而非《えせ》マルクス主義的日和見主義者との大きな差異を、つぎのような点にみとめようとする。すなわち、「革命的マルクス主義者と似而非マルクス主義的日和見主義者との大きな違いは、前者が資本主義国家を単に力の要因としてのみ考慮に入れ、この国家に敵対して組織されたプロレタリアートの力を動員すべきだとしたのにたいし、後者は国家を階級の彼岸にある制度としてとらえ、これの支配をめぐってプロレタリアートとブルジョワジーが階級闘争をくりひろげる、と考えた点にある。」だが、国家を闘争の敵としてとらえるのでなく闘争の目的ととらえることによって、かれらはすでにブルジョワジーの土俵に立ってしまっている。「すべての国家秩序や法秩序、とりわけ資本主義的な秩序は、結局のところ、その秩序の存立やその諸規則の妥当性がなんら問題とされず、簡単に受けいれられるということに、依拠してなりたっているものだからである。」個別要求やたんなる反対は、秩序や法規の基盤そのものにふれてこない。これらを特殊事例としてふみこえてみたところで、それが一般の意識にただ特殊事例にすぎないとうつっているかぎり、国家や法の存続にとってなんら危険とはならない。「このような個別的事例としての踏みこえは、これによって国家の基盤が一瞬たりとも疑問にみえるようなことはないがゆえに、国家はそれをやすやすと制圧しうるであろう。」つまり、国家の強さとか弱さとかは、じつは、人間の意識にそれがどう反映するかによって決まってくる。「イデオロギーは、このばあい、単に社会の経済的構造のひとつの結果であるにとどまらず、同時にまたその社会が平穏に機能するための前提でもあるのだ。」

資本主義が確固たる支配をつづけている時代には、労働者階級はイデオロギー的には完全に資本主義の土台のうえに立っている。その支配が揺らぐのは、資本主義秩序そのものにたいする疑念がかれらのなかに芽生えるときである。だが、その疑念が真に破壊的な力となるためには、労働者階級は、資本主義を打倒する必然性を、みずからに課せられた歴史的使命を、認識しなければならない。「どんな社会であれその力は本質的には精神的な力なのであって、われわれをその力から解放しうるものは、ただひとつ、認識だけだからだ。」しかもその認識とは、たんに頭のなかでつくりあげられるものではない。そうではなく、「血肉と化した認識、マルクスの言葉をかりれば〈実践批判的な活動〉にほかならないのである。」（以上、強調はルカーチ）

マルクス主義者の行動は、このような認識——ルカーチはこれを階級意識の意識化と名づけた——をめざしてなされねばならないし、またこのような認識に支えられたものでなければならない。合法的な活動と非合法的な活動との選択の基準は、これをおいては存在しない。しかも、こうした認識によってはじめて、合法性は非合法性の領域を拡大せざるをえなくなり、一方、非合法性はますます大きな合法性を獲得していくことができるのだ。

Ⅳ

こうした観点からみるとき、変革運動にとって真に危険となるようなふたつの問題点があきらかになってくる。

そのひとつは、〈議会主義〉的傾向である。ルカーチは、『コムニスムス』の一九二〇年第六号（三月一日付）に「議会主義の問題によせて」を書いてこの傾向を徹底的に否定している。かれの見解は、〈左翼小児病〉のまぎれもない徴候であるとしてレーニンの痛烈な批判をあびることになるのだが、それにもかかわらず、議会制度そのものがもつ本質や、これがプロレタリアートにたいしてもつ危険な機能については、ルカーチの批判は多くの正当性をふくんでいる。「ブルジョワ議会制民主主義なるフィクションは、ほかでもない、議会というものが階級的抑圧の機関ではなく〈国民全体〉のための機関であるかのようにみえる、ということにこそ依拠しているのである。」したがって、これを闘争の獲得目標として固定させてしまうことは、ブルジョワジーの土俵で相撲をとることにほかならず、暴力機構の合法性のよそおいをますます強固なものにし、階級意識の意識化をさまたげることにしかならない。

議会制度の階級性を暴露していくのではなく、これを絶対的なものであるかのようにとらえ、かつプロレタリアートにそう信じこませていくような実践は、日和見主義的である。あまつさえ、矛盾を露呈せざるをえないところまで議会制度が追いこまれている段階に、その本質をはっきり意識してとらえ、その意識を暴力機構の非合法性をみぬく方向へとむけることをせずに、ただもっぱらこの制度をまもれというキャンペーンしかおこなわないとしたら、それは、ルカーチがローザ・ルクセンブルクにならって呼んだように、〈議会主義痴呆症〉以外のなにものでもないだろう。

「革命的な精神とは、この言葉のこうした実践的意味においては、革命過程の意味に即した意識的な行動、つまり階級矛盾を激化させこの激化をプロレタリアートに意識させるためにあらゆる機会を利用しつくすということ以上でもなければ以下でもない。」（強調は池田）これが可能なのは、ルカーチがくりかえし述べているとおり、革命過程の全体性が、行動をつうじてプロレタリアートに意識され、個々の行動がその全体性のなかに把握されるときだけである。「このような過程の統一性とそれに即した戦術ということの意味が日和見主義者によってねじまげられてしまうとき、発展が〈平和裡の進歩《エヴォリューション》〉として、また現実政策が革命《レヴォリューション》の放棄としてとらえられるとき、そのときはじめて、一揆主義が——いっけん——革命的な正当性を獲得するのである。なぜなら、じつのところこういうときにこそ、武装蜂起、つまり〈いかなる代償を支払ってでも〉権力を奪取するというやりかたは、これこそ真の革命的行動であるかのようにみせかけることが可能となるからだ。」（「日和見主義と一揆主義」）

議会主義が、プロレタリアートの行動をつうじて革命過程の全体性を把握するという可能性をみずから投げ出してしまうとすれば、このことはまた、もうひとつの大きな危険を意味している。すなわちそれは、大衆の自発性の過小評価ということである。一揆主義は、少数者の先進的な直接行動の意義を一面的に絶対化することによって、広汎な大衆の自発的な行動の可能性を実践的に否定してしまう。ところが、かれらの〈挑発〉や〈小ブルジョワ的主観主義〉を非難する日和見主義者たちは、革命的行動にとって大衆の自発的な活動性がもつ重要な意味を、まったくとらえそこなっている。かれらは、大衆の自然発生的な不満の表現や、既成の〈指導部〉をのりこえていこうとする志向を、否定的に評価しこそすれ、これをすべての行動の出発点としようとはしない。「大衆の自発性から出発せず、この自発性を無意識のまま煽ってきた諸要求を意識化することを目的とせず、この自発性をこの方向に、つまり革命過程の全体性にそった方向に導く努力をしないような行動は、どれほどかれらのスローガンが平明で〈現実政策的〉であろうと、すべて地からはなれた空虚な空間をただようものでしかない。」プロレタリアートの革命にとって、前衛が必要であるとすれば、それは、この自発的な、まだ意識化されていない革命的感情を、「これがなければ何事もはじまらない《エレメンタールな》爆発」（『レーニン』）を、意識の次元にまで高める作業のなかでこそなのだ、とルカーチは考える。〈大衆の自発性と党の行動性〉のたえざる交互作用だけが、この両者の実践を、真に革命的な意識でみたしつづける保障をあたえるのである。

　プロレタリア大衆は、元来、正統マルクス主義者である――これがルカーチの基本認識である。それは、たとえかれらがこれを意識していないにせよ、経済的状況の結果うまれる必然的なかれらの特性なのだ。だからこそルカーチは、いかにしてかれらが意識したプロレタリアートとして自己を形成していくか、という問題をこのうえなく重視する。支配体制に真の危機的状況をつきつけるかれらの全体的な意識を重視する。ローザ・ルクセンブルクにならって、「革命とはプロレタリアートの大きな教育過程なのだ」と述べるとき、ルカーチは、このような意識形成の過程、自発性から出発して行動のなかで〈批判的・実践的〉に階級意識を獲得していくその過程を、念頭においているのである。

　われわれがもし、一揆主義よりは日和見主義の危険性をいっそう強調するとすれば、それは、〈議会制民主主義〉という暴力機構がいまようやくその非合法性を露呈しはじめ、現代の国家や法秩序をささえる〈ブルジョワ民主主義〉という概念そのものがその本質を暴露しはじめているなかで、被支配者の無意識に依拠しながらますますこの非合法性を拡大していくファシズムにむけてではなく、革命過程の全体性の意識化にむけて、いま生まれはじめている広汎な大衆の自発的な行動が組織されなければならないと、われわれが考えるからにほかならない。われわれにとってのひとつの大きな〈教育過程〉は、まさにこれからその困難な前進をはじめようとしているのである。

〈追記〉これらの文章（「ルカーチの知識人論によせて」「ハンガリー革命におけるルカーチ」「合法と非合法の弁証法」）は、一九六九年二月から七月のあいだに京都大学文学部闘争委員会、京都産業大学全学共闘準備会、大阪市立大学〈批判大学〉、京都工業繊維大学闘争委員会の主催する〈自主講座〉でおこなった報告を、それらの過程でなされた討論をもふまえてまとめたものであり、討論参加者の問題提起に負うところが大きい。

（一九六九年七月）

（1）この論説は、単行本『戦術と倫理』に収められた。（*Taktika és Ethika*, Közoktatasügyi Népbiztosság Kiadása, Budapest 1919. 独訳＝*Taktik und Ethik*, In: Georg Lukács *Werke*, Bd.2, Luchterhand Verlag, Neuwied und Berlin 1968. 邦訳＝三一書房版『ルカーチ初期著作集』第三巻）。

（2）「知識人の組織問題によせて」（*Zur Organisationsfrage der Intellektuellen*. In: *Kommunismus, Zeitschrift der Kommunistischen Internationale für die Länder Südosteuropas*, Wien, 1. Jahrg., Heft 3, 8. Februar 1920. 邦訳＝前掲書）。

（3）マルクス『経済学・哲学手稿』、第三手稿、「野蛮な平等主義的共産主義」（Karl Marx: *Ökonomisch-philosophische Manuskripte*. In: Marx Engels *Werke*, Ergänzungsband 1. 邦訳＝青木文庫版）。

（4）「議会主義の問題によせて」（*Zur Frage des Parlamentarismus*. In: *Kommunismus*, 1. Jahrg. Heft 6, 1. März 1920. 邦訳＝『ルカーチ初期著作集』第三巻）。

（5）デーヴィド・ケトラー『マルクス主義と文化――一九一八―一九年のハンガリー革命におけるマンハイムとルカーチ』（David Kettler: *Marxismus und Kultur, Mannheim und Lukács in den ungarischen Revolution* 1918-19, Luchterhand Verlag, Neuwied und Berlin 1967. 邦訳＝白水社版『ルカーチ著作集』別巻）。ハンガリー革命の経緯については、この書およびテケーシの研究（次註）に負うところが大きい。

（6）ルードルフ・L・テケーシ『ベーラ・クンとハンガリー・ソヴィエト共和国』（Rudolf L. Tökés: *Béla Kun and the Hungarian Soviet Republic. The Origins and Role of the Communist Party of Hungary in the Revolutions of 1918-1919*, Hoover Institution Publications, New York, Washington, London 1967.）。

（7）ヤーノシ・レーカイ「五月の想い出——ブダペシュト、一九一九年」（Johann Lekai: *Maierinnerungen—Budapest 1919*. In: *Jugend-Internationale*, Nr.9, 1921, S.226-227)。

（8）テケーシ『ベーラ・クンとハンガリー・ソヴィエト共和国』、前掲書。

（9）註（5）参照。

（10）ケトラー『マルクス主義と文化』、前掲書。

（11）このエッセイは、ルカーチの強い意向によって、その後かれのどの選集にも再録されぬまま今日にいたっている。したがって詳しい内容は知るよしもないが、ペーター・ルッズやケトラーによれば、このような内容のものだった。

（12）『マルクスへのわたしの道』（*Mein Weg zu Marx*. In: *Georg Lukács zum siebzigsten Geburtstag*, Aufbau Verlag, Berlin 1955.　邦訳＝「思想的自伝」、岩波書店『現代思想』別巻）。

（13）若きルカーチの文学的出発点は、十九世紀末から二十世紀初頭にかけてヨーロッパ各地にまきおこった新劇運動（ハンガリーでは〈ターリア劇場〉運動）への参加だった。それだけに、革命後の文化政策のなかでも演劇分野における改革には力をいれた。まず、すべての劇場（劇団）を国有化し、そのレパートリーにとり入れるべきもの、除外すべきものを中央集権的に決定した。ルカーチの考え方を知るうえで興味深いのは、劇場要員の俸給表である。ヴィクトル・ジッタがイェネー・サトマーリ『赤いハンガリー』（Eugen Szatmári: *Das Rote Ungarn*）から引用しているものを紹介しておこう。（ジッタ『ジェルジ・ルカーチのマルクス主義—疎外・弁証法・革命』（Victor Zitta: *Georg Lukács' Marxism. Alienation, Dialectics, Revolution. A Study in Utopia and Ideology*, Martinus Nijhoff, The Hague 1964.)。

若手俳優	九九〇クローネ
便所掃除人	一六〇〇
楽団員	九八〇
道具方・照明係	一六〇〇
監　督	二七〇〇
プロンプター	一八〇〇
舞台装置係	二〇〇〇

（14）ジッタ、前掲書。

（15）ケトラー、前掲書。

（16）ケトラー、前掲書。

（17）「古い文化と新しい文化」（*Alte Kultur und neue Kultur*. In: *Kommunismus*, 1. Jahrg., Heft 43, 7. November 1920.　邦訳＝『ルカーチ初期著作集』第二巻、一九七五年十二月、三一書房）

（18）オスカール・ヤーシ『ハンガリーにおける革命と反革命』。ケトラー前掲書より引用。

（19）ラヨシュ・カシャーク『コミューン』（Lajos Kassák: *Kommün*）。テケーシュ前掲書による。

（20）ヨージェフ・レンジェル『ヴィシェグラード街』

(József Lengyel: *Visegráder Straße*)。ケトラー前掲書による。ただしケトラーは、このエピソードについて、「もちろんルカーチはこんな言葉を決して使わなかった」(独訳版による)と述べているが、『戦術と倫理』のなかで展開されている考察は、ルカーチが「こんな言葉」を使ったであろうと想像する根拠をわれわれに与えている。

(21)註(1)参照。

(22)「悲劇の形而上学」(『ロゴス』誌、第二巻)および『魂と形式』(邦訳＝白水社版『ルカーチ著作集』第一巻)。

(23)『戦術と倫理』所収(独訳＝全集第二巻。邦訳＝三一書房版『ルカーチ初期著作集』第三巻)。

(24)『情況』誌、一九六八年十一月号。

(25)「合法と非合法」(*Legalität und Illegalität*. In: *Kommunismus*, 1. Jahrg., Heft 35, 9. September 1920. 邦訳＝『ルカーチ初期著作集』第三巻)。

(26)「日和見主義と一揆主義」(*Opportunismus und Putschismus*. In: *Kommunismus*, 1. Jahrg., Heft 32, 17. August 1920. 邦訳＝『ルカーチ初期著作集』第三巻)。

ドイツ革命と〈極左主義者〉ルカーチ

大衆の自然発生性、党の行動性

I

一九二〇年六月、レーニンは、『コムニスムス――東南ヨーロッパ諸国のための共産主義インターナショナルの雑誌』についてつぎのように書いた。

「ヴィーンで右の表題のもとに刊行されているすぐれた雑誌は、オーストリア、ポーランド、その他の国々における共産主義運動の成長について、きわめて多くの興味ある材料、ならびに国際運動についてのニュース、ハンガリーやドイツについての論文、また一般的な課題、戦術、等々についての論文をもたらしてくれる。だが、ざっと調べてみただけですぐ目につくひとつの欠陥を、見逃がすわけにはいかない。それは、この雑誌がかかっている〈共産主義における左翼小児病〉のまぎれもない徴候である。わたしは、ついさきごろペテルブルクで出版された一小冊子を、この問題のために書いた。このすぐれた雑誌『コムニスムス』に現われたこの病気の三つの徴候を、わたしはとりあえずここで簡単に指摘しておきたい。第六号（一九二〇年三月一日付）に、同志ゲ・エルの論文『議会主義の問題によせて』が掲載されている。編集局は、この論文を討論資料と呼んでおり、『議会ボイコット実行の問題によせて』（一九二〇年五月八日付第一八号）という論文の筆者、同志べ・カも、これについてはまっこうから否定的で（幸いなことに）、右の論文で展開された立場に不賛成であるむね表明している。ゲ・エルの論文は、きわめてラディカルで、きわめてまずい。マルクス主義はここでは純粋にうわべだけのとらえかたしかされていない。防御戦術と攻勢戦術との区別など、頭のなかのでっちあげである。厳密に規定された歴史的状況の現実的な分析が欠けている。もっとも肝心な点（ブルジョワジーが大衆に影響をおよぼす場となっているあらゆる活動分野や機関を獲得する必要があるということ、その獲得の仕方を学びとる必要があるということ、等々）が考慮されていない。〔……〕」このあとレーニンは、べ・カ（すなわちベーラ・クン）の同様に「具体的情勢の分析を避け」た〈積極的ボイコット〉論に、皮肉をこめた批判の鉾先をむけている、「いいぞ、いいぞ、同志べ・カ！　きみのやっている反議会主義の擁護は、わたしの批判などよりももっとはやく、この馬鹿げたことをやっつけるたすけになることだろうよ。」（『共産主義インターナショナル』誌、ドイツ語版、一九二〇年第一一号）[1]

議会主義の問題がルカーチを主要な編集スタッフとする『コムニスムス』誌上で論じられ、さらにレーニンのこの批判をよびおこした背景には、結成されたばかりの第三インターナショナル内部での〈議会〉と〈ソヴィエト〉（レーテ、タナーチ）をめぐる意見の対立があった。当時ヨーロッパでもっとも革命の機運が熟しているとみられたドイツで、「スパルタクス・ブント」から「ドイツ共産党」（ＫＰＤ）へと成長した労働者階級の前衛党は、その第一回大会において、国会議員選挙のボイコットを決定した。だが一九一九年十月にいたり、ドイツ共産党はこの決定をひるがえし、右派の中央委員パウル・レーヴィの発議によって、議会参加の方針に反対する部分の除名を断行する。党を去った反対派は、翌二〇年四月四日、新たに「ドイツ共産主義労働者党」(ＫＡＰＤ)を結成することになる。同様の対立は、イギリス社会主義労働者同盟、オランダ共産党などの内部でも顕在化しつつあった。態度決定を迫られたコミンテルンは、一九一九年九月一日付の執行委員会名の回章で、この問題をとりあげ、議会制度を政治制度の望ましい形態としてとらえることと、革命の促進のために議会制度を利用することとを区別しつつ、各国の党にあてた回章で基本的にはつぎのような見解を明らかにした。——われわれは、国家行政の形態としてのブルジョワ〈民主主義的〉議会の保存にはどんな場合にも反対する。われわれはソヴィエトに賛成である。だが、議会を打倒するだけの力をもたないかぎり、われわれは共産主義活動のためにこれらの議会を利用することに賛成する。

この回章の意図するところは、ひとつには速やかに各国に統一した共産主義政党をつくりあげることにあり、他のひとつは、コミンテルン内の〈極左主義〉にたいする批判にあった。『共産主義における〈左翼〉小児病』や、右に引用したレーニンの文章は、主として後者の目的にそって書かれた。「同志ゲ・エル」、すなわちジェルシ・ルカーチは、レーニンのこの批判にたいしてとくに答えるということは(少なくとも文章として公表するというかたちでは)しなかった。しかし、かれがレーニンの批判やコミンテルン執行委員会の回章、さらには一九二〇年八月二日にコミンテルン第二回大会で採択された「共産党と議会にかんするテーゼ」を自己の理論的試みにさいしてまぎれもなく考慮していたということは、のちのかれ自身の回想(2)をまつまでもなく、二〇年九月に発表された「合法と非合法」(『コムニスムス』九月九日付第三五号)が、なによりもよく物語っている。

だがしかし、一方にレーニンの批判の正当性を前提とし、他方でこれに触発されたルカーチの〈転向〉ないし〈転回〉を確認する、というとらえかたは、問題の本質を二重にぼかしてしまうことになりかねない。レーニンの批判の一定の正しさにもかかわらず、ルカーチが「議会主義の問題によせて」で試みたものは単なる〈観念論〉ではなく、議会内合法主義政党への傾斜を確実に秘めていたドイツ共産党の現実を視野にとらえつつなされる原理論的なアンチテーゼだったのだということを、看過してはならないだろう。たしかに、〈攻勢〉と〈防御〉という二元論的な対置は、「頭のなかのでっちあげ」だったかもしれない。けれども、ルカーチがそこで指摘した議会主義的傾向の危険性は、やがて、たとえばパウル・レーヴィのような具体的なかたちをとって、現実に共産主義運動内にたちあらわれてくるのである。そしてさらに、ルカーチが提起した〈攻勢〉と〈防御〉の区別は、のちにドイツ共産党の〈攻勢戦術〉との関連で、いっそう複雑かつ現実と密着した意味をもってくる。一方ではまた、「議会主義の問題によせて」と「合法と非合法」とのあいだに〈転回〉を想定することは、ルカーチがまぎれもなく示している〈非合法〉への傾斜を、水割りしてしまう危険をふくんでいる。これらふたつの論文のうち、前者がブルジョワ議会制度の枠内でしか〈闘争〉をおこないえない合法主義的傾向にたいする原理的な批判だったとすれば、後者は、革命運動における非合法性の意味を歴史的・弁証法的に把握する試みとして異彩をはなっていた。〈合法〉と〈非合法〉は、そこでは、闘争の単なる両側面として等置されているのではない。このふたつの概念を規定するものは現実の階級間の力関係にほかならないこと、だが、力関係を革命の方向にむかって流動化させうる契機は、反体制勢力の意識的変革、すなわち実践をつうじて〈合法性〉の枠をつきやぶっていく運動でしかないことが、そこで明らかにされようとしているのである。

そうした意味で、ルカーチの基本姿勢は、いずれのばあいにも、「きわめてラディカル」なのだ。やがてコミンテルン第五回大会が、「合法と非合法」をもふくむ一冊の『歴史と階級意識』（一九二三年刊）にたいして〈極左主義〉の烙印をおし、「議会主義の問題によせて」にたいするレーニンのかつての批判を歪小化しながらその延長線上に立ったのも、きわめて当然のことだったといえよう。だがそれでは、レーニンによって痛烈に批判され、コミンテルンから壊滅的な攻撃をうけたルカーチの〈極左主義〉とは、いったい何だったのか？

Ⅱ

ハンガリーの評議会《タナーチ》政権が一九一九年八月一日に崩壊したのち、同年初秋までブダペシュトで地下活動をつづけたルカーチは、ヴィーンへ亡命する。オーストリア政府に一度は逮捕・拘禁されながらも、エルンスト・ブロッホ、トーマス・マンらの支援によって、死刑の待つ白色ハンガリーに引きわたされることをあやうくまぬがれたかれが、ベーラ・クンをもふくむ東南ヨーロッパ諸国の同志たちとともに『コムニスムス』誌を刊行した一九二〇年から二一年にかけての時期は、ドイツを中心にヨーロッパ全土を洗った革命の浪が、もっとも激しく、もっとも大きなエネルギーをこめて、わきたっていた時期でもあった。「プロレタリア革命が焦眉のものとなった段階」――ルカーチは、この時代を随所でそう名づけている。

だがしかし、プロレタリア革命の焦眉の段階は、同じくルカーチの言葉によれば、プロレタリアートにとって、そしてその前衛にとって、ひとつの「危険地帯」でもある。この時代の状況のなかで危険にさらされているのは、決して没落していくべき運命にあるブルジョワ階級だけではない。この状況は、なににもましてプロレタリアートにとって重大な危機でもある。ハンガリー革命は反革命連合軍のまえに屈服せざるをえなかった。ソヴィエト・ロシアは、あらゆる国々の資本家階級に援護された反革命軍と干渉軍を相手に死闘をつづけていた。一九二〇年にはいると、バルト海沿岸は主としてイギリスに援助されたポーランドによって極度におびやかされた。リトアニアには、ポーランドを先鋒とする対ソヴィエト反革命の前哨基地が建設された。反革命の統一戦線にくらべて、プロレタリアートの力の結集は、各国で後れをとり、あるいは失敗した。危機にさらされたハンガリー革命を支援するために呼びかけられた一九年七月二十一日の国際ストライキも、わずかにイタリアで部分的に実行されたにすぎず、完全な失敗に終わっていた。言葉のうえでの連帯は、ロシアやハンガリーにむけられる武器弾薬の生産と輸送を各国の支配階級に事実上なんの妨げもなくゆるしてやっていることによって、たんなる革命的空文句に終わってしまう。プロレタリアートのインターナショナルな連帯は、それぞれの国の労働者が自国の支配階級にたいして激しい階級闘争をくりひろげていかぬかぎり、現実のものとなることはできないのだ。ハンガリー革命の敗北は、そしてロシア革命が直面する困難は、まさに、すべての国のプロレタリアートがその責を負うべきものであり、それゆえにまた、すべての国のプロレタリアート自身の敗北と困難を意味するのである。

こうした認識は、ルカーチを、必然的に、インターナショナルな連帯の基盤となる個々の国々のプロレタリアートの闘争へと、その闘争の主体形成の問題へと、導いていかざるをえない。ドイツの労働者階級の状況は、それがヨーロッパ革命の現実性をもっとも多くそなえるものであったがゆえに、そしてオーストリア・ハンガリーが歴史的にも地理的にももっとも深いつながりをもつ国の問題であるがゆえに、かれの注目をもっとも強くひきつける。

そのドイツでは、プロレタリアートの分裂と意識の分化は、労働者党の分裂・抗争となって現出していた。かつては内部闘争としてのみ存在したプロレタリア階級内での意見の相違が、相対的に豊かになった（と幻想している）労働者や労働貴族の階級意識の鈍麻とあいまって、労働者党を自称するもののブルジョワ政党化と、それとは逆に日常の実践のなかで自然発生的に急進化していく労働者たちとの対立としてあらわれるようになった。こうした状況のなかで、第一次帝国主義戦争にさいして〈ロシア帝国主義から祖国を防衛する〉ために国内の階級闘争を〈一時中止する〉といういわゆる〈城内平和〉政策をかかげて戦争に協力した社会民主党（ＳＰＤ）は、ますます合法主義的・体制内的な（というよりはまさに支配体制そのものにほかならぬ）ブルジョワ政党として自己を確立していった。〈城内平和〉路線の誤りに気づいた部分は、戦争中にすでに独立社会民主党（ＵＳＰＤ）を結成して社会民主党と組織的に袂をわかっていたが、敗戦直後に同党と連立内閣をつくってソヴィエト＝レーテ革命に反対し、さらに間もなく再び分離する、という過程が示しているとおり、イデオロギー的混迷を断ち切ることができなかった。独立社会民主党内の左派フラクション、スパルタクス・ブントだけは、共産主義の原則をつらぬき、終戦後ドイツ共産党へと発展していったものの、一九一九年一月の蜂起以後一年あまりのあいだ、事実上は非合法政党の枠を強いられるという状況だった。

すでに周知のことに属するこうしたドイツの状態を、ルカーチは一貫して、ブルジョワジーの強さとしてではなくプロレタリアートの弱さとして、とらえたのだった。階級利害を鋭敏に見ぬき、はっきりとブルジョワ的な階級意識をもって事態に対処する支配階級の統一戦線にたいして、プロレタリアートは単に戦術的に後れをとっていたのではなく、意識面での、倫理面での、決定的な立ち遅れの刻印をおされていたのだ。ブルジョワジーの没落、かれらの統一戦線の破綻の運命、これはいわば社会発展の〈自然法則〉に規定された動かしがたい事実である。だが、問題は、だれがブルジョワジーを倒すのか、ブルジョワジーがどのようなかたちの没落をとげるのか、ということなのだ。プロレタリアートによって決定的打撃を加えられるというかたちでではなくブルジョワジーが滅びるとすれば、そのとき滅びていくのは決してブルジョワジーだけではないだろう——この暗い予感あるいは認識を、ルカーチもまた、同時代の多くのマルクス主義者たちと共有していたのである。

プロレタリア革命が焦眉のものとなった段階にありながら（あるいはむしろ、そうであるからこそ）変革の主体であるプロレタリアートが抜きがたい意識の後れと分裂におちいっているという事実は、一方ではプロレタリアートの前衛にたいする厳しい要求へと、そして他方では、既成の〈前衛〉を自然発生的にのりこえることによって意識化の作業を全プロレタリアートに強いることになるであろう少数者の突出した行動にたいする加担へと、ルカーチを向かわせずにはいない。このふたつの側面での〈理論的〉明確化の試みを、かれは、共産主義政党の倫理的使命の追究と、プロレタリアートの主体的な行動がもつ組織論的意味の深化というかたちでおこなう。「議会主義の問題によせて」（一九二〇年三月）、「合法と非合法」（二〇年九月）、「カッセルとハレ」（二〇年十月）、「大衆の自然発生性、党の行動性」（二一年五月）などは、いずれもこのふたつの問題を、ドイツ革命とヨーロッパ革命の現実過程で生じてきたそのときどきの状況と課題に密接に関連させつつ明確化しようとする試みにほかならなかった。

Ⅲ

ハンガリー革命支援の国際ストライキの呼びかけが各国の労働者組織の頭上を空しく流れ去ったのち、それらの国々の少数の労働者が自然発生的にくりひろげていった武器弾薬の生産・輸送にたいするボイコットは、ルカーチに明るい未来の展望をさし示した。自国の資本主義との闘争を避ける日和見主義的な姿勢を、美辞麗句でこねあげた国際的〈連帯〉声明の乱発のかげにかくしていた指導者たちは、反革命への加担をはっきりと拒否する労働者によって、のりこえられはじめたのである。「〔……〕病気と同時に回復への道もあらわれていた。つまり、プロレタリアートの公的な諸組織がプラトニックな声明で満足していたあいだに、それらが発した言葉によって吹きおこされた運動は、もちろん労働者階級のうちの意識した少数者のばあいにすぎなかったとはいえ、それらの声明が意図していたものを遥かにのりこえていったのである。イギリスにもイタリアにもチェコスロヴァキアにもオーストリアにも、いたるところに、武器弾薬の生産にたいするアクティヴなサボタージュの実例が、そして主としてそれらの輸送にたいする拒否の実例がみられた。各国の資本主義がプロレタリアートのこうした〈アナーキスト的〉で〈テロリスト的〉なふるまいにたいしてどれほど激しく異議をとなえようとも、また日和見主義者たちが武器や弾薬とひきかえに手にはいると称する〈食糧〉のことをどれほど口達者にひきあいに出そうとも、ひとたび始まったプロレタリアートの行動をおしとどめることはできないだろう。」（「資本家の封鎖、プロレタリアートのボイコット」[3]）

ルカーチのこのとらえかたは、たんなる自然発生性への拝跪や一揆主義の名誉回復の試みとは、本質的に無縁である。かれは、この自発的な少数者の行動を、プロレタリアートの組織的、統一的な行動の可能性と結びつけてのみ考えようとする。一九一九年から二〇年にかけての時点で日和見主義的な指導者層をのりこえ真に行動的なプロレタリアートの闘争組織をつくりあげていくための第一歩として、かれはこれらの突出した直接行動の意味を重視するのである。社会民主党と独立社会民主党が大多数の労働者を支配下においたまま惰眠をむさぼっていた段階、スパルタクス・ブント＝ドイツ共産党が組織力のうえでも影響力のうえでも既成〈左翼〉の〈強大さ〉にはおよばなかった段階においては、これはごく当然のことだった。

だがしかし、ドイツの左翼の再編成が進行し、一応の完結をみるとともに、ルカーチのこの視点は別の意味を獲得するようになる。

社会民主党の秩序派政党としての固定化がますます進むのと並行して、独立社会民主党内の分化は次第に決定的なものとなっていった。コミンテルンは、独立社会民主党内の左派の存在と同党がドイツ・プロレタリアートのうえにもっている影響力の大きさを考慮して、くりかえし、同党にたいする〈公開状〉を発し、左派のイニシアティヴの確立と分化の進行をうながす方針をとった。一九二〇年八月のコミンテルン第二回大会で採択された「コミンテルンへの加入条件」は、イタリア社会党のトゥラーティ、モディリアニらとならべてドイツ独立社会民主党のカウツキー、ヒルファーディングを名指しで攻撃し、独立社会民主党がこれら日和見主義者と訣別したうえでコミンテルンに加入することを要求した。同年十月にハレで開かれた党大会で、同党はコミンテルン加入をめぐって組織的にも分裂し、同年十月、「加入条件」に同意する多数派の左派労働者たちは共産党と合同して統一ドイツ共産党(VKPD)を結成する。

ルカーチは、「カッセルとハレ」[4]で、社会民主党の固定化と独立社会民主党の分裂過程を分析し、右派指導者たちがその傘下の労働者にのりこえられていく過程を明らかにしたのち、「ドイツ共産党の党大会」[5]を書いて、統一的な革命的大衆政党の必然性と、その結成にいたる道の困難性を、革命そのものの必然性と困難性の問題として考察しようとした。とりわけ後者では、中間的政党の左右への分裂と左派労働者の革命的大衆政党への結集を必然的な過程とみなしながらも、その過程にともなう〈危険地帯〉の存在に目をむけ、組織化はこの〈危険地帯〉のなかでしか可能でないこと、〈危険地帯〉のまっただなかでの組織化こそは「あい闘う両階級がおかれたこのうえなく尖鋭化した革命的状況の原因であると同時に結果でもある」ことを指摘したのだった。

統一共産党の成立とともに、ドイツの局面は変わる。だが、〈危険地帯〉は新たな相貌をおびてたちあらわれてくる。これまでは(形のうえでは)外にむかって、共産党から他の左翼政党にむかって投げかけられていたルカーチの批判は、状況そのものの変化によってまったく異なる方向性をおびてきてしまう。これまでのかれの発言がふくんでいた本質的な批判は、すべて自己批判の契機を秘めていたことが、状況の変化によって明らかにならざるをえなかったのである。かれがこれまで社会民主党と独立社会民主党にむかって投げかけていたかにみえた疑問と批判が、じつはそのままみずからの党にたいする疑問と批判でもあったことが、前衛党一般にたいするかれの厳しい要求が、じつは自分たちの党にたいする要求でもあることが、明らかにならざるをえなくなる。この過程は、現実の歴史のなかでみれば、ルカーチがコミンテルン内部の反対派として位置づけられていく過程にほかならない。かれがハンガリー革命の崩壊ののち一貫して提起してきたプロレタリアートの階級意識形成と前衛党の任務の問題に、いまやかれは、こうした政治的位置においてみずから回答を与えざるをえなくなるのである。

　最初の徴候は一九二一年春にあらわれた。統一ドイツ共産党が指導したはじめての大規模な闘争、いわゆる〈三月行動〉がそれである。中部ドイツの鉱山地帯マンスフェルトにおこった自然発生的な蜂起は、三月十六日の国防軍の出動を契機にして階級的な決戦の様相を呈するにいたった。翌十七日、共産党は公然たる叛乱をよびかけ、数日後にゼネストの指令を発した。二〇万ないし五〇万の労働者がこれに参加したといわれ、警察・軍隊との激しい衝突がくりかえされた。多数の死傷者と数千人にのぼる逮捕者を出して、蜂起は残虐な弾圧のまえに屈した。三月三十一日、共産党は行動指令を撤回し、労働者は敗北した。

　コミンテルンはベーラ・クンをドイツに派遣してこの蜂起の指導にあたらせた、といわれている。同年二月におこったソ連の軍港クロンシュタットの水兵たちの叛乱、深刻なソヴィエト・ロシアの経済危機、等々が、ロシア革命を孤立させておくことなくヨーロッパ全土に、まずドイツに革命の火の手をあげることを、焦眉の課題として提起したことはたしかだろう。その意味では、三月行動の敗北は、ハンガリー革命の失敗について、またひとつヨーロッパ革命と世界革命の可能性がついえさったことを示すものでもあった。

　ドイツにかんしていえば、三月行動の問題は、統一ドイツ共産党がうちだしていた〈攻勢戦術〉の当否との関連で論じられざるをえなかった。プロレタリアートはいまやブルジョワジーにたいする守勢の戦いという段階をおえて攻勢に転じなければならない、というその方針を、はじめて具体的に実践したものであるという側面を、三月行動はそなえていたのだ。パウル・レーヴィをはじめとする党内の右派は、三月行動の〈一揆主義的性格〉を党の攻勢戦術の誤りと結びつけて非難し、独自にパンフレットを配布して公然たるキャンペーンをくりひろげた。レーヴィ自身はそのために同年四月に党から除名されることになるが、事実上は、党内でもまたコミンテルンの内部でも、三月行動は決定的な誤りであったという意見が大勢をしめ、その総括は、ドイツ革命の方向のみならずコミンテルン全体の方針をも、〈攻勢〉から〈包囲〉戦術へと変える結果を生んだ。除名されたレーヴィの路線が、党とコミンテルンの新しい路線になったのだった。こうした関連からも、三月行動についてのルカーチの発言は、コミンテルンとドイツの革命運動の方向にたいするかれの態度決定と緊密にむすびついたかたちで、革命運動そのものの基本的な諸問題にかかわる普遍性を獲得してくるのである。

Ⅳ

三月行動をめぐる討論の一環として書かれた「大衆の自然発生性、党の行動性」(6)のなかで、ルカーチはまず、三月行動の総括にあたっては〈攻勢戦術〉の当否の問題は一応これと切りはなすことを提案する。あきらかに敗北し、あきらかに一定の情勢判断と戦術上の誤りをふくんでいた三月行動（というよりはそれにたいする党の指導）を新しい戦術のひとつの具体化としてとらえることによって、攻勢戦術そのもののもつ積極的な意味がすべて否定され清算されてしまうことを、かれはなによりも危惧したのだった。労働者の自発的な行動がこれほど盛りあがった動きをみせた時代、支配階級が必死になって流そうとしている安定ムードと裕福化の幻想にもかかわらず被支配者たちがみずからの行動によってそれにたいする拒否を明確に言明しようとしている時代、その時代がふくむ革命性を、かれは徹底的につかもうと試みた。大衆の自然発生性を否定しさり葬り去ってしまうことではなく、これを意識化することによって、現実性をもつ革命のエネルギーとしてきたえあげていくことこそは、マルクス主義者の課題なのだ。そして、もしも共産主義政党が革命においてなんらかの役割を果たさねばならず果たしうるとすれば、この課題を避けて通ることはできないはずなのである。

　この課題に直面した共産主義政党は、だがしかし、大衆運動の自然発生性がもつ〈不可避性〉をあてにすることは許されない。ローザ・ルクセンブルクの時代との相違を指摘しつつ、ルカーチはこの点をくりかえし強調する。大衆運動の昂揚は決して〈不可避的〉なものではなく、危機におちいりつつも必死になって安定化をはかる支配権力の攻撃にさらされるなかで、意識的に形成されなければならない。この認識は、〈革命の焦眉の段階〉ないしは顕在化した過渡期の特質についてのかれの危機意識と密接に結びついている。プロレタリアートによる革命の達成か、ブルジョワジーがみずから没落していくことによって招来される全体的な終末か――このふたつの可能性が、鮮烈な、だが翳をまったくふくまないではない危機意識となって、ルカーチの考察のなかにうかびあがってくる。だからこそ、かれの考察は、プロレタリアートの前衛党にたいしてきわめて重い責任を要求することにならざるをえないのだ。

大衆の自然発生性と党の行動性――このふたつの概念は、それゆえ、この時期のルカーチにとっては、切りはなすことのできない弁証法的契機である。それらは、資本主義の最後の危機の時代（この過渡期があまりにも永いものであるという認識を、晩年のかれはもらさずにはいられなかったのだが）のなかで、一方では、たえず意識を鈍麻させようとする支配者の側からの操作に屈して惰眠をむさぼりつづける被支配階級を内部からゆりうごかすエネルギーを正当に評価しつつ、他方では、その非合法的なエネルギーを的確に現体制の秩序の破壊と新しい世界の創出へと組織していくべき前衛の任務を明らかにしようとする試みを示している。言いかえれば、それは、一方では〈一揆主義〉の真の克服をめざすものであると同時に、自発的な突出した行動をすべて〈一揆主義〉、〈アナーキズム〉、〈テロリズム〉として非難し中傷する支配者の論理との癒着の危険性を、プロレタリアートの前衛から最終的に切除しようとする試みでもあった。

この試行は、すでにドイツにプロレタリアートの前衛党が成立する以前から、右翼日和見主義的〈労働者党〉を批判するなかでルカーチがおこなってきたものにほかならない。だが、状況の変化とともに、かれがかつてこれからつくられるべき未来の共産主義政党の課題として提起した問題が、現存の、かれ自身もその一員である共産党に向けられることにならざるをえない。「共産党の課題と使命は――少なくとも大部分は共産党とは無関係に生じてくるところの――革命運動に方向と目標とを与えることである。資本主義的経済体制の崩壊によって不可抗的に燃えあがるいくつもの突発的な出来事を、脱出口につうじるただひとつの道へと、プロレタリアートの独裁にいたる道へと、意識的に導いていくことである。」——かつてかれが「共産主義政党の倫理的使命」[7]のなかで述べたこの抽象的なテーゼは、現実の闘争の総括のなかで、きわめて具体的な意味を与えられる。党にたいするかれの〈倫理的〉要求は、現実の党へのきびしい批判に転化する。三月行動のなかで示された爆発的なプロレタリアートの行動をすらも革命に転化しえなかった共産党にたいする批判であり、さらには、パウル・レーヴィの除名という結末をたどりつつも実際にはレーヴィの精神を新しい方針として採択したドイツ共産党とコミンテルンにたいする批判である。「大衆の自然発生性、党の行動性」のなかでクラーラ・ツェトキンやとりわけパウル・レーヴィをひきあいに出してかれがおこなった右翼日和見主義批判は、戦術の当否を論議するという次元をこえて、現実の闘争の総括をくぐりつつもう一度きわめて原理的な問題にたちかえっていく志向を、明瞭に示していた。そしてこの志向は、そのままコミンテルンとかれとの対立関係を（まだ表面的には対立は存在しなかったにもかかわらず）われわれに示唆するのである。

V

「古い社会から新しい社会への移行とは、しかしながら、たんに経済上および制度上の変化ではなく、同時にまた倫理上の変化をも意味する。誤解しないでもらいたいが、人間の内面の変化なるものの結果としてしか社会の変革を考えることができないような連中の小ブルジョワ的ユートピズムほど、われわれと縁遠いものはない。（こうした見解の小ブルジョワ性は、とりわけ、この見解の代表者たちが——意識的にせよ無意識的にせよ——これによって社会の変化を、見とおしえぬ無時間の彼方におしやってしまうという点にある。）われわれはむしろ、古い社会から新しい社会への移行は、もろもろの客観的経済的な力と法則性の必然的な結果であるということを強調する。けれども、この移行とは——それが客観的には必然のものであるにもかかわらず——まさに束縛と物象化から自由と人間性への移行にほかならない。そしてそれゆえにこそ、自由とはたんに発展の一果実、一成果であるだけではない。むしろ、自由が原動力のひとつとなるような瞬間が発展のうえにおとずれねばならないのだ。そして、原動力としての自由のもつ意義は、いまや人間的なものとなった社会の指導をついにそれがひきうけるようになり、〈人類の前史〉が終わってその真の歴史がはじまりうるような瞬間がくるときまで、たえず増大しつづけなければならないのである。」——一九二〇年春に書かれた「共産主義政党の倫理的使命」でルカーチがロシア共産党を手本にとりながらこう述べたとき、それはまだ共産主義政党一般にたいする単にきわめて原則的な、むしろ精神的な要求、あるいは願望でしかなかった。けれども、一方では〈攻勢〉から〈包囲〉への転回を迫られつつ、他方では急速に中央集権化をつよめていかなければならなかったコミンテルンの発展をまえにして、このかれの倫理的要請は、（主として交通上の困難を理由に中央集権化に反対し、独自の行動をつうじて同一目標を追求するというかたちでのインターナショナルな連帯の必要性を強調したかれ自身の論文「第三インターナショナルの組織問題[8]」の基本的主張を媒介としながら）はっきりとひとつの〈反対派〉としての旗幟を鮮明にしていく。

「かつて大衆がせいぜい自分たちのおかれた状況にたいするぼんやりした不満しか感じていなかった時期に共産党内では革命の必然性がすでに意識されていたように、あとに従う大衆がイデオロギー的にはまだ資本主義の腐敗した地盤から逃れられないでいるとき、共産党内では自由の王国の意識がすでに生きており、党の行動を決定するうえで働きをおよぼしているのでなければならない。共産党のこうした役割は、もちろん、レーテ政権の樹立によってはじめて全面的にアクチュアルなものとなることは言うまでもない。すなわち、プロレタリアートが自己の権力を制度としてうちたてたときにこそ、そのなかに生きている精神が本当に共産主義の精神、つまり生まれつつある新しい人間の精神か、それとも古い社会の二番煎じにすぎないのかが、重要な問題となってくる。〔……〕共産主義政党は、プロレタリアートを革命にむけて教育するものとしての役割をはたしたのちには、人間を自由と規律にむけて教育するものとならねばならぬ。しかしこの使命を共産主義政党がはたしうるのは、党員にたいする教育活動を最初からおこなっている場合だけである。〔……〕自由の王国という人間的な理想は、共産主義政党のなかに、その党が成立した瞬間から、党の行動の意識的原理として、党の行動の原動力として、はたらきつづけていなければならないのだ。もろもろの組織形態や、啓蒙とプロパガンダによる意識化の作業は、そのさいの決定的かつ本質的な手段である。だがしかし、それらだけが唯一の手段なのでは決してない。きわめて多くのことを——それどころかきわめて決定的なことを——人間である共産主義者自身が行なわねばならないのだ。共産主義政党は自由の王国の最初の体現者でなければならない。共産主義政党のなかにはなによりもまず、同胞愛と真の連帯と献身と犠牲との精神が支配しているのでなければならない。もしも共産主義政党がこれを実現しえないとしたら、あるいは少なくともこれを実現するために真剣な努力をおこなわないとしたら——共産主義政党はわずかにその綱領によってだけ他の諸党と区別されているにすぎないものとなってしまう。いやじっさい、共産主義政党を日和見主義者や動揺分子から綱領のうえで隔てている架橋しがたい区別が徐々に消滅していき、共産主義政党は単に〈もろもろの労働者党〉の〈最左翼〉を形成するだけにすぎなくなってしまう危険性は、げんに存在している。そしてさらに、つぎのような危険が——それは第三インターナショナルの中央部を構成する諸党が第三インターナショナルにたいしておこなっている空文句の礼讃によって著しく拍車をかけられているのだが——次第に近づきつつある。すなわち、共産主義者とそれ以外のものとをわける質的な差異がたんなる量的な差異にかわり、それどころか両者が徐々に平均化されてしまうという危険である。共産主義政党が自己の理想を組織的にも精神的にも実現することが少なければ少ないほど、それだけますます、一方ではこの一般的な妥協的気分に力づよく反対して活動することがむずかしくなり、また他方では、無意識的な、しかし本当は革命的な要素（サンディカリスト、アナーキスト）を真の共産主義者へと教育することができなくなってしまう。」（「共産主義者へと教育する」共産主義政党の倫理的使命」。強調はルカーチ）

こう述べて革命過程における党の教育的役割を強調したかれの考え方は、きわめて簡略化していえば、まずプロレタリアートが権力をとることからすべてがはじまる、とする現実主義的な見解への、ひとつのアンチテーゼをなしていた。と同時に、権力奪取をあらゆる組織化がすべて完了した遠い未来の彼方にしか設定しない日和見主義にたいする明確な拒否でもあった。

ルカーチの視点は、「戦術と倫理」における考察以来、たえず行動をつうじてのプロレタリアートの自己教育という問題からはなれることがない。第二インターナショナルが崩壊し各国のプロレタリア党が真にインターナショナルな組織をつうじて世界革命をとりくもうとしている段階で、かれはもう一度この問題を、だが今度は単なる知識人の問題としてではなくプロレタリアートの闘争組織の課題としてとりあげたのだった。

このような倫理的要請を基盤としながら三月行動の評価ととりくんだ「大衆の自然発生性、党の行動性」の論点は、客観的には、一九二一年六月から七月にかけてのコミンテルン第三回大会における戦術転換の決定、トロツキーによる〈攻勢理論〉批判をはじめとする三月行動批判と、はっきり対立するものだった。そしてこの対立は、やがて、カール・コルシュらとともにルカーチを〈極左主義〉として非難したコミンテルン第五回大会（一九二四年夏）で顕在化する。ルカーチはこの批判の正しさを認めたし、いまもなお認めている。けれども、コミンテルンとドイツ共産党、ひいては国際共産主義運動がその後たどった歩みをみていくうえで、この敗北した〈極左主義〉の生成過程と基本的思想を明確に把握しておくことがぜひとも必要だろう。

それと同時に、この〈極左主義〉が〈大衆の自然発生性〉をあくまでも〈党の行動性〉を中心軸としてしかとらえていなかったという事実を、確認しておかないわけにはいかない。こうしたとらえかたによってルカーチ自身は、党そのものの形成過程と存在意義を少なくともみずからの思想と実践のなかでくりかえし原理的に検証する作業を避けたまま、一方では党にたいする倫理的要請を、他方では大衆の自然発生的な突出した行動への（もちろんそれ自体としては正当な）評価を、提示しつづけることしかなしえず、その要請と評価を、事実上、たんなる倫理主義的要請と超越者的評価の枠のなかに塗りこめてしまったのだった。もちろん、この限界は、大衆運動が文字通り突発的なものとしてしか存在せず、共産党とコミンテルンのまえに膨大な困難が立ちはだかっていた歴史的状況に規定されていたものにはちがいない。それにもかかわらず、というよりはむしろそれだからこそ、こんにちの状況は、〈大衆の自然発生性〉と〈党の行動性〉にかんするルカーチの試論をもう一度あらためてとらえかえすことを可能にしている。だがこの作業は、これらふたつの概念を、あるいはルカーチがおこなったのとはまったく逆に、〈大衆の自然発生性〉の側から〈党の行動性〉にたいしておよぼす規定を中心にすえつつ、すなわち、前者が後者をたえずつきうごかしのりこえていくことによって後者を解体しつつ蘇生させるという、その過程に視点をむけながら、両者の弁証法的関係を再検討していくというかたちをとることもできるだろう。そうしてはじめて、ルカーチの提起した諸問題、とりわけ大衆の非合法的な直接行動の意味を、かれが模索した二〇年代初頭の状況よりもいっそう発展し複雑化した現代の後期資本主義社会の過程のなかに位置づけつつ明らかにし、その自然発生性を真の行動性へと転化していく展望の、少なくとも手がかりをつかむ道がひらけてくるだろう。

三月行動とコミンテルン第三回大会

I

一九二一年七月に開かれたコミンテルン第三回大会は、ドイツの〈三月行動〉の敗北やクロンシュタットの蜂起がなげかけた重苦しい翳のなかで、周知のとおり戦術の大転換を決定して終わる。

「プロレタリアートの権力をめざす公然たる革命闘争が現在多くの国で弱まり緩慢となりつつあることは否定できない。しかし結局のところ、戦後の革命的攻勢は、ひとたび即時勝利をかちとることに失敗した以上、発展のカーヴが直線的に上昇することは期待できない。政治的運動にもまた、その周期、すなわち上昇と下降がある。」（「世界情勢とコミンテルンの任務に関するテーゼ」(9)）この確認にもとづいて、〈攻勢〉の戦術は〈包囲〉戦術に変更され、労働者諸組織への浸透とプロレタリアートの守勢的闘争の指導・拡大の必要性が強調されたのである。

だが、大会の討論とそれに先立つ各国共産党の見解表明は、必ずしも意見の一致を示すものではなかった。とりわけ、もっとも重大な問題である三月行動の評価にかんしては、左右の見解がまっこうから対立していた。レーニン、トロツキーが鮮明に否定的態度を表明し、ブハーリン、ジノヴィエフらはドイツ共産党多数派（左派）を支持して肯定的な評価をくだした。討議は白熱し、発言者はふたつに割れた。この行動はまぎれもなく〈一揆主義〉の精神に導かれていたという非難や、少なくとも〈一揆主義〉という攻撃の口実を敵にあたえ労働者を共産党から切りはなす役割を果たした、という批判にたいしては、たとえばフリースラント（統一ドイツ共産党）が、機関紙『ディ・ローテ・ファーネ』（赤旗）の部数が一月一日付の三万八千部から三月行動を経た五月一日には四万五千部に増加したこと、行動の中心地マンスフェルトでの地方機関紙の部数も以前に一万部だったのが行動の二カ月後にはすでに八千部までに回復していること、ハレでは三月行動前よりも党勢は強くなっていること、等々の具体的な例をひきあいに出して反論し、同じドイツの党の代表でも、少数派（右派）のハインツ・ノイマンは、たしかにプロレタリアートの闘争で一歩前進でないものなどありえないにせよ、三月行動全体としてはやはり致命的な誤りだった、として左派と鋭く対立する姿勢を示した。

最終的には、一方でドイツの党の右派指導者パウル・レーヴィを除名し、他方で同じくドイツを中心とする〈攻勢理論〉の支持者たちを全面的に批判するというロシア共産党の路線にそって、決定がくだされた。ドイツ、オーストリア、イタリア、それにヴィリ・ミュンツェンベルクを代表とする青年インターナショナルなどの、「少なくとも左派の〈一揆主義的〉危険性と同じ程度に右派の〈日和見主義〉の危険性をも強調すべきだ」という主張はしりぞけられた。激しい討議ののち採択された「戦術に関するテーゼ」は、「三月行動は、中部ドイツのプロレタリアートに加えられた政府の攻撃によって、統一ドイツ共産党に強要された闘争であった」と規定し、ドイツの党にたいするきびしい批判をおこなったのだった——

「創立以来はじめてのこの大闘争において、統一ドイツ共産党はいくつかの誤りをおかした。そのもっとも重要なものは、党が闘争の守勢的性格を明確に強調しないで、攻勢への合図を与えることによって、プロレタリアートの無法な敵、すなわちブルジョワジー、社会民主党、独立社会民主党に、統一ドイツ共産党は一揆主義の陰謀者だという非難の機会を与えたことである。そして、この攻勢が現情勢における統一ドイツ共産党にとって主要な闘争方法であると主張した若干の党同志によって、この誤りはさらに悪化させられた。[10]」

コミンテルン議長であり、ドイツの労働者と党の行動を原則的に支持していたジノヴィエフも、ひとたびこの総括がコミンテルン全体のものとして決定されたのちには、それに従い、積極的にこの方向で闘争をおしすすめる努力をおこなう。同年九月に公けにされた「共産主義インターナショナルの戦術」という論文のなかで、かれは、第三回大会の決定がブルジョワジーたちには意外なものに見えたにちがいないことを指摘しながら、この方向転換をこう説明する、「コミュニスト・インターナショナルは同一の目的に向って進み、大体に於いて旧い道を進んでゐる。併し乍ら、彼は新しい障害を顧慮し、必要に従って其の歩調を緩め、罅隙を迂回し、明日の攻撃をより良く組織する為に今日退却し、後衛が余り後に取り残されてゐる場合には其の前衛の過度の熱情を静めるのである。」（山内房吉訳）[11]。そして、第二回大会のいっそうの発展としての第三回大会が決定した当面の戦術を、ジノヴィエフはつぎのようなものとして表現する。「大衆へ、プロレタリア及び半プロレタリア大衆の中へ深く浸透すること。例へばプロレタリアートの生活条件の極めて些々たる改善の為であらうとも、其の全日常的小闘争に参加すること。労働者評議会からスポーツ連合や音楽団に到る迄のすべての労働者組織に参加すること。すべての此等の組織に於ける、プロレタリア×××××××××××。労働者階級の多数を×××の方へ××××ること。目前の×××向って組織的に、執拗に、断然と労働者大衆を準備させること。×合法的組織の創造の為にたゆみなく働くこと。労働者の××の為に忍耐強く、永続的に働くこと。強固な、独立の、中間派及び半中間派を排除した××××××すること。就中労働組合を獲得すること。」（強調は池田）

傍点を付した前半部と日本官憲の検閲の圧力ゆえにズタズタにひきさかれた後半の部分とが実践的にも理論的にもなんら有機的に結びつく保証をもたないままにこの一節が提示されていること自体が、三月行動をめぐって顕在化した諸矛盾を象徴的に物語っているかのようである。あきらかに一九二〇年以後、ヨーロッパにおける自然発生的な革命的気分は下火になりつつあった。日和見主義の市民権獲得。しかし一方では、ハンガリー革命の敗北ののちロシア革命だけを孤立させておくことはできなかった。革命の波を西ヨーロッパに、とりわけもっとも危機的な状況にあったドイツに、まきおこさねばならなかった。〈極左主義〉の焦躁感にみちた擡頭。「受動性の障壁は積極的な、勇敢な少数者によって××されねばならない。×××組織されてゐる少数者は×××××に移らなければならない。さうすれば氷は破られ、勇敢な少数者×××××××ことが出来るだらう。」こうして「第三回大会の直前、特に独逸に於ける三月闘争と関連して、〈革命的攻撃の全理論〉を確立しやうとする傾向が形成され始めた。」――この間のなりゆきを、ジノヴィエフはこう書いている――「今年の春にはこの潮流は〔……〕多くの国々に於て現はれて来た。其れは全く自然に一九一九―二〇年の暴風時代と或る一定の時期以来異った情勢が形成され始めた一九二一年との丁度中間であった。それ――此の左傾潮流――は恐らく不可避であった。それにも拘らず、若しコミュニスト・インターナショナルが適当な時期に、それに対して適当な規準を与へなかったならば、それは非常に危険なものになったかも知れなかった。独逸に於いては、此の潮流は種々なる事情〔……〕の為に特に拡大されて現はれた。其処では正に我々が上に於いて特徴づけた様な〈攻撃理論〉が形成された。此の誤まった理論、そして唯その理論のみがコミュニスト・インターナショナルの第三回大会に依って否決せられたのである。」

三月行動にたいする批判と〈攻勢理論〉の評価の問題とを切りはなすべきだとする見解は、ルカーチ（「大衆の自然発生性、党の行動性」）をはじめ、三月行動の意義をみとめようとする部分の主張だった。しかし、結果的にみればこの主張は、コミンテルンの新しい路線にたいするひとつの後退戦術でしかなかった。問題は個別の〈三月行動〉ではなく、あきらかにブルジョワジーが戦線を立てなおしてきた時点でのプロレタリアートの〈攻勢〉の可能性そのものだったからだ。もともとドイツ共産党の〈攻勢戦術〉は、それにさきだつ〈公開状戦術〉の行きづまりをふまえて決定された方針だった。ソヴィエト・ロシアとの通商、賃金の労働者管理などについて独立社会民主党とその指導下にある労働組合に共同行動をよびかけた統一ドイツ共産党の〈公開状〉は、一九二一年一月八日付『ローテ・ファーネ』に掲載された。執筆者は、ドイツ担当のコミンテルン執行委員カール・ラデックだったが、あらかじめドイツ共産党右派のレーヴィと協議したうえで書かれたものだと言われ、党内左派を批判する意味をも多分にふくんでいた。その〈公開状〉が独立社会民主党および労働組合によって拒否されたとき、当然のなりゆきとして左派の力が強まり、〈攻勢理論〉がドイツの党の基本方針として採択されたのだった。そしてふたたび、三月行動の敗北との関連でこの〈攻勢理論〉が〈一揆主義〉ないしはその危険性をふくむものとして否定され、それにかわって「労働者評議会からスポーツ連合や音楽団に到る迄のすべての労働者組織」への参加を要求する〈守勢〉ないしは〈包囲〉の戦術が決定されたのである。

ひとつの大きな闘争の総括ごとにくりかえされるこの不定期的なサイクルの往復運動は、現在にいたるまで止揚されていない致命的な病弊であり、とりもなおさず革命勢力の現実的な弱さの表現にほかならない。しかし、ここではただ、実質的に〈公開状〉路線に復帰しパウル・レーヴィの精神にしたがった第三回大会の基本方針こそは、この年の暮に正式にコミンテルンの方針として決定されることになる〈統一戦線〉戦術のそもそもの第一歩だったということを、指摘するにとどめよう。

Ⅱ

コミンテルン第三回大会にのぞむルカーチの姿勢は、このはてしない往復運動を断ち切るという観点から評価されねばならないだろう。

亡命を余儀なくされたハンガリー共産党は、第三回大会当時、三月行動の総括をめぐってすでに二派に割れていた。(そしてこの分裂は、やがてコミンテルンとのかかわりかた、すなわち党の自主性の問題をめぐって、いっそう決定的なものとなる。)イェネー・ランドレルを中心とする党中央委員会多数派は、コミンテルン代表部としては少数派であり、いわゆる〈ランドレル・フラクション〉を形成して、ベーラ・クンらの党内少数派(コミンテルン代表部多数派)と対立していた。ただし、三月行動をめぐる討議の過程で議長(ヴィルヘルム・ケーネン)を通じて明らかにされた代表部少数派フラクションの声明によれば、クン派とランドレル派との間に同数の代表権をわけあうことで了解がつき、会議の席では〈多数派〉〈少数派〉という名称は使われないことになった。この声明の署名者は、コミンテルン・ハンガリー代表団首席のイェネー

（オイゲン）・ランドレルをはじめ、ヤーノシュ（ヨーハン）・ヒロッシク、アルベルト・キラーイ、ジェルジ（ゲオルク）・ルカーチの計四人で、かれらは三月行動の評価にかんしてはロシア共産党の原案に原則的には同意しながらも、この原案が中間派的傾向を容認しているという印象を与えることを危惧し、革命における党の役割と革命的な規律の重要性とが「いかなる誤解の余地もないようなやりかたで」表現されるよう要求する態度をとっていた。それにたいしてクン派は、ドイツの党が提出した修正案を支持していた。

七月二日の第一三回会議で発言をもとめたルカーチは、かれおよびかれのフラクションが原則的にはロシアの同志たちのテーゼと同じ基盤に立っていること、しかしこのテーゼは中間派的あるいは半中間派的傾向を助長することこそないとはいえ、ひょっとするとそうした傾向のものだと誤解されかねない箇所を若干ふくんでいること、したがって自分たちはこうした観点から修正動議を提出するつもりであり、また同様の修正案にすすんで賛成する用意があること、それゆえこれまで出ている修正案にまっこうから反対するつもりはなく、ただそれらにたいして内容的に完全な同意を与えることはできないというだけにすぎないこと、などを強調する。このようなまえおきをしたのち、ルカーチは、三月行動そのものについてのかれの考えを、つぎのように表明する。[12]

「われわれは主として革命における党の役割にかんするわれわれの立場を明らかにしておきたい。これこそは戦術のもっとも本質的な問題であって、本質的には三月行動とも密接に関連してくる。だからこそ、ここでなされた論述が、ほとんどすべて、肯定的なやりかたでにせよ、否定的なやりかたでにせよ、賛成するにせよ反対するにせよ、いずれも三月行動をめぐるものになったのも、当然のことだった。しかし、三月行動にかんしては、ふたつの原理的なことがらが問題であって、それらは理論的にも戦術的にも切りはなして考えることなど不可能である。1、三月行動にふくまれていて、そこからわれわれが学ばねばならぬ三月行動の真の本質。2、三月行動はどのようにして遂行され、そのイニシアティヴをとったものたちによってどのように理論づけられていたか。この点で、特徴的な現象を確認しておかなければならない。つまり、従来は一揆主義的な企てにあとからマルクス主義的な理論づけがなされるのが常だったのにたいし、今度のばあいは、重要な一歩を前にむかって踏みだした偉大な革命的大衆運動が、まるで一揆でもあったかのように軽視されてしまっているのだ。」（強調は池田。以下同じ）ルカーチによれば、この理論的混乱は三月行動そのものに原因があるというよりは、三月行動をめぐってなされた一面的な軍事的把握と完全に一揆主義的な方向での根拠づけの試みに起因している。三月行動そのものは、一揆とはなんの関係もないのである。かれは、この観点から、「いかなる代償を支払ってでも攻勢、また攻勢」という主張に反対し、この主張が「ブルジョワジーの武装解除とプロレタリアートの武装」という目標を当面の課題として提起したことを批判する。「これによって三月行動がふくんでいるもっとも重要な問題が完全にぼかされてしまった。いったい三月行動のなかでは何が問題なのか？　他のすべての諸国と異なるドイツの情勢の特殊性とは何なのか？　第一に、ドイツには現に共産党が存在しており、それは他の諸国の党よりもずっと強固な大衆政党である。ここから、この党がになうべき重大な義務がいくつか生じてくる。他方ではまた、いくつかの反革命的な指導部に握られている労働組合がある。テーゼは、反革命的な指導部に握られている労働組合を、反革命的な労働者党とほぼ同一線上においている。だがしかし、これら労働者党の機能は、反革命的な労働組合の機能とは本質的に異なるものであり、いっそう危険である。〔……〕簡単にいってしまえば、われわれは労働組合を社会民主主義者や中間派の手から奪いとろうとしている。しかしわれわれは、右派や中間派の党にかんしては、これを打倒し殲滅してしまおうとしているのだ。つまり、この両者のばあいには問題がまったく別なのだ。その違いの本質は、それらの働きにある。労働組合の反革命的な働きは、運動を脱政治化してしまおうとする傾向において頂点に達する。それは労働者大衆を政治的に組織解体させ、無定形のものにしてしまう。そうすることによって、きわめてしばしば大衆の自然発生的な行動をせきとめてしまうのだが、しかしそのもっとも重要な機能は、すでに開始された行動を誤った方向に導き、サボタージュするという点にある。これとはちがって反革命的な労働者党は、その支持者に一定の明確な政治性をもった反動的方向を与える。そうすることによって、自然発生的な大衆行動の可能性そのものをさまたげ、プロレタリアートがそうした発酵状態におちいる可能性、共産主義政党がつぎにそれを革命の推進のために役立てる可能性そのものを、さまたげてしまう。」こうした反革命的な〈労働者政党〉が存在する状況のなかで、みずからも強固な大衆政党に成長している共産党は、いかなる役割をはたすべきか？ルカーチは、焦点を前衛党の責任の問題にしぼろうとする。大会に先立って公けにされていた「大衆の自然発生性、党の行動性」の基本的見解が、ここでもそのままうけつがれているのである。

革命と反革命が対峙しあっているドイツの状況は、けっして固定的なものではない。すでに革命前から労働者諸政党（社会民主党、独立社会民主党）のなかには一定の分化がはじまっており、反革命的な指導者層の意に反して強力な自然発生的大衆行動が勃発する可能性はいくつかの分野でみられる。こうした現実のなかで党はどうすればその大衆運動と結びつき大衆運動をいっそう激しく燃えあがらせることができるのか――ルカーチの問題意識はもっぱらこの点にむけられる。「プロパガンダだけではこの目的を達成するには不充分だろうし、行動への呼びかけだけでもまだ不充分であろう。なぜなら、われわれはもはや無定形の政治的大衆にうったえているのではないし、また、いまはただ単に労働者階級を脱政治化してしまおうとする労働組合だけが存在するのではなく一定の政治綱領をもった反革命的な労働者組織も存在しているという状況だからだ。こういうところでは、統一ドイツ共産党は行動を開始せざるをえなかった。なぜなら、イデオロギー的なかせをはめられ政治的にしばりつけられた大衆を組織的にそこから引きはなすことは、イニシアティヴをもった行動によってしか可能ではないからだ。」もちろんかれは、一方では、ブルジョワジーの武装解除とプロレタリアートの武装を当面のスローガンとするような方向にはまっこうから反対を表明する。このようなスローガンは闘争の最終局面で出されるべきものであり、現段階では、反革命的になってしまっている大衆に受けいれられるはずはないからである。こうして、かれもまた、部分的行動と日常的な問題との結合が必要であることを認める。しかし他方では、あくまでも〈党の行動性〉が重要であることをかれは強調しつづける。「労働者大衆を運動へと、発酵状態へとおしやるためには、イニシアティヴをもって、つまり攻勢的に、先頭に立ってすすまねばならない。たんに啓蒙をつうじてのみならず、行動をつうじて、統一ドイツ共産党の行ないをつうじて。」

大会でのルカーチのこの発言は、たてまえからすればロシア共産党を支持しつつその原案の不備を指摘するというきわめて穏健なものだった。しかし実際には、三月行動を〈一揆主義〉という非難からはっきりと擁護し、さらに現状況における大衆の自然発生的闘争の重要性とそれに即応した党の〈攻勢的〉な行動の必要性を強調した点において、明確にひとつの方向にくみしていたのである。もちろんこれは、理論的には、「共産主義政党の倫理的使命」その他でくりかえしかれが論じてきた前衛党の責任と役割についての位置づけと密接に関連した主張だった。だが現実には、この主張は、そのままひとつの大きな緊張関係を生みだしかねない性質のものだったのだ。ロシアとドイツとの間でいっけんきわめて折衷主義的な態度をとったかにみえるルカーチが、じつはどんな方向をむいていたのかは、かれの見解を、コミンテルン第三回大会に先立って統一ドイツ共産党が決定した三月行動にかんする党の正式の「指針」と対比させてみることによって、いっそう明らかになるだろう。

この指針は、統一ドイツ共産党の理論機関誌『ディ・インターナツィオナーレ』一九二一年第四号（発行日付なし。おそらくは四月中旬刊）に掲載された。[13] これが四月七日から八日にかけての党中央委員会の会議で討議されたこと、そのさいクララ・ツェトキンをはじめとする中央委員会少数派（右派）から、〈公開状〉戦術を徹底的におしすすめることなしに〈攻勢戦術〉に転じたことに関して執行部《ツェントラーレ》（中央委員会内部につくられたベルリン常駐の七委員による小実行委員会）にたいする批判と修正動議が出されたこと、等々は、ルカーチの「大衆の自然発生性、党の行動性」の記述からもうかがわれる。

指針はまず、危機に直面したブルジョワジーは、ちょうど一九一四年の〈城内平和〉路線の再現ともいうべき社会民主党および独立社会民主党の体制内化によって破局を回避しようとしている、という現状分析から出発する。そういうなかでプロレタリアートは、ブルジョワジーと社会民主主義者の統一戦線がおしつけてくるルールに従ってなにもせずにいるのか、それとも自己の決断と自己の力によってみずから反革命の側に行動のルールをおしつけていくのか、という二者択一を迫られたのだ。従来の危機にさいしては、プロレタリアートの党はその危機を充分に利用しつくすだけの力をもっていなかった。しかし、統一共産党の存在は、状況を変えていた。「統一ドイツ共産党は、その強さを基盤として、単なるプロパガンダとアジテーションをのりこえていく義務を負っていた。〔……〕プロレタリアートが闘争を必要としているときに、そのプロレタリアートの先頭に立って闘う用意と意志とがあることを示さざるをえなかった。統一ドイツ共産党は、みずからの力に依拠して、大衆をまきこむべく試みなければならなかった。最初はごく狭い範囲の労働者だけしか闘争にまきこめないという危険をおかしてでも、これをおこなわねばならなかった。」その背景にはもちろん〈公開状〉戦術の限界があったことを、総括は指摘する。〈公開状〉を武器とした議会主義的活動は、資本家階級のまぎれもない代弁者から独立社会民主党のヒルファーディングにいたるまでの厚い壁にはばまれたのである。議会外活動への転換、大衆行動への転換が、これを突破する唯一の道だった。ちょうどこのとき、ブルジョワジーはその代表者ヘルジングをしてマンスフェルトの労働者に厚顔無恥な攻撃をかけさせたのだ。「この攻撃は、革命的前衛を打倒するための大がかりなキャンペーンの第一歩だった。〔……〕労働者の党は選択のまえに立たされた。ヘルジングにくみして革命的労働者階級に反対する道を歩むか、それとも中部ドイツの労働者たちの側に立って、ヘルジングに反対し、反革命に反対するのか。共産党は、労働者階級が中部ドイツの労働者たちの側に立って反撃に転ずるよう指導すべく全力を傾けることを、いささかも躊躇することはできなかった。統一ドイツ共産党は、全ドイツでゼネストを呼びかけた。」この呼びかけは、社会民主党と独立社会民主党の反革命的な対応のためにうちくだかれた。ドイツの状況は、一方では大量の失業者や、プロレタリアートへと転落していく小ブルジョワジーを生みだしたが、他方では比較的よい待遇をあたえられた労働者をもつくりだしていた。この両極は、小グループの絶望的な行動（個別的なテロル、サボタージュ、ダイナマイト）をよびおこすかたわら、ブルジョワ民主主義にたいする信仰をもはびこらせた。このなかにあって「単なるプロパガンダだけにとどまり、行動を回避することなど、革命党にとっては不可能だった。それは、革命を指導するという使命をあっさりと放棄してしまうことであり、決定的な時点に労働者階級を裏切ることだった。〔……〕統一ドイツ共産党は、経済的に依然として比較的よい状態におかれイデオロギー的には遅れている労働者階級の闘争嫌悪と受動性をたんなる革命的プロパガンダだけによって突破してしまうまで待つことなど、できなかった。これらの階層の目からすれば、そもそものはじめから、あらゆる革命的攻勢は時期尚早であるとみえ、一揆であり政治的冒険であるとみえることだろう。」（強調は池田）

　ドイツ共産党は自己の焦躁感を革命的情勢であると錯覚した、というトロツキーをはじめとするコミンテルン主流の批判と、このドイツの党の見解とは、もちろん一致すべくもない。しかし、ドイツ共産党のこうした総括は（かりに個々の事実認識の当否についての留保の必要があるとしても）革命的情勢のなかで前衛党が必然的に立たされざるをえない立場と、そこから生まれてくる行動の必要性を、まさに三月行動の敗北と数千人にのぼる犠牲者という現実の痛苦をふまえて、なおも強調しようとする。ハンガリー革命の崩壊ののち、その〈焦躁感〉をひたすら前衛の責任の明確化へと、革命的状況とそのなかに生きる革命主体とのかかわりの追究へとむけていったルカーチの問題意識との接点が、ここで明らかになってくる。

　統一ドイツ共産党の指針もまた、行動とは革命党にとって、大衆の革命的な気分を前提とするものであると同時に、それ自体が革命的な気分を喚起するための不可欠の要因なのだ、と考えている。積極的な行動をとおしてのみ、党は労働者の革命的な行動を有効な反体制のエネルギーとすることができるし、それによってのみいっそう大きな革命的行動をよびおこすことができるのだ。三月行動という革命的攻勢は「外面的にみれば統一ドイツ共産党の敗北に終わった。統一ドイツ共産党は一時的にもせよ広範な労働者階級から孤立させられている。だが、こうした結果は、じつは、より広範でより革命的な新たな行動のための実り多い萌芽をひめているのだ。」共産党は、この行動をとおして革命的な大衆行動の方法を学んだ。もちろん党は、この最初の試みの組織的、戦術的な欠陥を除去するよう努めなければならない。しかし、「もしもみずからの歴史的課題を果たそうとするなら、統一ドイツ共産党は、三月行動の基盤となっている革命的攻勢の路線を堅持しなければならない。」——以上のような考えに立って、党中央委員会は、三月行動を戦術的にも政治的にも正当なものであったとみなし、敗北に終わったとはいえ必要な闘争だったと結論する。

そして、この主張がコミンテルンによってしりぞけられたとき、ドイツの党もまた、何度目かの方向転換を余儀なくされることになる。もちろん、この党が最終的に、議会での議席増加と党員の拡大を主要目標とする〈合法主義政党〉になりかわるまでには、なお一九二三年のドイツにおける最後の革命的昂揚と一九二四年のコミンテルン第五回大会での〈左翼反対派〉切りすてを経なければならなかった。しかし、その第一歩は確実にしるされたのである。そしてこの第一歩は、ドイツの党と基本的に見解を同じくしたルカーチにとってもまた、『歴史と階級意識』を直接の契機とする徹底的批判とその後の転回を、予示するものにほかならなかったのだ。

Ⅲ

結局はしりぞけられた統一ドイツ共産党の総括よりも、それにたいするコミンテルンの批判のほうが、あるいは現実の情勢を客観的に正しくとらえていたのかもしれない。おなじようにルカーチの見解も、戦術的な観点からみれば、単にひとつの原則論であり理念でしかないという側面を多分にふくんでいることは否定すべくもないだろう。

このことは、すでにレーニンの死後、おそらくはコミンテルン第五回大会での壊滅的な批判の直前に、すなわち一九二四年の春に書かれた『レーニン——その思想の連関についての研究』のなかのつぎのような一節にも、はっきりとあらわれている。

「革命の現実性——これこそはレーニンの根本思想であり、同時にまた、かれを決定的にマルクスと結びつける一点でもある。プロレタリアートの解放闘争の概念的表現としての史的唯物論は、理論的にもまた、その実践的な現実性がすでに歴史の日程にのぼっていたような歴史的瞬間においてのみ把握され定式化されることができたのだ。それは、プロレタリアートの貧困のなかに、マルクスの言葉をかりればもはや単に貧困そのものだけではなく〈古い社会をくつがえすであろう〉ようなあの革命的側面がみえるようになった瞬間だった。もちろんそのときでも、プロレタリア革命の現実性《アクチュアリティ》をみぬくことができるためには、天才の大胆不敵な目が必要だった。なぜなら、凡人たちにとって、プロレタリア革命がようやく目にみえるようになるのは、すでに労働者大衆がバリケードに立って戦っているときだからだ。そして、たとえこれらの凡人たちが俗流マルクス主義的教養を身につけているばあいにせよ――そのばあいにすらも、目にみえないのだ。なぜなら、俗流マルクス主義者の目には、ブルジョワ社会の基盤はきわめてゆるぎなく強固なものとうつり、そのためかれは、このうえなく明白にその社会が動揺している瞬間においてさえも、ただそれが〈正常な〉状態に復帰することをねがうのみで、その危機を一時的なエピソードとしか見ず、このような時期においてすらも、なんらかの闘争を、所詮はうちかちがたい資本主義にたいする軽率者の馬鹿げた反抗とみなしてしまうのだ。バリケードの戦士たちは、かれらにとってはそれゆえ、迷えるものたちとみえ、敗北した革命は〈誤謬〉に、そして、勝利した革命――日和見主義者の目には、そんなものは一時的にしか可能でないとうつるのだが――のなかで社会主義を建設するものたちは、犯罪者とさえみえるのだ。」（強調はルカーチ）

現実の情勢の客観的な分析から出発して現実にそくした具体的な戦術を提示しようとする人間は、このような文章をけっして書きはしないだろう。ここから語りかけてくるものは、むしろ決意であり願望であり要求である。ここにひそんでいる真の内容は、一方の側への加担の意志表明であり、加担の呼びかけにほかならない。「迷えるものたち」、「犯罪者」が具体的になにをさしているにせよ、「俗流マルクス主義者」が現実のだれを意味しているにせよ、筆者自身はレーニンという巨大な存在を手元にたぐりよせつつ、バリケードの戦士たちの側に立つことをみずから原理的に確認し、同時にまた読むものの態度決定を求めているのである。一九二三年の激動を最後としてヨーロッパから革命的情勢が去っていきつつあるなかで、しかもコミンテルン第三回大会での〈攻勢理論〉批判を経たのちにルカーチがなおこれを書いたということは、だがしかし、『レーニン』論、とりわけこの一節のこうした基調音を、ただ単に主観的な焦躁感と倫理的決意に帰してしまうことをわれわれに許さない。『歴史と階級意識』を「ハンガリーにおける非合法活動の興奮」と

「革命的な焦躁感」の成果としてみずから否定しさった後年のルカーチ自身も、『レーニン』にかんしては一度も自己批判を表明したことがないばかりか、むしろ「当時はまだ単にかくれたかたちで、挿話的に、ジノヴィエフのコミンテルン指導のなかにあらわれていたにすぎないその後のスターリン的発展にたいする的確な批判が、なるほどはっきりと言葉には出されなかったとはいえ、随所でおこなわれていた」ことを認めてさえいる（一九六七年の新版あとがき）。じじつ、当時のルカーチには、現状認識の点でどれほど客観性を欠いているようにみえようとも、あくまでも、バリケードの戦士の側に立ちつづけ「軽率者の馬鹿げた反抗」の意味を問いつづける必要性が――たんなる一個人の主観的決意という次元をはるかにこえて――あったのではなかったのか。この事情は、三月行動と〈攻勢戦術〉にたいするかれの態度にかんしても、少しもかわらない。

　かれ自身がくりかえし指摘し、そのころはまだかれとあまりにも近いところを歩んでいたヴァルター・ベンヤミンやエルンスト・ブロッホがそれぞれ鮮明に表現したように、ブルジョワ階級に危機を宣言するはずの革命時代はプロレタリア階級の危機として現出しつつあった。個々の事実は、一九一八年の十一月も、一九一九年一月も一九二〇年三月の〈カップ一揆〉（スパルタクス・ブントはこれを革命に転化しえなかった）も、そして一九二一年三月も、すべてプロレタリアートの敗北とブルジョワ支配の健在を証しだてているようにみえる。この困難な状況のなかで、この状況をふくむひとつの大きな全体的過程が依然としてなおプロレタリア革命の勝利にむかって動いていることを確認すること。そして同時に、この危機を客観的な歴史的状況そのものに還元してしまうのではなく、一定の勢力増大がプロレタリアートとりわけその前衛のなかに生みだす日和見主義的傾向、組織防衛と行動回避の傾向のなかにその危機の一因をさぐり、革命における闘争主体の諸問題を掘りさげること。ルカーチの直面していた課題はこれだった。ハンガリー革命とその敗北のなかでかれが追究しつづけてきた革命の主体の問題は、いまではもはや単に個々人の倫理や意識をめぐってではなく、ますます明確に運動や共産主義政党とのかかわりでとらえられていたのである。

　三月行動ののちコミンテルン第三回大会までの時期

に、ルカーチは、直接的にはこの行動にふれながら本質的には革命における党の役割や広い意味での組織論をテーマにした論文を、三つ書いている。そのひとつは、すでにくりかえしふれた「大衆の自然発生性、党の行動性」(『ディ・インターナツィオナーレ』一九二一年第六号。発行日付なし、おそらくは五月中旬刊)である。第二は、コミンテルンの大会に先立って書かれた「第三回大会を前にして」(『コムニスムス』五月一日付第一七—一八合併号)で、かれが『コムニスムス』誌に発表したほとんどすべての文章が〈G・L〉というイニシアルによってしか執筆者を明らかにしていないのにたいし、これにはフルネームの署名が付されている。そして最後のものは、『ディ・インターナツィオナーレ』六月十五日付第八号に掲載された「革命的イニシアティヴの組織的諸問題」である。これらはいずれも、現実の状況を直接的な出発点としながらも、むしろ革命闘争における原則的な諸問題に光をあて、みずからの態度決定を(曲折をへた迂回戦術を用いながらであるとはいえ)表明している点で、基本的にはあの『レーニン』論の一節とそのままつながってくるものであり、また、「議会主義の問題によせて」にたいするレーニンの批判対象とコミンテルン第五回大会での〈極左主義=理論上の修正主義〉批判の対象とを結ぶ一線上に位置しているのである。

これらの批判をうけいれたルカーチの姿勢の屈折は、また、右の三つの論説、とりわけコミンテルンの基本路線と共産主義政党の役割の原則にふれた「第三回大会を前にして」と「革命的イニシアティヴの組織的諸問題」の論旨のなかに、暗示的に示されている。それらのなかで、かれは、前年の第二回大会当時にくらべて階級闘争はいっそう進んだ段階にはいっていること、プロレタリアートの諸組織はいっそう強固なものになっていること、とくにコミンテルンは世界革命の拠点として確固たる地歩をしめていること、などをくりかえし強調する。しかし、かれの文章の眼目は、それにもかかわらず、プロレタリアートの組織の現状と革命の停滞をまえにしての強烈な危機意識にほかならない。三月行動の敗北はあまりにも決定的にプロレタリア革命の日程を遅らせることになったのではないかという恐れと、しかしその一方、三月行動そのものを否定することによって敗北を固定化し永続化してしまうことにたいする危惧とが、かれをとらえてはなさない。三月行動の失敗は、大衆の革命的な行動そのものにあったのではなく、またその行動を革命的攻勢に転化させようとした統一ドイツ共産党の方針にあったのでもない。その方針を貫徹しえなかった党組織の弱さと、党にそれを強いた労働者階級の主体的な弱さとが、敗北の真の原因なのだ。――これがルカーチの基本的な考えかただった。その考えにもとづいて、かれは、三月行動そのもののなかに〈一揆主義〉のにおいをかぎとろうとするやりかた、それどころか〈攻勢戦術〉の否定から出発してあらゆる革命的行動、とりわけ大衆の自然発生的行動を、〈馬鹿げた反抗〉として、〈犯罪〉として否定しさろうとするやりかたに、まさに革命勢力内部の危機をみてとるのだ。第三回大会を転機としてすでに動きはじめようとしていた大きな流れを、かれ自身なんら予感しなかったわけではないだろう。かれの論調は、「なるほど……だが、しかし……」という後年のかれの文体を、すでに身につけはじめねばならない。この屈折そのものが、現実の革命の歴史のなかでどれほどの積極的な力と意味をもちえたのか、それは疑問であるかもしれない。だが、そのかれの迂回作戦が当時どれほど無力なものであったにせよ、またかれの批判が、もっぱら党の側からの組織問題という観点にもとづいてしかなされなかったにせよ、それでもなお、現在のわれわれは、ヨーロッパ革命の敗北とコミンテルンの歴史の遺産としてのこの現在のなかから、われわれなりに当時のルカーチの批判に一定の爆破力を与えることができそうである。

「革命の発展は直接的な発展ではなく、なによりもまず、こうしたプロレタリアートのイデオロギー的危機の克服を意味するのであるからこそ、この発展は、党の活動によって途方もなく促進されることが可能であるが、しかしまた大いに阻害されることもありうる。客観的に存在する経済危機は、プロレタリアートがブルジョワ的（ないしは小ブルジョワ革命的）先入見にイデオロギー的にとらわれているこの状態をつきやぶるにはおそらくほんのちょっとしたきっかけがあれば充分だというような瞬間を、いくつかつくりだす。もしも党がこの機会を逸してしまうとしたら――党はおそらくこのさききわめて永いあいだ機会を逸してしまったことになるだろう。どんな〈啓蒙活動〉も、このとき逸したものの埋めあわせをすることはできないのだ。」（「第三回大会を前にして」[14]）

この一節は、あまりにも現実味をおびてわれわれのまえにうかびあがってきてしまう。そして同時に、それではその〈機会〉をどのようにしてはかるのか、という疑問のまえに、すぐさまわれわれを立たせずにはいない。しかし、そもそも機会を待ちうける姿勢そのものが、ルカーチのアクチュアルな批判の対象でしかない。革命過程の全体性とは、かれにあっては、先験的な概念ではなく、革命主体の行為が客観的な状況のなかでつくりあげていくものであり、個々の機会をふくむ全体的過程のなかではじめて、党という概念も意味をもってくるのだ。「たんに受動的に機会を待ちうけるような姿勢をとる党は、必然的に、本当に可能性が提供されたときそれを正しくつかみ利用することもできずに終わってしまう（カップ一揆のさいのスパルタクス）。それゆえ、数のうえでも組織のうえでも最も弱い党ですら、決してこの弱さを行動しないことの理由にしてはならないのだ。あるいはこの行動は、〈敗北〉に終わるかもしれない。それでもなお、そのような〈敗北〉は、プロレタリアートのイデオロギー的危機の解消を促進するだけだろう」（同前）。プロレタリアートが量的にも精神的にも勝利に必要なだけの力を完全にたくわえたうえでの行動などというものは、現実にはありえない。あきらかに時期尚早であきらかに敗北を決定づけられている行動は、その行動だけをとりだしてみるなら、たしかに〈挑発〉であり〈妄動〉でしかないだろう。ルカーチは、いかなる意味においても、つまり日和見主義的な意味においても一揆主義的な意味においても、ひとつの行動を孤立させて考えるやりかたにたいしては、原理的に反対する。革命過程全体のなかでその行動がどういう意義をもちうるのかを——単に客観的状況の変化の契機としてだけでなく革命主体の側を変える契機としても——みきわめようとする。「行動の前提として全プロレタリアートを純然たるプロパガンダによって準備させておくなどということは、日和見主義的なユートピアにほかならない。階級全体がみずからのおかれた状況とそこから出てくる必然的な行動様式をみぬくところまでいくのは、一連の——部分的にはたしかに失敗をふくんだ——行動をとおしてでしかない。三月行動の大きな弱点（その〈理念〉にかんしてではなく、その貫徹という面での弱点）は、むしろ、その行動自体が革命の前衛によって迅速かつ十全に理解されなかったという点にある

のだ。」（「革命的イニシアティヴの組織的諸問題」[15]。強調はルカーチ）

三月行動の敗北にもかかわらずルカーチがなおもこうした主張をおこなわなければならなかった背景には、情勢の悪化にともなう待機主義的傾向の市民権獲得の兆候と同時に、それと密接にかかわってくるコミンテルンの中央集権化の推進という歴史的条件があった。ルカーチは、第二回大会で採択された「コミンテルン加入のための二十一カ条」に、原則的には、中間派に決断をせまり日和見主義的傾向に流動化をひきおこすという観点から、賛成を表明していた。各国の共産主義政党の中央集権化と、コミンテルンそのものの中央集権化をも、かれは、この「二十一カ条」の貫徹とそれよって可能となる革命的イニシアティヴの創出という側面からとらえ、日和見主義批判の一端としてこれを支持したのだった。「組織上の中央集権化と党の戦術的イニシアティヴとは相互に制約しあう概念である。」――かれは「革命的イニシアティヴの組織的諸問題」のなかで、こう規定している。しかし同時にまた、かれは、「戦術と組織との、イニシアティヴと中央集権化との、精神的な結節点はなにか？」という疑問を避けることができない。たしかに、革命への意志は組織的にはただ中央集権主義への意志としてのみ表現されるかもしれない。だが、現実にコミンテルンというかたちですすめられようとしている中央集権化は、三月行動を批判し〈攻勢戦術〉をしりぞける方向での組織化なのだ。

三月行動とコミンテルンの中央集権化――この両者の交錯するところから、ルカーチの歩まざるをえない道の方向が明らかになってくる。一九二一年のルカーチは、この方向を、たんに「革命の要求は組織問題における大きな柔軟性である」という表現や、「革命党の中央集権化というものは、官僚主義的・技術的な道をたどって達成することなど不可能である」という言葉によってしかあらわしていない。けれども、このかれの表現は、現実にコミンテルンがたどることになった道すじと対比してみるとき、当面の戦術的妥当性の問題をこえて、重い意味を獲得せざるをえないのだ。ドイツ革命とコミンテルンをめぐるルカーチの見解とその表現は、革命の現実性をみずからつくりだしていくものの思想であり世界観であるマルクス主義が経験しなければならなかった大きな転回点を、その転回の延長線上におかれながらこの転回を生みだしたのと同じ状況そのものを転覆するという視点に立ってみるとき、無数の挑発と課題をつきつけてこずにはいないのである。

（一九七〇年二月）

（1）『コムニスムス』書評（Lenin: *Kommunismus*. In: *Die Kommunistische Internationale, Organ des Exekutivkomitees der Kommunistischen Internationale*, Moskau/Petrograd, Nr.11, 1920, S.246.　邦訳＝大月版『レーニン全集』第三一巻）。

（2）ルフターハント版全集第二巻、初期論文集Ⅱ『歴史と階級意識』、序言（*Vorwort* zu: Georg Lukács *Werke*, Bd.2, *Frühschriften II; Geschichte und Klassenbewußtsein*, Luchterhand Verlag, Neuwied und Berlin 1968.）この序文の邦訳は、池田編訳『論争・歴史と階級意識』（一九七七年十月、河出書房新社）に収められている。

（3）「資本家の封鎖、プロレタリアートのボイコット」（*Kapitalistische Blockade, proletarischer Boykott*. In *Kommunismus*, 1. Jahrg., Heft 25/26, 6.Juli 1920.　邦訳＝三一書房版『ルカーチ初期著作集』第三巻）。

（4）「カッセルとハレ」（*Kassel und Halle*. In: *Kommunismus*, 1. Jahrg., Heft 41/42, 26. Oktober 1920.　邦訳＝前掲書）。

（5）「ドイツ共産党の党大会」（*Der Parteitag der Kommunistischen Partei Deutschlands*. In: *Kommunismus*, 1. Jahrg., Heft 44, 20. November 1920. 邦訳＝前掲書）。

（6）「大衆の自然発生性、党の行動性」（*Spontaneität der Massen, Aktivität der Partei*. In: *Die Internationale*, 1921, Heft 6.　邦訳＝前掲書）。

（7）「共産主義政党の倫理的使命」（*Die moralische Sendung der Kommunistischen Partei*. In: *Kommunismus*, 1. Jahrg., Heft 16/17, 1. Mai 1920.　邦訳＝前掲書）。

（8）「第三インターナショナルの組織的諸問題」（*Organisationsfragen der dritten Internationale*. In: *Kommunismus*, 1. Jahrg., Heft 8/9, 15. März 1920.　邦訳＝前掲書）。

（9）「世界情勢とコミンテルンの任務に関するテーゼ」（*Thesen zur Weltlage und den Aufgaben der Kommunistischen Internationale, Angenommen in der 16. Sitzung des III. Weltkongresses vom 4. Juli 1921*. In: *Thesen und Resolutionen des III. Weltkongresses der Kommunistischen Internationale*, Verlag der Kommunistischen Internationale, Verlagsbuchhandlung Carl Hoym Nachf. Louis Cahnbley, Hamburg 1921.　邦訳＝現代思潮社『コミンテルン・ドキュメント』Ⅰ）。

（10）「戦術に関するテーゼ」（*Thesen über Taktik*, a.a.O.　邦訳＝前掲書）。

（11）ジノヴィエフ『コンミュニスト・インタナショナルの戦術』、平凡社『社会思想全集』第二四巻。

（12）一九二一年七月二日のコミンテルン第三回大会第一三

回会議でのルカーチの発言（*Protokoll des III. Kongresses der Kommunistischen Internationale*, Verlag der Kommunistischen Internationale, Verlagsbuchhandlung Carl Hoym Nachf. Louis Cahnbley, Hamburg 1921.　邦訳＝『ルカーチ初期著作集』第三巻）。

（13）「三月行動に関する指針」（*Leitsätze über die Märzaktion*, In: *Die Internationale*, 1921.）。

（14）「第三回大会を前にして」（*Vor dem dritten Kongreß*. In: *Kommunismus*, 2.Jahrg., Heft 17/18, 15. Mai 1921.　邦訳＝前掲書）。

（15）「革命的イニシアティヴの組織的諸問題」（*Organisatorische Fragen der revolutionären Initiative*. In: *Die Internationale*, 3. Jahrg., Heft8, 15. Juni 1921.　邦訳＝前掲書）。

第三部

『歴史と階級意識』論争の歴史的意味

1921年6月のコミンテルン第3回世界大会で演説するレーニン

『歴史と階級意識』のアクチュアリティ

一九二三年春、またもや高まるドイツ革命の波のまっただなかで『歴史と階級意識』が刊行されたとき、「マルクス主義弁証法の研究」という副題をもつこの本がその後どのような意味を獲得していくことになるか、おそらく著者自身をもふくめて——たとえうすうす予感していたにせよ——だれも正確には見通せなかったにちがいない。

この本は、一九一九年六月から二二年末までの三年あまりのあいだに書かれた八篇の論文からなっていた。その「まえがき」で、著者ルカーチは、実践のなかで生まれたそれら個々の論文がもつ以上の意義を本全体に与えるつもりはない、と述べている。もちろんこれは、『歴史と階級意識』が全体として一定の内容上の連関をもたない、という意味ではない。むしろ、三四〇ページをこえるこの本のなかで徹頭徹尾なされている試みは、副題が示すとおり、マルクスの方法の「生命中枢」、すなわち「弁証法」を、歴史的に、しかも現在の焦眉の諸問題にたいする態度決定との密接な関連のなかでとらえなおす、という一事にほかならないのである。だが、この試みに集中するためにかれがおこなったやりかたは、実践的諸問題への直線的な接近ではなかった。かれは、その三年余の期間に実践活動のなかで書かれた百篇近い文章のうちから、明らかに原理的問題を中心にすえている六篇だけを（部分的に加筆して）選び出し、理論的な核となる二篇の論文（「物象化とプロレタリアートの意識」、「組織問題の方法論」）を新たに書きおろして加えたのだった。「個々の実践的問題にたいする具体的な解答は、これらの論文の埒外にある」という「まえがき」での確認は、ハンガリー革命以後の数年間に一貫して革命闘争のアクチュアルな問題のみを論じてきたルカーチがこの一巻に込めた新たな決意を、よく物語っている。

マルクスが書こうと意図しながら果たせなかった弁証法の理論を、素描なりともしたとは主張できぬまでも、「このような方向における議論をよびおこすこと、そしてこの問題を——方法的に——ふたたび討議に付すること」というルカーチの当初の目的は、この本の脱稿にいたる数年間にかれが理論的明確化とさらなる実践的展開をめざして対決したほとんどすべての具体的問題をいわば捨象することによって、実現された。

つまり、ハンガリー革命とその敗北、ひきつづき激化した党内闘争、議会主義をめぐる論争、ドイツで展開された大衆《マッセン》ストライキと労働者評議会《アルバイター・レーテ》運動の位置づけ、カップ一揆、国際共産主義青年運動内の対立、ドイツ共産党（ＫＰＤ）と独立社会民主党（ＵＳＰＤ）の合同、イタリアにおける工場占拠闘争、三月行動、コミンテルンの組織問題、等々——これらをめぐってドイツ語とハンガリー語で書かれたおびただしい論説、レーニンによって直接・間接に「左翼小児病」の徴候を指摘された一連の実践的理論は、『歴史と階級意識』には収められずじまいだった。

だがしかし、それによって『歴史と階級意識』の根本的性格が、〈純理論的〉な、実践とは縁遠いものになってしまった、と考えるとすれば、それは正しいとはいえない。この本がベルリンのマリク書店から「小革命文庫」の第九巻として刊行されたとき全ドイツをおおっていた労働者のゼネストと武装デモ、一九二三年一月のフランスによるルール占領を口火にして燃えあがったこの革命の炎は、もちろんここに投影されるべくもなかった。「まえがき」が書かれた二二年十二月二十四日の時点ですでにはっきりと顕在化していた右翼テロの激化（ヴァイマル共和派の政治家たちのあいつぐ暗殺や、闘争労働者への襲撃）、インフレと労働時間延長による資本の攻撃のまえに後退を強いられていた労働者の反撃の開始（たとえば、二三年二月から三月にかけて反右翼の武装組織〈プロレタリア百人組〉または〈赤色百人組〉がＫＰＤのイニシアティヴで各地に結成されはじめた）、そしてそれが二三年十月のさしあたり最後の大闘争へと発展していく予兆、ロシアでの党内闘争のきざし、等々も、この本に直接その影をおとしてはいない。それどころか、ハンガリーとドイツのアクチュアルな経験すら、あまりにも原理的な、マルクス主義の根本にかかわる問題提起のかげにかくれてしまっているかにみえる。けれども、ほかならぬこうした原理問題こそは、じつは、『歴史と階級意識』のもっとも大きなアクチュアリティだったのであり、現実の運動の具体的な問題とこの本とを結ぶ媒介項だったのだ。

いささか逆説的なこの事実を、もうひとつの逆説的な事情によって説明するとすれば、こう言うことができよう——『歴史と階級意識』は、みずからが敢えて具体的な現実問題を捨象することによって肉薄しようとした原理的問題の現実性を、現実の具体的問題そのものによって再発見させ、再構成させたのである。この本のなかで一貫して理論的に追究されている原理的諸問題は、現実の運動とそのなかでの具体的諸問題によって、かえってその現実性・具体性を確証されたのだった。こうした成りゆきを、ルカーチ自身が予期していたかどうかは、わからない。しかし、いずれにせよ、この本が刊行された直後からこの本をめぐってくりひろげられた直接・間接の批判や評価、そしてさらにはそれらが紡ぎ出した一連の討論・論争は、著者が漠然と期待していたような「方向における議論」の範囲をはるかに超えてしまった。そしてこの討論のなかで、『歴史と階級意識』というわずか三五〇ページにもみたぬ一冊の本は、その内容そのものからは読みとることがほとんど不可能なほどの現実性を、獲得していったのである。

〈論争〉の歴史的意味

『歴史と階級意識』については、しばしばその難解さ、観念論的・思弁的傾向、さらにはその〈アカデミズム的〉性格が指摘され、非難されてきた。この本のなかにあるのは〈実践〉の理論ではなく単なる〈認識〉の理論にすぎないという——それなりにきわめて重要かつ正当な——見解も、くりかえし表明されてきた。けれども、労働者にとっては理解困難であるという——ある意味ではこの本にとって致命的な、しかし考えてみればほとんどつねに知識人によって唱えられてきた——異論は、その労働者階級の解放闘争のなかでこの本が歴史的に果たしてしまった役割の意味までも否定することはできない。

『歴史と階級意識』という一冊の本の意味は、じつは、なによりもまずこうした歴史的な意味なのである。現実の運動は、否定的にせよ肯定的にせよこの本のもつ実践的意味を確証したばかりではない。これをめぐる討論をつうじて、運動そのものが自己を認識し、自己の進路を確認したのだった。しかも、討論のおこなわれた時期がひとつの大きな転形期、支配者にとっても被支配階級にとっても危機的な時期であったことは、この本のもつ歴史的意味を、ますますくっきりときわだたせる。一九六〇年代後半にはじまる新たな世界的危機のなかで、ドイツ、フランス、イタリア、アメリカその他のラディカルな知識人や労働者たちが『歴史と階級意識』を再発見したことは、あらためて想起されるべきだろう。その再評価にはさまざまな問題があったにせよ、運動の実践のなかで意味を獲得し、運動の自己認識の契機となるというこの本のありかたが、ここにも見られるのである。

自己自身の歴史的意味の意識化は、いわば、マルクス主義がプロレタリアートとその解放闘争に課した課題である。この意識化に革命の成否がかかっている、という『歴史と階級意識』のルカーチの思想がたとえ誤っているにせよ、また、この課題との対決が必ずしもつねに正しい革命的方針となって結実するという保証はないにせよ、この課題を回避することによって代行主義・官僚主義や、現実（じつは個別的な事実）とのとどまるところを知らぬ妥協や、階級的視点の放棄を民主主義の深化であると言いくるめる態度や、それと表裏一体をなしたセクト主義、報復主義、教条主義、等々が生まれる可能性は、否定できないだろう。そして一方、こうした姿勢はまた逆に、自己自身の歴史的位置を意識化する作業をますます頑強に拒まざるをえないのだ。もちろん、『歴史と階級意識』をめぐる論争が、こうした作業への道を直接きりひらく手がかりとなることなど、ありえないだろう。それでも、この論争は、現代における変革運動のもっとも大きな転回点とかかわっていたがゆえに、そしてその転回はいまから見れば多くの否定的なものをふくんでおり、それらはいまなお積極的なものに転化されおえていないがゆえに、依然としてそのアクチュアリティを失ってはいない。

この論争の最大の舞台は、いうまでもなく、国際共産主義運動の当時における結節点、とりわけロシアとドイツを中心とするコミンテルン内部にあった。しかし、問題がマルクス主義総体とかかわっていたために、社会民主主義者たちもこれを無視することはできなかった。これらとならんで、さらに、一九二〇年代後半の数年間における日本の変革運動が、理論と実践の展開をつうじて、ヨーロッパ＝ロシアとはまた別の面から、この論争と『歴史と階級意識』そのものとの歴史的意味を、われわれのまえに明らかにしてみせる。日本は、一九二〇年代に『歴史と階級意識』が――部分的にもせよ――翻訳された唯一の国だったばかりでなく、世界の社会運動史のなかでみても、『歴史と階級意識』を中心とする初期のルカーチの理論が、政治的実践の指導原理とのかかわりで一定の役割をはたした唯一の国でもあった。一九二〇年代の日本におけるルカーチは、たんなる理論上の問題ではなく、日本プロレタリアートの戦略・戦術と直接かかわるきわめて実践的な契機だったのである。

一九六〇年代後半の〈高度資本主義諸国〉における新左翼の闘争のなかでなされた『歴史と階級意識』の復活と、初版以来四十五年を経て刊行された新版（ルフターハント版全集第二巻）をまって活潑化した再評価の動きが、M・メルロ＝ポンティとL・ゴルドマンによる五〇年代の傑出した歴史的位置づけと同じく、この本の運命と二〇年代以後の共産主義運動の経緯とを見わたしうる地点に立っての総括だったのとは異なり、天皇制ファシズムの大弾圧時代へとつきすすむ一九二〇年代の日本での論争は、コミンテルンの方針とのずれと平行関係をともにふくみつつ、まだ未分化な状態のなかで独自の展開をとげたのだった。日本共産党再建のための苦闘、「山川イズム」と「福本イズム」、「二七年テーゼ」によるコミンテルンの日本共産党批判、共産党と『労農』派との対立抗争、さらにはプロレタリア文学運動の分裂——等々、二〇年代中葉から後半にかけての日本の共産主義運動における重要な出来事の多くが、「福本イズム」という媒介項——福本本人が意図していたかどうかにはかかわりなく——を経たルカーチの光をあてることによって、新たな相貌を獲得することもまれではない。

非党員マルクス主義者をもふくむヨーロッパおよびロシアでの二〇年代の討論とともに、日本での論争は、『歴史と階級意識』の理論的作業のなかにひそむ実践的な意味を明らかにすると同時に、個々の論争参加者たちの立脚点と論争全体の歴史的意味とを解明する手がかりともなるだろう。そして、ルカーチ自身が、間接的な反批判とあまりにも強烈な自己批判とを織りまぜつつ書いた一連の文章は、ルカーチ個人の転回の軌道を物語るばかりではなく、この論争がどのような帰結を国際共産主義運動総体にもたらしたかを示し、論争の歴史的意味を、あらためて、しかもまだ完結していない意味として、課題として、照らしだすにちがいない。『歴史と階級意識』がどの点で肯定的なものをどの点で否定的なものを運動にもたらしたかということ、ましてや、それをめぐる論争がどのような働きをそれにおよぼしたかということは、半世紀近くものちの新版の序文で著者自身が確認しているように、もはやルカーチの任務ではありえない。かれはただ、「その判定を安んじて歴史にゆだねる」ことができるのみなのである。

＊

ブロッホの評価

『歴史と階級意識』にたいする最初の包括的な評価がエルンスト・ブロッホによってなされたということは、この「マルクス主義弁証法の研究」にとって、きわめて特徴的な出来事だった。

ジェルジ・ルカーチと同じく一八八五年生まれのブロッホは、すでに一九〇九年から一〇年にかけての冬に、ベルリン留学中のルカーチと知りあっていた。そのころどちらもまだマルクス主義者ではなかった二人は、たがいに強い影響をおよぼしあいながら、親密な交友をつづけることになる。エーミール・ラスク、ハインリヒ・リッケルトをはじめとする新カント派哲学者から鮮烈な刺激をうけ、フッサールの現象学にも傾倒していたルカーチを、ブロッホはマックス・ヴェーバーのサークルに紹介した。ブロッホ自身はこのサークルの異端者、むしろ鼻つまみでさえあったが、ルカーチにとって、ヴェーバーとの出逢いは決定的な意味をもってしまった。第一次世界大戦と革命の第一波がやってきたとき、ブロッホはスイスで、ルカーチはハンガリーで、それぞれ時を同じくして社会主義者となった。やがて一九一八年十二月二日にハンガリー共産党（同年十一月二十四日に結成された）に入党したルカーチが革命政権の教育人民委員として書きおろした最初のまとまった理論的集成『戦術と倫理』には、革命の方法論としてのマルクス主義弁証法の探究とならんで、それどころかそれと不可分のものとして、「客観的可能性」、「罪と責任」の問題など、ヴェーバーの「社会科学方法論」の影響が歴然と示されている。一方、ヴェーバーは、革命さなかの一九一九年春のミュンヒェン大学で学生の要請にこたえておこなった講演、『職業としての学問』のなかで、注目すべき新しい美学者としてゲオルク・フォン・ルカーチの名をあげたのだった。

これよりさき、一九一八年五月に、ルカーチは、マックス・ヴェーバーと関係の深いハイデルベルク大学の哲学部にたいして、教授資格の申請をおこなってい た。ハインリヒ・リッケルトの熱心な推輓と、同じくハイデルベルクの教授だったアルフレート・ヴェーバー（マックスの弟）の側面からの支援にもかかわらず、教授会内部の強い反対をつきくずすことはできなかった。最終的な否決の理由は、十一月二十四日に教授のひとりが表明した「現下の時勢において外国人、わけてもハンガリー国籍のものに教授資格を賦与するわけにはいかない」というもので、この理由は、一九一八年十二月七日付のルカーチあての学部長の通知でも明示されている。この手紙が書かれたとき、だがしかしルカーチはすでに共産党員としての活動を開始していた。そしてハンガリーは、十月三十一日未明の第一次革命（秋バラ革命）によってブルジョワ民主主義共和国となり、それにひきつづくプロレタリア独裁にむかって歩みはじめていたのである。

共産党と社会民主党（左派および中間派）の組織的合同によって一九一九年三月二十一日に無血のうちに樹立されたハンガリー・ソヴィエト共和国が、国内反革命と帝国主義諸国の干渉によって八月一日に崩壊したのち、ルカーチは、その年の十月、亡命先ヴィーンでオーストリア官憲に逮捕された。欠席裁判でかれに死刑を宣告していた白色ハンガリーへの引き渡しを阻止するため、ドイツ語圏の知識人たちの救援アピールが発せられた。これとは別に、エルンスト・ブロッホもまた独自のアピールを雑誌に発表した。これらの活動に支援されて、ルカーチは強制送還をまぬかれた。直接政治的活動にはたずさわらなかったものの、反戦運動が革命化していく状況のなかで『ユートピアの精神』（初版、一九一八年）を書いて革命とマルクス主義にたいする姿勢を明らかにしていたブロッホの歩みと、ハンガリーの敗北後ひきつづきヨーロッパ革命の波に身を投じたルカーチの進路は、ここでふたたび交わったのである。

一九二一年に『革命の神学者トーマス・ミュンツァー』によってドイツ農民戦争を現在の革命の問題としてとらえかえそうとしたブロッホは、『歴史と階級意識』の刊行と同じ一九二三年には、『ユートピアの精神』第二版と『荒れ野をこえて』をまとめ、革命的実践の問題を現代史のなかで具体化しようと試みていた。そのかれが、一九二四年三月に「現実性とユートピア――ルカーチのマルクス主義哲学によせて」を発表したとき、言うまでもなくそこには、これら一連の仕事のなかで追求されてきたブロッホ自身の課題が、幾重にも塗りこめられていた。書評という枠にはおさまらないこの評価の試みは、ブロッホの全著作をつうじてもっとも包括的なルカーチ論であり、それと同時にまた、ブロッホが現実変革の問題をもっとも直接的にとりあげた文章のひとつでもある。

ルカーチの問題提起と解決への方向を、ブロッホはくわしくあとづけ、再構成する。ほとんどすべての点で、それはブロッホ自身の問題であり解決の方向である。だがとりわけ、ブロッホの論点の中心をなしているのは、とらえがたい〈いま〉をどのように把握し位置づけるかという問題にほかならない。資本主義の危機は、プロレタリアートにとってもまた、全体的な危機として、出口のない終末として現われがちである。あるいはまた、革命的蜂起のあいつぐ敗北は、状況そのものが依然として革命の契機をはらんでいるにもかかわらず、資本主義の立ちなおりと強さの仮象を生みだしてしまう。ところが、ルカーチの本のなかでは、他のすべての人間にとっては困惑をまねく概念でしかない〈いま〉というこの瞬間が、決断の契機へと、全体性を見通す契機へと高められるのだ。ここでは、行動するものだけが理解する。正しい思考とは、いまここで何をなさねばならぬか、という視点の下におかれた思考でしかない。

理論と実践、思考と存在の統一という『歴史と階級意識』の中心カテゴリーのひとつをこのように〈いま〉という歴史的契機と結びつけるブロッホは、そのような統一を実現する主体＝客体、つまりプロレタリアートのなかに、かれ自身が「ドン・キホーテ論」（『ユートピアの精神』所収）その他でくりかえし模索しつづけてきた「実りある行動の可能性」、もはや空振りにおわることのないラディカルな行動の担い手を、再発見するのである。「現実とユートピアは対立物ではない。〈いま〉こそが結局はユートピアの唯一の主題なのだ。……ほかのどれでもないまさにこの時代の星の下で、プロレタリアートは勝利するであろう。人類の前史は終わりを告げ、実存はついに現実のものとなるのだ。」

共感と決意にみちたこの書評に、ブロッホが「現実性《アクチュアリティ》とユートピア」というタイトルを付けたのは、『歴史と階級意識』の主題のブロッホなりの受けとりかたに即してのことだったろうし、また、『ユートピアの精神』という自己の主著を念頭においてのことだったかもしれない。だが、このタイトルを、もっと一般的な、当時の歴史状況にかんする共通の認識との関係でとらえなおすことも、可能なのだ。ブロッホのこの書評とほとんど時を同じくして、一九二四年春、ドイツ共産党の中心的な理論家のひとりヘルマン・ドゥンカーは、みずからが監修する「共産主義の入門書」シリーズの第七冊、『科学から行為への社会主義の発展』を刊行した。エンゲルスの「空想《ユートピア》から科学への社会主義の発展」と、一九一八年十一月にカール・ラデックによって書かれた「科学から行為への社会主義の発展」という二篇の論文から、それは成っていた。ラデックがこの表題によって意図したところと、このラデックの文章をエンゲルスの古典とあわせて一冊の入門書に編んだドゥンカーの意図は、ともに明らかだろう。『歴史と階級意識』とそれへのブロッホの書評とをともにふくむその時代は、人類が古くからいだいてきたユートピアの実現が、まさに行為にかかっている時点、行為に移されようとしている時点だったのだ。これは、ロシア革命につづくドイツとヨーロッパの革命的情勢のなかで、あいつぐ敗北にもかかわらず、あるいは敗北のゆえにこそまたネガティヴな意味にも解釈しなおされつつ、ひとつの共通の認識となっていた。ただ、ドゥンカーもラデックも、そしてエンゲルス自身もまた、ユートピアと現実（行為）とのあいだに〈科学〉という一段階をおいたのにたいし、ブロッホは、ユートピアと現実を〈科学〉という媒介項ぬきで結んだのである。

　この違いは、『歴史と階級意識』の試みの本質にかかわる重要性をもっている。ルカーチのマルクス主義哲学にたいするほぼ全面的な同意と肯定的評価を確認したとき、ブロッホは、その同じ書評のなかで、ひとつの危惧の念を表明していた。それは、この本が良き読者を見出すことはそれほど容易ではないだろう、という危惧だった。そしてそのさいブロッホは、「ごくありきたりの哲学者先生」とならべて、はっきりと、「哲学的な行動をすることはあっても考えることにかけては無教養な犬さながらのロシア人」に言及したのである。――そして、この危惧は的中した。

KPDによる批判とその歴史的背景

〈ロシア人〉をもふくむコミンテルン・共産党の内

部からの『歴史と階級意識』にたいする批判ないし攻撃は、すでに、この本が刊行された直後の一九二三年五月に開始されている。最初の批判者は、ほかならぬヘルマン・ドゥンカーだった。古くからの社会民主党（SPD）活動家でKPD創立当初からの党員だった党内右派の理論家ドゥンカーの批判は、五月二十七日付の党機関紙『ローテ・ファーネ』（赤旗）文芸欄に掲載された。かれは、資本主義社会で進行する「物象化過程」を論じたルカーチのこの本そのものが、そうした物象化のまたとない実例である、と皮肉をあびせ、共産党の活動家にとっても、いわんや大衆にとっても、この本はなんらその明確化に貢献しない、ときめつける。そして、短いスペースながら、ルカーチのエンゲルスにたいする論駁、弁証法的方法の適用を社会過程のみに限る縮小解釈、意識の過大評価、経済的法則の軽視、そしてこれらと関連する正統マルクス主義観など、その後くりかえし批判されることになる『歴史と階級意識』の〈誤謬〉のかずかずを、ほぼ遺漏なく指摘したのである。

当時、ブランドラー、タールハイマーらを中心とする右派によって指導部が構成されていたKPDは、このドゥンカーの批判で『歴史と階級意識』の問題は片づいた、という態度を暗黙のうちに示した。党の理論機関誌『ディ・インターナツィオナーレ』は、この雑誌に発表された論文（「ローザ・ルクセンブルクの『ロシア革命批判』についての批判的論評」）をもふくんでいるルカーチの本を、完全に黙殺した。KPDの隊列でふたたびこれが論じられるのは――『歴史と階級意識』のすぐあとにつづいて刊行されたカール・コルシュ『マルクス主義と哲学』の短い「あとがき」を別とすれば――二四年四月の第九回党大会で左派が指導権をにぎってからのことだった。ただひとつ、きわめて奇妙なことに、ドゥンカーの批判の二カ月あまりのちの二三年八月十二日付『ローテ・ファーネ』は、「歴史と階級意識――合法と非合法」というタイトルのもとに、ルカーチの本のこの表題の論文の最後の部分、ほぼ三ページ分を、いっさいのコメント抜きでそのまま転載した。編集部の意図は明らかでないが、それはちょうど、ルール占領にたいする「消極的抵抗」という政府の呼びかけ（KPDもこれを支持）に応えた労働者のストライキがドイツ全土で七月二十五日から八月十日まで続けられ、八月十一日からは新たにクーノ政府打倒をめざす四日間のゼネストがＫＰＤの呼びかけで開始されたその時期にあたっている。

一九二四年夏のコミンテルン第五回大会とともに、『歴史と階級意識』にたいする本格的な攻撃の火ぶたが切られた。コミンテルン議長グリゴリー・ジノヴィエフは、六月十四日の「執行委員会の活動にかんする報告」のなかで、〈極左派〉と〈理論上の修正主義〉にたいする闘争が（右翼的偏向にたいする闘争を成功裡におこなうためにもまた）重要であることを強調し、イタリアのグラツィアーデイ、ドイツのカール・コルシュ、ボリス・ロニガーとともに、ハンガリーの「同志ルカーチ」を名ざしで批判した。この批判は、大会ののち、ソヴィエト連邦の哲学者アブラム・デボーリンと、ハンガリー共産党員ラースロー（ラディスラウス）・ルダシによってひきつがれ、理論的な全面批判として展開されていく。

コミンテルンによるこの批判を検討するときにもまた、その歴史的な背景を無視することはできない。ジノヴィエフの〈極左派〉攻撃は、労働組合脱退戦術にたいする批判を直接の出発点としていた。インフレの進行による労働組合活動の麻痺と、組合指導部の日和見主義や裏切りに抗議する左派労働者の労働組合脱退の急増は、一九二三年秋以来、とりわけドイツの運動の最大の問題のひとつとなっていた。ＫＰＤが推進しようとした職場評議会《レーテ》の組織化も、労働者大衆のなかに根をもたないものとならざるをえなかった。しかも、二三年十月の闘争の敗北は、十一月末から二四年二月末まで、ＫＰＤを非合法にした。多くは逮捕状の出されていた党活動家たちによって二四年四月にフランクフルトで秘かに開かれた第九回党大会では、十月の敗北の原因はブランドラー＝タールハイマーの右派指導部の退却戦術にあったとする党内左派が、指導権を握った。ＫＰＤの左旋回は明らかだった。第三回大会（二一年）ですでに資本主義の相対的安定化を確認し、第四回大会（二二年）で統一戦線戦術の定式化と労働者政府のスローガン決定をおこなっていたコミンテルンは、左翼路線による広範な大衆からの孤立の危険性を回避するため、〈極左派〉批判と新たな結集軸の設定をおこなわねばならなかった。

こうして出されてきたものが、「ボリシェヴィキ化」というスローガンだったのである。ボリシェヴィキ化とは、組織面からいえば、社会民主党的な地区細胞にかわって職場細胞を党活動の中心にすえることを最大の要因としていたが、それ以外にも、あるいはむしろそれとの関連において、統一戦線戦術の推進、大衆闘争の自然発生性を重視するルクセンブルク主義の否定、マルクス主義の第三期としてのレーニン主義時代の確認（第一期は『共産党宣言』からマルクスの死まで、第二期は第二インターナショナルの設立から大戦の勃発まで、とされた）、等々、実践にとって少なからぬ重要性をもつ細目をふくんでいた。

　ドイツの十月の敗北の責任を右派指導部とコミンテルンから派遣されたカール・ラデックの指導の誤りに帰してその「錆」を落としたコミンテルンにとって、〈極左派〉批判とボリシェヴィキ化のテーゼは、擡頭する左派をおさえ、いっそう困難さをました現実の情勢に適応するための、焦眉の課題だったのだ。帝国議会《ドゥーマ》をも宣伝の場として利用し、職場と労働組合を大衆獲得の基盤として活用しつくすというレーニンとボリシェヴィキの戦術を手本として引いたジノヴィエフのレニングラート党活動家会議での報告（二四年七月九日）は、「大衆のなかへ！」および「統一戦線」という方針のあとにつづく新しい路線「ボリシェヴィキ化」が、『歴史と階級意識』の革命的切迫感（のちのルカーチの言葉によれば「メシア的ユートピア主義」）とまっこうから対立するものであることを、はっきりと物語っている。

〈正統マルクス主義〉をめぐって

　レーニンの死の直後から一年間だけ明らかに〈レーニン主義〉の宣揚を目的としてヴィーンで発行された月刊誌『アルバイター・リテラトゥーア』（労働者文献）を舞台にしたデボーリンとルダシによるルカーチ批判は、ジノヴィエフによって語られたコミンテルンの路線を哲学的に裏付けるという任務をもっていた。両者による批判が、ともに、ルカーチのエンゲルスにたいする論駁を中心にすえ、自然弁証法の否定を正統マルクス主義からの逸脱ときめつけたことは、偶然ではない。マルクス主義が第二インターナショナルによって科学主義に降伏し、客観的真理や自然法則の名のもとに個々の事実を重視して、歴史過程の全体性への視点を喪失したことを、ルカーチは批判した。かれによれば、自然科学的真理とはもっとも顕著なブルジョワ的イデオロギーであり、専門分化と合理化の、ひいてはまた資本主義社会をつらぬく物象化の、所産でもあり基盤でもある。一九二五年にはじめてエンゲルスの『自然弁証法』がドイツ語とロシア語で公刊され、他方ではまた一九二四年十二月に提唱されるスターリンの「一国社会主義」理論とあいまって、工業生産の増大と自然開発の推進が積極的になされようとしていたソヴィエト連邦の方針にとって、ルカーチの唱えるマルクス主義弁証法は、とうてい容認しえぬものだったのだ。

なるほど、適用範囲を社会過程だけに限定することによって弁証法の概念をゆがめ、自然と社会とのあいだの物質代謝を無視している——というデボーリンとルダシの批判は、それ自体としては正しかった。しかし、ルカーチが『歴史と階級意識』で提起した問題は、そうした個々の反論が依拠しているひとつの基本方向そのものとかかわっていた。すなわち、ソ連の社会主義建設とひいてはまた世界革命の展望を、ブルジョワ的合理化と機械化の道を経てしか立てることはできないのか？〈第二の自然〉としてとらえられる社会の合法則的発展なるものに、人間はどこまで意識的・行動的に介入していくことができるのか？プロレタリアートは歴史的過程の客体でしかありえず、情勢の変化によって、個々の事実の命ずるところによって、もっぱら実践のありかたを規定されることしかできないのか？存在が意識を規定する、という定式で満足してしまうのではなく、真に存在を変革しつつ自己を変革する意識、歴史の主体にして客体なるものは、いかにして形成可能なのか？——こうしたルカーチの設問をしりぞけるというやりかたでしか、批判者たちは『歴史と階級意識』に答えなかったのである。

ルダシが第二論文「ルカーチの階級意識理論」でおこなっているルカーチとリッケルト＝ヴェーバーとの関係についての批判も、本質的には、自然科学と近代合理主義（根底においては非合理主義）にたいするルカーチの態度とかかわっている。ルダシが指摘し論難するルカーチの〈主観主義〉、〈ブルジョワ観念論〉は、十九世紀後半以降の資本主義の急激な発展の諸結果を内在的に解明した〈文化哲学〉や〈社会学〉の否定すべくもない一定の成果と、正統マルクス主義の立場から批判的に対決し、弁証法的に揚棄する試みという側面をもふくんでいた。「客観的可能性」としての同一なる主体＝客体、すなわち歴史の客体であると同時にその主体でもあるようなプロレタリアート階級を、いかにして「現実性」として形成していくか、あるいはむしろこの階級がいかにしてそのような自己形成をとげうるのか、という問題設定は、社会過程における自然法則的因果関係の重視にたいする論駁を避けるわけにはいかなかった。このルカーチのリッケルト＝ヴェーバーとの批判的対決を逆に〈正統マルクス主義〉の名において断罪したとき、ルダシは、ヴェーバーの静観的態度ばかりでなく、むしろヴェーバーによって鋭く指摘されていた問題そのものをも葬り去ってしまった。こうして、一方では現実変革の具体的過程によこたわる諸矛盾を拡散させたままの科学的社会主義の称揚への道が踏みかためられ、他方では、社会主義の〈非科学性〉や社会主義がかかえる巨大な困難が顕在化すると一気にヴェーバーや実存主義まで後退する、という傾向が、あたかも硬直したマルクス主義を克服する方途であるかのようにマルクス主義自身のなかにのこされてしまったのである。しかも、ヴェーバー＝リッケルトの問題提起とルカーチが試みたそれとの対決も、そしてまたルダシの批判の前述のような歴史的背景も、その時代の革命の根本問題と深くかかわっていただけに、こうした批判は、マルクス主義そのものにとって致命的でさえあった。

マルクス主義のレーニン時代、ないしはマルクス＝レーニン主義が答えぬままりぞけたこれらの問題に、社会民主主義陣営からの批判者、ジークフリート・マルクもまた答ええていないのは、言うまでもない。それどころか、かれは、ルカーチの試みを、新カント派社会主義者マックス・アードラー、クラーノルトと同次元にある新ヘーゲル主義の典型としてとらえ、若きマルクスとの親近性という一面の真実を指摘しながらも、だがしかし、結局のところルカーチのなかに、プロレタリアートを〈絶対精神〉に仕立てあげ、〈前衛〉独裁の理論的根拠づけを与えようとするひとつの教条主義をしか見ない。「新ロマン派的な思弁的弁証法から正統マルクス主義へのルカーチの移行」は、マルクの目には、「かつての旧ロマン派から正統派教会への転向を想起させる」ものとしてしか、うつらないのである。

レーニン正統主義に抗して
——コルシュ対ミーチン——

コミンテルンと社会民主主義がともに『歴史と階級意識』の問題提起を把握しえないことを指摘し、問題提起そのものの意味と、それをとらええないことの意味とを歴史的に明らかにしたのは、ハンガリー革命以前からのルカーチの同志、ヨージェフ・レーヴァイと、そしてとりわけドイツの共産主義者、カール・コルシュだった。

レーヴァイもコルシュも、デボーリンによって、ルカーチの弟子というレッテルを貼られていた。ロシア共産党機関紙『プラウダ』（真理）もまた、そう述べていた。その翌年、社会主義研究雑誌『グリューンベルク・アルヒーフ』（『社会主義と労働者運動の歴史のための文庫』）に発表されたレーヴァイの書評（執筆はおそらく一九二四年）は、それだけに、レーヴァイ自身の態度決定という意味をもっていたのである。

一方、コルシュは、KPDの指導権を左派が掌握した一九二四年四月の第九回大会ののち間もなく、党機関誌『インターナツィオナーレ』に、Kの署名で、「唯物論的弁証法について」という書評を発表した。論評の対象とされたのは、ヘーゲル『大論理学』新版、ルカーチ『歴史と階級意識』、ブハーリン『史的唯物論の理論』、それにコルシュ自身の『マルクス主義と哲学』だった。かれの中心的な論点は、レーニンがその重要性を強調した弁証法的唯物論の研究を、KPDの従来の指導部がどれほど軽視し、あるいは敵視してきたか、ということにあった。

『マルクス主義と哲学』の新版が一九三〇年に出版されたとき、コルシュは、この本にたいする批判への反批判をもかねた長文の序文「『マルクス主義と哲学』の問題の現状」を付け加えた。すでにそれに先立って一九二六年四月末に〈極左派〉としてKPDを除名されていたかれは、その序文のなかで、もちろんあくまでも自分自身の本が呼びおこした批判とそれにたいする反批判を中心にすえながら、多くの点で『歴史と階級意識』への攻撃と共通の要素をもつそれらの批判の徹底的な歴史的総括をおこなうのである。

このコルシュの反批判の作業は、『マルクス主義と哲学』（およびそれと密接に関連しつつ『歴史と階級意識』）がどのような歴史的意味をもつ試行だったたかを明らかにしてみせるばかりでなく、この試行にたいする攻撃がじつはどのような本質と歴史的特性をもっていたかということをも、詳細にあばきだしている。マルクス主義がすでに第二インターナショナル以前から現実追認的なものに歪められていた、という指摘は、ルカーチのエンゲルス批判と密接な関連をもっており、マルクス主義弁証法を実践的に深化しようとする志向にたいして張られる第二インターナショナルと第三インターナショナルとの協同戦線、という糾弾は、マルクス主義の第三期たるレーニン主義時代がじつはどのような側面を（少なくとも一側面を）もっていたかを、明らかにしてみせる。『歴史と階級意識』を直接その中心テーマとはしていないにせよ、コルシュのこの一文は、同書とそれをめぐる論議のもっともすぐれた歴史的対象化のひとつである。

カール・コルシュのこの一連の指摘が誤っていなかったことは、時を同じくしてソヴィエト連邦でおこなわれた哲学論争とその決着が、はっきり示したのだった。一九三〇年から三一年にかけて全哲学戦線で展開された討論は、まさにこの〈レーニン的段階〉を問題にしたのである。『歴史と階級意識』にたいする批判ののち、いわゆる機械的唯物論への批判の中心的担い手としてソ連哲学界を領導し、二六年以来『パド・ズナーメネム・マルクシズマ』（マルクス主義の旗の下に）の編集長だったアブラム・デボーリンが、この論争のなかで批判の集中砲火をあびることになった。かれとともに〈哲学的指導部〉を形成してきたイヴァン・ルッポルもまた、ブハーリン一派の「メニシェヴィキ化しつつある観念論」の一例とされた。批判は、モスクワのマルクス＝エンゲルス研究所にもおよんだ。『マルクス＝エンゲルス・アルヒーフ』や『マルクス＝エンゲルス全集』（旧ＭＥＧＡ）の編集の仕事にたずさわってきた同研究所長、リャザーノフが、メニシェヴィキの反革命活動を助けたとの理由で、党から除名され、流刑に処せられた。一九二九年にヴィーンからモスクワに移っていたルカーチは、この研究所の研究員として、リャザーノフのはからいで未発表のマルクスの遺稿、『経済学・哲学手稿』を読む機会にめぐまれ、『歴史と階級意識』に欠落していた労働という契機がここで追究されていることを知って、みずからの旧著と最終的に訣別することができたのだが、リャザーノフが追放され、未完のＭＥＧＡ編集の作業がアドラツキーの手にうつったのをきっかけにして、ルカーチはソ連を去ってドイツに移り、そこでプロレタリア文学運動の理論的明確化という新しい任務にたずさわることになる。

哲学論争のしめくくりとして一九三〇年十二月二十九日に採択された「哲学および自然科学赤色教授学院細胞の決議」は、トロツキー、ブハーリン、デボーリンとその一派、さらにはフランクフルト学派などをひとまとめにして批判し、とりわけデボーリン一派のレーニン歪曲をきびしく非難した。かれらは、しばしばマルクス＝レーニン主義の装いをまとって、「ルカーチ型のヘーゲル主義的観念論に反対する」こともあるとはいえ、本質的には唯物論的弁証法の歪曲であり、レーニン主義に反対するメニシェヴィキ化しつつある観念論なのである。――二〇年代後半のマルクス主義哲学の輝かしい指導部、デボーリン・グループを断罪したこのモスクワの「赤色教授学院」の党細胞には、二二年以降ソ連邦に滞在してコミンテルンの仕事にたずさわっていたラースロー・ルダシもまた所属していた。

この論争ののち、デボーリンにかわって哲学戦線の指導者となったのは、マルク・ミーチンだった。三一年一月一日に「コム・アカデミー戦闘的唯物弁証法論者協会」のフラクションでおこなわれた講演、「哲学論争の成果」は、弁証法的唯物論の発展における新たな段階としての「レーニン的段階」の重要性を確認し、レーニン主義の名のもとに推進される全領域のスターリン主義化が哲学の分野でも正式に幕を開けたことを宣言している。コミンテルン第五回大会がレーニンの名において決定した「ボリシェヴィキ化」は、こうしてその首尾一貫した帰結に到達したのだった。

マルクス主義の新生を求めて
――ベンヤミンとグラムシ――

これ以後の歴史は、もはや『歴史と階級意識』をはなれて進んでいく。この本への批判と評価のなかにあらわれた転形期の未分化な諸傾向と統合の過程は、すでに、ひとつの方向をむいてまっしぐらに走りはじめたのである。

この転形期の最後の時期に発せられた言葉を、ここではなお二つだけ記録にとどめておこう。そのひとつは、一九二九年にヴァルター・ベンヤミンが『リテラーリッシェ・ヴェルト』（文学界）のアンケートに答えて書いた文章（「生きつづけてきた本」）であり、もうひとつは、孤独と病苦との闘いをつづけながらアントニオ・グラムシが獄中で記した短い覚え書である。

『歴史と階級意識』にたいして「共産主義当局によってデボーリンの指導のもとに」なされた論難のなかに、かえってこの本の「射程の大きさ」が裏書きされているのを見たベンヤミンは、すでにはやくからこの本に着目し、これととりくむ意図をいだいていた。親密な友人、ゲルハルト・ショーレムにあてた一連の手紙には、かれの関心が断片的に述べられている――「『ノイエ・メルクーア』誌の三月号で、ブロッホがルカーチの『歴史と階級意識』を論評している。この書評は断然、かれの永年の仕事のうちで最良のものだろう。そして書評された本自体はとても、とりわけぼくには、重要なもののようだ。いまはもちろん、それを読むひまがないのだが。」（二四年六月十三日付）「正式にきみに請願するが、いまのと競合して提起されている問題、アクチュアルなコミュニズムの問題に立ち入ることは、延期してもらえまいか。というのは、具体的知識はまだ言うにたりないし、個人的動機のほうも、伝達できるほどに熟してはいないからだ。たぶんきみに書いたと思うが、この点にはいくつかの示唆が重なり合っている。ルカーチの書物への示唆はプライヴェートなしかたで来たが、このばあいぼくを打ったのは、ルカーチが政治的な考慮から出発して認識論において、ぼくが最初思いこんだほどに広範囲にではなさそうだとはいえ、少なくとも部分的に、ぼくにきわめて親しい、ないしぼくの考えを裏がきするような諸命題に、到達していることだった。〔……〕コミュニズムの領域では〈理論と実践〉の問題は、理論と実践という両者の差異性はあくまでも保ちながら、しかも理論への決定的洞察が、ほかならぬこの場所での実践に結ばれている、というぐあいになっているように、ぼくには思われる。ぼくは少なくとも、ルカーチにあってその主張が堅固な哲学的な核をもっていること、ブルジョワ・デマゴギーの空辞とはおよそ別のものであることを、見てとっている。ところで、こういう厳しいかぎりの前提条件を、ぼくはさしあたってみたせないから、具体的研究のほうも、いくぶんか延期しているところがある。しかし、そうはいっても延期しているにすぎない。できるようになりしだい、ぼくはルカーチの本などを研究しよう。そして、弁証法のヘーゲル的な概念や主張と敵対的に対決するなかで、コミュニズムに対抗して、ぼくのニヒリズムの基底が闡明されてこないとしたら、ぼくは錯覚しているにちがいない。だが、なおかつぼくには、コミュニズムの政治的実践（理論的課題としてではなく、さしあたり、ひとを拘束するような態度としての）が、ここに滞在して以来、これまでとは別の光を浴びて見えてきている。〔……〕」（二四年九月十六日付）「きみはルカーチの『歴史と階級意識』を読んだのかい？　そして、デボーリンその他によるこの本の〈処理〉というのは、ドイツ語で、でなければロシア語以外のことばで、手にはいるのだろうか？　ぼくは大いに関心をそそられる。文献に詳しいきみは、きっと知らせてくれるだろう。」（二五年七月二十一日付）「パリにあるぼくのわずかな蔵書は、主として、幾冊かのコミュニズム文献から成っている。ルカーチを片づけた『労働者文献』誌（これについては、ぼくはまだ何ともいえない）、『構成論《テクトロギー》概説』ないし新しい基本科学としての組織論。後者は、従来の〈哲学〉に、つまりレニングラートの教授ブハーリンのそれに、取って代るべきものだという。ブハーリンのものでは、ぼくはしばらくまえ、マルクシズム的世界史の最初の試みであり、ひどくとっつきにくくて断片的な『社会の発展形態と科学』を勉強した。」（二六年四月五日付――いずれも野村修訳）

一方、グラムシの覚え書は、「獄中ノート」のなかの「一般的諸問題」と題する一篇にふくまれている。それは、ほぼ一九三二年から三三年にかけて書かれた長い論文で、ブハーリンの『史的唯物論の理論』（一九二一）の徹底的な批判である。とりわけ、この本でブハーリンが依拠している「科学」の概念や、技術の過大評価、見せかけだけの「主観主義批判」、弁証法の完全な欠如、等々を、グラムシはひとつひとつ詳細に検討する。ブハーリンとのこのグラムシの対決は、『史的唯物論の理論』という「だれにでもわかるマルクス主義社会学の教科書」が、一九二〇年代全体をつうじて、ロシア、ヨーロッパのみならず、日本をもふくむ全世界の共産主義者と戦闘的労働者の文字通りもっともポピュラーな〈教科書〉でありつづけたこと、そしてブハーリンがレーニンとならぶ理論家として、それどころか場合によっては、〈実践家〉レーニンをしのぐ〈理論家〉として（だからこそミーチンは、〈理論家〉レーニンの意義を強調しなければならなかったのだが)、世界共産主義運動の理論と実践に絶大な影響を与えたことを考えるなら、きわめて重要なものだったことがわかるのである。この重要性は、党内闘争のなかで一九二六年十月にジノヴィエフにかわってコミンテルン議長の座についたブハーリンが、二九年七月にはそれをモロトフにとってかわられ、二九年十一月にはスターリン派によってついにロシア共産党政治局からも追放されたのちにグラムシのノートが書かれた、という事実によってもなんら減じるわけではない。それどころか、むしろ、非難され追放されたかつての理論的指導者を、その非難に唱和するかわりに内在的に検討しなおすことによって、グラムシは、二〇年代初頭にはじまり三〇年代の入口にいたって決定的な地点に到達したひとつの大きな歴史過程を、その世界観の根底において、社会と自然との弁証法的な変革にかんする根本的態度の中核において、見きわめ、批判し、克服するのである。

この作業のなかでグラムシが、ルカーチはブハーリンの理論への反動として逆の誤りにおちいったのかもしれない、と註記しているのは、まったく的確に問題の本質をついたものと言わねばならない。『歴史と階級意識』がコミンテルンによって集中的な批判をあびせられ、みずからもその批判をうけいれたのちの一九二五年にルカーチが発表した『史的唯物論の理論』評は、グラムシの推測があたっていることを物語っている。のみならず、グラムシの指摘は、ブハーリンの俗流唯物論をも、それの対極としてのルカーチの理論をも、ともに克服し、『歴史と階級意識』とそれにたいする批判とを通じてわれわれのまえに明らかになったひとつの歴史過程全体を、真に共産主義的な方向へと、真に現実を変革し人間を解放する運動の模索へと、転じることの必要性を、課題として提起しているのである。

『歴史と階級意識』のみならず、これをめぐる論争のなかで形成されていった方向をも克服するという課題が、この方向がついに確立された時点でベンヤミンとグラムシという二人のマルクス主義者によって提起されたことは、現代史のなかに第一歩をしるした直後にこの本がブロッホから受けた評価におとらず、この一巻の「マルクス主義弁証法の研究」にとってまことにふさわしい結末だった。

＊

フランクフルト学派成立のエピソード

『歴史と階級意識』がもつ転形期にふさわしい性格は、それの成立前後のさまざまな歴史的出来事や、それがおよぼした影響のありかたのなかにも、くっきりと反映している。

すでに述べたように、『歴史と階級意識』に収められた八篇の論文のうち六篇までは、一九一九年のハンガリー革命の日々から一九二二年一月のローザ・ルクセンブルク没後三周年にいたるまでのヨーロッパ革命の戦列のなかで、具体的な闘争方針との密接な関連において、書かれたものだった。この論文集のために新たに書きおろされたのは、それ以外の二篇、「物象化とプロレタリアートの意識」および「組織問題の方法論」だけである。二二年クリスマスに「あとがき」が書かれ、『歴史と階級意識』は二三年春にベルリンのマリク書店から刊行された。

この一巻の「マルクス主義弁証法の研究」がほぼ仕上がろうとしていた一九二二年夏（おそらく六月か七月）中部ドイツ、テューリンゲン州のイルメナウという小さな町で、「第一回マルクス主義研究週間」と呼ばれる会合が開かれた。主要なメンバーは、つぎのような人びとだった。

エードゥアルト・ルートヴィヒ・アレクサンダー（KPD〔ドイツ共産党〕選出のベルリン市会議員。当時のKPDの指導的な文芸評論家ゲルトルート・アレクサンダー——筆名G・G・L——の夫）

カール・アウグスト・ヴィットフォーゲル（劇作家、社会学者。KPD党員）

ユリアン・グンペルツ（プロレタリア演劇運動の組織者、マリク書店編集スタッフ。KPD党員）

カール・コルシュ（イェーナ大学講師。KPD党員）

ハインリヒ・ジュースキント（KPD中央機関紙『ディ・ローテ・ファーネ』〔赤旗〕編集長）

カール・シュミュックレ（文芸評論家。のちに国際革命作家同盟機関誌『インターナツィオナーレ・リテラトゥーア』〔国際文学〕ドイツ語版副編集長）

リヒャルト・ゾルゲ（アーヘン大学博士課程学生、ルール地方の炭鉱労働者非合法組織の活動家。ＫＰＤ党員。のちに日本で刑死）
コンスタンティン・ツェトキン（ＫＰＤの女性指導者クラーラ・ツェトキンの次男）
ベーラ（アーダルベルト）・フォガラシ（哲学者。ハンガリー共産党員）
カール・フランク（ＫＰＤ理論機関紙『ディ・インターナツィオナーレ』編集員）
フリードリヒ・ポロック（経済学および政治学専攻の若い研究者）
ジェルジ・ルカーチ
ボリス・ロニガー（ＫＰＤ党員。のちにコミンテルン第五回大会で、ジノヴィエフが名指しで批判）

フェリックス・ヴァイルの呼びかけで開かれたこの夏季ゼミナールには、ヘッダ・コルシュ、カーテ・ヴァイル、クリスティアーネ・ゾルゲ、ローゼ・ヴィットフォーゲル、ヘーデ・グンペルツ（のちにＫＰＤ左派指導者ゲルハルト・アイスラーと再婚）らの夫人たちも参加していた。

呼びかけ人のフェリックス・ヴァイルは、商社の仕事にたずさわったのち、テュービンゲンとイェーナで政治学を学んだ。ＫＰＤの党員ではなかったが、イェーナ大学で教えていたコルシュの影響もあってマルクス主義に関心をもっていた。フランクフルト大学に提出されたかれの博士論文は、一九二一年、コルシュが編集する叢書の一冊として刊行された。ヴァイルが「マルクス主義研究週間」を企画したとき、かれの目的は、マルクス主義のさまざまな潮流が、ともに、徹底的に討議しあうことによって、真の、あるいは純粋なマルクス主義に到達しうるのではないか、という希望を実現することだった。討論は、ほぼ完成していたコルシュの『マルクス主義と哲学』（一九二三年刊）を素材としてくりひろげられた。

予定に反して一度しか開かれなかったこの第一回のゼミナールは、だがしかし、二十世紀のマルクス主義の発展にとって、決定的な重要性をもつことになった。

まず第一に、それが開かれた時期そのものが、歴史的にひとつの特殊な位置をしめていた。ちょうど一年前の一九二一年夏、コミンテルン第三回大会は、世界革命の波が一応しりぞき、時代は〈資本主義の相対的安定期〉にはいったことを確認して、攻勢から包囲への路線転換の必要性を認めた。二〇年暮のＵＳＰＤ（ドイツ独立社会民主党）左派との合同によって、一躍、大衆政党となったＫＰＤも、直接的な政治闘争にエネルギーのすべてを注入する段階から、ようやく独自の文化政策を展開する段階に移っていた。党が各地区の教育指導員と講座担当教員を集めて第一回の全国会議を開いたのは、一九二二年八月六、七日のことだった。ブルジョワ文化遺産の正しい継承と闘争のなかでの新しいプロレタリア的文化の形成という問題を中心テーマにすえたこの会議によって、はじめて、ＫＰＤにとって文化と革命の問題が実践上の問題として、提起されたのである。イルメナウでの「マルクス主義研究週間」は、その直前に、まさにそうした問題提起が共通のものとなりつつあった時期に、開催されたのだった。

　けれども、この「研究週間」の意義は、そうした時期的なものだけにとどまるものではなかった。フェリックス・ヴァイルは、成功した穀物商社主である父ヘルマン・ヴァイルに資金を提供させて、それに母から相続した自分自身の財産を加え、体系的なマルクス主義者の研究施設を創設する計画をもっていた。創立されてまだ八年にしかならないフランクフルトのヨーハン・ヴォルフガング・フォン・ゲーテ大学（通称フランクフルト大学）が、この計画をうけいれた。「研究週間」でも、この計画について意見がかわされた。問題のひとつはその名称だった。「マルクス主義研究所」という名称は、権威主義の牙城たるドイツの大学が許容するはずもなかった。イソップの言葉が必要だった。研究所創立五十周年のフランクフルトにおける記念講演（一九七三年五月）でＦ・ヴァイル自身が述べたところによれば、研究所の名称は、つぎのようにして決まった――

　一九二二年夏の「研究週間」には、日本人の留学生もひとり参加していた。名称が問題になったとき、その留学生が、「日本には〈社会研究〉（Sozialforschung）という言葉がある。これを使ってはどうか」と発言したのである。翌二三年二月三日に創立された研究所は、こうして、ドイツ語としては耳なれぬ語彙を用いて「社会研究所」（Institut für Sozialforschung）と名づけられたのだった。

　のちに「フランクフルト学派」と呼ばれる研究グループの根拠地となった研究所の名付け親は、ひとりの日本人留学生だったわけだ。そして、この日本人留学生とは、福本和夫にほかならなかったのである。

福本和夫と日本の共産主義運動

一八九四年生まれの福本和夫は、一九二〇年に東京大学政治学科を卒業して、ただちに松江高等学校教授となったが、二二年三月、文部省在外研究員として留学の旅にのぼり、アメリカ、イギリスを経て、同年初夏にドイツに着いた。大学在学中からすでに唯物史観の研究をはじめていたかれは、これに関する資料を物色し、ドイツ到着後まもなく、カール・コルシュが編集した『唯物論的歴史把握の核心』（***Kernpunkte der materialistischen Geschichtsauffassung. Eine quellenmäßige Darstellung.*** **Berlin 1922.**）を手に入れた。コルシュをイェーナの自宅に訪れた福本は、その後しばしばコルシュを訪問して、一種の個人教授（ないしは私的な討議）の時間をもつことになる。「第一回マルクス主義研究週間」が開かれたとき、福本はコルシュ夫妻に連れられて、それに出席したのだった。

福本によれば、「研究週間」の討論のイニシアティヴをとっていたのは、呼びかけ人のフェリックス・ヴァイルでもなければ、討論素材『マルクス主義と哲学』の著者コルシュでもなく、小柄で温顔のハンガリー人、ジェルジ・ルカーチだった、という。

福本とルカーチとの出会いは、福本によれば、このときが最初で最後だった。そして、このとき福本は、サインした『歴史と階級意識』をルカーチから贈られた、という。しかし、あるいはこれは福本の記憶ちがいかもしれない。『歴史と階級意識』が刊行されたのは、早くとも一九二三年一月（「あとがき」は二二年十二月二十四日付になっている）、遅くとも二三年五月（五月二十七日の『ローテ・ファーネ』にヘルマン・ドゥンカーの書評が掲載された）、おそらくは二三年春のことだからだ。つまり、福本はヨーロッパ滞在中にもう一度ルカーチと会う機会があったか、あるいは本は福本の下宿に送られたか、いずれにせよ、「研究週間」のあいだに直接手渡されたのではなかった、と考えるのが妥当だろう。（ただし、「研究週間」の正確な日付けについては、異論もある。F・ヴァイルは一九二二年夏としているが、『弁証法的構想力――フランクフルト学派と社会研究所の歴史、一九二三―一九五〇年』の著者、マーティン・ジェイによれば、K・A・ヴィットフォーゲルは、一九二三年の聖霊降臨祭――五月下旬――のあとだった、と主張している。ちなみに、ドイツをふくむ欧米の書籍には、発行年のみ記載されているのが通例で、時代によってはそれさえ記されていない。それゆえ、検閲制度との関係で印刷および発行の年月日までが奥付に示されていた日本の場合と違って、正確な刊行年月を明らかにすることは困難であるケースが少なくない。）

一九二四年九月、福本和夫は二年半の留学を終えて帰国した。私費で延長した六カ月のパリ滞在中にまとめられた三篇の草稿が、旅行鞄におさめられていた。第一は「社会の構成＝並に変革の過程」であり、第二は「経済学批判の方法論」だった。前者は、福本和夫の第一著作として一九二六年二月、東京の白揚社から出版され、後者も同年六月、同じ書店から刊行された。第三の草稿は「党組織論研究」だったが、これは、一九二五年四月号から六月号の『マルクス主義』に、「欧洲に於ける無産者階級政党組織問題の歴史的発展――其の方法論的考察」というタイトルで発表された論文にほかならない。

帰国した福本は、日本経済史、日本資本主義の現状、日本農業・農民問題などの研究に没頭した。だが、福本自身がのちに語っているところによれば、フランクフルトの研究所の名称として「社会研究」という表現を提案したとき、かれが考えていたのは、社会を総体として研究し把握する、という根本姿勢だった。このかれの根本姿勢は、「社会の構成＝並に変革の過程」という最初の論文の表題にもっともよくあらわれているわけだが、この姿勢こそがまた、福本をマルクス主義と結びつけ、当時の日本でしばしばなされていた「国家研究」という視点からの訣別を、福本に可能ならしめたのである。総体としての社会の構成と変革を、過程として把握しようとするかれの視点は、ルカーチやコルシュがマルクス以後はじめて提起しなおした問題、そしてさらに、フランクフルト社会研究所のメンバーたちによってその後さまざまな接近が試みられた問題へと、向けられていたのだった。

研究の成果を発表する場として福本が選んだのは、月刊雑誌『マルクス主義』だった。

『マルクス主義』は、一九二二年七月十五日に非合法で結成された日本共産党が二四年三月に解党のやむなきに至ったのち、共産党系の人びとの合法的機関誌として二四年五月に創刊された。解党に反対したコミンテルンのイニシアティヴによって本格的に再建運動が開始された二五年一月以降は、この雑誌がその運動の結集点としての役割をにない、二六年十二月の党再建ののち、それは正規の日本共産党合法理論機関誌となった。

福本が帰国した二四年秋は、同年夏のコミンテルン第五回大会で日本委員会が設けられて再建運動が緒についたばかりの時期である。指導的な理論家と目されていたのは、山川均だった。山川は、堺利彦らとともに解党前の第一次共産党の中心メンバーだったが、党再建には反対し、荒畑寒村らの再建運動への参加を拒んでいた。それにもかかわらず、二二年夏にかれが提唱した「方向転換」論と、二四年春からの「共同戦線党」論とによって、依然として共産党再建運動の理論的支柱とみなされていた。創刊から二六年前半にいたるまでの二年あまりのあいだ、山川は『マルクス主義』の主筆として遇され、〈山川イズム〉がこの時期の日本マルクス主義を支配した。おりから一九二五年五月に普通選挙法が公布された。労働者・農民の政党の結成が現実的課題となる時代的背景のなかで、共同戦線＝統一戦線党をめざす山川の理論は、無産階級の組織化をすすめるうえで、唯一の現実的な理論だった。

『マルクス主義』への投稿によって福本和夫が「ルビコンを渡った」（福本自身の表現）のは、二四年暮だった。最初の論文「経済学批判のうちに於けるマルクス『資本論』の範囲を論ず」は、同年十二月号に掲載された。これが、翌年二月号から十二月号まで毎号欠かさず福本の論文（あるものは「北條一雄」名）が『マルクス主義』の誌面に登場し、二六年半ばから二七年末までの〈福本イズム〉時代を準備することになる一時期の、はじまりだった。

福本イズムとルカーチ

この時期の一連の論文のうち、二五年四月号から六月号までの三回にわたって連載された「欧洲に於ける無産者階級政党組織問題の歴史的発展――其の方法論的考察」は、無産階級の歴史的使命から説きおこし、労働組合からソヴィエト（レーテ）にいたる無産階級の組織過程を概観して、レーニンとローザ・ルクセンブルクの組織問題にかんする論争を紹介しながら、革命運動の歴史的発展を理論的発展とてらしあわせて考察する試みである。マルクスからローザにいたるまでのおびただしい引用をちりばめたこの長大な論文は、だがしかし、いくつかの重要な特徴をもっている。第一に、マルクス以来の革命理論が、ここでほとんど日本で最初に、たんなる紹介や解説という水準をこえて、ひとつの独自の組織論のなかに組みこまれようとしていること。第二に、理論を理論として構成するのではなく、理論《テオリー》と実践《プラクシス》との有機的な結合が明確に課題として提起されていること。そして、平易とは言えぬこの論文で、右のふたつの意図がどこまで実現されているかは別として、とりわけ第三に、組織論をめぐる論争の歴史をとらえなおすことによって、マルクス主義理論の展開そのものを、革命運動の歴史のなかに位置づけ、運動をも理論をも過程として把握しようとする試み。——これらは、いっけん純理論的なこの論文が根底においてふくんでいるアクチュアリティを示す特徴にほかならない。

その意味では、この一篇の論文は、北條一雄の名で一九二六年に刊行された『理論闘争』の諸論文にもっとも明確な表現を見出している「分離―結合」論や「理論闘争」論などに決して劣らない程度に、福本の根本思想をよくあらわしていると言えよう。すなわち、のちに〈福本イズム〉の特色として喧伝される「結合する前にまずきれいに分離せねばならぬ」という独自の組織論は、マルクス主義組織論の歴史的発展を理論と実践との統一という視点のもとで考察する作業を基盤としてのみ、特殊な歴史的発展段階の実践の理論として提起されえたのであり、〈福本イズム〉を云々するさいには、実践課題としての「分離―結合」論、「理論闘争」主義とともに、社会発展にたいする基本的な姿勢としての福本の「理論と実践」、「過程」、「全体性」にかんする態度をも、重視する必要があるだろう。「欧洲に於ける……」は、社会変革を過程として、全体性として考察し、理論と実践を切りはなすまいとする福本の原則を、もっとも端的に物語っているのである。

この論文の「付記」で福本がルカーチの『歴史と階級意識』、とりわけ「組織問題の方法論」との関係に言及したことは、福本の理論がルカーチのそれとの関係において論じられるようになったことの、少なくとも一因だったと思われる。この「付記」は、一九二六年刊の『無産階級の方向転換・第一冊』（発禁）に「欧洲に於ける……」が収められたさいに削除された（こぶし書房版『福本和夫初期著作集』でも同じ）。しかし、これ以後、福本にたいする批判者たちは、すでにコミンテルン内部できびしい非難を受けていたルカーチ（およびコルシュ）一派のいわば亜流として、福本をしりぞけようとしたのである。『歴史と階級意識』のうちから「階級意識論」が水谷長三郎と米村正一によって『階級意識とは何ぞや？』のタイトルで邦訳されたのは、すでに福本イズム批判が社会民主主義者たちのあいだから叫ばれはじめていたころだったし、小林良正訳『組織の方法論』も、〈フクモトイズム〉をめぐる論争をはっきりと念頭においていた。そして、これらと相前後して紹介されたデボーリンとルダシによるルカーチ批判論文（ともに稲村順三訳）は、まさしく福本イズムにたいする攻撃の理論的支柱として翻訳刊行されたのだった。

福本自身は、すでに述べたようにルカーチとの出会いがわずかな期間だったことを指摘しながら、「なるほど『歴史と階級意識』は読んだので、なんの刺激も受けなかったとは言えないが、それは大きな影響というようなものではなかった」と述べている。たしかに、福本の理論には、階級意識の重視、全体性のカテゴリーの提起、等々、ルカーチの理論の基本的特徴を想いおこさせる要素がありはするが、しかし、福本の〈疎外〉（この訳語は、〈端初〉、〈揚棄〉などと同じくかれが創出したものである）にかんする把握は、ブルジョワ社会の全過程、とりわけブルジョワ科学の根本的特質との関連で追究されるルカーチの〈物象化〉理論とは、ほとんど重なりあう部分をもたない。両者のあいだに何らかの重要な同質性があるとすれば、むしろそれは、当時ようやく形成されようとしていた正統主義＝レーニン主義からの逸脱という要素だったかもしれないのだ。「分離―結合」論がレーニンの『なにをなすべきか？』の機械的適用である、という福本にたいする平均的な批判は、むしろ、マルクス主義の発展過程総体を対象化しえた福本による、レーニン正統主義からの逸脱という側面からも、考えなおしてみる必要があるのではなかろうか。ルカーチとひとまとめにして福本が批判されるさい、批判者の側がしばしば、当時レーニンの後継者とみなされていたブハーリンとの対比でルカーチ＝福本を断罪した、という事実は、右の問題にある種の照明をあてているかもしれない。

「欧洲に於ける……」に代表される原理論的な論文ののち、福本は、一九二五年十月号の『マルクス主義』に、「『方向転換』はいかなる諸過程をとるか、我々はいまそれのいかなる過程を過程しつゝあるか」と題する山川イズム批判を発表し、はじめて具体的な日本の運動をめぐる討論に参加することになる。山川イズムによる党再建の運動は、そのころ、二五年八月の「無産政党組織準備委員会」の結成にまでこぎつけていた。しかし、統一戦線党という山川の構想は、労働総同盟の右派労働組合指導者たちのボイコットによって、次第に現実性を失いつつあった。右派は、二六年一月に発足した第二次無産政党組織準備委員会の主導権をにぎり、左派を閉めだしたうえで、二六年三月、「労働農民党」を結成した。だが、地方で著しく勢力をのばした左派と、これを封じこめようとする右派との対立によって、労農党は動きがとれない状態におちいっていった。山川は、こうした状況に対処する戦術として、二六年九月、「左翼進出」の方針を提起し、統一戦線を意図した従来の「左翼の退却」からの百八十度の転換を呼びかけた。

だがしかし、山川のこの呼びかけは、山川イズムの終焉を告げる最後ののろしでもあった。彗星のごとく『マルクス主義』誌に登場した福本和夫の鮮烈な理論は、党再建運動にたずさわる青年共産主義者たち、とりわけ若い知識人たちの心をたちまち強くとらえた。共同戦線党をめざして幅広い労働者・農民を結集するという山川の基本方針は、福本によって、「ズルズルベッタリ」主義として批判された。それだけにとどまらず、福本は、山川以外にも、堺利彦、志賀義雄、河野密、櫛田民蔵、青野季吉、河上肇ら、従来の日本のマルクス主義運動の中心的な理論家たちをことごとく批判し、現時点を発展過程のなかで対象化するすべを知っていた。有名なエピソードに、林房雄のつぎのような体験がある。――当時マルクス主義の理論家をめざして雑誌『マルクス主義』の編集を手伝っていた林房雄は、あるとき福本の論文のなかで「林房雄の理論もまた、俗悪主義の折衷主義理論にすぎない」と自分がわずか二、三行で片づけられているのを知った。おどろいて福本のそれ以外の論文を読んでみた林は、深い絶望におちいってしまった。これはとうてい太刀打ちできない、と考えて、かれは、理論家志望から小説家への転向を決意したのだった。

山川理論を「ズルズルベッタリ」主義ときめつけた福本は、山川がそのような誤りに陥ったのは対象を「全体性」と「過程」においてとらえようとしないからだ、と指摘した。労働組合闘争と社会主義的政治闘争との関係は、山川の理論のように前者から後者への「戦線の拡大」という点からとらえられるべきではなく、前者から後者への「弁証法的発展過程のなかでの一つの質的転換過程」でなければならない。つまり、前者から後者への発展は、山川のように自然成長性に期待するのではなく、階級意識の成長による変革主体の主体的変化を必要とするのである。そして、この変化のためには、全国的無産政党・統一戦線党の結成という目先の成果に目をうばわれるのではなく、まずマルクス主義的要素を分離し結晶させなければならない。この分離がなされてはじめて、結合が、大衆化・統一・一大政党結成、等々が可能となるのである。

福本イズム批判の展開

〈福本イズム〉が当時の日本の運動におよぼした否定的な影響については、しばしば指摘されてきた。運動内のあいつぐ分裂、理論信仰、セクト主義、等々が、〈福本〉理論の実践という名のもとに蔓延したのである。こうしたなかで、二六年三月に山口高商教授を辞した福本は、ただちに上京して『マルクス主義』編集部に加わり、副主筆となった。二六年十月からは、山川にかわって主筆を引きうけ、『マルクス主義』は、名実ともに〈福本イズム〉の拠点となった。党の合法機関紙『無産者新聞』の紙面にも、福本とその信奉者たちの息吹きがみちあふれた。この時期に福本がおよぼした悪しき影響にたいしては、たしかに福本自身にも責任があったことは否定できないだろう。しかし、なによりも問題だったのは、「全体性」、「過程性」などの弁証法の根本概念や「理論と実践との統一」という理念にもとづいてはじめて提起された「分離―結合」論や「理論闘争」論が、たんなる実践的スローガンとしてのみ受けとられ、現実的な力をもってしまったことだった。マルクス主義と変革の歴史そのものを対象化するものとしての福本理論、共産主義運動におけるコミンテルン追随やレーニン正統主義にたいする一定の反措定をふくんでいた福本理論の特質は、こうして、それ自身が権威主義の色彩をおび、教条《ドグマ》に近づいて、致命的なセクト主義を運動のなかに生んでしまったのである。

セクト主義と化した福本理論（およびその実践的適用）にたいしては、とりわけ、社会主義者の右派および中間派からの批判がしばしば提出された。こうした動きのもっとも集中的な表現は、一九二七年八月号の雑誌『社会科学』の「理論闘争批判」特集だった。そこには、福本の批判をまっこうから受けていた山川均をはじめ、荒畑寒村、猪俣津南雄、稲村隆一、北浦千太郎、河野密、阪本勝らの反福本の論文と、浅野晃、上田茂樹、淡徳三郎、西雅雄らの福本派の文章が、あわせて掲載された。それらのうち、河野「福本氏の体系を評す」と阪本「理論と戦術の気化的方向」は、はっきりとルカーチの名をあげて、ルカーチと福本との親近性を指摘し、両者の〈観念論〉、〈小ブルジョワ主観主義〉を批判していた。『社会科学』誌は、これよりさき、一九二六年十月号（「唯物史観研究」特集）の大森義太郎「階級主観性と無産者科学の客観性」でも、ルカーチ＝福本を批判し、さらには、二八年十一月号の稲村順三「インテリゲンチヤとプロレタリア階級意識」でも、なおこの問題を追いつづけた。

『社会科学』の「理論闘争批判」号が大きな反響を呼んだひとつの原因は、その内容にもまして、それが刊行された時期にあった。

これよりさき、日本共産党は、一九二六年十二月上旬、山形県五色温泉で大会を開き、正式に再建されていた。もちろん非合法のままである。委員長には佐野文夫、組織部長は渡辺政之輔、政治部長は福本和夫で、この三名が常任委員だった。その他の中央委員としては、佐野学、徳田球一、市川正一、鍋山貞親、国領伍一郎、その他が選ばれた。その翌年、二七年夏、コミンテルンの指導部（議長はブハーリン）は、日本共産党の指導者たちをモスクワに呼んで、日本の運動と党の方針をめぐる討議をおこない、その結果を、「日本問題に関する決議」としてまとめた。官憲の尾行をまき、検束をのがれてソ連にたどりついた日本の共産主義者とコミンテルン指導者たちとの討論を経て、最終的にブハーリンが文章化したこの決議、ふつう「二七年テーゼ」の名で呼ばれているこの決議のなかで、福本の理論が全面的に批判され、しりぞけられたのである。

決議は、共産党の役割を理解せず過小評価して一般的な労働者運動のなかに解消してしまった山川（党員名Hossi）を批判したのち、つぎのように述べた――

「×××〔共産党〕を労働組合運動の左翼に解消せしめる事が誤謬であり、不祥なる事であるとすれば、〔党を〕プロレタリアートの大衆的組織から遊離する事も亦同様に誤謬である。同志×××〔Kurokki＝福本〕の提唱した『分離結合の理論』は、か丶る政策の表現に外ならない、そしてそれはレーニン主義と根本的に又決定的に異ってゐる。×××××〔日本共産党〕に当面する具体的な任務と歴史によつて与へられたその解決の方法とを分析する代りに、同志×××〔クロキ〕は勝手に作り上げられた抽象から出発し、現実の関係を理解すべく努力する代りに論理的原則の発展と適用に没頭してゐる。〔……〕×〔党〕と大衆との戦術上の遊離を出すべき同志×××〔クロキ〕の見地は又、大衆党としての労農党の現実の瓦解を生ぜしむ。この『分離結合の理論』が、純粋な意識的な方面だけを過度に不相《（ママ）》に強調し、経済的、政治的、組織的方面を完全に無視したのは偶然ではない。これは又インテリゲンチャの許すべからざる過重評価、労働大衆よりの遊離、宗派主義、×〔党〕は『マルクス主義的に思想する人々』――従つて勿論第一に知識階級の集団であつて、労働階級の闘争的組織ではないといふ考へを生み出すに至つた。×××〔共産党〕は同志×××〔クロキ〕もすでに抛棄した此のレーニン主義の漫画《カリカチュア》と断乎として手を切らねばならぬ。」（『マルクス主義』二八年三月号付録より。〔〕内は池田による補足）

この決議の全文が公表されたのはようやく翌一九二八年一月の『インプレコール』（コミンテルンの国際通信）紙上においてだったが、簡単な論旨は、二七年八月十九日付のソ連共産党機関紙『プラウダ』社説で言及された。そのころすでに共産党系の『プロレタリア芸術』派（中野重治ら）と袂をわかっていた労農芸術連盟機関誌『文芸戦線』二七年十月号は、蔵原惟人訳のその『プラウダ』記事を掲載し、反福本の傾向を明確にしていた雑誌『大衆』十月号もまた、それを訳載した（「分派主義を排撃せよ！」訳者不明）。『社会科学』の「理論闘争批判」号が論議を呼んだのは、こうした事情のためでもあったのだ。

コミンテルンの福本批判に力を得た反福本派は、まさに怒濤のように福本攻撃を開始した。凡百の批判文のうちで、多少なりとも日本社会の具体的分析と闘争方針の模索とに支えられた批判のひとつとして、ここでは、『文芸戦線』二七年十二月号の猪俣津南雄「日本無産階級運動に対するコミンテルンの批判を読む」と、同誌同号の青野季吉「コミンタンは如何に日本の運動を批判したか？（一）」だけを挙げておこう。同号の青野の論文は、次号でいよいよ福本批判に移る、というところで終わっているが、この号がこの論文のゆえに発禁となったため、次号に掲載されるはずの続篇が結局は出ないままになってしまった。猪俣論文は、日本の労働者階級の状況と、それにたいする共産主義者のかかわりかたを追究し、福本理論によれば共産主義者が永久に少数の孤立分子にとどまらざるをえないことを、独自の図表をも用いて実証しようとした。

共産党再建にあたって参加を拒んだ第一次共産党のメンバー（猪俣、荒畑、山川、青野ら）は、このコミンテルンの福本批判を直接の契機として、黒田寿男、大森義太郎らの左派社会主義者（二七年十月号をもって廃刊された『大衆』の同人たち）をも加えて、新しいグループを形成する準備をすすめ、十一月末に雑誌『労農』を創刊することになる。共産党マルクス主義と対峙した〈労農派〉マルクス主義は、こうして生まれたのだった。

福本イズム――この名称は、党再建直後に反党行為のかどで除名された北浦千太郎が、雑誌『改造』二七年三月号に発表した論文の「アンチ福本イズム――『弁証法』の美衣を纏へる神秘主義の最後の避難所」というタイトルから生まれた――にたいする批判は、そののち、主として労農派によって展開されることになる。それにたいして、共産党の側も、『マルクス主義』のスタッフの交替などをもふくめ、福本理論の克服に努めたが、しかし、それは真の意味での批判と克服というよりは、むしろ、コミンテルンの権威による問題の切りすて、という性格をおびていた。「福本イズム」は誤謬の代名詞となり、さらに悪いことには、権威主義とセクト主義の代名詞となった。こうして、それが根底においてふくんでいたアンチ・コミンテルン権威主義、理論的自立性の萌芽は摘みとられ、小山弘健も指摘するように、日本に土着的なマルクス主義思想が育つ可能性そのものが葬り去られたのである。

＊

〈論争〉がのこしたもの

〈福本イズム〉の生成と圧殺が、一九二〇年代の日本での真に革命的なマルクス主義の可能性という問題と密接にかかわっていたように、『歴史と階級意識』をめぐるヨーロッパとロシアでの論争もまた、新たに形成されようとしていた〈レーニン主義〉という名のコミンテルン権威主義、やがてスターリン主義へと肥大していくセクト主義の問題と、不可分の関連をもっていた。第二次大戦後に刊行されたモーリス・メルロ＝ポンティの『弁証法の冒険』（一九五五）や、六〇年代後半の大学闘争の総括という意義をももつルディ・ドゥチュケの『レーニンを足で立たせる試み』（一九七四）は、『歴史と階級意識』（あるいはその成立過程でのルカーチの理論と実践）を、スターリン主義との対比において、さらにはレーニン主義とのかかわりにおいて、世界共産主義運動とマルクス主義思想の歴史のなかに新たに位置づけようとする試みにほかならない。そして、この歴史を明らかにするうえで、『歴史と階級意識』にたいする批判ののちにルカーチ自身がレーニン主義とスターリン主義にたいしてどのような態度をとったか、これらとの関係で『歴史と階級意識』をどのように自己評価したか、という問題は、ルカーチの個人史という次元にとどまらぬ意味をもっているのである。

ルカーチのレーニンとの出会いは、一九二〇年三月の「議会主義の問題によせて」にたいするレーニンの批判（同年六月）だった。これ以後はじめて、ルカーチはレーニンの理論と実践を本格的に学習しはじめる。コミンテルンの本部をソ連国内に置くのではなく多中心主義とすべきである、というルカーチの主張（「コミンテルンの組織問題」二〇年六月）は、やがて、中央集権主義を明確に示した「コミンテルンの加入条件」への全面的支持にかわっていった。もちろん、レーニンとその指導下にあるコミンテルンとにたいする全面的支持が、そのまま権威主義への屈服だった、というのではない。現実の政治、とりわけ革命の政治のなかで、ルカーチは、可能な理論と実践の統一を模索しつづけたのである。コミンテルンの指導者ブハーリンにたいするかれの批判は、このルカーチの模索がどれほどの決意をもってなされたかを、よく示している。レーニンの死後、「スターリン＝ブハーリン体制」と呼ばれた一時期（日本では、「スターリン＝ブハーリン全集」すら刊行された）に、ヨーロッパやロシアでも、日本でも、反対派を断罪する武器として引きあいに出されたブハーリンの権威、とりわけその『史的唯物論の理論』にまっこうから異を唱えた共産党員は、多くはなかった。この点で、ルカーチ（のちにグラムシ）と福本和夫のマルクス主義者としての精神は、高く評価されなければならない。

それにもかかわらず、『歴史と階級意識』以後のルカーチがなしえたことは、本質的には、ひとつの後退戦であり、しかも戦果よりは損失のほうがはるかに多い迂回戦でしかなかった。日本での事情は、さらに悲惨である。晩年のルカーチが記した総括は、自己弁明と正当化などではなく、この後退戦・迂回戦の悲惨さそのものの証言にほかならない。しかし、その悲惨さのなかに辛うじて燃えつづけている希望の光があることもまた、否定しえないのである。晩年のルカーチが判定を安んじて歴史にゆだねようという気持になることができたのも、これがあったからこそなのだ。これ――それはまず第一に、多くの誤りや不充分さにもかかわらず、『歴史と階級意識』がふくむ真に新しく現実変革的な「マルクス主義弁証法」の萌芽であり、第二に、現実がいかに暗く閉ざされていようとも必ず噴出してこずにはいない新たな変革の志向である。『歴史と階級意識』が四十年余の歳月ののちにふたたびアクチュアリティを獲得したのは、日本でもヨーロッパでも、六〇年代後半にはじまる新たな闘争のなかでのことだった。そして、ルカーチの名とともに葬り去られた〈福本イズム〉が半世紀後にあらためて問題にされはじめたのは、変質が極限にまで進行した権威的・党派的社会主義の老いさらばえた姿をまえにして、いまこそ日本のマルクス主義と革命運動の歴史を根底からとらえなおさねばならないという意識が、さまざまな見解のマルクス主義者たちのなかに生まれつつあることと無関係ではない。

新たな変動期のこうしたさまざまな試行のなかで、一巻の『歴史と階級意識』がどのような意味をいまなお持ちうるのか、あるいは新たに獲得しうるのか――それは依然として今後の問題だろう。ただひとつ、いま言えることは、この「マルクス主義弁証法の研究」

をめぐる一連の論争のなかに、現代の歴史そのものを対象化するための多くの手がかりがふくまれている、という一点にほかならない。

追記

福本和夫とフランクフルト学派の出会いについては、福本氏自身のお話を直接きくことができたほか、『福本和夫研究』第一集（一九七五年五月）、同第二集（同十一月）、同第三集（七六年七月）に収録されている名古屋大学大学院生Y氏の記述に負うところが大きい。また、〈福本イズム〉については、小山弘健氏の諸労作、栗原幸夫氏の『プロレタリア文学とその時代』から多くを教えられた。

コレクション版へのあとがき

1

ジェルジ・ルカーチが世を去ってから、すでに四十年近い年月が経過している。かれの最初の著書である『演劇形式』(*A dráma formája*)がブダペシュトで刊行されたのが、ちょうどいまから百年前の一九〇九年六月のことだった。わずか三六ページのこの冊子は、二年後に全二巻で出版される『近代演劇発展史』(*A modern dráma fejlödésének története.* 本書二三〇ページの図版参照)の序章となるものだったが、ルカーチはこの大部の論文によってすでに一九〇八年に文化団体「キシュファルディ協会」の「クリスティナ・ルカーチ賞」を受賞しており、受賞のあとにまず序章が、そしてさらに論文全体が出版されたのである。十七歳の一九〇二年秋からすでに演劇雑誌に劇評を連載していたとはいえ、以後六〇年におよぶルカーチの長い思想的歩みは、この二冊の演劇論から本格的に始まったのだった。

晩年のルカーチは、演劇運動に没頭して演出家を志した自分がそれを断念した理由について、「なるほど自分は理念と劇的行動との関連をきわめてよく把握することはできるが、ある俳優が右手を挙げるべきか左手を挙げるべきかというような、ある面で決定的な重要性をもつことがらを認識する才能はなにひとつ持っていない、としみじみ意識した」ためだった、と語っている(『生きられた思想──対話による自伝』、池田浩士訳、一九八四年一月、白水社)。また、「イプセンとハウプトマンをめざして」戯曲をいくつか書いたが、「それらが恐ろしくひどいものだった」ために「十八歳くらいのとき、自分の原稿をすべて焼却」してしまった、とも述べている。そして、この体験から得たものについて、こう語るのである、「そのとき以来、わたしは文学の限界についてのひそかな基準をいだいています。というのはつまり、わたしにも書けるようなものはロクなものではない、ということです。こういうものはとても書けないという印象をわたしがいだくところから、文学は始まるのです。」

ルカーチの文学評論が（かれの評価に同意するかどうかは別として）きわめて的確な「読み」にもとづいているのは、この「ひそかな基準」のゆえであるにちがいない。この基準がもっとも鮮烈な働きをしているのは、一九一〇年にまずハンガリー語で上梓されたのち翌年ドイツ語で刊行された『魂と形式』（*A lélek és formák ; Die Seele und die Formen*）だろう。だが、この基準は、初期の著作だけに生きていたわけではない。第二次世界大戦後に刊行された『十九世紀のドイツ・リアリストたち』（*Deutsche Realisten des 19. Jahrhunderts, 1951*）の諸論文でも、「読み」の的確さと、それを裏打ちする「ひそかな基準」はいささかも弛緩していない。

ある文学作品にたいする結論的な判定やその根拠についてはとうてい納得できないにもかかわらず、そこにいたる論述には魅力を感じないではいられない、という体験を、わたしはルカーチを読むときしばしば味わった。このことはもちろん、結論的な判定とその根拠とを容認する理由とはならない。しかし、「ひそかな基準」は、ルカーチからそれを学ぶとき、少なくともわたしにとっては、作品評価のハードルを低くする方向で働くものではない。いま巷にあふれているような、読者の安逸な「期待の地平」に迎合する安直で微温湯的な「文学」作品――危険な実験とはまったく縁遠いルーティン・ワークでしかない大量消費材――は、総じて「文学が始まる」以前にある、という硬直した姿勢を、わたしは今後もルカーチから学びつづけたいと思うのである。

2

初めてルカーチの著作に接した一九六〇年秋からこんにちに至る半世紀の年月が、わたしのルカーチ理解を深めるのにどれほど役立ったかは、きわめて覚束ない。そもそも、ルカーチ研究と呼ぶに値するような作業を持続的に続けることさえ、わたしはしてこなかった。ルカーチについて論じた文章も、この一冊に収めたもの以外には取り立てていうほど多いわけではない。それにもかかわらず、ルカーチはわたしの「師」であるという（まったく一方的な）思いが胸を去ることはなかった。

ひとつには、前述した的確な「読み」をルカーチから学ぶことを、いまだにわたしが自分の課題としているからである。だが、このこととも無関係ではないさらにもうひとつの理由を、ぜひとも挙げなければならないだろう。それは、「政治と文学」あるいは「政治と芸術」という問題に関わっている。

しばしば誤解されたのとは反対に、ルカーチは、文学・芸術の表現が「政治」に役立つものであるべきだという立場を、少なくとも主観的には一度も取らなかった。イギリスの女性作家マーガレット・ハークネスに宛てた手紙でエンゲルスが述べた「リアリズムの勝利」（バルザックは政治的には王党派だったが、かれの作品ではそれと反対のことが生きいきと描き出されている）という思想の延長線上で、ルカーチは、「作家は問題を提起すべきではあっても、解決を与えるべきではない」という基本的な姿勢を標榜しつづけた。「社会主義リアリズム」路線に対する冷淡な態度も、これと関連していた。

一九三〇年代のソ連で最終的には「粛清」に行き着いた「政治」と「文学・芸術」との葛藤は、現象としては、政治の側からの文学・芸術に対する従属の要求・強制というかたちをとった。しかし、一九一七年の十月革命の前後にロシアのアヴァンギャルド芸術家たちが実践したのは、政治革命に奉仕するための芸術表現などではなかったのである。芸術表現は、芸術表現それ自身の革命を模索していたのであり、その模索は、政治革命が社会革命として成就するためには不可欠であるはずの、文化革命の実践だった。文化革命は政治革命と等価であり、この両者のどちらかが欠けた社会革命などありえないのだ。そして、教育人民委員（文部科学大臣に相当する）としてハンガリー革命を担ったさいのルカーチの信念は、「政治はただの手段にすぎず、文化こそが目標なのだ」というものだった。

一九三〇年代初頭のドイツ・プロレタリア文学運動に批評家・理論家として関与することになったルカーチは、プロレタリア文学運動がドイツ共産党とコミンテルンの政治方針の代弁者となることに反対していたのである。かれが執拗に「事実小説」、つまりルポルタージュ文学の形式を否定しようとしたのは、この形式がともすれば政治方針の伝声管《メガフォン》となることを危惧したからだった。一般に誤解されているごとく、かれは十九世紀ブルジョワ文学のリアリズムを不易不変の師表として「新しい形式」であるルポルタージュ文学を斥《しりぞけ》しりぞけたわけではない。そうではなく、眼前の状況の背後にあるものを感知し描き出すための想像力《イマジネーション》イマジネーションを、文学表現者に求めたのである。残念ながらトレチャコフをも含む「事実の文学《リテラトゥーラ・ファクタ》」の作家たちが、スターリン時代のソ連の現実を追認する作品を（少なくともそういう作品をも）生み出してしまったこと、それとは逆に、SF的なものも含む「幻想的」「非合理的」な作風の作家たちが、きわめて少数の例外として、その現実の隠された姿を描き出したこと——これは、いまではすでに明らかである。資本主義的現実に対する批判と暴露が絶対に不可欠であることは、当時もいまも変わりはない。だが、その資本主義体制を打倒するはずの体制が生み出しつつあった重大な問題性に対する批判と暴露もまた、文学・芸術の課題であるはずだった。

「政治と文学」という問題は、この両者のいずれが優位にあり主導的であるべきかという問題ではない。この両者がいかに折り合っていくかという問題でもない。両者の活動が、まったく別の実践方法もしくは表現媒体によってなされることを、認めるかどうかの問題なのだ。文学は、政治が駆使しえない表現方法を、みずからの方法とするのである。ルカーチの「事実小説」否定は、政治にとっては決定的な武器たりうる「事実」の彼方にあるもの、つまり虚構《フィクション》の力を、文学表現が奪回しなければならぬ、という要求でもあったのだ。

3

ルカーチが「パルチザン戦」と名づけたかれの実践方式は、虚構の力についてのかれの要求をも、いや、とりわけこの要求を、読み取りにくくしている。それでもなお、政治の実践とちょくせつ関わる場にかれが身を置いたいくつかの局面で、かれが、そののちに自己批判や転身や、それどころか生命の危険によって償わなければならないような態度決定を敢えて行なった、という事実は、ともすれば看過されがちなルカーチの基本姿勢を明らかにする手がかりとなるだろう。それらの局面で、ルカーチはつねに、文化の革命を目標とする理論と実践を試みた。具体的には、演劇や美術や文学や、思想やイデオロギーの自律性を、政治に対して要求した。そして、みずからが政治権力の一端に身を置いているときは、みずからその自律性のためにたたかったのである。一九一九年のハンガリー革命においても、一九五六年のハンガリー「暴動」においても、かれは芸術家たちや文化活動家たちのグループに依拠していた。『歴史と階級意識』をめぐるコミンテルンの批判にさらされたとき、かれは、「ルカーチだってやっぱり教授だ！」という野次が物語るように、「政治」の埒外にあると目される領域の代表者だった。

最晩年のルカーチが、「評議会」（レーテ、タナーチ、ソヴィエト）システムの不可避性について語ったのは、それゆえ、理由のないことではない。一九一〇年代末に始まるロシア革命やドイツ革命やハンガリー革命が体現していたように、「評議会」は狭義の政治システムではなかった。これらいずれの革命においても、「芸術家評議会」は革命の不可欠かつ重要な、敢えて言えばもっともラディカルな構成要因だった。こうした脈絡でルカーチの仕事を読みなおすとき、「文学の限界」についてのかれの「ひそかな基準」は、決定的に重要な意味をもってくる。

文学と芸術の表現は、受け手のなかにある「期待の地平」に迎合することに甘んじているわけにはいかないのである。圧倒的な権力を手中にする「政治」に抗して、この政治が認可する限界を突破する表現を、文学や芸術は創出しなければならない。こうした表現を促す批評活動をも含めて、文学・芸術は、受け手を満足させ安心させるのではなく、受け手を憤激させ、受け手に流動化を余儀なくさせるものであるはずだ。この受け手が、ルカーチにとってそうだったように、プロレタリアートである場合には、なおさらそうなのだ。「階級意識の意識化」とかれが呼んだ作業も、これと関わっている。

半世紀にわたってルカーチから学びつづけてきた結果が、このような言わずもがなのことをいまさら確認する以上のものではないのは、もちろんわたしの責任である。しかし、出発点であると同時に究極の到達点でもなければならないこの確認を、わたしは手放すまいと思う。

この一冊に収めた文章は、他の巻の場合と同様に、原則として底本における記述をそのまま再現している。底本刊行の時点で気づいていなかったことがらを、いまの視線で書き加えたり書き変えたりすることはしなかった。ただし、ひとつだけ、当時はわたしのなかで未確定だった「ナツィオナールゾツィアリスムス」（Nationalsozialismus）、つまり「ナチズム」の訳語を、本書では「国民社会主義」に統一したことと、記述内容を変えない程度の表記上の修正を施した箇所があることを、おことわりしておきたい。なお、わたしの最初のルカーチ論であるばかりでなく（編訳書を別とすれば）最初の単著でもあった『初期ルカーチ研究』（一九七二年五月、合同出版）は、できれば全編を採録したかったが、スペースの関係で抄録にとどめた。この本は、全共闘運動に加担したすえにその敗北に直面した駆け出しの大学教員が、それ以上その道を歩むのをやめる決意を固めて、人生でただ一冊の著書とするはずだったものである。ルカーチの度重なる屈服と転身を批判する資格は、わたしにはないのだ。

この巻でもまた、遅々としてははかどらぬ再点検の作業のために、インパクト出版会の深田卓さんには非常な面倒をおかけした。また、いつもながら綿密きわまりない校正をしてくださった国分葉子さんには、記述内容についてのご指摘にたいする感謝も併せて、あらためてお礼を申し上げたい。この一冊が、かつて若き日にルカーチと出会ったことのある読者と再会すること、さらにはまた、初めてこのカタカナの名前に奇異の感をおぼえて手にとってくださる新しい読者と邂逅できることを、ひそかに念じたい。

二〇〇九年七月十八日

池田浩士

池田浩士（いけだひろし）
1940年大津市生まれ
1968年4月から2004年3月まで京都大学勤務
2004年4月から京都精華大学勤務
著書
『似而非物語』序章社、1972年
『初期ルカーチ研究』合同出版、1972年
『ルカーチとこの時代』平凡社、1975年
『ファシズムと文学―ヒトラーを支えた作家たち』白水社、1978年
『教養小説の崩壊』現代書館、1979年
『抵抗者たち―反ナチス運動の記録』TBSブリタニカ、1980年。同新版、軌跡社、1991年
『闇の文化史―モンタージュ　1920年代』駸々堂、1980年
『大衆小説の世界と反世界』現代書館、1983年
『ふあっしょファッション』社会評論社、1983年
『読む場所　書く時―文芸時評1982-1984』境涯準備社、1984年
『隣接市町村音頭』青弓社、1984年
『文化の顔をした天皇制』社会評論社、1986年。増補改訂版、2004年
『死刑の［昭和］史』インパクト出版会、1992年
『権力を笑う表現？』社会評論社、1993年
『［海外進出文学］論・序説』インパクト出版会、1997年
『火野葦平論―［海外進出文学］論・第1部』インパクト出版会、2000年
『歴史のなかの文学・芸術』河合文化教育研究所・河合ブックレット、2003年
『虚構のナチズム―「第三帝国」と表現文化』人文書院、2004年
主要編訳書
『ルカーチ初期著作集』全4巻、三一書房、1975-76年
『論争・歴史と階級意識』河出書房新社、1977年
『この時代の遺産』エルンスト・ブロッホ、三一書房、1982年。ちくま学芸文庫、1994年。水声社、2009年
『表現主義論争』れんが書房新社、1988年
『ドイツ・ナチズム文学集成』全13巻、柏書房、刊行中
『ナチズム』エルンスト・ブロッホ、(共訳)、水声社、2009年

ルカーチとこの時代
池田浩士コレクション2
2009年8月15日　第1刷発行

著　者　池　田　浩　士
発行人　深　田　　　卓
装幀者　藤　原　邦　久
発　行　㈱インパクト出版会
〒113-0033　東京都文京区本郷2-5-11　服部ビル2F
Tel 03-3818-7576　Fax 03-3818-8676
E-mail：impact@jca.apc.org
http:www.jca.apc.org/~impact/
郵便振替　00110-9-83148

印刷・モリモト印刷